Moosmayer/Hartwig

Interne Untersuchungen

D1723460

Interne Untersuchungen

Praxisleitfaden für Unternehmen

Herausgegeben von

Dr. Klaus Moosmayer
Rechtsanwalt in Erlangen

und

Niels Hartwig
Rechtsanwalt (Syndikusrechtsanwalt) in München

2. Auflage 2018

C.H.BECK

www.beck.de

ISBN 978 3 406 70644 8

© 2018 Verlag C.H. Beck oHG
Wilhelmstraße 9, 80801 München
Druck und Bindung: Nomos Verlagsgesellschaft mbH & Co. KG / Druckhaus Nomos
In den Lissen 12, 76547 Sinzheim

Satz: Konrad Triltsch Print und digitale Medien GmbH,
Ochsenfurt-Hohestadt
Umschlaggestaltung: Martina Busch, Grafikdesign, Homburg Saar

Gedruckt wird auf säurefreiem, alterungsbeständigem Papier
(hergestellt aus chlorfrei gebleichtem Zellstoff)

Vorwort

Interne Untersuchungen bilden ein zentrales Element eines effektiven Compliance Systems. Gleichzeitig sind viele Rechtsfragen ungeklärt. Dies betrifft etwa die aktuell in die Schlagzeilen geratene Durchsuchung von mit internen Untersuchungen beauftragten Rechtsanwaltskanzleien durch die Ermittlungsbehörden. Umso mehr sind daher praktische Erfahrungen gefragt. Zwar können diese eine Entscheidung über die vom Gesetzgeber bzw. der Rechtsprechung bislang ungelösten Rechtsfragen nicht ersetzen, aber den mit der Beauftragung und Durchführung von internen Untersuchungen Befassten doch eine unschätzbare Hilfestellung beim Erkennen von Risiken und Weichenstellungen in diesem komplexen Themengebiet vermitteln. Auch die 2. Auflage des Praxisleitfadens wurde ausschließlich von einem Team sehr erfahrener Mitarbeiter der Rechts- und Complianceorganisation von Siemens verfasst, die sich tagtäglich mit diesen schwierigen Fragestellungen befassen. Der Praxisleitfaden stellt zwar keine offizielle Äußerung von Siemens dar, aber ich begrüße die Veröffentlichung als wichtigen Beitrag zur notwendigen öffentlichen Diskussion um Bedeutung und Grenzen interner Untersuchungen uneingeschränkt.

Dr. Andreas C. Hoffmann
General Counsel der Siemens AG

Vorwort zur 1. Auflage (2012)

Interne Untersuchungen – allein schon der Name lässt einen vor Angst erstarren.

Aber Menschen, die mit gut geführten, professionellen internen Untersuchungen zu tun hatten, wissen, dass diese ein wichtiger Bestandteil erfolgreicher Unternehmen sind. Denn interne Untersuchungen geben der Unternehmensleitung die Sicherheit, alles getan zu haben, um Transparenz, Compliance und Fairness in ihrem Unternehmen zu fördern. Den Mitarbeitern wiederum wird das Gefühl vermittelt, dass faire Complianceprozesse fester Bestandteil der Unternehmenskultur ihres Arbeitgebers sind.

Viele Führungskräfte merken früher oder später, dass sie nicht immer die ersten sind, die über Vorgänge im Unternehmen unterrichtet werden. Auf welche Information ist Verlass, wenn die Dinge aus dem Ruder laufen oder Anschuldigungen laut werden? Wie findet man schnell, zuverlässig und objektiv heraus, ob diese überhaupt gerechtfertigt sind? Und wie verhalten sich Mitarbeiter, wenn ihnen Fehlverhalten oder Mitwisserschaft zur Last gelegt wird?

Die Autoren dieses Buchs haben nicht nur gemeinsam dieses Buch geschrieben, sondern auch einen neuen, wichtigen Prozess bei Siemens geschaffen: Interne Untersuchung. In den Augen vieler sind sie das Maß an Verlässlichkeit, Fairness und Effizienz. Ich teile diese Meinung uneingeschränkt.

Peter Y. Solmssen
Mitglied des Vorstands und General Counsel
Siemens Aktiengesellschaft

Verzeichnis der Herausgeber und Bearbeiter

Dr. Klaus Moosmayer
Rechtsanwalt, Chief Compliance Officer, Siemens AG,
Erlangen/München

Niels Hartwig
Rechtsanwalt (Syndikusrechtsanwalt), Chief Counsel Global Functions, Siemens AG,
München

Rainer Bührer
Regional Compliance Head, Siemens Afrika,
Johannesburg

Dr. Jens Burgard
Syndikusrechtsanwalt, Head of Compliance Case Handling Legal, Siemens AG,
Erlangen/München

Susanne Gropp-Stadler
Rechtsanwältin (Syndikusrechtsanwältin), Lead Counsel Litigation, Siemens AG,
München

Dr. Wolfgang Heckenberger
Rechtsanwalt, Senior Competition Adviser, Siemens AG,
München

Dr. Axel Keßler, LL.M.
Rechtsanwalt, Head of Legal Data Privacy, Siemens AG,
München

Achim Köhler
Chief Data Privacy Officer, Siemens AG,
München

Dr. Susanne Rabl
Head of Global Functions, Siemens AG,
München

Carolin Majer
Rechtsanwältin (Syndikusrechtsanwältin)
Head of Compliance Discipline & Remediation, Siemens AG,
München

Dr. Antonie Wauschkuhn
Rechtsanwältin, Regional Head Compliance Europe/C.I.S., Siemens AG,
München

Christina Wolfgramm
Rechtsanwältin (Syndikusrechtsanwältin)
Head of Policies and Legal Advice bei Compliance Legal, Siemens AG,
München

Die Beiträge stellen nur persönliche Auffassungen der Autorinnen und Autoren dar und sind keine der Siemens AG zurechenbare Aussagen.

Inhaltsübersicht

Inhaltsverzeichnis

Abkürzungsverzeichnis

AG	Aktiengesellschaft
AktG	Aktiengesetz
AnwBl	Anwaltsblatt (Zeitschrift)
ArbGG	Arbeitsgerichtsgesetz
BaFin	Bundesanstalt für Finanzdienstleistungsaufsicht
BAG	Bundesarbeitsgericht
BAG AP	Arbeitsrechtliche Praxis (Entscheidungssammlung Bundesarbeitsgericht)
BB	Betriebsberater (Zeitschrift)
BDSG	Bundesdatenschutzgesetz
BGB	Bürgerliches Gesetzbuch
BGH	Bundesgerichtshof
BGHZ	Entscheidungen des Bundesgerichtshofs in Zivilsachen
BetrVG	Betriebsverfassungsgesetz
BRAK	Bundesrechtsanwaltskammer
BRAO	Bundesrechtsanwaltsordnung
BT-Drs.	Bundestags-Drucksache
CCZ	Corporate Compliance Zeitschrift
DAX	Deutscher Aktienindex
DB	Der Betrieb (Zeitschrift)
DoJ	Department of Justice (USA)
DuD	Datenschutz und Datensicherheit (Zeitschrift)
ErfK	Erfurter Kommentar zum Arbeitsrecht
EU	Europäische Union
EWR	Europäischer Wirtschaftsraum
EuGH	Europäischer Gerichtshof
FCPA	Foreign Corrupt Practices Act
GewO	Gewerbeordnung
GWR	Gesellschafts- und Wirtschaftsrecht (Zeitschrift)
Hrsg.	Herausgeber
IDW	Institut der Wirtschaftsprüfer in Deutschland e.V.
IT	Informationstechnologie
LG	Landgericht
NJW	Neue Juristische Wochenschrift (Zeitschrift)
NZA	Neue Zeitschrift für Arbeitsrecht (Zeitschrift)
NZG	Neue Zeitschrift für Gesellschaftsrecht (Zeitschrift)
NZWiSt	Neue Zeitschrift für Wirtschafts-, Steuer- und Unternehmensstrafrecht
OWiG	Gesetz über Ordnungswidrigkeiten
RDV	Recht der Datenverarbeitung (Zeitschrift)
StGB	Strafgesetzbuch
StPO	Strafprozessordnung

SEC .... Securities and Exchange Commission (USA)
SprAuG .... Sprecherausschussgesetz
StV .... Strafverteidiger (Zeitschrift)

TKG .... Telekommunikationsgesetz
TMG .... Telemediengesetz
TVG .... Tarifvertragsgesetz

USA .... United States of America

WM .... Wertpapiermitteilungen – Zeitschrift für Wirtschafts- und Bankrecht

ZIP .... Zeitschrift für Wirtschaftsrecht
ZRFC .... Zeitschrift Risk, Fraud & Compliance

Literaturverzeichnis

Achenbach/Ransiek/Rönnau, Handbuch Wirtschaftsstrafrecht, 4. Aufl. 2015

Bechtold/Jickeli/Rohe, Recht, Ordnung und Wettbewerb, FS zum 70. Geburtstag von Wernhard Möschel, 2011

Beulke/Lüdke/Swoboda, Unternehmen im Fadenkreuz – über den Umfang anwaltlicher Privilegien von Syndici/Rechtsabteilungen im Ermittlungsverfahren, 2009

Bekanntmachung Nr. 9/2006 des *Bundeskartellamtes* über den Erlass und die Reduktion von Geldbußen in Kartellsachen – Bonusregelung – vom 7.3.2006

Bericht des *Bundeskartellamtes* über seine Tätigkeit in den Jahren 2009/2010 sowie über die Lage und Entwicklung auf seinem Aufgabengebiet, BT-Drs. 17/6640 v. 20.7.2011

Bundesrechtsanwaltskammer, Thesen der Bundesrechtsanwaltskammer zum Unternehmensanwalt im Strafrecht (BRAK-Stellungnahme-Nr. 35/2010 vom November 2010), BRAK-Mitteilungen 1/2011, 16 ff.

Böttger, Wirtschaftsstrafrecht in der Praxis, 2. Aufl. 2015

Dalheimer/Feddersen/Miersch, EU-Kartellverfahrensverordnung, Kommentar zur VO 1/2003, 2005

Dölling, Handbuch der Korruptionsprävention, 2007; (zit. Dölling/*Bearbeiter*)

Müller-Glöge/Preis/Schmidt, Erfurter Kommentar zum Arbeitsrecht, 17. Aufl. 2017 (zit.: ErfK/*Bearbeiter*)

Fitting/Engels/Schmidt/Trebinger/Linsenmaier, Betriebsverfassungsgesetz, Handkommentar, 28. Aufl. 2016 (zit.: Fitting/*Bearbeiter*).

Gesellschaft für Datenschutz und Datensicherheit e.V., Praxishilfe zur BDSG-Novelle II, 2009, Sonderbeilage zu „Recht der Datenverarbeitung" 3/2010

Goette/Habersack, Münchener Kommentar zum Aktiengesetz, Bd. 2, 4. Aufl. 2014 (zit.: MüKoAktG/*Bearbeiter*)

Gola/Schomerus, BDSG – Bundesdatenschutzgesetz, 12. Aufl. 2015

Gola/Wronka/Pötters, Handbuch zum Arbeitnehmerdatenschutz, 7. Aufl. 2016

Große-Vorholt, Wirtschaftsstrafrecht, 3. Aufl. 2013

Hassemer/Kempf/Moccia, „In Dubio Pro Libertate", Festschrift für Klaus Volk zum 65. Geburtstag, 2009

Hauschka/Moosmayer/Lösler, Corporate Compliance, Handbuch der Haftungsvermeidung im Unternehmen, 3. Aufl. 2016 (zit.: Hauschka Corporate Compliance/*Bearbeiter*)

Inderst/Bannenberg/Poppe, Compliance, 2. Aufl. 2013

Mitteilung der *Kommission* über den Erlass und die Ermäßigung von Geldbußen in Kartellsachen, ABl. C 298/17 vom 8.12.2006

Küttner, Personalbuch 2017, 24. Aufl. 2017 (zit. Küttner Personalbuch/*Bearbeiter*)

Läsker/Ott, Große Strafkammer statt großer Freiheit, Wirtschaft 27–28 November 2010, HF3

Lomas/Kramer, Corporate Internal Investigations, 2nd ed. 2013

Mäger, Europäisches Kartellrecht, 2. Aufl. 2011

Maschmann, Corporate Compliance und Arbeitsrecht, 2009

Mengel, Compliance und Arbeitsrecht, Implementierung, Durchsetzung, Organisation, 2009 (zit.: Mengel Compliance)

Moosmayer, Compliance, Praxisleitfaden für Unternehmen, 3. Aufl. 2015 (zit.: Moosmayer Compliance)

Park, Durchsuchung und Beschlagnahme, 3. Aufl. 2015

Säcker/Rixecker/Oetker/Limperg, Münchener Kommentar zum Bürgerlichen Gesetzbuch, Band 2 Schuldrecht – Allgemeiner, 7. Aufl. 2016; Band 5 Schuldrecht Besonderer Teil III, 6. Aufl. 2013 (zit.: MüKoBGB/*Bearbeiter*).

Richardi, Betriebsverfassungsgesetz mit Wahlordnung, 15. Aufl. 2010; (zit.: Richardi BetrVG/*Bearbeiter*)

Schaffland/Wiltfang, Bundesdatenschutzgesetz, Loseblatt-Kommentar, Stand: Lfg. 5/2016

Sieber/Brüner/Satzger/von Heintschel-Heinegg, Europäisches Strafrecht, 2. Aufl. 2014 (zit.: HdB-EuStrafR/*Bearbeiter*)

Taeger/Gabel, BDSG und Datenschutzvorschriften des TKG und TMG, 2. Aufl. 2013

Thüsing, Beschäftigtendatenschutz und Compliance, 2. Aufl. 2014 (Thüsing Beschäftigtendatenschutz/*Bearbeiter*)

Wellhöfer/Peltzer/Müller, Die Haftung von Vorstand, Aufsichtsrat und Wirtschaftsprüfer mit GmbH-Geschäftsführer, 1. Aufl. 2008 (zit.: Wellhöfer/Peltzer/Müller Vorstandshaftung/*Bearbeiter*)

Wieland/Steinmeyer/Grüninger, Handbuch Compliance-Management, 2. Aufl. 2014

Wiese/Kreutz/Oetker/Raab/Weber/Franzen/Gutzeit/Jacobs, Gemeinschaftskommentar zum Betriebsverfassungsgesetz, 14. Aufl. 2014; (zit.: GK-BetrVG/*Bearbeiter*)

A. Interne Untersuchungen in Unternehmen – Einführung und Überblick

Literatur:

Beulke/Moosmayer, Der Reformvorschlag des Bundesverbandes der Unternehmensjuristen zu den §§ 130, 30 OWiG – Plädoyer für ein modernes Unternehmenssanktionenrecht, CCZ 2014, 146; *Hamm,* Compliance vor Recht?, NJW 2010, 1332; *Jahn,* Ermittlungen in Sachen Siemens/SEC, StV 2009, 41; *Klengel/Mückenberger,* Internal Investigations – typische Rechts- und Praxisprobleme unternehmensinterner Ermittlungen, CCZ 2009, 81; *Moosmayer,* Compliance – Praxisleitfaden für Unternehmen, 3. Aufl. 2015; *Pieth,* Anti-Korruptions-Compliance – Praxisleitfaden für Unternehmen, 2011; *Schürrle/Olbers,* Praktische Hinweise zu Rechtsfragen bei eigenen Untersuchungen im Unternehmen, CCZ 2010, 178; *von Rosen,* Rechtskollision durch grenzüberschreitende Sonderermittlungen, BB 2009, 230; *Wastl,* Zwischenruf: Privatisierung staatlicher Ermittlungen, ZRP 2011, 57; *Wastl/Litzka/Pusch,* SEC-Ermittlungen in Deutschland – eine Umgehung rechtsstaatlicher Mindeststandards!, NStZ 2009, 68; *Wybitul,* Interne Ermittlungen auf Aufforderung von U.S.-Behörden – ein Erfahrungsbericht, BB 2009, 606.

Beim Thema unternehmensinterner Untersuchungen von Fehlverhalten schlagen die **1** Emotionen hoch, wobei die „Frontlinie" nicht immer klar auszumachen ist. So gibt es in der Zunft der Strafverteidiger bzw. der mit Strafrecht befassten externen Rechtsanwälte Gegner und Befürworter. Die Gegner warnen von einer „Privatisierung staatsanwaltschaftlicher Ermittlungen" und bemühen dabei sogar die Frage nach einem drohenden Verlust des Rechtsstaates.[1] Auch wird die provozierende Frage aufgeworfen, ob denn „Compliance vor Recht" komme.[2] Dagegen hat der Strafrechtsausschuss der Bundesrechtsanwaltskammer unternehmensinterne Untersuchungen als Tätigkeitsgebiet des „Unternehmensanwaltes im Strafrecht" anerkannt und hierzu Thesen zu deren auch standesrechtlich ordnungsgemäßen Durchführung veröffentlicht.[3] Unter Compliance Experten ist es – soweit ersichtlich – dagegen unumstritten, dass die interne Untersuchung von Fehlverhalten im Unternehmen einen ganz wesentlichen Bestandteil eines effektiven Compliance Programms darstellt, das neben Präventionsmaßnahmen eben auch auf dem Aufdecken von Fehlverhalten und dessen Ahndung beruht.[4] Den Gegnern unternehmensinterner Untersuchungen ist zuzubilligen, dass diese nur dann Nutzen statt Schaden stiften, wenn sie fachkundig und im Einklang mit dem jeweils anwendbaren Recht erfolgen. Um es mit einigen Schlagwörtern kurz zu umschreiben: Unternehmensinterne Untersuchungen müssen fair, effizient und professionell erfolgen. Die Anzahl und Komplexität der sich bei der Vorbereitung, Durchführung und dem Abschluss interner Untersuchungen stellenden Fragen rechtlicher und praktischer Art sind dabei beachtlich. Dazu trägt insbes. auch die Rspr. der letzten Jahre bei. So wurde zwar einerseits die Durchführungen interner Untersuchungen als unverzichtbares Element eines effektiven Compliance Systems (und damit als Teil des Pflichtenkatalogs der Organe eines Unternehmens) anerkannt.[5] Andererseits wurden bzgl. der rechtlichen Rahmenbedingungen interner Untersuchungen von den Gerichten widersprüchliche Auffassungen insbes. zur Reichweite des anwaltlichen Durchsuchungs- und Beschlagnahmeprivilegs vertreten, was bei externen Rechtsanwälten und unternehmensinterne Rechts- und Complianceabteilungen für große Unsicherheit sorgt.[6] Als augenfälliges Sinnbild dieser unbefriedigenden – und durchaus auch emotional aufgeheizten – Situation kann die Durchsuchung der von der Volkswagen AG mit der Durchführung einer internen Untersuchung im sog. „Dieselskandal" beauftragten Anwaltskanzlei Jones Day durch die Staatsanwaltschaft München II dienen, die

---

[1] Vgl. etwa *Volk* im Handelsblatt v. 5.7.2011 und *Wastl* ZRP 2011, 57.
[2] So der Titel des Aufsatzes von *Hamm* NJW 2010, 1332.
[3] *BRAK*-Stellungnahme-Nr. 35/2010, vgl. hierzu näher in → Kapitel L und → Kapitel N. In der anwaltlichen Beratungspraxis spielten Fragen unternehmensinterner Untersuchungen schon davor eine bedeutsame Rolle, vgl. hierzu etwa *Klengel/Mückenberger* CCZ 2009, 81 und *Schürrle/Olbers* CCZ 2010, 178.
[4] Vgl. nur *Moosmayer Compliance* Rn. 311 ff. mwN und *Pieth* S. 7, 119.
[5] LG München I NZWiSt 2014, 183 – Siemens/.Neubürger; vgl. dazu → Kapitel B Rn. 3.
[6] Vgl. hierzu ausf. → Kapitel L Rn. 8.

heftige Reaktionen in der Anwaltschaft ausgelöst hat.[7] Das vorliegende Buch hat sich trotz dieser schwierigen Konstellation zum Ziel gesetzt, praxisgerechte Antworten bzw. Vorschläge für die rechtsichere Durchführung interner Untersuchungen zu geben. Festzuhalten bleibt allerdings gleich zu Beginn eines: Unternehmen bzw. deren Organe, die sich von internen Untersuchungen primär einen rechtlich „hermetischen" Schutz der daraus gewonnenen Erkenntnisse vor Strafverfolgungsbehörden erwarten, sind zum einen mit Blick auf die derzeitige rechtliche Situation falsch beraten und verkennen zum anderen die eigentliche Bedeutung interner Untersuchungen. Diese sind in erster Linie ein Akt der „unternehmensinternen Hygiene" mit dem das verantwortliche Management seiner Pflicht nachkommt, das Unternehmen rechtstreu zu führen und zu überwachen.

2   Die zentrale Frage nach der Pflichtenstellung der Unternehmensleitung, wenn Hinweise auf Fehlverhalten von Mitarbeitern auftreten, dürfte mit dem Urteil des LG München I v. 10.12.2013 beantwortet sein.[8] Das Urteil bestätigt im Ergebnis die hier bereits in der 1. Auflage vertretenen Auffassung, die sich auf den etablierten und von Rechtsprechung und Literatur konkretisierten Pflichtenkreis des § 130 OWiG stützt. Danach besteht eine Rechtspflicht der Unternehmensleitung, Hinweisen auf Fehlverhalten im Unternehmen nachzugehen und sie einer – im jeweiligen Einzelfall bzgl. Intensität und Ressourceneinsatz durchaus unterschiedlichen – Untersuchung zuzuführen.[9] Zu berücksichtigen ist dabei aber nicht nur die Struktur des Unternehmens, die beim mittelständischen Einzelunternehmen eine ganz andere ist als bei einem weitverzweigten international tätigen Konzern, sondern auch der Einfluss ausländischer Rechtsordnungen. Diese müssen bei allen Untersuchungen, die Auslandssachverhalte oder gar eine zumindest teilweise Beweisgewinnung im Ausland zum Gegenstand haben, ausgewertet und beachtet werden, was idR die Zuziehung entsprechender Experten in den jeweiligen Ländern erfordert.[10]

3   Ebenfalls zu Beginn jeder internen Untersuchung ist das aktuelle oder zumindest potentielle Verhältnis zu Ermittlungen staatlicher Behörden zu analysieren.[11] Diesem Schritt kommt angesichts der zu Beginn dargestellten aktuellen Rechtsprechung und Praxis der Behörden besondere Bedeutung zu. Es dürfte nicht übertrieben sein zu konstatieren, dass Fehler oder auch nur eine Misskommunikation mit den Behörden den Erfolg interner Untersuchungen aufs Spiel setzen und sogar zu massiven Reputationsschäden bei den betroffenen Unternehmen und Anwaltskanzleien führen. Nur sehr erfahrene Compliance-Experten und externe Anwälte werden diese Analyse und Steuerung des Verhältnisses zu den Behörden leisten können. Der Vorrang bereits eingeleiteter staatlicher Ermittlungen muss in jedem Fall respektiert werden, um die interne Untersuchung – und den daran Beteiligten – nicht dem Vorwurf deren Behinderung oder gar der Strafvereitelung auszusetzen. Dies bedeutet eine Abstimmung mit den Ermittlungsbehörden insbes. mit Blick auf die Befragung von Mitarbeitern oder andere Beweiserhebungen wie das Sammeln und Auswerten von Dokumenten und elektronischen Daten. Auf Verlangen der Behörden sind die internen Untersuchungen einzustellen. Aber auch, wenn noch keine staatlichen Ermittlungsbehörden tätig sind, ist bereits vor Einleitung einer internen Untersuchung zu klären, ob etwa gesetzliche Offenlegungspflichten bestehen bzw. es muss fortlaufend geprüft werden, ob und ggf. wann die Einschaltung von Behörden geboten ist bzw. von den Behörden gemäß deren – oft durchaus unterschiedlich gehandhabten – Ermittlungspraxis erwartet wird. Für Unternehmen, die in den USA Geschäfte machen bzw. ihre

---

[7] S. dazu JUVE v. 16.3.2017 „Razzien im Dieselskandal: Auch Kanzleiräume von Jones Day betroffen" und das JUVE Interview v. 17.3.2017 mit dem Frankfurter Strafrechtsprofessor *Matthias Jahn* mit dem Titel „Razzia bei Jones Day: Darf die Staatsanwaltschaft das?"

[8] → Fn. 5.

[9] Vgl. hierzu → Kapitel B.

[10] → Kapitel B Rn. 21 ff. führt daher beispielhaft die Regelungen zu internen Untersuchungen in einigen wichtigen Jurisdiktionen auf.

[11] Vgl. hierzu → Kapitel C Rn. 28 ff., 42 ff. und 101 ff.

Geschäfte über Einrichtungen in den USA abwickeln oder sogar an einer Börse in den USA notiert sind, spielt das US-amerikanische Rechtssystem in vielen Bereichen ihrer Geschäftätigkeit eine besondere Rolle. Dies gilt auch für die Aufklärung von Compliance-Verstößen in Unternehmen. Hier besteht in den USA eine seit vielen Jahren etablierte Zusammenarbeit von Unternehmen mit den staatlichen Ermittlungstellen, die von Behörden und Gerichten regelmäßig mit ganz erheblichen Nachlässen bei einer möglichen Sanktionierung des Unternehmens belohnt werden.[12] Die US-amerikanische Weise der „kooperativen" Durchführung interner Untersuchungen gilt dabei in Deutschland vielen Unternehmen und Anwälten immer noch als fremd und vorgeblich mit dem „kontinentaleuropäischen Rechtsverständnis" nicht vereinbar.[13] Allerdings ist es doch auffällig, dass auch in Deutschland praktisch jedes Unternehmen, das sich mit staatlichen Ermittlungen auseinanderzusetzen hat, sofort die „uneingeschränkte Kooperation" mit den Behörden öffentlichkeitswirksam versichert. Es sei an dieser Stelle die Prognose gewagt, dass – gerade auch mit Blick auf die ansonsten drohenden ganz erheblichen Reputations- und Rechtsrisiken – mehr und mehr Unternehmen den Weg der „Selbstaufklärung" und dann auch der freiwilligen Offenlegung von intern entdeckten Straftaten wählen werden. Beispiele einer solchen „Selbstaufklärung" durch bekannte Unternehmen wurden von der Öffentlichkeit gerade als Zeichen einer effektiven Compliance bewertet[14]. Auch wenn dies nicht Gegenstand dieses Buches ist, ist es im Zuge der aktuellen Diskussion um die Einführung der Unternehmensstrafbarkeit in Deutschland eine rechtspolitische Erwägung wert, welche gesetzlich geregelten Anreize Unternehmen gesetzt werden könnten, um die freiwillige Offenlegung von intern festgestellten Straftaten auch außerhalb der bereits etablierten kartellrechtlichen Kronzeugenprogramme zu befördern.[15]

Der interne Untersuchungsprozess ist im Unterschied zu den Ermittlungen staatlicher **4** Behörden aber nicht an der Strafprozessordnung, sondern am Arbeitsrecht zu messen[16] Dabei geht es sowohl um die Beachtung des Betriebsverfassungsrechts beim Aufsetzen eines internen Untersuchungsprozesses als auch um die arbeitsrechtlichen Aspekte der Auskunftspflicht und Anhörung von Mitarbeitern im Zuge interner Untersuchungen.[17] Sollten sich die Vorwürfe bestätigen, stellt sich zwangsläufig die Frage nach der Geltendmachung von Schadensersatz und zwar sowohl bzgl. der an den Verstößen unmittelbar beteiligten Mitarbeiter als auch bzgl. der aufsichtspflichtigen Organe des Unternehmens.[18] Eine Sonderthematik im arbeitsrechtlichen Kontext ist die Einrichtung einer internen Amnestie- bzw. Kronzeugenregelung, die von Siemens im Zuge der Untersuchung der Korruptionsvorwürfe 2007 entwickelt, erfolgreich angewandt und im Anschluss daran von einer ganzen Reihe anderer Unternehmen bei deren internen Untersuchungen adaptiert wurde.[19] Bei der Sanktionierung von Mitarbeitern, denen nach Abschluss unternehmensinterner Untersuchungen ein Fehlverhalten vorgeworfen wird, ist schließlich dringend ein geordneter Regelprozess zu empfehlen, gerade auch mit Blick auf mögliche nachfolgende Arbeitsgerichtsprozesse. Hierzu empfiehlt sich die Einführung eines Diszi-

---

[12] → Kapitel C Rn. 37 ff. und 119 f. dieses Buches geht deshalb insbes. auch auf die US-amerikanischen Aspekte beim Verhältnis interner Untersuchungen zu behördlichen Ermittlungen ein. Instruktiv hierzu auch *Wybitul* BB 2009, 606.

[13] Vgl. *Wastl/Litzka/Pusch* NStZ 2009, 68 und *von Rosen* BB 2009, 230. In der Kritik diff. *Jahn* StV 2009, 41.

[14] Vgl. nur *Süddeutsche Zeitung* v. 11. 6. 2011 („Hinschauen statt wegschauen") und *Frankfurter Allgemeine Zeitung* v. 11. 6. 2011 („Bestechungen kommen immer öfter ans Licht").

[15] Hierzu und zum Entwurf der vom *Verfasser* geleiteten Arbeitsgruppe des Bundesverbandes der Unternehmensjuristen (BUJ) für eine Änderung der §§ 30, 130 OWiG *Beulke/Moosmayer* CCZ 2014, 146.

[16] *LG Hamburg* NJW 2011, 942 – HSH Nordbank.

[17] Vgl. zu den kollektiv- und individualarbeitsrechtlichen Aspekten interner Untersuchungen → Kapitel D Rn. 4 ff.

[18] Vgl. hierzu → Kapitel J Rn. 1 ff. sowie die Ausführungen des LG München I → Fn. 5 und → Kapitel B Rn. 3 ff.

[19] Hierzu → Kapitel E Rn. 1 ff.

plinarausschusses, der nach feststehenden Regeln und Grundsätzen arbeitet.[20] Dies erhöht erfahrungsgemäß auch das Vertrauen der Belegschaft in die Fairness und Ordnungsmäßigkeit des Verfahrens.

5 Neben dem Arbeitsrecht spielt der Datenschutz eine weitere zentrale und gleichzeitig begrenzende Rolle bei der Gestaltung und Durchführung interner Untersuchungsprozesse in Unternehmen. Auch nach der Änderung des Bundesdatenschutzgesetzes durch die Europäischen Datenschutz-Grundverordnung wird sich daran – gerade nach den öffentlichkeitswirksamen „Skandalen" bei der vorgeblichen Missachtung des Datenschutzes im Zuge interner Untersuchungen bzw. Überprüfungen etwa bei der Bahn, Lidl, der Deutschen Bank oder der HSH Nordbank – nichts ändern. Im Gegenteil: Durch den dramatisch erhöhten Bußgeldrahmen von bis zu 4 % des Jahresumsatzes eines Unternehmens wird den Behörden mit dem ab dem 24.5.2018 anzuwendende neuen Datenschutzrecht ein scharfes Schwert in die Hand gegeben. Neben der Gestaltung von Betriebsvereinbarungen zu internen Untersuchungen sind bei internen Untersuchungen insbes. die Rolle des unternehmensinternen Datenschutzbeauftragten und die Vorgaben beim Zugriff auf elektronische Daten und deren Auswertung zu beachten. Besonders komplex wird die Angelegenheit, wenn im Zuge unternehmensinterner Untersuchung Daten in andere Länder – insbes. außerhalb der EU – transferiert werden sollen, etwa bei internationalen „cross-border"-Untersuchungen oder bei der Kooperation mit Behörden etwa in den USA.[21]

6 Neben dem Rechtsrahmen interner Untersuchungen geht es konkret um die Gestaltung des Prozesses selbst und die Rolle der daran Beteiligten. Zuerst ist die Grundsatzfrage zu entscheiden, ob ein Unternehmen nachhaltig interne Untersuchungen mit eigenen Ressourcen durchführen oder aber auf externe Anbieter zugreifen will. Dies hängt zum Einen sicher von der Größe und Komplexität des Unternehmens ab. Zum Anderen geht es aber auch darum, welche Rolle der Untersuchungsprozess im Rahmen eines Compliance Systems einnimmt und welche Synergien mit Bezug auf die Überprüfung von internen Kontrollmaßnahmen erwartet werden. Im Idealfall trägt ein effektiver und effizienter Untersuchungsprozess zur fortlaufenden Verbesserung des gesamten Compliance Systems eines Unternehmens wesentlich bei und es lohnt sich, diesen fest innerhalb der Unternehmensstrukturen zu implementieren. Aber auch, wenn interne Untersuchungen „outgesourct" werden, bedürfen sie im Unternehmen einer eindeutigen Legitimationsgrundlage durch das verantwortliche Management. Wir nennen dies das „Untersuchungsmandat". Bereits vor seiner Ausstellung sind die relevanten Hinweise auf Fehlverhalten bzw. Vorwürfe sorgfältig auf Plausibilität und rechtliche Substanz zu prüfen. Geschieht dies nicht, wird dem Untersuchungsprozess rasch der Vorwurf der willkürlichen Verfolgung entgegengehalten werden. Überhaupt ist es wichtig, der Belegschaft den Untersuchungsprozess durch die Veröffentlichung etwa des Verfahrensablaufes transparent zu machen, um Vertrauen zu gewinnen. Dagegen ist es zur Wahrung der Unschuldsvermutung und zur Sicherung der Untersuchung aber von essentieller Bedeutung, den Kreis der über die Untersuchung Informierten so klein wie möglich zu halten. Wir nennen dies das „need to know"-Prinzip. In diesem schwierigen Spannungsverhältnis – Transparenz und Verlässlichkeit des Prozesses einerseits aber strikte Vertraulichkeit auch zum Schutz des beschuldigten Mitarbeiters andererseits – bewegt sich jede interne Untersuchung. Dieses Spannungsverhältnis kann nur durch die Abstimmung, Festlegung und Kommunikation eindeutiger Regelungen aufgelöst werden.[22] Der Prozess einer internen Untersuchung darf aber nicht mit den bislang beschriebenen Maßnahmen enden. Wichtig ist neben der Aufklärung des konkret behaupteten Fehlverhaltens und – sofern bewiesen – seiner Sanktionierung auch die Nachverfolgung und Abstellung von sonstigen Schwachstellen, die im

---

[20] Vgl. hierzu → Kapitel F Rn. 7 ff.
[21] Vgl. zum gesamten Themenkomplex → Kapitel I Rn. 1 ff.
[22] Vgl. zum Ganzen → Kapitel G Rn. 1 ff., 34 ff.

Zuge der internen Untersuchung erkannt wurden. Dabei kann es um technische Defizite, etwa im Bereich der Buchhaltung oder der IT gehen oder um ein verstärktes Training zur Sensibilisierung von Führungskräften und Mitarbeitern. Wir nennen diese Nachverfolgung „Remediation" und es ist zu empfehlen, dass zumindest deren Koordination von der Compliance Organisation zentral geleistet wird.[23]

An internen Untersuchungen, gerade wenn sie größere Ausmaße annehmen, können **7** eine ganze Reihe von internen wie auch externen Experten und Dienstleistern beteiligt sein. Dies gilt gerade auch mit Blick auf die erforderliche technische Expertise bei der Datensammlung und -auswertung, die insbes. bei internationalen Untersuchungen eine bedeutsame Herausforderung darstellen, die kaum ein Unternehmen ohne Hilfe von externen Dienstleistern bewältigen können wird. Gleichzeitig hat das Unternehmen dabei aber auch die Pflicht, seine Geschäftsgeheimnisse bei der Sammlung und Verarbeitung der Daten durch geeignete Prozesse zu schützen.[24] Eine zentrale Rolle bei internen Untersuchungen im Unternehmen spielen schließlich die Rechtsanwälte, denn interne Untersuchungen sind Rechtsprozesse. Je nach Gestaltung des Untersuchungsprozesses kann die Ausgestaltung und Gewichtung der Rollen aber sehr unterschiedlich sein. Als Vertreter des Unternehmens bei der Untersuchung kann sowohl ein angestellter Syndikusrechtsanwalt mit entsprechender Expertise tätig werden oder aber ein hierfür mandatierter externer Anwalt. Dabei ist zu beachten, dass auch bei der Vergabe der internen Untersuchung an eine externe Kanzlei diese im Unternehmen stets einer koordinierenden Stelle bedarf, die idR von Juristen der internen Rechts und/oder Compliance-Abteilung besetzt werden wird. Ohne ein solches „Projektbüro" werden von Externen durchgeführte Untersuchungen im Unternehmen kaum in einem akzeptablen Zeitraum und zu vernünftigen Kosten durchgeführt werden können. Ein weiteres Betätigungsfeld für (externe) Anwälte ist auch die Vertretung des Unternehmens gegenüber Behörden und Gerichten während und nach internen Untersuchungen, um die aus den Untersuchungsergebnissen folgenden Rechtsrisiken für das Unternehmen nach Möglichkeit zu reduzieren. Zu unterscheiden von diesen Tätigkeiten in Vertretung des Unternehmens ist die Rolle des externen Anwaltes als Vertreter von Mitarbeitern, die als Zeugen oder gar Beschuldigte vom internen Untersuchungsprozess betroffen sind. Je nach Situation kann diese Tätigkeit im Einvernehmen (und ggf. auch mit finanzieller Unterstützung) des Unternehmens erfolgen oder aber auch als reine Vertretung der Partikularinteressen des Mitarbeiters im Konflikt mit dem Aufklärungsinteresse des Unternehmens. Eine ganz eigene Rolle spielt schließlich der anwaltliche Ombudsperson im Untersuchungsprozess, an dem er zwar selbst nicht originär beteiligt ist, ihn aber durch die Entgegennahme von Hinweisen auf Fehlverhalten und deren Weitergabe an das Unternehmen überhaupt erst in Gang setzt. Insgesamt ist in den letzten Jahren bei den deutschen Strafverfolgungsbehörden der klare Trend auszumachen, auch den anwaltlichen Beratern der Unternehmen und sogar dem Ombudsmann kein Beschlagnahmeprivileg zuzubilligen, was derzeit – wie bereits eingangs erwähnt – aktuell zu einer großen Verunsicherung bei Rechtsanwaltskanzleien und den von ihnen vertretenen Unternehmen führt[25]

Besonderheiten weisen kartellrechtliche Untersuchungen auf.[26] Dies beginnt schon da- **8** mit, dass anders als bei der Untersuchung etwa von Korruptions- oder Betrugsvorwürfen, das Untersuchungsteam idR nicht erwarten kann, den Vorwurf anhand der Überprüfung von Unterlagen, Rechnungen oder elektronischen Daten zu substantiieren. „Moderne" Kartellabsprachen werden idR außerhalb des Unternehmens und in konspirativer Art und Weise getroffen. Der „Schlüssel" zur Aufklärung liegt – wie bei den staatlichen Kronzeugenprogrammen – in der freiwilligen Kooperation der eingeweihten Mitarbeiter. Dies be-

---

[23] Vgl. hierzu → Kapitel H Rn. 1 ff., 10 ff.
[24] Vgl. hierzu → Kapitel K Rn. 16 ff., 23 ff.
[25] Vgl. zu den unterschiedlichen Rollen von Rechtsanwälten im internen Untersuchungsprozess → Kapitel L Rn. 1 ff., 8.
[26] Hierzu → Kapitel M Rn. 1 ff.

darf besonderer Instrumente, wie das Anbieten interner Amnestieregelungen und große Erfahrungen bei der Befragung von Mitarbeitern. Verfahrensrechtlich besteht die Besonderheit, dass neben der nationalen Behörde oft auch die Europäische Kommission ermittelt und damit besondere Kenntnisse des europäischen Kartellverfahrensrechts erforderlich sind. Schließlich hat der EuGH in der Rechtssache „Akzo Nobel" angestellten Syndikusanwälten das „legal privilege" abgesprochen. All dies führt dazu, dass insbes. bei grenzüberschreitenden kartellrechtlichen Untersuchungen regelmäßig spezialisierte externe Anwälte hinzuzuziehen sind, wobei allerdings die Rolle der internen Juristen aus der Rechts- und/oder Compliance-Abteilung als Koordinatoren der internen Untersuchung und Bindeglied zur Unternehmensleitung unverzichtbar ist.

9   Der zu beachtende Rechtsrahmen bei internen Untersuchungen, dessen Ablaufprozess und die Aufgaben der dabei Beteiligten sollte idealerweise in einen übergreifenden Verhaltenskodex für Sachverhaltsfeststellungen münden, um im Unternehmen für einheitliche Standards zu sorgen. Denn selbst beim Bestehen einer eigenen Organisation für interne Untersuchungen wird diese doch nie alle „eingriffsintensiven" Sachverhaltsfeststellungen selbst durchführen. Die breite Masse der Vorwürfe mit arbeitsrechtlichem Bezug wie Mobbing, sexuelle Belästigung oder Diskriminierung wird in den meisten Fällen von den Personalabteilungen abgearbeitet werden. Weiterhin sind Revision oder der unternehmenseigene Sicherheitsdienst auch fortlaufend mit der Feststellung von Sachverhalten befasst und befragen hierzu Mitarbeiter oder greifen sogar auf Daten zu. Vom Mitarbeiter ist idR nicht zu erwarten, dass er zwischen den verschiedenen Funktionen unterscheiden kann. Deshalb ist ein funktionsübergreifender Verhaltenskodex sinnvoll, der etwa im Unternehmen verbotene Untersuchungstechniken behandelt und eindeutige Genehmigungserfordernisse für besonders weitgehende Untersuchungsmethoden, wie etwa die Beauftragung von Privatdetektiven regelt. Ein solcher Kodex kann viel zur Akzeptanz interner Untersuchungen und verwandter Tätigkeiten im Unternehmen beitragen.[27]

10   Schließlich noch zu einem Thema, dass zwar nicht unmittelbar Bestandteil einer internen Untersuchungen ist, diesen aber nachfolgen kann: Der Einsetzung eines „Compliance-Monitors".[28] Es handelt sich hierbei um ein Modell aus der US-amerikanischen Rechtspraxis, das in Europa bis vor Kurzem kaum bekannt war. Durch die Einsetzung von solchen Compliance-Monitoren bei der Siemens AG (dem ehemaligen Bundesfinanzministers Dr. Theo Waigel), bei der Daimler AG (dem ehemaligen US-Richter Louis Freeh), bei der Bilfinger AG (dem Schweizer Rechtsanwalt Mark Livschitz) und dem – bei Redaktionsschluss noch nicht namentlich benannten – Monitor der Volkswagen AG im sog. „Dieselskandal" ist das Thema in Deutschland aber nunmehr auf breiter Front publik und Gegenstand der Diskussion in Presse und Wissenschaft. Der Monitor hat dabei die Aufgabe, das Unternehmen nach Abschluss der Untersuchung und auf der Grundlage einer Vereinbarung mit den US Behörden einige Jahre dahingehend zu kontrollieren, ob die in Folge der Untersuchungsergebnisse eingeführten Compliance-Maßnahmen auch greifen. Rechtspolitisch bleibt abzuwarten, ob – etwa im Zuge einer Neuregelung der Unternehmenssanktionen nach Straf- oder Ordnungswidrigkeitenrecht – auch der deutsche Gesetzgeber die Einführung eines solchen „Monitoring" für Unternehmen erwägen wird.

---

[27] Vgl. zum Verhaltenskodex für interne Untersuchungen → Kapitel N Rn. 1 ff.
[28] Vgl. hierzu → Kapitel O Rn. 1 ff.

B. Pflicht der Unternehmensleitung zur Durchführung interner Compliance Untersuchungen im Unternehmen und Konzern

Literatur:

Brückner, Die Aufarbeitung von Compliance-Verstößen – Praktische Erfahrungen und Fallstricke, BB-Special 4.2010 zu Heft 50, 21 ff.; *Deister/Geier,* Business as usual? Die Leitlinien zum UK Bribery Act 2010 sind veröffentlicht, CCZ 2011, 81 ff.; *Engelhart,* Die neuen Compliance-Anforderungen der BaFin (MaComp), ZIP 2010, 1832 ff.; *Fett/Theusinger,* Compliance im Konzern – Rechtliche Grundlagen und praktische Umsetzung, BB-Special 4.2010 zu Heft 50, 7 ff.; *Fleischer,* Aktienrechtliche Compliance-Pflichten im Praxistest: Das Siemens/Neubürger-Urteil des LG München I, NZG 2014,321; *Fuhrmann,* Internal Investigations: Was dürfen und müssen die Organe beim Verdacht von Compliance Verstößen tun?, NZG 2016, 881; *Hahn,* Wertpapierdienstleistungsunternehmen: Erhöhte Anforderungen an die Compliance Funktion, die bank – Zeitschrift für Bankpolitik und Praxis, Heft 12/2010; *Jahn,* Ermittlungen in Sachen Siemens/SEC, StV 2009, 41 ff.; *Hauschka/Moosmayer/Lösler,* Corporate Compliance, 3. Aufl. 2016; *Klindt/Pelz/Theusinger,* Compliance im Spiegel der Rechtsprechung, NJW 2010, 2385 ff.; *Koch,* Compliance-Pflichten im Unternehmensverbund?, WM 2009, 1013 ff.; LG München I, Urt. v. 10.12.2013, 5 HKO 1387/10, NZG 2014, 345; *Krimphove/Kruse* (Hrsg.), MaComp: Mindestanforderungen an die Compliance-Funktion und die weiteren Verhaltens-, Organisations- und Transparenzpflichten nach §§ 31 ff. WpHG für Wertpapierdienstleistungsunternehmen, 2013; *Liebscher,* Münchener Kommentar GmbHG, 2. Aufl. 2015; Rn. 1205–1211; *Moosmayer,* Compliance – Praxisleitfaden für Unternehmen, 3. Aufl. 2015; *Reichert/Ott,* Non-Compliance in der AG – Vorstandspflichten im Zusammenhang mit der Vermeidung, Aufklärung und Sanktionierung von Rechtsverstößen, ZIP 2009, 2173 ff.; *von Rosen,* Rechtskollision durch grenzüberschreitende Sondermittlungen, BB 2009, 230; *von Rosen,* Internal Investigations bei Compliance-Verstößen, Studien des Deutschen Aktieninstituts, Heft 48, 2010, Frankfurt am Main; *Schneider/Schneider,* Konzern-Compliance als Aufgabe der Konzernleitung, ZIP 2007, 2061 ff.; *Schürrle/Maximenko,* Russland veröffentlicht detaillierte Empfehlungen zur Einhaltung des Russischen Gesetzes zur Korruptionsbekämpfung, CCZ 2014, 229; *Spehl/Grützner,* Corporate Internal Investigations, 2013; *Spehl/Momsen/Grützner,* Unternehmensinterne Ermittlungen – Ein internationaler Überblick, Teil I: Einleitung unternehmensinterner Ermittlungen, CCZ 2013, 260, Teil II: Zulässigkeit und rechtliche Anforderungen verschiedener Ermittlungsmaßnahmen in ausgewählten Ländern, CCZ 2014, 2, Teil III: Die Befragung von Mitarbeitern, CCZ 2014, 170, Teil IV: Sanktionen gegen Mitarbeiter, CCZ 2015, 77; *Wagner,* „Internal Investigations" und ihre Verankerung im Recht der AG, CCZ 2009, 8 ff.; *Wessing,* § 46 Internal Investigations – Interne Ermittlungen im Unternehmen, in Hauschka/Moosmayer/Lösler, Corporate Compliance, 3. Aufl. 2016, *Wybitul,* Interne Ermittlungen auf Aufforderung von US-Behörden – ein Erfahrungsbericht, BB 2009, 606 ff.

I. Compliance Untersuchungen in Einzelunternehmen

1. Pflicht zu Compliance Maßnahmen im Allgemeinen

Seit den Ermittlungen gegen Siemens im Zuge der dortigen Korruptionsaffäre ab Ende **1** 2006 hat es in den vergangenen Jahren in verschiedenen deutschen Unternehmen groß angelegte interne Compliance Untersuchungen zur Sachverhaltsaufklärung auf Grund von Hinweisen auf schwerwiegende Gesetzesverstöße verschiedener Art gegeben. Mit solchen Untersuchungen durch die Unternehmen selbst wurde in der deutschen Unternehmenspraxis Neuland betreten, idR mit entsprechender Pressewirksamkeit. Im Hinblick auf die systematische Befragung von Mitarbeitern, die Auswertung großer Datenmengen und die Einschaltung von externen – teilweise ausländischen – Rechtsanwaltskanzleien und anderen Beraterfirmen im Rahmen solcher Untersuchungen, sind deren Rechtsgrundlagen und rechtliche Schranken konsequenterweise Gegenstand einer zum Teil kontroversen fachlichen Diskussion.[1] Gleichwohl haben inzwischen viele Großunternehmen Systeme zur Durchführung interner Ermittlungen etabliert.[2]

Bei allem dogmatischen Streit über die Reichweite einzelner Normen als Basis für **2** Compliance Untersuchungen besteht zumindest soweit Einigkeit, dass Compliance eine der grundlegenden Leitungsaufgaben im Verantwortungsbereich der Verwaltung eines

---

[1] Hauschka Corporate Compliance/*Wessing* § 46 Rn. 15, 16 mwN.
[2] Hauschka Corporate Compliance/*Wessing* § 46 Rn. 3

Unternehmens ist.[3] Als Rechtsgrundlagen kommen für **Aktiengesellschaften** insbes. die allgemeine aktienrechtliche Sorgfaltspflicht des Vorstandes bei Wahrnehmung seiner Leitungsaufgabe gemäß § 76 Abs. 1 und § 93 Abs. 1 AktG und die besondere Pflicht des Vorstandes aus § 91 Abs. 2 AktG zur Vornahme geeigneter Maßnahmen zur Gewährleistung der Bestandssicherung des Unternehmens und zur Einrichtung entsprechender Überwachungssysteme in Betracht.

3   Klarheit in die Diskussion über die Art und den Umfang der Compliance Pflichten des Vorstandes einer Aktiengesellschaft hat das Urt. des LG München v. 10. 12. 2013 gebracht.[4] Demnach hat ein Vorstandsmitglied im Rahmen seiner Legalitätspflicht dafür Sorge zu tragen, dass das Unternehmen so organisiert und beaufsichtigt wird, dass keine Gesetzesverstöße gegen Vorschriften des Bilanzrechts und des Straf- und Ordnungswidrigkeitenrechts einschließlich ausländischer Rechtsvorschriften erfolgen. Hierbei könne es dahinstehen, ob diese Pflicht bereits unmittelbar aus § 91 Abs. 2 AktG oder aus der allgemeinen Leitungspflicht der §§ 76 Abs. 1, 93 Abs. 1 AktG herzuleiten sei. Seiner Organisationspflicht genügt ein Vorstandsmitglied bei entsprechender Gefährdungslage nach diesem Urteil jedenfalls nur dann, wenn es im Unternehmen eine auf Schadensprävention und Risikokontrolle angelegte Compliance-Organisation einrichtet. Teil einer solchen Organisation sind ausreichende Maßnahmen zur Untersuchung und Aufklärung von Verstößen, deren Abstellen und die Ahndung der betroffenen Mitarbeiter. Den Vorstand trifft auch die Verpflichtung, sich in regelmäßigen Abständen darüber in Kenntnis setzen zu lassen, welche Ergebnisse interne Ermittlungen brachten, ob personelle Konsequenzen gezogen wurden und wie systematische Gesetzesverletzungen bekämpft wurden.[5] Für **Wertpapierdienstleistungsunternehmen** gelten die besonderen Organisationspflichten des § 33 WpHG, die ua die Pflicht zur Einrichtung einer dauerhaften und wirksamen Compliance-Funktion umfassen. Im Bankensektor regelt § 25a KWG eine entsprechende Pflicht. 2010 hat die Bundesanstalt für Finanzdienstleistungsaufsicht **(BaFin)** zur Konkretisierung dieser Pflichten das **MaComp** – Rundschreiben herausgegeben, das seitdem mehrfach aktualisiert und neu gefasst wurde.[6] Auch wenn es sich hierbei nicht um materielles Recht, sondern um eine behördliche Auslegungshilfe für Wertpapierdienstleistungsunternehmen handelt, bringen die MaComp doch eine Stärkung der Compliance Funktion durch Formulierung von Best Practise Anforderungen zum Ausdruck.[7]

4   Rechtsformunabhängig für alle Unternehmen gelten die Vorschriften des **Ordnungswidrigkeitenrechts.** Die §§ 30, 130 und 9 OWiG normieren sowohl die Haftung der aufsichtspflichtigen Personen im Unternehmen als auch die des Unternehmens selbst für Pflichtverletzungen im Zusammenhang mit der Verhinderung von Gesetzesverletzungen. Hieraus ergibt sich eine **Aufsichtspflicht** der Unternehmensleitung, die zwar nicht im Detail gesetzlich geregelt ist, aber durch die Rechtsprechung über die Jahre in Richtung risikoabhängiger „Mindeststandards" konkretisiert wurde.

5   Drei Elemente der Compliance lassen sich hieraus ableiten, die von allen Unternehmen auf Basis einer entsprechenden Risikoanalyse zu erfüllen sind[8]:

---

[3] Moosmayer Compliance/*Moosmayer* Rn. 1, *Reichert/Ott,* ZIP 2009, 2173 ff. mwN.
[4] LG München NZG 2014, 345, ausf. dazu *Fleischer* NZG 2014, 321
[5] LG München NZG 2014, 345
[6] Aktuelle Fassung abrufbar unter https://www.bafin.de/SharedDocs/Veroeffentlichungen/DE/Meldung/2014/meldung_140109_neufassung_macomp.html (zuletzt abgerufen am 5.7.2017).
[7] Ausf. hierzu *Krimphove/Kruse,* MaComp: Mindestanforderungen an die Compliance-Funktion und die weiteren Verhaltens-, Organisations- und Transparenzpflichten nach §§ 31 ff. WpHG für Wertpapierdienstleistungsunternehmn, 2013; *Engelhart* ZIP 2010, 1832 ff. und *Hahn* die bank, Heft 12/2010.
[8] Moosmayer Compliance/*Moosmayer* Rn. 11–13

– Organisationspflicht:

Präventive organisatorische Maßnahmen zur Verhinderung von Fehlhalten

– Kontrollpflicht:

Regelmäßige Kontrollen zum Nachweis der ernsthaften Wahrnehmung der Aufsicht durch die Unternehmensleitung

– Untersuchungspflicht:

Nachverfolgung von substantiierten Hinweisen auf Fehlverhalten.

Neben der oben genannten rechtlichen Verpflichtung wird idR auch ein faktischer **6** Zwang zur umfassenden internen Aufklärung von Compliance Vorfällen im Unternehmen bestehen. Mit öffentlich gewordenen Compliance Vorgängen geht das Risiko schwer wiegender Reputationsschäden einher. Das betroffene Unternehmen wird das für die Erhaltung seines Geschäftserfolges erforderliche Vertrauen auf ein regelgerechtes Geschäftsverhalten und Ordnungsmäßigkeit der Finanzberichterstattung nur dann bewahren oder wieder herstellen können, wenn es Compliance Vorgänge aufklärt und die Ursachen, Abhilfemaßnahmen und präventiven Vorsorgen gegen Wiederholungen an den Markt kommuniziert.[9]

2. Compliance Untersuchungen im Besonderen

Die Untersuchungspflicht als Teil eines zur Erfüllung der Aufsichtspflicht erforderlichen Compliance-Systems bedeutet, dass die Unternehmensleitung Hinweisen auf mögliche Rechtsverstöße und entsprechendes Fehlverhalten nachgehen und diese untersuchen muss. Bei derartigen Verdachtsmomenten hat die Unternehmensleitung also kein Ermessen, was das „Ob" der Untersuchung angeht, da nur eine umfassende Ermittlung des Sachverhaltes gewährleisten kann, dass eventuell noch andauernde Rechtsverletzungen abgestellt und künftige Wiederholungen verhindert werden können[10].

Interne Compliance Untersuchungen verfolgen im Unternehmen also mehrere wichti- **7** ge Zielsetzungen[11]:

– **Aufdeckung, Abstellen und Sanktionierung von Fehlverhalten:**

Nur bei umgehender Einleitung einer internen Untersuchung im Falle von Hinweisen auf Fehlverhalten können die Fakten umfassend ermittelt, Tatbeteiligte identifiziert und das Fehlverhalten aufgedeckt, wirkungsvoll abgestellt und angemessen sanktioniert werden. Daneben ist auch nur auf diese Weise die Verhinderung weiterer Schäden, zB in Form fortgesetzter Vermögensabflüsse zu erreichen.

– **Informationsgewinnung über Schwächen im Internen Kontrollsystem des Unternehmens:**

Interne Untersuchungen liefern die nötigen Informationen zur realistischen Einschätzung des internen Kontrollsystems des Unternehmens, decken ggf. dessen Schwächen auf und bieten somit die Basis für die Beseitigung von Kontrolldefiziten; sie sind damit eine wichtige Grundlage für den Jahresabschluss des Unternehmens und Aussagen des Unternehmens gegenüber den Anteilseignern und dem Kapitalmarkt.

– **Prävention:**

Interne Untersuchungen zeigen den Mitarbeitern nachdrücklich, dass die Unternehmensleitung Hinweise auf Fehlverhalten ernst nimmt und ihnen konsequent nachgeht.

---

[9] Moosmayer Compliance/*Moosmayer* Rn. 69, 70
[10] *Reichert*/*Ott* ZIP 2009, 2176 und *Wagner* CCZ 2009, 13.
[11] Moosmayer Compliance/*Moosmayer* Rn. 311.; *Fuhrmann* NZG 2016, 881.

– Haftungsvermeidung:
Unterbleibt eine Untersuchung von Hinweisen auf mögliches Fehlverhalten, besteht für die Unternehmensleitung und den Compliance Officer die Gefahr, selbst wegen einer Verletzung der Aufsichtspflicht und ein ggf. nicht abgestelltes, fortlaufendes und damit geduldetes Fehlverhalten zu haften.

8 Hinsichtlich der Frage nach dem „Wie" der Sachverhaltsaufklärung ist der Unternehmensleitung ein Ermessensspielraum bei der Auswahl der Aufklärungsmethode einzuräumen. Insbes. besteht keine grundsätzliche Verpflichtung, bereits bei Hinweisen auf Rechtsverstöße die Staatsanwaltschaft einzuschalten und staatsanwaltschaftliche Ermittlungen zu initiieren. Vielmehr stehen der Unternehmensleitung alle zur Tatsachenfindung geeigneten Methoden zur Verfügung[12]. Sofern in der Compliance- oder Rechtsabteilung oder der internen Revision des Unternehmens Ressourcen an entsprechend ausgebildeten Mitarbeitern vorhanden sind, kann eine Compliance Untersuchung selbstverständlich mit ausschließlich internen Mitteln erfolgen. Aber auch die Mandatierung besonders spezialisierter Rechtsanwaltskanzleien oder Wirtschaftsprüfungsgesellschaften zur Durchführung einer Untersuchung im Auftrag der Unternehmensleitung kommt in Betracht.

9 **Hinweis:**
Der Entscheidung der Unternehmensleitung für die richtige Untersuchungsmethode kommt für den Erfolg einer internen Compliance Untersuchung größte Bedeutung zu. Daher sollte die Unternehmensleitung in ihrem Entscheidungsprozess die folgenden Kriterien berücksichtigen[13]:
– Sachkenntnis in Bezug auf die Art des Verstoßes, zB Vertrautheit mit den Mechanismen des internationalen Zahlungsverkehrs und den vielfältigen Erscheinungsformen von Beratereinsätzen zur Verschleierung unrechtmäßiger Zahlungen
– Kenntnis der Organisation, Prozessabläufe und Kontrollen im Unternehmen
– Erfahrung mit forensischen Untersuchungsmethoden
– Distanz zu Personen, die nach den Verdachtsmomenten in den zu untersuchenden Verstoß verwickelt sein können, sowie zu dem betroffenen Unternehmensbereich

II. Compliance Untersuchungen im Konzern

10 Bei Compliance Vorfällen lässt sich immer wieder beobachten, dass Öffentlichkeit, Medien und teilweise auch Behörden bei **Konzernen** nicht scharf zwischen Vorfällen in der Konzernleitungsgesellschaft und solchen in in- oder ausländischen Tochtergesellschaften unterscheiden. Insbes. in den Medien werden Vorwürfe unrechtmäßigen Verhaltens gegen Konzerne mit Sitz in Deutschland oft in gleicher Weise aufgegriffen, unabhängig davon, ob sich die Vorwürfe gegen handelnde Personen in der Konzernmutter oder in einer Tochtergesellschaft richten. Dies wird durch die Geschäftsmodelle im Konzern unterstützt, in denen das einheitliche Konzerngeschäft durch die vernetzte Zusammenarbeit mehrerer rechtlich selbständiger – oft über verschiedene Kontinente verteilte – Unternehmen betrieben wird und in denen sich die Konzernleitungsgesellschaft auch der Tochtergesellschaften bedient, um ihren Unternehmensgegenstand zu erfüllen. Konsequenterweise kann Fehlverhalten in einer Tochtergesellschaften auch staatliche Ermittlungen in der Konzernzentrale auslösen und, selbst wenn es sich auf die Tochtergesellschaft beschränkt und es keine Mitwisser oder Mittäter in der Konzernzentrale gab, zu negativen

---

[12] *Reichert/Ott* ZIP 2009, 2177.
[13] Vgl. *Brückner,* BB-Special, 2010, 21.

geschäftlichen Konsequenzen und Reputationsverlusten, aber auch zu nachteiligen rechtlichen, steuerlichen und bilanziellen Auswirkungen für die Konzernleitungsgesellschaft führen.

Es fragt sich daher, ob es neben den Compliance Verpflichtungen jedes einzelnen Unternehmens im Konzernverbund auch eine Verpflichtung der Konzernleitungsgesellschaft gibt, Compliance im Konzern sicher zu stellen. **11**

Nach richtiger Ansicht ist dies grds. der Fall[14]. Den Vorstand oder die Geschäftsführung **12** einer Konzernleitungsgesellschaft trifft eine Pflicht zur Konzernleitung, von der auch Pflichten in Bezug auf die Compliance im gesamten Konzern umfasst sind. Da die Konzernleitungsgesellschaft ihre unternehmerischen Ziele sowohl durch eigene Geschäftsaktivitäten als auch solche ihrer Tochtergesellschaften verfolgt, erstrecken sich auch die Verpflichtungen des Vorstandes oder der Geschäftsführung der Konzernleitungsgesellschaft auf beide unternehmerischen Bereiche. Den Vorstand oder die Geschäftsführung trifft demnach zumindest eine aktive konzernweite Organisationspflicht und Schadensabwehrpflicht[15].

Für die Compliance Pflichten im Konzern folgt hieraus, dass diese zunächst die Leitungsorgane jeder einzelnen Gesellschaft treffen, dass darüber hinaus aber der Vorstand oder die Geschäftsführung der Konzernleitungsgesellschaft im gesamten Konzern eine Compliance Organisation einzurichten hat, die die Erfüllung der oben beschriebenen drei Elemente der Compliance flächendeckend sicherstellt: **13**

– **Organisationspflicht:**

Bei den Konzerngesellschaften ist eine der Größe und den geschäftlichen Risiken entsprechende Compliance Organisation einzurichten. Weiterhin sind in den Konzerngesellschaften Organmitglieder zu bestellen, die ihre eigene Compliance Verantwortung ordnungsgemäß wahrnehmen („tone from the top").

– **Kontrollpflicht:**

Überwachung der Einrichtung der Compliance Organisation in den Konzerngesellschaften; Einrichtung konzernweiter Kontrollen zur Aufdeckung von Rechts- und Regelverstößen in allen Teilen des Konzerns.

– **Untersuchungspflicht**

Verpflichtung des Vorstandes der Konzernleitungsgesellschaft, bei substantiierten Hinweisen auf Fehlverhalten in Tochtergesellschaften darauf hinzuwirken, dass diese verfolgt und Rechtsverletzungen abgestellt werden.

III. Konsequenzen für deutsche Unternehmen bei Compliance Vorfällen im Rahmen von Geschäftstätigkeiten im Ausland

Die Betrachtung der Rechtslage und Rechtspraxis in anderen Ländern kann für international tätige deutsche Unternehmen in zweifacher Hinsicht von Bedeutung sein. **14**

Zunächst ergibt sich für Konzernobergesellschaften bei Compliance Vorfällen im Ausland die unbedingte Notwendigkeit, die lokalen Gesetze zu beachten. Dies gilt zB für die Frage, ob die Geschäftsleitung einer ausländischen Konzerngesellschaft nach dem örtlich anwendbaren Gesellschaftsrecht selbst zur Durchführung von internen Compliance Untersuchungen in der Konzerngesellschaft verpflichtet ist. **15**

---

[14] Moosmayer Compliance/*Moosmayer* Rn. 16; MüKoGmbHG/Liebscher Rn. 1205 mwN.
[15] Ausf. *Schneider/Schneider* NJW 2007, 2061.

16 Es gilt bei der Durchführung von internen Compliance Untersuchungen dann weiter für das Datenschutzrecht, aber auch für arbeitsrechtliche Regelungen im Falle einer beabsichtigten Befragung von Mitarbeitern der Tochtergesellschaft.

17 Eine besondere Bedeutung kann die lokale Rechtslage erlangen, wenn der Verdacht auf Gesetzesverletzungen in einer Tochtergesellschaft bei den Ermittlungs- und Strafverfolgungsbehörden des betreffenden Landes bekannt ist und evtl. von diesen selbst untersucht wird. In solch einer Situation sind gegebenenfalls sog. **„Blocking Statutes"** zu beachten[16]. Hierbei handelt es sich um strafrechtliche Vorschriften, die Ermittlungsaktivitäten durch oder für ausländische Behörden oder im Zusammenhang mit ausländischen Ermittlungsverfahren sowie die Datenweitergabe hierfür verbieten. Sind interne Compliance Untersuchungen erlaubt oder werden solche von den zuständigen Behörden gar erwartet, stellt sich die Frage, ob die internen Untersuchungsergebnisse den Behörden vollumfänglich zur Verfügung gestellt werden müssen. Auch Vorschriften zum Schutz von Staatsgeheimnissen, wie in China, können eine Rolle spielen.

18 Ein anderer Aspekt ist die Erwartungshaltung hinsichtlich interner Compliance Untersuchungen, die sich daraus ergeben kann, dass ein deutsches Unternehmen selbst zusätzlich zum deutschen Recht auf Grund seiner Geschäftstätigkeit im Ausland einer ausländischen Rechtsordnung unterworfen ist und bei Verdacht auf Gesetzesverstöße in den Fokus ausländischer Behörden gerät. Diese Fragestellungen sind im Hinblick auf das **US-Recht** in größerem Umfang erstmals iRd internen Compliance Untersuchung bei Siemens in den Jahren 2007 bis 2009 in den Blick geraten.

19 **Hinweis:**

Bei Auftreten einer der genannten Situationen sollte frühzeitig eine in den vielfältigen relevanten Rechtsfragen der berührten Jurisdiktionen qualifizierte Anwaltskanzlei eingeschaltet werden, um weitergehende Probleme durch die Nichtbeachtung lokalen Rechts zu vermeiden.

20 Die folgenden Ausführungen zu ausgewählten Rechtsordnungen sollen lediglich beispielhaft die Bedeutung der Rechtslage in anderen Ländern für Compliance Untersuchungen in deutschen Unternehmen und durch deutsche Konzernleitungsgesellschaften verdeutlichen und die daraus folgende Notwendigkeit entsprechender rechtlicher Beratung im Vorfeld aufzeigen[17].

1. USA

21 Die USA können als „Mutterland der Compliance" gelten und auch die internen Compliance Untersuchungen („internal investigations") haben ihren Ursprung im US-Recht. Sowohl im Bereich der Durchsetzung des Wertpapierrechts durch die Securities and Exchange Commission (SEC) als auch bei der Strafverfolgung durch das US-Justizministerium (DOJ) kommt internen Compliance Untersuchungen seit Jahrzehnten eine große Bedeutung zu. Die Rechtslage in den USA ist hier insbes. unter dem Gesichtspunkt der Erwartungshaltung an und der Bewertung von internen Compliance Untersuchungen durch US-Behörden interessant, denn diese und US-Gerichte gehen bei der Anwendung von Vorschriften des US-Rechts auf ausländische natürliche und juristische Personen bekanntermaßen großzügig vor. Die Beschäftigung mit den einschlägigen Vorschriften des US-Rechts ist daher seitens der Leitung eines deutschen Unternehmens immer dann geboten, wenn dieses zB wesentliche Geschäftsaktivitäten oder eigene Mitarbeiter in den

---

[16] In Europa existieren solche zB in der Schweiz und in Frankreich.
[17] Für weitergehende Informationen zu relevanten Aspekten in verschiedenen Rechtsordnungen sei auf das Werk von *Spehl/Grützner* sowie die Aufsatzreihe von *Spehl/Momsen/Grützner* verwiesen.

USA hat oder an einer Wertpapierbörse in den USA notiert ist. Dies gilt umso mehr, wenn es bei im Unternehmen zu untersuchenden Rechtsverletzungen Hinweise auf mögliche Tathandlungen in den USA gibt[18]. Folgende Aspekte des US-Rechts sind bei internen Compliance Untersuchungen besonders bedeutsam[19]:

- Möglichkeit der Einleitung eigener Ermittlungsverfahren durch US-Behörden („cross border investigations") und Durchsetzung von Ermittlungshandlungen im Wege der Internationalen Rechtshilfeabkommen
- Bei Ermittlungsverfahren von US-Behörden Erwartungshaltung gegenüber dem Unternehmen zur Kooperation und zur Lieferung von Informationen über die Ergebnisse unternehmensinterner Compliance Untersuchungen, auch wenn keine gesetzliche Pflicht zur Durchführung interner Compliance Untersuchungen besteht[20]
- Geringe Bereitschaft insb. US-amerikanischer Gerichte und Behörden, deutsche/europäische Datenschutzbestimmungen als Hindernis für eine Datenübermittlung anzusehen; auch deshalb wird idR eine unmittelbare Kooperation des Unternehmens erwartet, anstelle den Weg der internationalen Rechtshilfe einzuschlagen
- Möglichkeit der Verhängung strafrechtlicher Sanktionen gegen Unternehmen selbst, zusätzlich zu Sanktionen gegen handelnde Mitarbeiter oder Organvertreter, aber auch
- Möglichkeit der Reduzierung von Strafen oder des vollständigen Absehens von Strafverfolgung, wenn das Unternehmen Straftaten selbst aufklärt und mit den Behörden kooperiert.

2. United Kingdom

Im United Kingdom sind bei Compliance Untersuchungen die datenschutzrechtlichen **22** Regelungen des Data Protection Act 1998 (DPA) zu beachten, mit dem die EU Datenschutz Direktive umgesetzt wurde. Das Datenschutzniveau im UK entspricht dabei dem in anderen europäischen Staaten. Im Arbeitsrecht gibt es darüber hinaus eine besondere Vertraulichkeitsverpflichtung des Arbeitgebers gegenüber seinen Arbeitnehmern, die neben den datenschutzrechtlichen Regelungen besteht. Durch die Weitergabe vertraulicher Daten über Arbeitnehmer iRv Compliance Untersuchungen, zB an die Konzernobergesellschaft, kann diese Pflicht verletzt werden und Ansprüche des betroffenen Arbeitnehmers auslösen.

Von Bedeutung auch für ausländische Unternehmen ist der **UK Bribery Act 2010 23** (UKBA), der am 1.7.2011 in Kraft getreten ist. Mit dieser Gesetzgebung hat die britische Regierung eines der weltweit aggressivsten Anti-Korruptionsregime geschaffen. Von Bedeutung für ausländische Unternehmen ist insbes. ein selbst im Vergleich zum US amerikanischen Foreign Corrupt Practises Act (FCPA) neuartiger besonderer Straftatbestand für Unternehmen, der zudem extraterritoriale Geltung hat. Gem. Section 7 UKBA[21] macht sich ein Unternehmen wegen der unterbleibenden Verhinderung von Bestechung („failure of commercial organizations to prevent bribery") strafbar, wenn eine mit dem Unternehmen verbundene natürliche Person eine Bestechungshandlung vornimmt, um dem Unternehmen einen geschäftlichen Vorteil zu verschaffen. Diese Strafbarkeit soll sowohl

---

[18] Moosmayer Compliance/*Moosmayer* Rn. 17
[19] Vgl. *Wagner* CCZ 2009, 8 ff. zu den insofern relevanten Strafzumessungsregeln der United States Sanctioning Guidelines (U.S.S.G.), den principles of Federal prosecution of business Organizations („Thompson Memorandum") und den Voluntary Disclosure programs der Wertpapieraufsichtsbehörde SEC.
[20] Hauschka Corporate Compliance/*Wessing* § 46 Rn. 11
[21] Der UK Bribery Act 2010 ist unter http://www.legislation.gov.uk/ukpga/2010/23/contents (letzter Abruf 5.7.2017) im Internet verfügbar.

für britische Unternehmen gelten, als auch für ausländische Unternehmen, die ein Geschäft im United Kingdom ausüben („any other partnership (wherever formed) which carries on a business, or part of a business, in any part of the United Kingdom")[22].

24 Unternehmen können die Strafbarkeit allerdings abwenden, wenn sie nachweisen, dass sie adäquate Maßnahmen zur Verhinderung von Bestechungshandlungen seitens der mit ihnen verbundenen Personen getroffen haben. Zur näheren Erläuterung dieser also auch für ausländische Unternehmen mit Geschäftsaktivitäten im United Kingdom geltenden Anforderungen an ihre interne Compliance Organisation, hat das britische Justizministerium Leitlinien („Guidance") veröffentlicht[23]. Die Leitlinien wollen Unternehmen anhand von sechs Prinzipien Anhaltspunkte für die Gestaltung robuster und effizienter Anti-Korruptions Programme und Prozesse geben[24]. Die sechs Prinzipien sind[25]:

1. „Proportionate procedures": Klare, praktikable, effektiv eingeführte und durchgesetzte Maßnahmen im Verhältnis zu Art und Größe des Unternehmens und den sich aus seinem Geschäft ergebenden Korruptionsrisiken;
2. „Top-level commitment": Verpflichtung der Unternehmensleitung, eine Unternehmenskultur der Integrität zu schaffen, in der Korruption inakzeptabel ist;
3. „Risk assessment": Regelmäßige Bewertung der internen und externen Korruptionsrisiken, denen das Unternehmen ausgesetzt ist;
4. „Due Diligence": Anwendung risikominimierender Due Diligence Verfahren bei der Auswahl und Einschaltung von Geschäftspartnern;
5. „Communication (including training)": Kommunikation und Training bezüglich der Anti-Korruptions Programme und Prozesse;
6. „Monitoring and review": Regelmäßige Überwachung und Bewertung der Anti-Korruptions Maßnahmen und gegebenenfalls Anpassung an veränderte Risiken

25 Obwohl auch in UK keine gesetzliche Pflicht zur Durchführung interner Compliance Untersuchungen besteht, zeigt das sechste Prinzip der oben beschriebenen Leitlinien, dass auch in UK ein entsprechender faktischer Druck besteht.

26 Mit dem UK Bribery Act 2010 hat das United Kingdom ein Gesetz geschaffen, das zweifellos erhebliche Auswirkungen auch auf deutsche Unternehmen haben kann. Bisher ist das Gesetz durch das Serious Fraud Office, die zuständige britische Verfolgungsbehörde, kaum angewandt worden. Die erste Verurteilung unter Section 7 UKBA datiert vom Februar 2016.[26] Es bleibt also weiter abzuwarten, wie die Gerichte den neuen Unternehmensstraftatbestand der Section 7 UKBA und die Verteidigungsmöglichkeiten der Unternehmen in der Praxis anwenden.

3. Frankreich

27 Bei der Planung von Compliance Untersuchungen in französischen Konzerngesellschaften ist besonders sorgfältig vorzugehen.

28 In Frankreich besteht bei Durchführung interner Compliance Untersuchungen die Gefahr, dass diese als Eingriff in die staatliche Ermittlungskompetenz und als unzulässige Beeinflussung von Zeugen angesehen wird. Hintergrund hierfür ist ein sog. „Blocking Statute" im französischen Recht, dass die extraterritoriale Ausdehnung fremder Rechts-

---

[22] Hauschka Corporate Compliance/*von Busekist/Uhlig* § 35 Rn. 40, 41

[23] „Guidance about procedures which relevant commercial organisations can put into place to prevent persons associated with them from bribing (section 9 of the Bribery Act 2010)", im Internet verfügbar unter http://www.justice.gov.uk/guidance/docs/bribery-act-2010-guidance.pdf (letzter Abruf 5.7.2017).

[24] „The six principles", s. Guidance, page 20–31.

[25] Ausf. hierzu *Deister/Geie,* CCZ 2011, 86.

[26] Es handelt sich um den Fall der britischen Sweett Group PLC und ihrer Tochtergesellschaft in Dubai, vgl. die Preesemeldung des Serious Fraud Office, im Internet abrufbar unter https://www.sfo.gov.uk/2016/02/19/sweett-group-plc-sentenced-and-ordered-to-pay-2-3-million-after-bribery-act-conviction/ (letzter Abruf 5.7.2017).

ordnungen und entsprechender Aktivitäten auf französischen Boden verhindern soll[27]. Während das Blocking Statute insbes. Ermittlungen durch oder für Behörden anderer Staaten in Frankreich verhindern soll, steht es rein konzerninternen Compliance Untersuchungen nicht entgegen, sofern die Untersuchungsergebnisse nicht an Behörden anderer Staaten gegeben werden sollen. Auch wird die Zulässigkeit der Involvierung eines ausländischen, zB also deutschen, externen, Anwaltes in eine interne Untersuchung in Frankreich unter diesem Gesichtspunkt sehr genau zu prüfen sein[28].

Für französische Unternehmen gilt iÜ das unmittelbar vor Redaktionsschluss dieses **29** Werkes veröffentlichte neue Antikorruptionsgesetz, das am 11.12.2016 in Kraft getreten ist, teilweise allerdings Übergangsvorschriften für eine zeitlich versetzte Geltung ab Juni 2017 enthält.[29] Das Gesetz enthält eine Vielzahl von Maßnahmen im Bereich der Korruptionsbekämpfung, wie die Einrichtung einer Anti-Korruptions-Agentur, Schutz von Whistleblowern oder die Einführung der Möglichkeit strafrechtlicher Vergleiche im Bereich des Unternehmensstrafrechts. Unternehmen mit mehr als 500 Mitarbeitern und einem Umsatz von mehr als 100 Mio. EUR sind nun verpflichtet, ein Compliance-Programm einzurichten. Die Elemente eines solchen Programmes sind im Gesetz detailliert beschrieben[30]. Bei Verstoß gegen diese Pflicht können Verwaltungsstrafen verhängt werden. Eine Pflicht zur Durchführung interner Untersuchungen besteht – soweit bisher ersichtlich – nicht.

4. Schweiz

Aus der strafrechtlichen Organhaftung ergeben sich im Schweizer Recht Pflichten der **30** Mitglieder der Unternehmensleitung, interne Compliance Untersuchungen durchzuführen. Diese sind Bestandteil ihrer Verpflichtung, zur Verhinderung strafbaren Verhaltens im Unternehmen ein Compliance System zu unterhalten[31]. Diese Pflichten gelten auch für Mitglieder des Aufsichtsrates. Bedeutsam kann dies im hier behandelten Kontext werden, wenn Mitarbeiter oder Organmitglieder einer deutschen Konzernobergesellschaft gleichzeitig eine Position in der Unternehmensleitung oder dem Aufsichtsrat einer Schweizer Konzerngesellschaft wahrnehmen.

Bei der Durchführung einer internen Compliance Untersuchung ist auch in der **31** Schweiz ein „Blocking Statute" zu beachten[32]: Demnach ist es untersagt, auf Schweizer Boden Beweise zu erheben, die anschließend in ein ausländisches Verfahren eingeführt werden sollen. Eine Ausnahme hiervon soll gelten, wenn die Partei eines ausländischen Verfahrens freiwillig in der Schweiz erhobene Beweise in das ausländische Verfahren einführt, um ihre Position in diesem Verfahren zu verbessern[33]. Vorsicht ist also zB geboten, wenn in Deutschland gegen ein deutsches Unternehmen ein Verfahren läuft, das sich auch auf Sachverhalte in der Schweiz bezieht und hierzu in der Schweizer Konzerngesellschaft interne Untersuchungen erfolgen sollen.

---

[27] Gesetz v. 26.7.1968, geändert durch Gesetz v. 16.7.1980.
[28] Bei Redaktionsschluss für dieses Kapitel wird in Frankreich der Erlass eines neuen Antikorruptionsgesetzes, „Sapin II", diskutiert. Dieses wird gegebenenfalls auch Auswirkungen auf die Durchführung interner Compliance Untersuchungen haben.
[29] loi n° 2016–1691 relative à la transparence, à la lutte contre la corruption et à la modernisation de la vie économique, im Internet abrufbar unter http://www.senat.fr/dossier-legislatif/pjl15-691.html (letzter Abruf 15.2.2017).
[30] Vgl. hierzu Deutsch-Französischer Informationsbrief der Rechtsanwaltskanzlei GGV, Sonderausgabe, Dezember 2016, http://de.gg-v.com/de/aktuelles/deutsch-franzoesischer-informationsbrief-sonderausgabe/ (letzter Abruf 15.2.2017).
[31] *Spehl/Momsen/Grützner* CCZ 2013, 262 (263).
[32] Art. 271 Schweizer StGB.
[33] *Spehl/Grützner* S. 359 Rn. 22

5. Russland

32 In Russland gilt seit dem 1.1.2013 Art. 13.3 des russischen Gesetzes zur Korruptionsbekämpfung. Nach dieser verwaltungsrechtlichen Vorschrift sind alle Unternehmen in Russland verpflichtet, Maßnahmen zur Verhinderung von Korruption einzuführen. Die Regelung gilt auch für russische Tochtergesellschaften ausländischer Unternehmen. Sechs
allgemein definierte Maßnahmen ohne Detaillierung einzelner Schritte werden in
Art. 13.3 genannt. Ergänzend zu den gesetzlichen Verpflichtungen hat das russische Mi-
nisterium für Arbeit und soziale Sicherheit in Zusammenarbeit mit Organisationen der
Wirtschaft Empfehlungen zur Entwicklung und Einführung von Maßnahmen zur Korruptionsbekämpfung veröffentlicht. Gesetz und Empfehlungen zielen auf die Einführung
eines belastbaren Compliance-Systems in russischen Unternehmen. Interne Compliance-
Untersuchungen gehören weder zu den sechs in Art. 13.3 definierten Maßnahmen noch
werden sie in den Empfehlungen erwähnt.[34]

33   In der Praxis sind in lokalen russischen Unternehmen interne Compliance Untersuchungen bislang nicht verbreitet. Durchgeführt werden diese eher bei russischen Konzerngesellschaften als Teil interner Compliance Untersuchungen in US-amerikanischen
oder europäischen Muttergesellschaften[35].

6. China

34 Eine gesetzliche Verpflichtung zur Durchführung interner Compliance Untersuchungen
besteht in China nicht. Allerdings hat die gemäß chinesischem Gesellschaftsrecht in allen
Unternehmen vorgesehene Aufsichtsperson die Unternehmensleitung zu überwachen und
kann bei Verdachtsmomenten eigene Untersuchungen durchführen[36]. Eine bei internen
Compliance Untersuchungen in chinesischen Tochterunternehmen wichtige Frage ist, ob
es angesichts rechtlicher Regelungen zu chinesischen Staatsgeheimnissen zulässig ist, Informationen aus einer vor Ort durchgeführten internen Compliance Untersuchung an die
deutsche Muttergesellschaft zu geben. Nach dem Gesetz zum Schutz von Staatsgeheimnissen[37] dürfen Dokumente, die Staatsgeheimnisse enthalten, ohne behördliche Genehmigung nicht gespeichert, kopiert oder weiter gegeben werden. Problematisch ist hier die
weite und sehr allgemeine Definition des Begriffs des Staatsgeheimnisses.

IV. Zusammenfassung

35 In Deutschland ist Compliance eine der grundlegenden Leitungsaufgaben im Verantwortungsbereich der Verwaltung eines Unternehmens. Dies umfasst präventive organisatorische Maßnahmen zur Verhinderung von Fehlverhalten (Organisationspflicht), regelmäßige
Kontrollen zum Nachweis der ernsthaften Wahrnehmung der Aufsicht durch die Unternehmensleitung (Kontrollpflicht) und die Nachverfolgung von substantiierten Hinweisen
auf Fehlverhalten (Untersuchungspflicht). Bei spezifischen Verdachtshinweisen hat die
Unternehmensleitung folglich kein Ermessen, was das „Ob" einer internen Compliance-
Untersuchung angeht. Ein Ermessensspielraum besteht hingegen bei der Frage nach dem
„Wie" der Sachverhaltsaufklärung Im Konzern besteht auch eine Verpflichtung der Konzernleitungsgesellschaft, Compliance in den Konzerngesellschaften sicher zu stellen.

---

[34] *Schürrle/Maximenko* CCZ 2014, 229 (230); dort auch eine ausführliche Darstellung der Empfehlungen des
Arbeitsministeriums.
[35] *Spehl/Grützner* S. 300 Rn. 1
[36] *Spehl/Momsen/Grützner*, CCZ 2013, S. 265
[37] Law of the people's Republic of China on the maintenance of State Secrets, effective 1.10.2010

Für international tätige deutsche Unternehmen sind Rechtslage und Rechtspraxis in ande- **36** ren Ländern für die Frage relevant, ob bei Compliance Vorfällen im Ausland eine eigenständige Pflicht der lokalen Geschäftsleitung besteht, in der ausländischen Tochtergesellschaft eine interne Compliance Untersuchung durchzuführen. Zudem sind bei der Durchführung solcher internen Untersuchungen verschiedene spezialgesetzliche Regelungen zu beachten.

C. Verhältnis interner Compliance Untersuchungen zu Ermittlungen staatlicher Behörden unter besonderer Berücksichtigung US-amerikanischer Aspekte

Literatur:

Dann, Die neue Kronzeugenregelung: ein Störfaktor aus Compliance Sicht?, CCZ 2010, 30 ff.; *Dann/Schmidt,* Im Würgegriff der SEC-Mitarbeiterbefragungen und die Selbstbelastungsfreiheit, NJW 2009, 1851; *Hauschka,* Corporate Compliance Handbuch der Haftungsvermeidung im Unternehmen, 3. Aufl. 2016; Hassemer/*Kempf/Moccia,* „In Dubio Pro Libertate" Festschrift für Klaus Volk zum 65. Geburtstag, 2009; *Läsker/Ott,* Grosse Strafkammer statt großer Freiheit, Wirtschaft 27.–28.11.2010, HF3; *Böttger/Minoggio,* Wirtschaftsstrafrecht in der Praxis, Kap. 18: Interne Ermittlungen in Unternehmen; *Moosmayer,* Compliance Praxisleitfaden für Unternehmen, 3. Aufl. 2015; *Müller-Jacobsen:* Schutz von Vertrauensverhältnisse zu Rechtsanwälten im Strafprozess, NJW 2011, 257; *Park,* Handbuch Durchsuchung und Beschlagnahme, 2009; *Sahan/Berndt,* Neue Kronzeugenregelung – aktive Beendigung von Korruptionssystemen durch effiziente Compliance-Strukturen alternativlos, BB 2010, 647 ff.; *Schneider,* Investigative Maßnahmen und Informationsweitergabe im konzernfreien Unternehmen und im Konzern, NZG 2010, 1201 ff.; *Schürle/Olbers,* Praktische Hinweise zu Rechtsfragen bei eigenen Untersuchungen im Unternehmen, CCZ 2010, 178; *Wastl/Litzka/Pusch,* SEC-Ermittlungen in Deutschland- eine Umgehung rechtsstaatlicher Mindeststandards!, NStZ 2009, 68; *Wehnert,* Die US-amerikanischen Richtlinien zur Strafverfolgung von Unternehmen – Ein importiertes Schrecknis auf dem Rückmarsch, NJW 2009, 1190; *Woodson,* Befragungen im Unternehmen, ZRFC 6/10, 269 ff.; *Wybitul,* Das neue Bundesdatenschutzgesetz: Verschärfte Regeln für Compliance und interne Ermittlungen, BB 2009, 1582; *Wybitul,* Interne Ermittlungen auf Aufforderung von US-Behörden – ein Erfahrungsbericht, BB 2009, 606, 607. *Spehl/Momsen/Grützner,* Unternehmensinterne Ermittlungen – ein internationaler Überblick – Teil I: Einleitung unternehmensinterner Ermittlungen, CCZ 2013, 260 ff.; *Dr. Johannes Kaspar/Stephan Christoph:* Kronzeugenregelung und Strafverteidigung, StV 2016, 318.

I. Interne Untersuchungen in Unternehmen – Pflicht oder Kür von Vorständen und Aufsichtsräten?

Unternehmensinterne Ermittlungen von potentiellen Compliance Sachverhalten sind **1** wichtig, um mögliche Haftungsrisiken für das Unternehmen und die Geschäftsleitung zu vermeiden. Die Risiken für das Unternehmen liegen vor allem in der möglichen Anordnung des Verfalls (§ 73 StGB) oder in der Festsetzung von Geldbußen (§ 30 OWiG). Auch mögliche Ausschlüsse von öffentlichen Vergabeverfahren aufgrund compliance-widriger Verhaltensweisen bzw. langjährige zivilrechtliche Rechtsstreitigkeiten können für ein Unternehmen erhebliche und zum Teil bestandsgefährdende Folgen haben. Unabhängig von den Folgen für das Unternehmen selbst laufen Geschäftsführung und verantwortliches Management Gefahr einer persönlichen Inanspruchnahme aufgrund ihrer strafrechtlichen Verantwortlichkeit im Unternehmen[1].

Eine unmittelbare gesetzliche Verpflichtung zur Untersuchung möglicher Compliance **2** Verstöße durch ein Unternehmen bzw. dessen Geschäftsleitung existiert – zumindest in Deutschland[2] – derzeit nicht. Eine Verpflichtung lässt sich jedoch anhand der derzeit bestehenden Gesetzeslage und Rechtsprechung zumindest mittelbar auslegen. Die oben aufgeführten möglichen Sanktionen können jedoch dann drohen, wenn die Geschäftsleitung Verdachtsmomente kennt bzw. kennen müsste und diese ignoriert[3].

---

[1] ZB möglicher Aufsichtspflichtverletzung iSd § 130 OWiG bzw. einer Geschäftsherrenhaftung nach § 13 StGB. § 826 Abs. 2 BGB iVm „Schutzgesetz".

[2] Gleiches gilt für Länder wie England, Italien, Russland oder Brasilien. In anderen Ländern gibt es teilw. gesetzliche Verpflichtungen bzw. es können bei Untätigkeit der Geschäftsleitung straf- oder zivilrechtlichen Haftungsrisiken entstehen, so zB in der Schweiz. S. hierzu auch *Spehl/Momsen/Grützner* CCZ 2013, 260.

[3] Der Deutsche Corporate Governance Index (DCGK) enthält eine umfangreiche Übersicht zu den Standards einer ordnungsgemäßen Unternehmensführung und zeigt die wesentlichen gesetzlichen Vorschriften zu Leitung und Überwachung börsennotierter Unternehmen.

3 Die praktischen Herausforderungen für Vorstände und Aufsichtsräte liegen vor allem darin, dass die Aufmerksamkeit für Compliance Pflichten von Vorständen und Aufsichtsratsmitgliedern stetig wächst und die Reichweite der Compliance Verantwortung häufig unklar ist. Um den Schutz des Unternehmensinteresses vor Compliance-Verstößen sowie im Schutz der Organe vor Haftungsfällen zu gewährleisten, muss deshalb sichergestellt werden, dass im Unternehmen verständliche Regelungen erlassen und praktikable Prozesse implementiert werden.

4 Eine wachsende Herausforderung für Unternehmen und ihre Compliance-Organisationen sind sog. „Megaprojekte", die vielfach in Ländern mit unsicheren politischen Verhältnissen vergeben werden und deren Laufzeit sich wegen der Komplexität der Projekte häufig über etliche Jahre hinzieht. Schwierigkeiten ergeben sich nicht nur aus greifbaren Fakten, wie zB ausländischen Rechtsordnungen (Vergaberecht, Steuer- und Strafrecht), sondern auch durch kulturelle Unterschiede und unterschiedliche Herangehensweisen und Verständnisse.

1. Aufgaben von Vorständen und Geschäftsführern im Rahmen von internen Untersuchungen

5 Ausdrückliche Regelungen zu Art und Umfang der Compliance Verantwortung von Vorständen oder Geschäftsführer gibt es – mit Ausnahme von bestimmten Branchen – in der Form nicht. Insbes. aber in regulierten Märken, wie bspw. dem Bank- oder Versicherungswesen oder in der Gesundheitsbranche, gibt es sehr detaillierte Regelungen, die compliance-relevante Vorgaben machen.

6 Im Aktienrecht hat der Vorstand gemäß einer Empfehlung aus Ziff. 4.1.3 DCGK (Deutscher Corporate Governance Kodex) für die Einhaltung der gesetzlichen Bestimmungen und der unternehmensinternen Richtlinien zu sorgen und auf deren Beachtung durch die Konzernunternehmen hinzuwirken. Hinzu kommt die in § 91 Abs. 2 AktG verankerte Pflicht zur Einrichtung eines Systems zur Risikoüberwachung für existenzgefährdende Entwicklungen. Aus § 76 Abs. 1 AktG geht hervor, dass die Compliance Verantwortung in der Gesamtverantwortung des Vorstands liegt und aus dessen Legalitätspflicht resultiert. Dies kann die Zuweisung einzelner Compliance-Aufgaben in Form horizontaler oder vertikaler Delegation rechtfertigen, zB durch klare Aufgabenzuweisung, gegenseitige Kontrolle oder Einschreiten bei Auffälligkeiten. Die praktische Umsetzung spiegelt sich in der Implementierung eines Compliance Systems sowie einer adäquaten Compliance Organisation wieder sowie in regelmäßigen Berichten an den Aufsichtsrat zu wesentlichen Themen (regelmäßig und ad hoc).

7 Gleiches gilt gem. § 43 GmbHG für die Geschäftsführer einer GmbH.

8 Im Rahmen seiner Legalitätspflicht hat ein Vorstandsmitglied bzw. Geschäftsführer dafür Sorge zu tragen, dass das Unternehmen so organisiert und beaufsichtigt wird, dass keine Gesetzesverstöße wie Schmiergeldzahlungen an Amtsträger eines ausländischen Staates oder an ausländische Privatpersonen erfolgen[4]. Zur Erfüllung dieser Legalitätspflichten bedient sich der Vorstand bzw. Geschäftsführer eines Compliance-Systems, bei dessen Ausgestaltung er in eigenem Ermessen handelt. Entscheidend für den Umfang iE sind dabei Art, Größe und Organisation des Unternehmens, die zu beachtenden Vorschriften, die geographische Präsenz wie auch Verdachtsfälle aus der Vergangenheit. Ein entsprechender „Tone from the Top" und eine klares Bekenntnis des Vorstands bzw. Geschäftsführers zu Compliance sind unabdingbare Voraussetzungen für den Erfolg seines Compliance-Systems.

9 Die Entwicklung eines adäquaten Compliance Systems beinhaltet auch dessen stetige Weiterentwicklung, um es den sich wandelnden Anforderungen aus weltweiten Geschäf-

---

[4] LG München I NZWiSt 2014, 183.

ten anzupassen. Neben geeigneten Präventionsmaßnahmen, wie der Einführung eines Risikomanagements, Richtlinien, Verfahren, Training und Kommunikation ist auch die Aufklärung regelwidrigen Verhaltens unerlässlich, dh vor allem durch die Implementierung von Meldewegen sowie professionellen und fairen internen Untersuchungen.

2. Aufgaben der Aufsichtsräte im Rahmen von internen Untersuchungen

Originäre Aufgabe des Aufsichtsrates ist die Überwachung und Kontrolle der Vorstände 10 (§ 111 AktG) sowie ein unverzügliches Einschreiten bei Pflichtverletzungen. Zudem hat der Aufsichtsrat mögliche Schadensersatzforderungen gegen Vorstandsmitglieder bei Pflichtverstößen zu prüfen und gegebenenfalls auch geltend zu machen (§ 112 AktG)[5].

Die Überwachungs- und Kontrollpflicht beinhaltet auch die Überprüfung des ausgear- 11 beiteten Compliance-Systems auf Tauglichkeit und Effizienz sowie die Beseitigung offensichtlich gewordener Defizite. Umstritten hingegen ist die eigene Verpflichtung des Aufsichtsrats zur Aufklärung von Compliance Vorwürfen.

Zur Erfüllung dieser Aufgaben bedient sich der Aufsichtsrat häufig – zumindest in vielen 12 DAX-Unternehmen – der horizontalen Delegation der Aufgaben auf verschiedene Ausschüsse. Der Compliance-Ausschuss besteht nicht selten aus dem Aufsichtsratsvorsitzenden sowie verschiedenen Aufsichtsratsmitgliedern der Anteilseigner sowie der Arbeitnehmer. Der Ausschuss befasst sich insbesondere mit der Einhaltung von Rechtsvorschriften, behördlichen Regelungen und unternehmensinternen Richtlinien durch das Unternehmen.

Vom Vorstand ist der Aufsichtsrat regelmäßig, zeitnah und umfassend über alle für das 13 Unternehmen relevanten Fragen der Compliance zu informieren (Ziff. 3.4 DCGK). Zwischen den einzelnen Sitzungen soll der Aufsichtsratsvorsitzende mit dem Vorstand regelmäßig Kontakt halten und mit ihm Fragen der Compliance beraten (Ziff. 5.2 DCGK). Mit Änderung des DCGK zum 7.2.2017[6] hat die Kodexkommission eine höhere Transparenz bei den Kriterien der Zusammensetzung des Aufsichtsrates (Ziffer 5.4.1) empfohlen. So soll der Aufsichtsrat künftig auch ein Kompetenzprofil für das Gesamtgremium erarbeiten und die jeweiligen Kompetenzen der Mitglieder entsprechend aus den Lebensläufen ersichtlich sein. In der Praxis wird dies zur Folge haben, dass gerade im Compliance-Ausschuss des Aufsichtsrates eine entsprechende Expertise verlangt werden wird. Dies schon allein um sicherzustellen, dass der Aufsichtsrat auch künftig fachlich in der Lage sein wird, über sämtliche Compliance relevante Fragen beraten und so eine Gewährleistung der Überwachungsfunktion sicherstellen zu können.

Zusammenfassend lässt sich sagen, dass es zwar keine ausdrücklichen gesetzlichen Re- 14 gelungen zur Einleitung und Durchführung interner Untersuchungen durch Vorstand, Geschäftsführung oder Aufsichtsrat in Deutschland gibt. Die allgemeinen gesetzlichen Regularien für Vorstände, Geschäftsführer und Aufsichtsräte verlangen jedoch im Bereich Compliance eine derart hohe Aufmerksamkeit und Sorgfalt, dass die Einleitung interner Untersuchungen von möglichen Compliance Verstößen im Ergebnis zumindest für die Prüfung der Stabilität und der Nachhaltigkeit des unternehmensinternen Compliance Systems unverzichtbar scheint.

II. Durchführung interner Untersuchungen

Vor der Einleitung einer internen Untersuchung stellt sich die Frage, in welchem Verhält- 15 nis interne Untersuchungen zu bereits laufenden externen Ermittlungen von Behörden

---

[5] Hierbei ist ein ausnahmsweiser Verzicht auf Durchsetzung aufgrund überwiegender Unternehmensinteressen möglich. Es handelt sich um eine sog. „Zweistufige Prüfung".
[6] Deutscher Corporate Governance Kodex in der Fassung v. 7.2.2017.

stehen. Sowohl interne Untersuchungen als auch externe Ermittlungen verfolgen das Ziel, den Sachverhalt mit rechtsstaatlich zulässigen Mitteln aufzuklären und bei Beweisbarkeit der objektiven und subjektiven Tatbestandsmerkmale Fehlverhalten von Mitarbeitern aufzudecken und derartiges Fehlverhalten in der Zukunft zu unterbinden. Während interne Untersuchungen idR darüber hinaus bezwecken, den Mitarbeiter arbeitsrechtlich zu sanktionieren oder einer zivilrechtlichen Maßnahme zuzuführen und mögliche Fehler in organisatorischen oder prozessualen Abläufen aufzudecken sowie künftige zu verhindern, ist Sinn und Zweck eines staatlichen Ermittlungsverfahrens, den Mitarbeiter für sein Fehlverhalten zu bestrafen und für mögliche Nachahmer ein abschreckendes Beispiel zu setzen.

1. Beschreibung eines internen „Case Handling"-Prozesses

16 Auch wenn also grds. wegen der Unterschiedlichkeit der Zielrichtungen eine Parallelität von internen Untersuchungen und externen Ermittlungen möglich scheint, sollten die Zulässigkeit im konkreten Fall und die Folgen einer internen Untersuchung geprüft, sowie geeignete Prozesse etabliert werden, die beim Auftreten compliance-relevanter Sachverhalte greifen.

17 Hin und wieder treten in Unternehmen compliance-relevante Sachverhalte zu Tage, die den Behörden zu diesem Zeitpunkt noch nicht bekannt sind. Um in derartigen Fällen über das „Ob" und „Wie" einer internen Untersuchung entscheiden zu können, empfiehlt sich die Einführung eines sog. **„Case Handling"-Prozesses.**

a) Einrichtung eines geeigneten Meldesystems

18 Gerade in größeren Unternehmen ist eine Vielzahl von **Informationsquellen** denkbar, durch die die Unternehmensleitung über mögliche compliance-relevante Sachverhalte informiert wird. Aber auch in kleinen und mittleren Unternehmen bietet sich die Implementierung von Meldesystemen an. Dabei sollte intern durch die Geschäftsleitung unmissverständlich zum Ausdruck gebracht werden, dass von jedem Mitarbeiter rechtstreues Verhalten und die Meldung möglicher compliance-relevanter Sachverhalte erwartet wird (sog. „Zero Tolerance").

19 In vielen deutschen, aber auch in international agierenden Unternehmen steht ein **Ombudsmann** für Hinweise auf mögliche Compliance-Verstöße zur Verfügung. Auch bei Behörden etablieren sich zunehmend Ombudsmänner. Über den Ombudsmann können sowohl Mitarbeiter als auch Dritte mögliche inkorrekte Geschäftspraktiken im Unternehmen oder in Behörden melden. Der Ombudsmann, in aller Regel ein externer Rechtsanwalt mitunter auch ein Pfarrer oder ein Psychologe, ist neutrale und anonyme Beschwerdestelle. Die Namen der Informanten werden dem Unternehmen oder der Behörde gegenüber nicht oder nur bei ausdrücklicher Genehmigung durch den Informanten offengelegt.

20 Daneben bietet sich die Einrichtung von Meldesystemen für Mitarbeiter und Externe Dritte an (sog. **„Tell us"-Systeme**). Bei solchen Meldesystemen werden Meldungen von einem externen Anbieter entgegengenommen, der sich auf den sicheren und vertraulichen Umgang mit sensiblen Inhalten spezialisiert hat. Die bei ihm eingehenden Meldungen werden in standardisierter Form an die Unternehmen weitergeleitet. Der Meldende entscheidet, ob er die Meldung anonym einreicht. Im Unternehmen selbst gibt es eine zentrale Einheit, zB innerhalb der **Compliance Abteilung** oder der Rechtsabteilung, die die Meldungen auswertet und an den Meldenden gegebenenfalls Rückfragen stellt. Sofern der Meldende anonym bleiben will, werden die Rückfragen im System hinterlegt, der Meldende kann diese dort selbst abrufen. Eingehende Meldungen werden nicht zurückverfolgt, Absender werden nicht automatisch registriert.

Ein derartiges „Tell us"-System erfährt sowohl bei den Mitarbeitern als auch bei externen 21
Stellen wie der US-Börsenaufsicht (SEC, Security Exchange Commission) und dem amerikanischen Justizministerium (DOJ, Department of Justice) regelmäßig Anerkennung. Sinn und Zweck solcher Meldesysteme ist es, das in das Unternehmen gesetzte Vertrauen von Kunden, Partnern, Anteilseignern und Mitarbeitern des Unternehmens zu stärken und zu zeigen, dass Integrität und Transparenz der täglichen Geschäftsabläufe im Unternehmen hohe Priorität genießen. Mit Hilfe eines internen „Tell us"-Systems können bei Siemens beispielsweise an 24 Stunden, sieben Tage die Woche weltweit in 13 Sprachen anonym Hinweise abgegeben werden, online oder telefonisch. Es ist sowohl von Siemens Mitarbeitern und Führungskräften als auch von Kunden, Lieferanten und sonstigen Geschäftspartnern nutzbar.

Das Unternehmen kann jedoch auch auf anderen Wegen Kenntnisse von möglichen 22
Compliance-Verstößen erhalten. Denkbar sind Auffälligkeiten im Rahmen **interner Audits** oder solche, die direkt über das Management bzw. die Personalabteilung an das Unternehmen weitergeleitet werden. Nicht selten gehen Meldungen auch direkt bei der **Rechtsabteilung** oder in der **Compliance Organisation** ein.

b) Interne Behandlung eingehender Meldungen

Viele Mitarbeiter und Unternehmen fürchten, dass durch die Schaffung von anonymen 23
Meldesystemen „Verleumdungen" durch Denunzianten Tür und Tor geöffnet werden. Die Erfahrung verschiedener Unternehmen zeigt aber, dass dies idR nicht der Fall ist, insbes., wenn ein geordneter Prozess für die Bearbeitung der Meldungen implementiert wurde. Der nachfolgend beschriebene Prozess hat sich bewährt.

Geht die Meldung eines compliance-relevanten Sachverhaltes im Unternehmen ein, 24
sollte diese zunächst an eine Abteilung, die hierfür im Unternehmen für zuständig erklärt wurde, zB bei Siemens die Abteilung **Compliance Regulatory,** weitergeleitet werden. Hier wird geprüft, ob der Vorgang im Unternehmen bereits bekannt ist und – wenn ja – ob er bereits im internen Fallbearbeitungssystem, dessen Einführung insbes. auch zur Nachweisbarkeit einer effektiven Verfolgung von Meldungen zu empfehlen ist, eingepflegt ist. Falls nicht, wird aufgrund einer summarischen Prüfung entschieden, ob der Vorgang schlüssig und plausibel ist. Ist dies der Fall, wird der Vorgang als neuer Sachverhalt in das System eingepflegt und hier zunächst einer bestimmten Kategorie zugeordnet (zB Korruption, Betrug, Diebstahl etc.). Im nächsten Schritt ist zu entscheiden, ob der Vorgang zentral, dh im Headquarter, bearbeitet werden soll oder ob die Bearbeitung sinnvoller Weise von der lokalen Compliance Abteilung bzw. der lokalen **Personal-/HR-Abteilung** oder – bei entsprechend großen Unternehmen – einer anderen Fachabteilung, zB der Datenschutzorganisation, der Exportkontrollabteilung, usw. übernommen wird.

Entscheidungskriterien für die zentrale oder lokale Abarbeitung können unter anderem 25
sein: Schwere des Vorwurfes (zB: Bestechungsvorwurf, Kartellverstoß, Bilanzbeschwerden), Auswirkungen des behaupteten Fehlverhaltens für das Unternehmen insgesamt (zB Reputationsschaden oder Höhe des Bußgeldes) oder auch der Kreis der möglicherweise involvierten Personen. In einem nachfolgenden Zwischenschritt sollte geprüft werden, ob die Anschuldigungen nicht nur schlüssig und plausibel, sondern auch substantiiert sind, dh, ob ausreichend Anhaltspunkte für den Beginn einer formellen internen Untersuchung vorliegen. Zum Schutz der Mitarbeiter sollte vor der Einleitung einer detaillierten Untersuchung der bis dahin ermittelte Sachverhalt zusammengefasst und ein **formelles Untersuchungsmandat** ausgestellt werden. Bei Siemens beispielsweise bedarf die Durchführung einer formellen Untersuchung eines als „zentral" eingestuften Compliance Falles eines vom **Chief Compliance Officer** und dem **Chief Counsel Compliance**[7] unterzeichneten Untersuchungsmandates. Mit der Untersuchung selbst wird die zuständige

---

[7] Dieser ist regelmäßig auch der Leiter der Compliance Regulatory Abteilung.

Untersuchungsabteilung **Compliance Regulatory**, oder auch ein **externer Anwalt** beauftragt. Externe Anwälte werden zB regelmäßig iRv Kartellrechtsuntersuchungen mandatiert, um den Anforderungen der internationalen Kartellbehörden entsprechend Rechnung zu tragen. Hierbei ist darauf zu achten, dass die Erstellung von Unterlagen unter Wahrung des sog. „Legal Privileges" erfolgt. Hierunter versteht man den Schutz der Kommunikation zwischen einem Anwalt und seinem Mandanten vor einer möglichen Offenlegung gegenüber Dritten ohne Erlaubnis des hiervon betroffenen Mandanten. Der Umfang des Legal Privileges ist in den USA weitreichender als in Deutschland und wird gerade im internationalen Geschäftsumfeld immer wieder **kontrovers** diskutiert. Doch auch in Deutschland ist spätestens seit der Durchsuchung der Büros der internationalen US-Kanzlei Jones Day im Jahr 2017[8], die für die für einen internationalen Automobilkonzern die Affäre aufarbeitet, hitzig diskutiert. Die Empörung bei allen Beteiligten ist groß und es stellt sich aktuell immer wieder die Frage, wie weit der Staat bei seinen Ermittlungen gehen darf, insbesondere vor dem Hintergrund, dass Rechtsanwaltskanzleien gemeinhin bei Ermittlungsverfahren als besonders geschützt gelten. Die Empörung bzw. Verwirrung, die die Entscheidung mit sich gebracht hat, ist möglicherweise auf die grundsätzlichen Unterschiede zwischen der deutschen und der amerikanischen Rechtskultur zurückzuführen. Im amerikanischen Rechtssystem gilt das Verhältnis zwischen Anwalt und Mandant nach wie vor zu jedem Zeitpunkt als unantastbar (sog. **Attorney-Client-Privilege**). Nach deutschem Strafprozessrecht hingegen kann ein Amtsrichter per Beschluss der Staatsanwaltschaft eine Durchsuchung auch dann erlauben, wenn sie bei einem Berufsgeheimnisträger stattfindet. Es kann allerdings dann verboten sein, Aufzeichnungen von Anwälten zu beschlagnahmen, wenn es sich nicht um eine „klassische Strafverteidigung" handelt. Im besagten Fall stellte die Staatsanwaltschaft offenbar in Frage, ob es sich bei den internen Erhebungen der Kanzlei (iSe unabhängigen Ermittlerin, die vom Unternehmen bezahlt wird[9]) um eine solch klassische anwaltliche Tätigkeit handelt.

26   Unabhängig von der Größe eines Unternehmens ist eine solch standardisierte Vorgehensweise bei der Prüfung der Einleitung interner Untersuchungen zu empfehlen. Dies stellt unter anderem sicher, dass eine objektive **Verhältnismäßigkeitsprüfung** stattfindet und für die Mitarbeiter die Sicherheit geschaffen wird, dass die Untersuchung eines Compliance-Vorwurfes hinreichend legitimiert ist. Er trägt darüber hinaus der Sorge von Mitarbeitern vor „ungerechtfertigten Untersuchungen", zB infolge von Verleumdungen, Rechnung[10].

27   Spätestens zu diesem Zeitpunkt stellt sich die Frage der Abgrenzung und Parallelität zu behördlichen Ermittlungen sowie zu den Folgen der internen Untersuchung.

2. Mögliche Folgen für das Unternehmen

28   Das Durchführen einer internen Untersuchung kann für das Unternehmen unter Umständen weitreichende Folgen haben. Es sollte daher sorgsam überlegt werden, welche Folgen durch die Einleitung einer Untersuchung im konkreten Einzelfall für das Unternehmen entstehen können, insbes. auch im Hinblick auf möglicherweise im Nachgang durch die Strafverfolgungsbehörden eingeleitete Ermittlungsverfahren oder etwaige nachgelagerte zivilprozessuale Verfahren.

---

[8] Beschluss des Amtsgerichts München v. 6. 3. 2017 – ER II Gs 2238/17 sowie der Beschluss des Landgerichts München II v. 8. 5. 2017 – 6 Qs 7/17.
[9] Diese Konstellation kennt man in Deutschland erst seit dem Jahr 2007, als Siemens zur Aufklärung seiner Korruptionsaffäre die US Kanzlei Debevoise und Plimpton beauftragt hatte.
[10] Zu den Einzelheiten der Prozesse bei internen Untersuchungen → Kapitel G.

a) Pflicht zur Offenlegung

Vor dem Beginn einer internen Untersuchung ist zunächst zu prüfen, ob während oder 29 nach deren Abschluss eine **Offenlegungspflicht** hinsichtlich der erkannten Compliance Verstöße gegenüber den Behörden oder Dritten be- oder entsteht. Etliche Unternehmen scheuen sich, interne Untersuchungen durchzuführen, weil sie glauben, bei Aufdecken zB einer Straftat immer zur Meldung und zur Anzeige gegenüber Behörden verpflichtet zu sein. Diese Einschätzung ist jedoch falsch. Eine Offenlegungspflicht besteht nur dann, wenn eine entsprechende gesetzliche, behördlich angeordnete oder/und unter Umständen auch eine vertragliche Verpflichtung existiert.

aa) Rechtslage in Deutschland

In Deutschland besteht grds. keine gesetzliche Verpflichtung zur Offenlegung von Strafta- 30 ten im Unternehmen. Eine Anzeigepflicht besteht lediglich für Privatpersonen in den Fällen des § 138 StGB (Nichtanzeige geplanter Straftaten). Danach wird die Nichtanzeige bestimmter schwerwiegender Straftaten, wie zB Mord, Hochverrat oder räuberischer Erpressung unter Strafe gestellt.

Eine mit den Strafverfolgungsbehörden im beidseitigen Einvernehmen getroffene (ver- 31 tragliche) Vereinbarung von Offenlegungspflichten bleibt dem Unternehmen hingegen offen. So enthält die deutsche Strafprozessordnung in § 257c StPO das Mittel der Verständigung (sog. „**Deal**"). Es handelt sich hierbei um eine Absprache zwischen den beteiligten Verfahrenspersonen, bei der mögliche Folgen einer Verurteilung bereits im Vorfeld zwischen den Beteiligten abgesprochen werden können. Hierdurch soll der Aufwand für Gericht und Staatsanwaltschaft möglichst gering gehalten werden. Der Beschuldigte/Angeklagte hingegen kann für den Ausgang des Verfahrens eine gewisse Sicherheit im Hinblick auf mögliche Strafmilderung erlangen.

Doch auch aus großen Verfahren, die sich gegen eine Vielzahl von Unternehmensmitar- 32 beitern richten, kann sich eine Verpflichtung zur Offenlegung aufgrund einer eingegangenen Kooperation mit den Behörden herleiten lassen. So kann eine **Absprache** zur Zusammenarbeit auch die Verpflichtung enthalten, sämtliche noch unbekannte Sachverhalte, die mit dem laufenden Verfahren in Zusammenhang stehen, bei deren Bekanntwerden unverzüglich den Behörden zu melden. Dies ist sowohl während als auch nach Abschluss eines behördlichen Verfahrens möglich. So konnte im Jahr 2008 der Korruptionsskandal von Siemens im Rahmen einer tatsächlichen Verständigung (sog. „**Settlement**") mit **SEC** und **DOJ** abgeschlossen werden. Die Verfahren wegen des Vorwurfs der Bestechung von Amtsträgern wurden zeitgleich in München und Washington D.C. beendet. Eine Verurteilung erfolgte ausschließlich wegen Veruntreuung, nicht hingegen wegen wie in der Anklageschrift dargelegter Bestechung. Siemens hat iRd Settlements Geldbußen in Höhe von insgesamt rund 1 Mrd. EUR gezahlt. Das Settlement enthielt auch die Verpflichtung, seinerzeit den ehemaligen deutschen Finanzminister Dr. Theo Waigel als **Compliance-Monitor**[11] für einen Zeitraum von 4 Jahren (2009–2012) einzusetzen. In den USA ist ein solches Monitoring der Compliance-Prozesse eines Unternehmens üblicher Bestandteil einer Einigung in strafrechtlichen Verfahren. Aber auch in anderen Ländern ist die Einschaltung eines Compliance-Monitor inzwischen gängige Praxis. Infolgedessen berichtete Dr. Waigel in seiner Funktion als Compliance-Monitor SEC und dem DOJ über vier Jahre hinweg regelmäßig über die Effektivität der im Unternehmen getroffenen Compliance Maßnahmen und neue compliance-relevanter Vorfälle von wesentlicher Bedeutung.

Möglich ist auch, dass das Unternehmen in seinen **internen Unternehmensrichtlini-** 33 **en** eine grundsätzliche Offenlegung von compliance-relevanten Sachverhalten vorsieht **(Zero Tolerance)**. IdR wird diese Offenlegungsverpflichtung jedoch nicht eine Meldung an staatliche Behörden beinhalten, sondern „nur" die Pflicht oder Erwartung der

---

[11] S. hierzu auch → Kapitel L.

unternehmensinterne Meldung. Die zuständige Stelle wird in derartigen Fällen über eine Untersuchung und Offenlegung, die gegebenenfalls freiwilliger Natur ist, entscheiden.

34 Zwingende gesetzliche Offenlegungspflichten können sich jedoch je nach Branche und Größe des Unternehmens aufgrund sonstiger gesetzlicher Vorgaben ergeben. Insbes. für Kreditinstitute und Güterhändler bestehen Anzeigepflichten bei Geldwäschedelikten nach dem Geldwäschegesetz (GWG). Hier hat das neue Geldwäschegesetz 2017[12] deutliche Veränderungen in der Geldwäsche-Compliance gebracht. Demnach müssen Unternehmen künftig Meldungen von möglichen Geldwäscheverdachtsfällen an die zuständigen Behörden im Rahmen eines risikobasierten Ansatzes sicherstellen. Gegenstand der Anzeige sind in diesen Fällen allerdings weniger Straftaten im Unternehmen, als vielmehr gesetzwidriges Verhalten auf Seiten der Geschäftspartner. Jedoch wird die Compliance Verpflichtung, das Unternehmen dadurch natürlich auch betriebsintern gegen Geldwäsche und finanzielle Transaktionen abzusichern, die der Terrorismusfinanzierung dienen könnten, erheblich erweitert. Hierfür werden fortan so genannte Zentrale Meldestellen eingerichtet, die der Aufsicht des Bundesministeriums der Finanzen unterliegen und sich wiederum EU-weit vernetzen.

35 Für börsennotierte Aktiengesellschaften kann sich eine Mitteilungspflicht zudem aus den kapitalmarktrechtlichen Vorschriften (insbes. dem Wertpapierhandelsgesetz „WpHG") ergeben. Compliance-relevante Vorfälle von wesentlicher Bedeutung können den Börsenkurs erheblich beeinflussen und damit die Verpflichtung zu einer Ad-hoc-Mitteilung nach § 15 WpHG zur Folge haben.

36 Hinzu kommt, dass unter Umständen erhebliche Schadensersatzansprüche von Anlegern gegenüber dem untätigen Unternehmen geltend gemacht werden können, wenn der Offenlegungspflicht nicht ordnungsgemäß nachgekommen wird. Denn nach § 37 I 1 WpHG hat jeder Aktionär einen Anspruch auf Schadensersatz, der zu einem Zeitpunkt Aktien gekauft hat, als das betroffene Unternehmen schon eine Ad-hoc-Mitteilung hätte machen müssen und dies schuldhaft unterlassen hat. Grund dafür ist, dass der Aktionäre seine Aktien unter diesen Umständen zu einem nicht marktgerechten, zu teuren Kurs gekauft hat.

bb) Rechtslage in den USA und Großbritannien

37 Auch in den USA und in Großbritannien besteht grds. keine Verpflichtung des Unternehmens zur Offenlegung von compliance-relevanten Sachverhalten gegenüber staatlichen Behörden. Allerdings verpflichtet die in den USA geltende **US Federal Acquisition Regulation (FAR)**[13] alle Vertragspartner von US Bundesbehörden zur Selbstanzeige, sofern es hinreichende Beweise für die Verletzung des US Bundesstrafrechts iRd Geschäftsbeziehungen gibt. Erfolgt die Selbstanzeige nicht, droht wegen der unterlassenen Offenlegung zwar kein Strafverfahren, aber der Ausschluss des Unternehmens von allen Bundesaufträgen in den USA[14].

38 Darüber hinaus sieht eine Regelung im sog. **Dodd-Frank-Act**[15] vor, dass Whistleblowern bei Strafzahlungen von mehr als einer Million US-Dollar eine Zahlung in Höhe von bis zu 30 % der staatlichen Einnahmen vom **DOJ** zugesprochen werden können, wenn eine von ihnen gemeldete Anschuldigung zu einer Verurteilung des Unternehmens in den USA führt. Für Unternehmen, die über eine gut strukturierte Compliance-Orga-

---

[12] Das neue nationale Geldwäschegesetz (wirksam ab Ende Juni 2017) wird die Änderungen der Vierten EU-Geldwäsche-Richtlinie in der Geldwäsche- und Terrorismusbekämpfung in Deutschland umsetzen.

[13] Die FAR sind abzurufen unter https://www.acquisition.gov/?q=browsefar (zuletzt abgerufen am 10.3.2017).

[14] *Moosmayer* Compliance Rn. 354 ff.

[15] Hierbei handelt es sich um ein amerikanisches Bundesgesetz, welches als Reaktion auf die Finanzmarktkrise 2007 das Finanzmarktrecht der Vereinigten Staaten umfassend änderte. Es beinhaltet ein Incentive-Programm für Whistleblower für den Fall, dass bestimmte Rechtsverletzungen durch Unternehmen an die SEC bzw. die Commodity Futures Trading Commission (CFTC) gemeldet werden.

nisation verfügen, wird dadurch ein Wettlauf gegen die Zeit beginnen, um gegebenenfalls Whistleblowern zuvor zu kommen.

In Großbritannien kann eine Offenlegung von Compliance-Vorfällen bei Verstößen ge- **39** gen den UK Bribery Act notwendig werden, um eine Verantwortlichkeit des Unternehmens und dessen Verantwortlichen zu vermeiden. Seit der Einführung des Crime and Courts Act im Jahr 2013 können Gesetzesverletzungen mittels eines sog. Deferred Prosecution Agreements (DPA) geregelt werden. Ein DPA ist eine freiwillige Vereinbarung zwischen dem Unternehmen und dem Serious Fraud Office (SFO), in welchem das Unternehmen ein pflichtwidriges Verhalten einräumt und sich zur Umsetzung diverser Maßnahmen verpflichtet, die präventiv helfen sollen, künftig rechtswidriges Verhalten zu verhindern. Im Gegenzug wird die Strafverfolgung vorläufig und nach Erfüllung der genannten Maßnahmen endgültig eingestellt. Das Angebot zum Abschluss eines DPA stellt eine reine Ermessensentscheidung des SFO dar, welche nach Aussagen des SFO von einer frühzeitigen Selbstanzeige und umfassender Kooperation mit den Strafverfolgungsbehörden positiv beeinflusst wird.

cc) Freiwillige Offenlegung

Doch auch wenn im Einzelfall weder eine gesetzliche noch vertragliche oder betriebsin- **40** terne Verpflichtung zur Offenlegung compliance-relevanter Sachverhalte gegenüber den staatlichen Ermittlungsbehörden besteht, kann eine Offenlegung für das Unternehmen sinnvoll und ratsam sein. In manchen Fällen kann für das Unternehmen sogar ein eigenes Interesse an einer strafrechtlichen Verfolgung durch externe Ermittlungsorgane bestehen, etwa in Fällen von Vermögensstraftaten, in denen das Unternehmen mögliche **Rückforderungs- bzw. Schadensersatzansprüche** gegenüber den Mitarbeitern geltend machen kann. Das Unternehmen kann in diesen Fällen **Akteneinsicht** beantragen und so auf die Ergebnisse der Ermittlungen zurückgreifen. Die Kontakte mit den Ermittlungsbehörden können auch insoweit von Nutzen sein, dass mögliche negative Auswirkungen strafrechtlicher Ermittlungen in der Branche und der Öffentlichkeit für das Unternehmen möglichst gering gehalten werden, so zB durch die Absprache von Pressemitteilungen[16]. Hinzu kommt, dass staatlichen Behörden deutlich weitreichendere Befugnisse bei der Ermittlung von Sachverhalten zustehen als privaten Unternehmen. Diesen sind bei der Ermittlung von Sachverhalten sowie bei der Verwertung von Beweismitteln deutlich engere Grenzen gesetzt (§§ 134, 138, 826 BGB). Strafrechtlich ergeben sich die Grenzen für Privatermittler bereits aus § 258 StGB (Strafvereitelung), § 164 StGB (Falsche Verdächtigung) und § 203 StGB (Verletzung von Privatgeheimnissen). Ferner setzen arbeits- und datenschutzrechtliche Bestimmungen dem Arbeitgeber Grenzen bei der internen Untersuchung gegen seine Arbeitnehmer[17].

Die Offenlegung eines compliance-relevanten Sachverhaltes muss von der Unterneh- **41** mensleitung aber in jedem Fall sorgfältig abgewogen werden. Insbes. müssen in die Abwägung auch etwaige Folgewirkungen der Anzeige im Hinblick auf drohende Geldbußen für das Unternehmen und Mitarbeiter nach §§ 30, 130 OWiG einbezogen werden. Zudem sollten etwaige Reputationsschäden und die Folgen negativer Berichterstattungen in den Medien bedacht sein.

b) Spätere Pflicht zur Kooperation (Präjudiz)

Allerdings erwarten Behörden zunehmend, dass sich Unternehmen, die über ausgereifte **42** Untersuchungsprozesse verfügen, entsprechend kooperativ verhalten. Dies gilt umso mehr in Zeiten, in denen die staatlichen Gelder immer knapper werden und die technischen Anforderungen an Datensichtungen steigen. Allerdings zeigt die Praxis, dass die Behörden

---

[16] *Wybitul* BB 2009, 609; zitiert von *Minoggio* S. 1066 ff.
[17] Vgl. hierzu *Minoggio* S. 1066 ff.

nicht immer von einer Kooperation angetan sind, geschweige denn, dass eine Verpflichtung zur Kooperation abgeleitet werden könnte[18].

c) Pflicht zur Herausgabe von Untersuchungsprotokollen/-ergebnissen

43   Die im Rahmen einer internen Untersuchung zu Tage getretenen Untersuchungsergebnisse und etwaige dazu erstellte Untersuchungsprotokolle sind für die Ermittlungsbehörden interessant, sind sie doch oftmals die einzigen Nachweise eines vermutlichen Fehlverhaltens oder einzelner Mitarbeiter.

44   Im Einzelfall kann das Unternehmen jedoch nachvollziehbare Gründe haben, derartige Ergebnisse nicht mit den Behörden zu teilen, wie zB zum Schutz personenbezogener Daten von Mitarbeitern oÄ Auch für die Mitarbeiter, die im Rahmen interner Untersuchungen befragt werden, würde eine Offenlegung und mögliche Herausgabe von etwaig erstellten Protokollen zu einer „Zwickmühle" führen.

45   Einerseits sind Mitarbeiter aufgrund der arbeitsrechtlichen Treuepflicht zur umfassenden und wahrheitsgemäßen Aussage verpflichtet.[19] Andererseits belastet sich ein Mitarbeiter durch seine Aussage möglicherweise selbst und setzt sich damit einer Strafverfolgung aus, der er nicht ausgesetzt wäre, wenn er von den staatlichen Behörden befragt werden würde, weil er sich auf den nemo-tenetur-Grundsatz, sog. Selbstbelastungsfreiheit berufen könnte. Es liegt auf der Hand, dass sich diese Spannungslage negativ auf die Aussagebereitschaft bzw. Aussagequalität der Mitarbeiter und demnach insgesamt auf die Aufklärung möglicher compliance-relevanter Vorfälle auswirkt. Deshalb gibt es Unternehmen, die es sich zur Regel gemacht haben, keine Untersuchungsprotokolle zu Befragungen zu erstellen.

46   Nach derzeit in Deutschland geltender Gesetzeslage bestehen Auskunfts- und Herausgabepflichten im Rahmen einer Zeugenstellung (§§ 161, 161a StPO) und im Falle einer Durchsuchung (§§ 102, 103 StPO). Ausgenommen von diesen Verpflichtungen sind im Wesentlichen Personen, denen ein strafprozessuales Zeugnisverweigerungsrecht zusteht (§§ 52, 53, 97, 160a StPO).

47   Ob und unter welchen Voraussetzungen die Herausgabe von aufgrund einer internen Untersuchung erstellten Untersuchungsprotokollen verweigert werden darf, ist bislang nicht abschließend geklärt.

48   Bis zum Jahr 2010 konnte die Pflicht zur Herausgabe von Protokollen verneint werden. Die Entwicklungen seitdem sind konträr und Auswirkungen für die Betroffenen teilweise verheerend:

Bereits im Jahr 2010 hat allerdings das LG Hamburg im Jahr 2010 erstmals die Beschlagnahmefähigkeit derartiger Dokumente einer externen Kanzlei uneingeschränkt bejaht, weil das Beschlagnahmeverbot nur das Vertrauensverhältnis zwischen einem Beschuldigten und dem von ihm zu seiner Verteidigung beauftragten Rechtsanwalt betreffe, nicht jedoch als allgemeiner Schutz vor Beschlagnahmen diene. Da die mit der internen Untersuchung durch das Unternehmen beauftragte externe Kanzlei regelmäßig kein Mandatsverhältnis mit den zu befragenden Personen habe und damit auch nicht deren Verteidigung übernehme, könnten sich die zuständigen Rechtsanwälte auch nicht auf ein Zeugnisverweigerungsrecht berufen.

49   Im Jahr 2012 erklärte das LG Mannheim[20] die im Gewahrsam einer (externen) Anwaltskanzlei befindlichen unternehmensinternen Unterlagen – abgesehen von Missbrauchsfällen – hingegen für beschlagnahmefrei. Noch diffiziler ist die Rechtslage, falls sich Protokolle im Unternehmen selbst befinden. Hier gilt im Grundsatz, dass eine Be-

---

[18] Zu den Details einer möglichen Kooperation → Abschnitt III.2 „Aktive Unterstützung der externen Ermittlungen durch interne Untersuchung".
[19] Ausführlich hierzu → Kapitel D.
[20] LG Mannheim CCZ 2013, 78.

schlagnahme möglich ist, weil sich Unternehmensanwälte nicht auf das Beschlagnahmeverbot gem. § 161 StPO berufen können.

Eine Ausnahme von der Beschlagnahmefähigkeit besteht laut dem LG Braunschweig 50 im Jahr 2015 allerdings dann, wenn die Unterlagen zum Zweck der Unternehmensverteidigung erstellt wurden.[21] Unklar bleibt bis heute, welche Voraussetzungen vorliegen müssen, um einen Verteidigungszweck bejahen zu können.

Nunmehr lassen auch die oben bereits erwähnten Entscheidungen der Münchner Gerichte[22] zur Durchsuchung der Praxisräume einer internationalen Anwaltskanzlei aus dem Jahr 2017 einen gewissen Praxistrend erkennen. Der Antrag beim Bundesverfassungsgericht, die Versiegelung der beschlagnahmten Unterlagen und Daten bis zur Entscheidung über die entsprechende Verfassungsbeschwerde aufrechtzuerhalten, wurde abgelehnt. Die Unterlagen stehen der Staatsanwaltschaft damit weiterhin zur weiteren Verwendung zur Verfügung.

d) Kronzeugenregelung

Interne Untersuchungen können für das Unternehmen auch zur Folge haben, dass Be- 52
hörden möglicherweise nicht durch die Unternehmensleitung, sondern durch einzelne Mitarbeiter ohne Rücksprache mit der Unternehmensleitung informiert werden. Dies gilt umso mehr, weil zum 1.9.2009 die sog. **Kronzeugenregelung** als Strafzumessungsregel in das deutsche Strafgesetzbuch eingeführt wurde (§ 46b StGB). Eine solche Regelung war bislang im deutschen Recht nur im Kartellrecht gesetzlich vorgesehen[23]. Die neue Kronzeugenregelung ermöglicht der Justiz eine Strafrahmenverschiebung nach § 49 Abs. 1 StGB in den Fällen, in denen **Aufklärungs- und Präventionshilfe** gegenüber dem Staat geleistet wird. Das bedeutet, dass ein Beschuldigter eine erhebliche Strafmilderung erfahren kann, wenn er den Strafverfolgungsbehörden Hinweise für von Dritten begangene Straftaten gibt. Um in den Genuss der Regelung kommen zu können, ist es wichtig, dass nicht nur bloße Beschuldigungen ausgesprochen werden. Es muss entweder ein Aufklärungserfolg eintreten oder eine konkret drohende Tat verhindert werden.

Mit Einführung des § 46b StGB wurden zugleich ab dem 1.9.2009 die Strafandrohun- 53
gen für das Vortäuschen einer Straftat (§ 145d Abs. 3 und 4 StGB), und die falsche Verdächtigung (§ 164 Abs. 3 StGB) für diejenigen Täter ausgeweitet und angehoben, die sich durch unwahre Angaben eine Strafmilderung oder ein Absehen von Strafe erschleichen wollten.

aa) Modifikation im Jahr 2013

Die Vorschrift des § 46b StGB wurde allerdings durch das 4. StrÄnderG seit 1.8.2013 54
dahingehend eingeschränkt, dass nunmehr sowohl für die Aufklärungs- als auch für die Präventionsvariante zwischen der Tat des „Kronzeugen" als auch der Tat, auf die sich seine Angaben beziehen, ein Zusammenhang bestehen muss[24] (Einschränkung auf sog. **„Zusammenhangstaten"**). Angesprochen sind alle Täter von Straftaten, die mit einer im Mindestmaß erhöhten Freiheitsstrafe oder mit einer lebenslangen Freiheitsstrafe bedroht sind, sofern sie durch **freiwilliges** Offenbaren ihres Wissens **wesentlich** zur Aufklärung oder zur Verhinderung von Straftaten beitragen, an denen sie **selbst nicht beteiligt** waren.

Zweck der Norm ist es, potentiell kooperationswilligen Beschuldigten einen Anreiz zu 55
bieten, den Ermittlungsbehörden die Arbeit zu erleichtern und zur Aufklärung von Straf-

---

[21] LG Braunschweig NZWiSt 2016, 37.
[22] Beschluss des Amtsgerichts München v. 6.3.2017 – ER II Gs 2238/17 sowie der Beschluss des Landgerichts München II v. 8.5.2017 – 6 Qs 7/17.
[23] S. hierzu auch die Ausführungen in → Kapitel J.
[24] BT-Drs 17/9695, 1.

taten beizutragen. Dies ist vor allem in Zeiten der immer mehr zu Tage tretenden Knappheit finanzieller Mittel im öffentlichen Dienst und der damit verbundenen Überbelastung der einzelnen Ermittlungsabteilungen von essentieller Bedeutung.

56 Jedoch ist zu beachten, dass auch bereits vor Einführung des § 46b StGB die Gerichte iRd Strafzumessungserwägungen sachgerechte Strafen verhängen konnten, wenn ein Angeklagter über seine eigene Tatbeteiligung hinaus Aufklärungs- oder Präventionshilfe geleistet hatte. Kritisiert wurde die Regelung vor allem deshalb, weil die fakultative Strafmilderung den Beschuldigten dazu zwang, noch im Ermittlungsverfahren mit der Staatsanwaltschaft oder dem Zwischenverfahren mit dem Gericht zu klären, welche konkreten Zugeständnisse er für seine Hilfe erwarten kann. Dies hatte zur Folge, dass ein Beschuldigter zu Verhandlungen mit dem Gericht genötigt wurde, das sich aufgrund seines Ermessensspielraums in einer dominierenden Position befand.

57 Für das betroffene Unternehmen kann § 46b StGB zudem zur Folge haben, dass die Meldung von compliance-relevanten Sachverhalten trotz mangelnder gesetzlicher **Offenlegungspflicht** kaum mehr disponibel sein wird. Gerade bei Korruptionssachverhalten muss das Unternehmen davon ausgehen, dass zumindest einzelne beteiligte Mitarbeiter schon allein aufgrund des empfindlich hohen Strafmaßes die Chance zur Kooperation mit den Behörden nutzen werden, um eine Strafmilderung zu erlangen. Zwar muss die Kooperation in der Gestalt erfolgen, dass der Beschuldigte einen über seinen eigenen Tatbeitrag hinausgehenden Sachverhalt zur Kenntnis der Behörden bringt. Dieser muss jedoch vom Beschuldigten nicht bewiesen werden. Va vorläufig Festgenommene könnten zur Wiedererlangung ihrer Freiheit nahezu alle vermeintlich vom vernehmenden Beamten gewünschten Angaben machen, unabhängig davon, ob sie den Tatsachen entsprechen oder nicht[25]. Dies kann im Ergebnis zu Denunziantentum und **Bespitzelung** führen, deren Ausmaß nicht vollständig abschätzbar ist.

58 Für das Unternehmen hat dies wohl zur Konsequenz, dass eine sorgsame Vorprüfung interner Sachverhalte ohne Einschaltung der Behörden kaum mehr möglich sein wird. Werden iRd internen Untersuchung Interviews mit den Betroffenen geführt und erfahren die Mitarbeiter auf diesem Wege, dass intern bereits Untersuchungen laufen, besteht die Gefahr einer völlig überstürzten und unabgestimmten Kooperation der Mitarbeiter mit den Behörden. Das Unternehmen hat in diesen Fällen kaum mehr eine Chance, den Sachverhalt gegenüber den Behörden aus seiner Sicht darzulegen. Vielmehr ist es ein Wettlauf gegen die Zeit, Sachverhalte anzuzeigen, bevor andere eine Anzeige erstatten. Je mehr potentielle Kronzeugen es in einem Unternehmen gibt, umso schwieriger wird es für das Unternehmen, ein koordiniertes Vorgehen zu gewährleisten.

59 Unabhängig davon bringt die Norm für das Unternehmen jedoch den Vorteil, dass die Aufklärungswilligkeit der Mitarbeiter im Ergebnis zur schnelleren und einfacheren Aufklärung gesetzeswidriger Vorgänge im Unternehmen führt. Aber auch im Hinblick auf die Strafzumessung können Vorteile eintreten. Bspw. orientiert sich die Bemessung einer Unternehmensgeldbuße nach § 30 OWiG maßgeblich am Grad der Vorwerfbarkeit[26], so dass sich strafmildernde Kronzeugenaussagen auch insoweit positiv auf das Unternehmen auswirken können.

bb) Praktische Auswirkungen bis 2016

60 Eine Expertenbefragung durch die Universität Augsburg im Jahr 2016[27] kam zu dem Ergebnis, dass § 46b StGB in der Praxis hauptsächlich als Aufklärungshilfe und weniger als Präventionshilfe dient. Dies jedoch nicht, wie ursprünglich vom Gesetzgeber geplant, in

---

[25] *Sahan/Berndt* BB 2010, 647.
[26] BGH NStZ-RR 2008, 13 Rn. 20.
[27] S. hierzu den Beitrag von *Kaspar/Christoph* StV 2016, 318. Der Beitrag informiert über die Ergebnisse einer Befragung von Strafverteidigerinnen und Strafverteidigern zur Aufklärungs- und Präventionshilfe gem. § 46b StGB.

Gropp-Stadler/Wolfgramm

den Bereichen der organisierten Kriminalität (in der Praxis nur 27%), der Wirtschaftskriminalität (in der Praxis nur 9%) und des Terrorismus. Hier wurde der Rückgriff auf Insiderwissen als besonders notwendig erachtet. Stattdessen liegen die Hauptanwendungsfelder außerhalb der vom Gesetzgeber identifizierten Kriminalitätsbereiche.

Zudem konnte durch die Analyse der bislang vorliegenden Urteile die Aufklärung 61 dank § 46b StGB hauptsächlich im Bereich der Vermögensdelikte verortet werden (Raub, Erpressung, Betrug, Untreue, Diebstahl und Unterschlagung). Die offenbarten Delikte entstammen sehr häufig den gleichen Deliktskreisen, dh, in der weit überwiegenden Mehrheit der Verfahren war das seit 2013 erforderliche Konnexitätserfordernis erfüllt.

Zudem ergab die Analyse der bisher ergangen Urteile, dass es keine „klassischen" 62 Kronzeugen gibt. Man kann aber festhalten, dass der Kooperationswille gegenüber Behörden häufig bei Menschen anzutreffen ist, die eine gewisse innere Distanz zu den in Frage stehenden Taten aufweisen, weil sie zB keine nennenswerten Vorteile aus ihr ziehen konnten, eher unfreiwillig in das Tatgeschehen hineingezogen wurden oder im Vergleich zu den Mittätern auf eher niedriger Stufe standen. Es lässt sich laut Umfrage wohl feststellen, dass sich eher die „schwachen Glieder" einer Kette als Ermittlungsgehilfen eignen, weil man diese offenbar leichter aus bestehenden Strukturen herausbrechen und eher auf Seite der Strafverfolgungsbehörden gezogen werden können[28].

IErg kann man bis dato wohl festhalten, dass § 46b StGB seit seiner Einführung eher 63 verhalten angewendet wird. Dies kann zum einen den Grund haben, dass – wie in der Vergangenheit auch – Aufklärungs- bzw. Präventionshilfen über die altbekannten Methoden der Strafzumessung bzw. Verfahrenseinstellung gewürdigt werden. Zum anderen sorgen möglicherweise die bereits vor Einführung der Norm viel gefürchteten Missbrauchsrisiken im Zusammenhang mit eher geringen Kontrollmöglichkeiten für eine restriktive Anwendung der Strafzumessungsregel in der Praxis.

Die weitere Handhabung der Strafzumessungsregel in der Praxis bleibt in jedem Fall 64 abzuwarten.

e) Einschaltung einer externen Kanzlei

Bei der Frage, ob iRd Durchführung interner Untersuchungen eine **externe Kanzlei** 65 hinzuzuziehen ist, spielen verschiedene Erwägungen eine Rolle[29]. Von externen Kanzleien wird vielfach als Grund angeführt, dass Rechtsanwälten in Deutschland ein gesetzliches **Zeugnisverweigerungsrecht** nach § 53 Abs. 1 S. 1 Nr. 3 StPO zusteht. Ein Zeugnisverweigerungsrecht hat zur Folge, dass Dokumente und Unterlagen, die sich in deren Besitz befinden, einem **Beschlagnahmeverbot** nach § 97 Abs. 1 Nr. 3 StPO unterliegen können.

In der Vergangenheit wurde ein solches Beschlagnahmeverbot von der Rechtspre- 66 chung[30] mangels Vorliegen eines Zeugnisverweigerungsrechtes verneint. Nunmehr wird vor dem Hintergrund des mit Wirkung zum 1. 2. 2011 eingeführten § 160a StPO ein Beschlagnahmeschutz überwiegend bejaht – jedenfalls wenn sich die unternehmensinternen Unterlagen im Gewahrsam der externen Kanzlei befinden.[31] Grds. beschlagnahmefähig sind zumindest bis dato – trotz Einschaltung einer externen Kanzlei – jedoch Unterlagen, die sich im Unternehmen befinden. Lediglich Unterlagen, die zu Verteidigungszwecken angefertigt wurden, sind ortsunabhängig beschlagnahmefrei.[32] Hierbei kommt es jedoch maßgeblich auf die Bewertung der zuständigen Staatsanwaltschaft bzw. des Gerichtes an. So ist im Fall Jones Day die Staatsanwaltschaft zwar von einer zeugenschaftlichen Stellung ausgegangen – jedoch wurde eine klassisch anwaltliche Tätigkeit verneint, weshalb die

---

[28] *Kaspar/Christoph* StV 2016, 318.
[29] S. hierzu auch → Kapitel I.
[30] LG Hamburg NZWiSt 2012, 26.
[31] LG Mannheim CCZ 2013, 78.
[32] LG Braunschweig NZWiSt 2016, 37; LG Bonn NZWiSt 2013, 21; LG Gießen wistra 2012, 409.

Unterlagen zumindest laut Auffassung der Justizbehörden keine Unterlagen für die klassische Strafverteidigung und damit auch nicht umfassend geschützt sind.

Zwar kann die frühzeitige Einschaltung einer externen Kanzlei dann geboten sein, wenn diese zugleich das Unternehmen bzw. die Unternehmensinteressen in einem möglicherweise nachfolgenden Gerichtsverfahren vertreten soll. Die oben genannte Gerichtsentscheidung sollte jedoch bei der Entscheidung, ob eine solche Kanzlei mandatiert wird, zumindest diskutiert und entsprechend berücksichtigt werden.

67   Das Einschalten einer externen Kanzlei kann zwar bei den Behörden nach Meldung des Sachverhaltes den Eindruck erwecken, dass das Unternehmen eine Verteidigungshaltung einnimmt. Es besteht grds. das Risiko, dass dies im Vorfeld der behördlichen Ermittlungen als eine Art Schuldanerkenntnis gewertet werden könnte. Allerdings hat sich auch hierzu die Behördensicht zwischenzeitlich gewandelt. Um den Eindruck eines möglichen Schuldanerkenntnisses zu vermeiden, sollte jedoch die Kommunikation offen und transparent in Anwesenheit sämtlicher Verfahrensbeteiligter erfolgen. Außerdem sollte den Behörden bzw. den ermittelnden Beamten vermittelt werden, dass es sich hier nicht automatisch um die Verteidigung der Unternehmensinteressen handelt, sondern den Behörden bzw. Beamten ein externer Ansprechpartner für sämtliche Anfragen und Belange zur Seite gestellt wird, der in enger Abstimmung mit der Compliance Abteilung bzw. der Rechtsabteilung zusammenarbeitet.

f) Pressearbeit

68   Führen die internen Untersuchungen zu der Erkenntnis, dass der Sachverhalt ins Interesse der Medien rücken könnte, empfiehlt sich bereits frühzeitig die Festlegung einer geeigneten Pressestrategie sowie die Einschaltung der internen Presseabteilung, damit diese bei Anfragen der Presse entsprechend reagieren können. In vielen Fällen wird die Stellungnahme gegenüber der Presse allerdings lauten, dass laufende Untersuchungen nicht kommentiert werden können, um dem Schutz der Mitarbeiter vor Verleumdungen Sorge zu tragen. Unbedachte Aussagen gegenüber der Presse können nicht unbedeutende rechtliche Konsequenzen haben und unter Umständen beispielsweise Strafverfahren wegen Verleumdung oder übler Nachrede nach sich ziehen. Das Verhalten gegenüber der Presse ist auch und gerade im Vorfeld einer behördlichen Ermittlung daher sorgsam für jeden Einzelfall abzuwägen[33].

g) Auswirkungen auf die Strafzumessung

69   Möglicherweise kann die Durchführung interner Untersuchungen und die sich daraus ergebende beschleunigte Durchführung externer Ermittlungen durch die Behörden Auswirkungen auf die spätere Strafzumessung haben[34].

70   In den USA und in Großbritannien wird iRd Strafzumessung sowohl die Effektivität eines Compliance-Programmes als auch die Kooperationsbereitschaft, die sich durch die Durchführung interner Untersuchungen ergeben kann, bei der Strafzumessung entsprechend gewürdigt.

3. Mögliche Folgen für Mitarbeiter

71   Interne Untersuchungen können jedoch nicht nur für das Unternehmen weitreichende Konsequenzen haben. Je nach Untersuchungsergebnis kann eine Anzeige eines compli-

---

[33] Zu den Einzelheiten des Umgangs mit der Presse vgl. Ausführungen unter → Abschnitt II.3.e „Pressearbeit".
[34] Vgl. hierzu die Ausführungen zum Settlement in → Abschnitt I.2.aa.

ance-relevanten Sachverhaltes nicht unerhebliche Folgen für den einzelnen Mitarbeiter nach sich ziehen.

a) Arbeits- und zivilrechtliche Sanktionen

Sofern die interne Untersuchung von behaupteten Vorwürfen zu dem Ergebnis kommt, 72 dass dem Mitarbeiter Fehlverhalten vorgeworfen werden kann, ist die Einleitung arbeits- und zivilrechtlicher Sanktionen zu prüfen[35]. Selbst wenn sich die Vorwürfe aber nicht bestätigen sollten, ist für den Mitarbeiter aufgrund der internen Untersuchung eine belastende Situation entstanden. So kann zB eine interne Untersuchung dazu führen, dass sich der Mitarbeiter intern Spekulationen und Gerüchten ausgesetzt sieht. Schon aus diesem Grunde sollten Informationen über interne Untersuchungen nur auf Basis des sog. **„Need-to-know-Prinzips"** intern weitergegeben werden. Deshalb sollte der Arbeitgeber auch, wenn sich im Zuge der Untersuchung herausstellt, dass sich keine Beweise für die behauptete Tat finden lassen, dem Mitarbeiter im Rahmen seiner arbeitsrechtlichen Fürsorgepflicht nach Abschluss der Untersuchung eine Erklärung zukommen lassen, aus der sich ergibt, dass sich die untersuchten Vorwürfe iRd Untersuchung nicht bestätigt haben.

b) Aushöhlung des Selbstbelastungsverbotes infolge der arbeitsrechtlichen Kooperationspflicht

Darüber hinaus wird in der Praxis diskutiert, ob die Durchführung interner Untersuchungen dazu führt, dass ein Mitarbeiter sich infolge seiner arbeitsrechtlichen Kooperationspflicht selbst belasten müsse und damit gegen das Gebot der **Selbstbelastungsfreiheit** (**„Nemo-tenetur-Grundsatz"**) verstoßen werde[36].

Mitarbeiter haben im Falle eines Strafverfahrens als Beschuldigte ein Aussageverweige- 74 rungsrecht (§ 55 StPO). Nach deutschem Strafprozessrecht muss sich vor Gericht niemand selbst belasten. Im Rahmen interner Untersuchungen können Arbeitnehmer hingegen aufgrund arbeitsrechtlicher Verpflichtungen gegenüber dem Unternehmen gezwungen sein, zu bestimmten, möglicherweise sie belastenden Sachverhalten Stellung zu nehmen, sich also selbst zu belasten. Sind nun im Rahmen interner Untersuchungen mit dem Mitarbeiter Gespräche geführt und anschließend Gesprächsprotokolle angefertigt worden, in denen sich der Mitarbeiter möglicherweise selbst belastet, kann dies bei einer Weitergabe an die Strafverfolgungsbehörden das gesetzlich verankerte Gebot der **Selbstbelastungsfreiheit** unterlaufen. Denn selbst bei Gebrauch des Aussageverweigerungsrechtes durch den Mitarbeiter vor Gericht können die belastenden Protokolle verlesen werden.

Laut oben genanntem Beschluss des LG Hamburgs[37] liegt eine Aushöhlung des Gebotes 75 der Selbstbelastungsfreiheit allerdings deshalb nicht vor, weil der Betroffene die vertragliche Auskunftsverpflichtung gegenüber seinem Arbeitgeber freiwillig eingegangen sei. Dass die Einhaltung vertraglicher Verpflichtungen für den Arbeitnehmer im Einzelfall existentielle Bedeutung haben kann und dieser sich somit gezwungener Maßen in eine solch unfreiwillige Konfliktlage manövriert, ist laut Beschluss des LG Hamburg nicht maßgeblich.

Die vorstehend aufgezeichneten Grundsätze entsprechen iW auch den in den ausländi- 76 schen Rechtsordnungen und der dortigen Rechtspraxis geltenden Grundsätzen. Auch in den USA und Großbritannien sind die Mitarbeiter im Rahmen interner Untersuchungen

---

[35] S. hierzu auch → Kapitel E.
[36] Vgl. hierzu *Schneider* NZG 2010, 1201.
[37] LG Hamburg NZWiSt 2012, 26.

zur Aussage verpflichtet, ohne sich insoweit auf den nemo-tenetur-Grundsatz berufen zu können.

77   In der juristischen Fachliteratur wird hingegen teilweise die Auffassung vertreten, dass die Informationen, die zwischen Arbeitnehmer und Arbeitgeber im Rahmen arbeitsvertraglicher Pflichterfüllung ausgetauscht werden, nicht für Zwecke staatsanwaltschaftlicher Ermittlungsverfahren „missbraucht" werden dürfen.[38] Die Aussage sei gerade nicht in strafprozessual zulässiger Weise erlangt worden, und dürfe deshalb quasi als „Früchte des verdorbenen Baumes" von den Behörden nicht verwertet werden. Für diese Auffassung spricht, dass sich Mitarbeiter und Arbeitgeber in einem gegenseitigen Fürsorgeverhältnis, Bürger und Staat hingegen in einem Über-/Unterordnungsverhältnis befinden. Darüber hinaus stehen den staatlichen Verfolgungsbehörden weiter reichende Ermittlungsbefugnisse zu. Auf die Verwendung von durch den Arbeitgeber erworbenen Kenntnissen ist der Staat deshalb nicht angewiesen.

78   Um dem Arbeitnehmer möglichst neutral und fair zu begegnen, empfiehlt sich folgendes Vorgehen als gute und gerechte Vorgehensweise. Zunächst ist ihm gegenüber der Zweck der Untersuchung offenzulegen. Er sollte auch über die rechtlichen Folgen seiner Aussage, insbes. der Verwertbarkeit in einem etwaigen nachfolgenden Strafverfahren belehrt werden. Ob der Mitarbeiter im Rahmen einer internen Untersuchung ein sog. Auskunftsverweigerungsrecht hat, ist in der Literatur höchst umstritten.[39] Welcher Argumentation das Unternehmen folgt, ist im Vorfeld mit den verantwortlichen Abteilungen abzustimmen. In der Praxis sind die Vorgehensweisen der Unternehmen hierzu unterschiedlich. In jedem Fall empfiehlt es sich aber davon abzusehen, durch Zwang oder Täuschung auf die Aussagebereitschaft des Arbeitnehmers Einfluss zu nehmen. Ebenso umstritten ist die Frage, ob dem Arbeitnehmer die Möglichkeit eingeräumt werden sollte, einen Verteidiger hinzuzuziehen.[40] Auch hier gibt es sowohl für die eine als auch die andere Lösung hinreichend Argumentationsspielraum. In jedem Fall sollte aber ein einheitliches Vorgehen für das Unternehmen intern abgestimmt werden. Auch bei grundsätzlich ablehnender Haltung kann es in manchen Fällen sinnvoll sein, dem Arbeitnehmer die Möglichkeit zu geben, einen Verteidiger hinzuzuziehen.

III. Ermittlungen durch staatliche Behörden

79   Unabhängig von der laufenden Untersuchung besteht die Möglichkeit, dass Behörden Kenntnisse von gesetzeswidrigen Sachverhalten erlangen und ihrerseits ein staatliches Ermittlungsverfahren einleiten. Haben die Behörden Kenntnis von gesetzeswidrigen Sachverhalten, sind verschiedene Varianten denkbar, auf welche Weise die Behörden an das Unternehmen herantreten und um Unterstützung bitten bzw. diese verlangen. In diesen Fällen ist zunächst zu untersuchen, ob und inwiefern das Ersuchen der Behördenvertreter rechtlich zulässig ist. Wenn das Unternehmen erst auf diese Weise von gesetzeswidrigen Sachverhalten Kenntnis erlangt, ist in einem zweiten Schritt zu prüfen, ob interne Untersuchungen daneben zulässig oder erforderlich sind. In der Praxis sind verschiedene Arten von Behördenkontakten zu unterscheiden.

---

[38] Über die genaue dogmatische Herleitung eines strafprozessualen Schutzes des Arbeitnehmers wird derzeit kontrovers diskutiert, vgl. *Woodson* ZRFC 6/10, 269 ff.; *Greco/Caracas* NStZ 2015, 7; *Knauer/Gaul* NStZ 2013, 192.

[39] Siehe hierzu detailliert die Ausführungen in Kapitel D. Arbeitsrechtliche Aspekte interner Untersuchungen, Rz. 45 ff.

[40] Siehe hierzu detailliert die Ausführungen in Kapitel D. Arbeitsrechtliche Aspekte interner Untersuchungen, Rz. 54 ff.

1. Behördenanfragen im laufenden Ermittlungsverfahren

Die Herangehensweise deutscher und amerikanischer Behörden bei der Kontaktaufnahme **80** mit Unternehmen unterscheidet sich maßgeblich.

a) Anfragen deutscher Behörden

Bei den **formellen Auskunftsersuchen** deutscher Behörden wendet sich die Behörde **81** mit einer (formellen) Anfrage an das Unternehmen. IdR handelt es sich um Anfragen der Polizei, der Zoll- oder Steuerbehörden oder der Staatsanwaltschaft. Die Verfahren richten sich zB gegen einzelne Mitarbeiter, über die die Behörde bestimmte Auskünfte verlangt. Das Unternehmen soll in seiner Rolle als Arbeitgeber Dokumente zur Verifizierung bestimmter Sachverhaltsangaben zur Verfügung stellen (zB Lohnbescheinigungen zur Berechnung von Unterhaltsverpflichtungen oder Reisekostenabrechnungen zur Prüfung von geltend gemachten Werbungskosten iRv Einkommensteuererklärungen). Ein dienstlicher Bezug ist vielfach nicht gegeben.

Denkbar ist aber auch, dass das Verfahren gegen das Unternehmen selbst gerichtet ist **82** und der ermittelnden Behörde bestimmte Dokumente zur Verfügung zu stellen sind (zB Steuerprüfungen oder Überprüfungen möglicher Verstöße gegen das Schwarzarbeitergesetz). In allen Fallkonstellationen sollte das Unternehmen zunächst prüfen, ob eine gesetzliche Verpflichtung zur Herausgabe der angeforderten Daten besteht oder rechtliche Vorschriften bestehen, die die Herausgabe der Daten oder die Auskunftserteilung gerade verbieten. Maßgeblich sind dabei straf- und datenschutzrechtliche Normen. Ergibt die Prüfung, dass eine Ermächtigungsgrundlage für das Herausgabeverlangen der Daten besteht, zB in den Fällen der §§ 161, 161a StPO, wird eine Übermittlung der Daten an die Behörde zu veranlassen sein. Kommt man hingegen – was nicht selten der Fall ist – zu dem Ergebnis, dass keine Ermächtigungsgrundlage vorliegt bzw. das Auskunftsersuchen formellen Mängeln (zB formlose Bitte eines Polizeibeamten per E-Mail) unterliegt, ist die Behörde über das Ergebnis der Prüfung entsprechend zu informieren. Dies sollte in einem formellen Schreiben erfolgen, in dem die Behörde um Angabe der entsprechenden Ermächtigungsgrundlage bzw. um Übersendung einer formell rechtmäßigen Anfrage gebeten wird[41]. Auch sollte die Behörde aufgefordert werden, im weiteren Verlauf einen Hinweis zu erteilen, ob die betroffene Person über das Auskunftsersuchen informiert werden darf. Unternehmensinterne Richtlinien (zB Betriebsvereinbarungen) sehen häufig die Information von Arbeitnehmern bei der Herausgabe von Daten an externe Behörden vor. Sofern die Gefahr einer möglichen Strafvereitelung bzw. der Erschwerung oder gar Behinderung der Ermittlung besteht, wird die Information des Betroffenen durch die Behörden zumindest dann formell untersagt werden, wenn um entsprechenden Hinweis durch die Behörde gebeten wurde. In allen übrigen Fällen sollte vor der Information des Betroffenen intern geprüft werden, ob die Gefahr einer möglichen Strafvereitelung gegeben sein könnte. In Zweifelsfällen empfiehlt sich die vorherige Rückfrage bei den ermittelnden Beamten.

Es kommt aber auch vor, dass Behörden im Rahmen laufender staatlicher Ermittlungen **83** eine **formelle Stellungnahme** vom Unternehmen zu bestimmten Sachverhalten erwarten. Dies kann beispielsweise eine Anfrage der Staatsanwaltschaft im Zusammenhang mit einer Strafanzeige gegen einzelne Unternehmensmitarbeiter oder gegen Mitarbeiter von Vertragspartnern des Unternehmens sein. Gerade bei großen Unternehmen werden bis-

---

[41] In der Praxis sehen die Behörden meist von der Angabe von Ermächtigungsgrundlagen ab. Nicht selten erfolgen Anfragen durch die Behörde per Telefon „auf dem kurzen Dienstweg" bzw. per E-Mail ohne Angabe näherer Gründe. Insbes. wegen der engen Datenschutzbestimmungen sollte jedoch auf die Angabe einer Ermächtigungsgrundlage sowie auf eine formell rechtmäßige Anfrage bestanden werden. Es gibt inzwischen auch sog. Testmails von „vermeintlichen Behörden", die nur dem Zweck dienen, festzustellen, ob sich ein Unternehmen auch im Hinblick auf Datenschutzbestimmungen gesetzeskonform verhält.

weilen Strafanzeigen, die angeblich compliance-relevante Sachverhalte betreffen, gegen ein Mitglied des Vorstandes als Vertreter des Unternehmens gerichtet und dieses wird zur Stellungnahme aufgefordert. Die Prüfung, ob hierfür eine Ermächtigungsgrundlage vorliegt bzw. ob eine rechtliche Verpflichtung zur internen Untersuchung des Sachverhaltes besteht, kann im Einzelfall in den Hintergrund treten, insbes. wenn es im Interesse des Unternehmens liegt, eine erläuternde Stellungnahme abzugeben und so möglicherweise die Einstellung des Verfahrens noch vor Eröffnung des Hauptverfahrens zu erwirken. In diesem Fall sollte frühzeitig darüber nachgedacht werden, ob und wie das Unternehmen die Presse über die behaupteten Vorwürfe informiert. Das Fehlen einer **Pressestrategie** kann in derartigen Fällen zu erheblichen Nachteilen für das Unternehmen führen.

84   Eine weitere Form der Behördenanfragen sind Anfragen zu Sachverhalten, zu denen der Behörde noch keine oder für eine Bearbeitung nur unzureichende Sachverhaltsangaben vorliegen (**„Ausforschungsersuchen"**). Ermittlungen dieser Art werden beispielsweise durch (unzureichende) Pressemitteilungen oder vage Strafanzeigen ohne hinreichenden Substantiierungsgrad angestoßen. Die Behörde erhofft sich im Einzelfall die Mithilfe des Unternehmens bei der Ermittlung von Sachverhalten, über die zu diesem Zeitpunkt keine hinreichenden Kenntnisse bestehen. Gerade in Zeiten der massiven Streichung finanzieller Mittel bei Ermittlungsbehörden versuchen diese von Fall zu Fall, die häufig sehr zähen und schwierigen Ermittlungen auf das Unternehmen abzuwälzen. Bei großen Unternehmen, die über entsprechende interne Untersuchungsabteilungen verfügen, erwarten Polizei- oder sonstige Staatsbeamte nicht selten unternehmensseitige Unterstützung bei der Bearbeitung ihrer Fälle, insbes. dann, wenn große Datenmengen ausgewertet werden müssen. In Deutschland besteht für Unternehmen keine rechtliche Verpflichtung, solchen Ersuchen von Behörden nachzukommen, weil regelmäßig keine Ermächtigungsgrundlage existiert. Darüber hinaus sollte allerdings von den Behörden bedacht werden, dass selbst bei Bestehen interner Untersuchungsabteilungen die Kapazität eines Unternehmens im Regelfalle nicht ausreichen wird, um den Ermittlungsersuchen der Behörden nachzukommen. Ferner unterliegen interne Untersuchungen engeren rechtlichen Grenzen als Ermittlungen staatlicher Ermittlungsorgane. So sind Datenspiegelungen oder das Erheben von Telekommunikationsdaten nur in seltenen Fällen möglich. Unternehmen beispielsweise, die ihren Mitarbeitern die Privatnutzung von Kommunikationsmitteln oder E-Mail-Systemen gestatten, können ohne die Einwilligung der Mitarbeiter im konkreten Fall auf die Daten nicht ohne weiteres zugreifen.

85   Anders verhält es sich bei laufenden Ermittlungsverfahren, im Rahmen derer bereits eine **formelle Durchsuchung** des Unternehmens veranlasst wurde[42]. Hier liegt regelmäßig ein richterlicher Beschluss vor; ein staatsanwaltschaftliches Ermittlungsverfahren wurde bereits eingeleitet. Das Unternehmen ist in diesen Fällen zur Herausgabe von Daten und Unterlagen gesetzlich verpflichtet (§§ 94 ff. StPO).

b) Anfragen von US-Behörden

86   Anders stellt sich die Situation bei Anfragen von US-Behörden in deutschen Unternehmen dar. Zunehmend geraten deutsche Unternehmen ins Visier ausländischer Ermittlungsbehörden, wenn das Unternehmen beispielsweise an der US-Börse gelistet ist und grenzüberschreitende Sachverhalte betroffen sind. In diesen Fällen werden häufig interne Untersuchungen, sog. **Cross Border Investigations,** von der SEC oder dem DOJ verlangt. Die Anfragen erfolgen in aller Regel unspezifisch, um im Rahmen der internen Untersuchung einen möglichst weiten Untersuchungsspielraum zuzulassen. Grundlage für eine solche Anfrage sind die im Zusammenhang mit dem **Sarbanes-Oxley-Act** (SOA) gestärkten Befugnisse der SEC sowie der **Foreign Corrupt Practices Act** (FCPA), dessen Anwendungsbereich sich ua auf alle Gesellschaften erstreckt, deren Wertpapiere in

---

[42] S. hierzu auch → Abschnitt II.2. „Durchsuchungen".

den USA eingetragen sind[43] oder die regelmäßig Berichte bei der SEC vorzulegen haben[44]. Während deutsche Ermittlungsbehörden ihre Ermittlungen grds. selbst bzw. durch ihre Ermittlungsbeamten durchführen, fordern US-Ermittler Unternehmen regelmäßig auf, selbst Informationen zu liefern. IdR verlangen sie die Anfertigung eines umfassenden Berichts sowie die Herausgabe der zugehörigen Unterlagen[45]. Wie verschiedene prominente Beispiele, zB die Fälle „Siemens", „Daimler", oder „UBS" zeigen, führen solche Anfragen von US-Behörden meist zu einer höchst kostspieligen Beauftragung US-amerikanischer Anwaltskanzleien, die eine umfassende Untersuchung im Unternehmen durchführen sollen. Hierbei darf nicht vergessen werden, dass eine interne Untersuchung in Deutschland auch bei Durchführung durch US-Kanzleien dennoch deutschem Recht unterliegt. Da US-Kanzleien hier häufig keine ausgewiesene Expertise haben, ist dringend anzuraten, deutsche Wirtschaftsstrafanwälte einzuschalten, die in engem Kontakt mit der beauftragten Kanzlei stehen, insbes. wenn keine ausreichende Expertise im eigenen Unternehmen vorhanden ist. So hat die Praxis gezeigt, dass Untersuchungen durch US-Kanzleien gerade im Bereich der Interviewführung erhebliche Unterschiede zur deutschen Methodik aufweisen. Nicht selten haben die von US-Anwälten befragten Mitarbeiter das Gefühl, diesen wehrlos ausgeliefert zu sein. Grund dafür mag sein, dass eine Aussageverweigerung der Mitarbeiter in den USA einen Kündigungsgrund darstellen kann. Dies hat vereinzelt zur Folge, dass Mitarbeiter unnötig massivem Druck der befragenden Anwälte ausgesetzt werden, was sich bei Interviews in einer unschönen Atmosphäre widerspiegeln kann. Es kommt auch vor, dass aufgrund der US-amerikanischen Methode Rechtsverletzungen nach deutschem Recht erfolgen. Um das Unternehmen vor möglichen späteren Klageverfahren der eigenen Mitarbeiter zu schützen, sollten deutsche Anwälte hier auf die Einhaltung von arbeits-, zivil-, datenschutz-[46] und vor allem strafrechtlichen Normen beharren. Um dies sicherzustellen, ist eine enge Kommunikation zwischen den beteiligten Anwälten erforderlich.

Nicht selten fordern US-Ermittler die betroffenen Unternehmen auf, die mit der Untersuchung beauftragte US-Kanzlei von ihrer **anwaltlichen Schweigepflicht („Privilege waiver")** zu entbinden. Dieser Forderung sollten Unternehmen grds. jedoch nicht ohne weiteres nachgeben, weil seit Änderung der Richtlinien des US-Justizministeriums DOJ für strafrechtliche Ermittlungen gegen Unternehmen v. 28. 8. 2008 die Rolle der beauftragten Anwälte als Sachwalter des Unternehmens gestärkt wurde[47]. So darf eine Ablehnung der Schweigepflichtentbindung von den US-Behörden nicht mehr als mangelnde Kooperation und damit auch nicht strafschärfend gewertet werden. In der Praxis sind solche Forderungen deshalb kritisch zu prüfen und abzuwägen, in welchem Umfang eine Kooperation mit den Behörden erfolgen sollte. **87**

2. Durchsuchungen

In manchen Fällen findet der erste Behördenkontakt im Rahmen einer **Durchsuchung** statt[48]. Bei Hausdurchsuchungen bzw. Durchsuchungen der Geschäftsräume eines Unternehmens ist hierfür ein **Durchsuchungsbeschluss** erforderlich. Er wird durch den zuständigen Richter bzw. bei Gefahr im Verzug durch die Staatsanwaltschaft und ihre Ermittlungspersonen angeordnet (§ 105 StPO iVm Art. 13 Abs. 2 GG). Voraussetzung für einen solchen Beschluss ist, dass ein Tatverdacht gegen den Beschuldigten vorliegt und die Anordnung der Maßnahme verhältnismäßig ist. Grds. ist vor der Durchsuchung der **88**

---

[43] *Wehnert* NJW 2009, 1190 (1191).
[44] *Wastl/Litzka/Pusch* NStZ 2009, 68.
[45] *Wybitul* BB 2009, 606 (607).
[46] Vgl. hierzu → Kapitel F.
[47] *Wybitul* BB 2009, 606 (607).
[48] Ausf. zum Ablauf einer Durchsuchung der Geschäftsräume, *Kusnik* CCZ 2015, 22.

Betroffene anzuhören (§ 33 Abs. 3 StPO), von einer solchen **Anhörung** kann jedoch abgesehen werden, wenn der Durchsuchungszweck hierdurch gefährdet würde (§ 33 Abs. 4 StPO). Durchsuchungszweck können die Ergreifung des Täters oder Teilnehmers einer Straftat sein, das Auffinden von Spuren und Beweismitteln sowie die Beschlagnahme von Gegenständen. An die materielle Rechtmäßigkeit eines Durchsuchungsbeschlusses werden spätestens seit dem Urteil des Bundesverfassungsgerichtes[49] zur Durchsuchung beim Hamburger Nachrichtenmagazin „DER SPIEGEL" höchste Anforderungen gestellt. In zeitlicher Hinsicht darf zB die Ausstellung des Durchsuchungsbeschlusses nicht länger als 6 Monate zurückliegen. Inhaltlich ist die Reichweite eines Durchsuchungsbeschlusses insoweit begrenzt, als die Durchsuchung vollumfänglich vom Beschluss gedeckt sein muss. So müssen sowohl Untersuchungsgegenstände als auch Untersuchungszeiträume hinreichend detailliert aufgeführt sein. Darüber hinaus muss der Beschluss neben dem Verdacht auf eine konkrete Straftat auch die genauen Durchsuchungsobjekte enthalten[50]. Es empfiehlt sich daher eine genaue Prüfung des Beschlusses in formeller und materieller Hinsicht. Die Praxis zeigt, dass Beschlüsse relativ häufig fehlerhaft sind[51]. Schon aus diesem Grund kann die Einschaltung einer externen Kanzlei angezeigt sein, um möglicherweise Rechtsbehelfe dagegen einzulegen[52].

89 Ein Hinweis auf mögliche Mängel im Durchsuchungsbeschluss kann in der Praxis dazu führen, dass die Beamten ihre Ermittlungen auf **„Gefahr im Verzug"** (§ 105 StPO) stützen und damit die Begrenzungsfunktion des Beschlusses unterlaufen. Ob ein entsprechender Hinweis gegenüber den Beamten, der Durchsuchungszweck würde durch das Herbeiführen einer richterlichen Entscheidung nicht gefährdet, tatsächlich ratsam ist, bleibt der Einzelfallentscheidung vorbehalten. Zwar kann dies zunächst dazu führen, dass die Beamten von der geplanten Maßnahme ablassen. Die Erweiterung des Durchsuchungsbeschlusses wird jedoch idR durch das Anrufen des zuständigen Richters unverzüglich nachgeholt. Im Ergebnis wird dadurch kein Vorteil zu erlangen sein. Jedoch wird sich ein solches Verhalten auf die Atmosphäre während der Durchsuchung negativ auswirken. Die dadurch gegebenenfalls gewonnene Zeit darf keinesfalls zum Beeinflussen bzw. Unterdrücken von Beweismitteln genutzt werden, weil dies eine strafbare Handlung darstellt (Strafvereitelung, § 258 StGB). Die zeitliche Verzögerung kann beispielsweise dann sinnvoll sein, wenn zB in einem Steuerstrafverfahren noch eine strafbefreiende Selbstanzeige möglich ist[53].

3. Mögliche Folgen für das Unternehmen

90 Externe Ermittlungen können für das Unternehmen zu weitreichenden Folgen führen.

a) Pflicht zur Mitwirkung im Rahmen von staatlichen Ermittlungsverfahren

91 Bei den oben beschriebenen Ausforschungsersuchen besteht für Unternehmen in Deutschland keine rechtliche Verpflichtung, diesen nachzukommen, weil keine Ermächtigungsgrundlage existiert. Bei sog. Auskunftsersuchen hingegen ist regelmäßig eine Verpflichtung dann gegeben, wenn die Behörde die entsprechende Ermächtigungsgrundlage mitteilt. IRv Durchsuchungen hat das Unternehmen regelmäßig keine Wahl, über eine Kooperation mit den Behörden bzw. den ermittelnden Beamten zu entscheiden. Viel-

---

[49] BVerfGE 20, 162; BVerfG NJW 1966, 1603. Vgl. jüngst auch BVerfG NZG 2014, 674 zu den Anforderungen der Durchsuchungsanordnung bei Durchsuchung der Privatwohnung des Compliance-Verantwortlichen.
[50] Zu den inhaltlichen Grenzen des Durchsuchungsbeschlusses s. ausf. *Park* Rn. 129 ff.
[51] Eine umfangreiche Checkliste zur Prüfung von Durchsuchungsbeschlüssen findet sich in *Park* Rn. 86.
[52] Vgl. hierzu auch → Abschnitt I.2.e sowie → Abschnitt II.3.c „Einschaltung einer externen Kanzlei".
[53] *Park* Kap. 2 Abschn. F Rn. 367.

mehr ist die Durchsuchung iRd Strafverfolgung in den §§ 102 ff. StPO umfassend geregelt. Auch die Herausgabe von Dokumenten ist bei formell und materiell rechtmäßigem Durchsuchungsbeschluss verpflichtend.

b) Pflicht zur Kooperation

Sowohl in Deutschland als auch in den USA und in Großbritannien besteht für Unter- 92 nehmen keine gesetzlich verankerte Kooperationspflicht. Die Bandbreite der Kooperation ist in der Praxis jedoch weitreichend. Sie kann allein darin bestehen, dass gegenüber den Beamten ein freundliches Auftreten an den Tag gelegt wird. Dies ist iÜ immer zu empfehlen. Jedoch ist eine Kooperation auch in der Form möglich, dass den Ermittlungsbeamten freiwillig Informationen zur Verfügung gestellt werden oder dass interne Untersuchungen durchgeführt werden, über deren Ergebnisse die Ermittlungsbeamten in Kenntnis gesetzt werden. Eine freiwillige Überlassung von Informationen ist jedenfalls dann verpflichtend, wenn in Großbritannien ein Deferred Prosecution Agreement angestrebt wird, weil das Serious Fraud Office zum Abschluss eines solchen nur bei umfassender Kooperation bereit ist.

c) Einschaltung einer externen Kanzlei

Die Einschaltung einer externen Kanzlei ist jedenfalls ab dem Zeitpunkt ratsam, wenn 93 eine Durchsuchung größeren Umfanges im Unternehmen stattfindet. Zwar ist die Anwesenheit eines Unternehmensjuristen aus rechtlicher Sicht ausreichend, im Hinblick auf das weitere Verfahren und mögliche Widersprüche gegen die Durchsuchung bzw. Beschlagnahme von Dokumenten empfiehlt sich aber die Einschaltung einer externen Kanzlei, selbst wenn das Unternehmen über ausgewiesene Strafrechtsexperten verfügt. Die Anwaltskanzlei sollte im Anschluss an die Durchsuchung ein ausführliches **Durchsuchungsprotokoll** erstellen, in dem sämtliche von den Ermittlern beschlagnahmte Unterlagen und Gegenstände aufgeführt werden. Die nachfolgende Vertretung der Unternehmensinteressen hat in jedem Fall durch eine externe Kanzlei zu erfolgen, weshalb eine Mandatierung von Beginn an sinnvoll ist[54]. Dies eröffnet der Kanzlei die Möglichkeit, sich frühzeitig ein umfassendes Bild zu vermitteln und ggf. strafprozessuale Strategievorschläge zu unterbreiten. Zudem ist für die weitere Kommunikation vorteilhaft, wenn bereits erste direkte Kontakte vor Ort zu den ermittelnden Beamten geknüpft werden und diese ihre künftigen Ansprechpartner bereits persönlich kennengelernt haben. Die Einbindung ist auch aus strafprozessualer und unternehmerischer Sicht sinnvoll, weil der durch eine Durchsuchung ausgelöste Arbeitsanfall enorm ist. Im Falle der Einschaltung eines externe Anwalts empfiehlt es sich, dass der Unternehmensjurist die interne Koordination, zB gegenüber der Pressestelle, der Unternehmensleitung sowie den operativen Einheiten übernimmt, wohingegen sich der externe Anwalt um die Kontakte zu den Behörden kümmert. Natürlich kann es auch Fallkonstellationen geben, in denen die Einschaltung eines externen Anwalts weder erforderlich noch sinnvoll ist, zB in Fällen, in denen erkennbar ist, dass die Durchsuchung auf einem Unternehmensgelände nur deshalb stattfindet, weil die Beamten vermuten, dass der Beschuldigte dort Unterlagen versteckt hat, die sie in seiner Privatwohnung nicht gefunden haben.

d) Mögliche Rechtsbehelfe

Im Fall von Durchsuchungen hat das Unternehmen die Möglichkeit, gegen die richterli- 94 che Durchsuchungsanordnung den Rechtsbehelf der **Beschwerde** einzulegen (§ 304 StPO). Sie erfolgt formlos bei dem Gericht, dessen Entscheidung angegriffen werden soll.

---

[54] Sa → Abschnitt I.2.e „Einschaltung einer externen Kanzlei".

Hilft der Richter der Beschwerde nicht ab, hat er diese dem zuständigen Beschwerdegericht zur Entscheidung vorzulegen (§ 306 Abs. 2 StPO). Die Beschwerde hat jedoch keine **aufschiebende Wirkung,** weshalb die Durchsuchung durch die Einlegung des Rechtsbehelfs nicht gestoppt werden kann. Einem Antrag auf **Aussetzung der Vollziehung** wird in aller Regel vom zuständigen Gericht schon aus Gründen möglicher Strafvereitelung nicht stattgegeben werden, weshalb diesem Rechtsbehelf in der Praxis kaum eine Bedeutung zukommt.

95   Im Fall von Durchsuchungen hat das Unternehmen die Möglichkeit, gegen die richterliche Durchsuchungsanordnung den Rechtsbehelf der Beschwerde einzulegen (§ 304 StPO). Sie erfolgt formlos bei dem Gericht, dessen Entscheidung angegriffen werden soll. Hilft der Richter der Beschwerde nicht ab, hat er diese dem zuständigen Beschwerdegericht zur Entscheidung vorzulegen (§ 306 Abs. 2 StPO). Die Beschwerde hat jedoch keine aufschiebende Wirkung, weshalb die Durchsuchung durch die Einlegung des Rechtsbehelfs nicht gestoppt werden kann. Einem Antrag auf Aussetzung der Vollziehung wird in aller Regel vom zuständigen Gericht schon aus Gründen möglicher Strafvereitelung nicht stattgegeben werden, weshalb diesem Rechtsbehelf in der Praxis kaum eine Bedeutung zukommt.

Durchsuchungsanordnungen der Staatsanwaltschaft und ihrer Ermittlungspersonen können mit Hilfe einer richterlichen Entscheidung nach § 98 Abs. 2 S. 2 StPO auf ihre Rechtmäßigkeit hin überprüft werden. Zuständig für die Prüfung ist das Gericht, das die Maßnahme ohne Vorliegen von Gefahr im Verzug erlassen hätte. Sie ist auch in den Fällen entsprechend anzuwenden, in denen die Beanstandung der Art und Weise der Durchsuchung einer richterlichen Durchsuchungsanordnung überprüft werden soll.

Im og Fall der Durchsuchung in der US Kanzlei Jones Day hat die Antragsstellerin beim Bundesverfassungsgericht im Wege des einstweiligen Rechtsschutzes beantragt, die Vollziehung des Durchsuchungsbeschlusses bis zur endgültigen Entscheidung auszusetzen sowie die Versiegelung der Kanzleiräume aufrecht zu erhalten. Der Antrag wurde jedoch angelehnt, weil die og fachgerichtliche Entscheidung nach § 98 Abs. 2 S. 2 StPO analog gerade nicht herbeigeführt wurde und somit die Voraussetzungen einer einstweiligen Anordnung nach § 32 Abs. 1 BVerfGG nicht vorlagen. Der weitere Verfahrensgang bzw. die künftigen Entscheidungen der deutschen Gerichte bleiben abzuwarten.

96   In der Praxis sollte eine sorgsame **Abwägung** dahingehend erfolgen, ob das Einlegen eines Rechtsbehelfs gegen die Durchsuchungsanordnung für den konkreten Fall sinnvoll und erfolgsversprechend ist. Zwar besteht die Möglichkeit, dass ein Gericht die Rechtswidrigkeit der Durchsuchung feststellt und somit gute Chancen auf eine Einstellung des Verfahrens bestehen, die Praxis zeigt aber, dass diese Möglichkeit selten gegeben ist. Auf der anderen Seite besteht gerade bei Durchsuchungen in Unternehmen die Gefahr, dass eine zu großzügige Kooperation mit den Behörden Beschwerden der Mitarbeiter bzw. der Geschäftspartner wegen angeblich mangelnder Einhaltung der Datenschutzbestimmungen nach sich ziehen kann[55]. Mit der Beschwerde kann das Unternehmen Dritten gegenüber deutlich machen, dass vertrauliche Daten nicht um jeden Preis sofort an die Behörden herausgegeben werden und somit die Interessen Dritter soweit als möglich geschützt werden. In bestimmten Fallkonstellationen ist der Rechtsbehelf der Beschwerde für das Unternehmen die einzige Möglichkeit, auch wenn unter Umständen grds. Interesse an einer Kooperation bestünde.

97   Gegen die Einlegung von Rechtsbehelfen spricht, dass hierdurch häufig auf Seiten der Behörden sowie der Ermittler eine Missstimmung erzeugt wird, weil der zuständigen Beschwerdeinstanz hierdurch ein erhöhter Arbeitsaufwand entsteht und zudem das Verfahren

---

[55] So waren in den großen Bankenverfahren zahlreiche Beschwerden von Kunden zu registrieren, die sich gegen die aus ihrer Sicht zu große Kooperation der Banken mit den Steuerfahndungsbehörden richtete. Dies birgt in der Praxis die Gefahr, dass sich Kunden bzw. Geschäftspartner künftig abwenden oder sogar den Klageweg wegen möglicher Schadensersatzansprüche bestreiten.

zeitlich verzögert wird. Tatsächlich zeigt die Praxis bei Beschwerden gegen Durchsuchungen aber eine relativ niedrige Erfolgsquote. Nicht zuletzt deshalb bleibt fraglich, ob das Aussetzen der Vollziehung einer Durchsuchungsmaßnahme dem Unternehmen einen tatsächlichen Mehrwert liefert.

e) Pressearbeit

Strafrechtliche Ermittlungsverfahren gegen bekannte Unternehmen sowie großangelegte 98 Durchsuchungen sind häufig äußerst medienwirksam und für die Presse ein guter Anlass, ein Unternehmen über mehrere Wochen oder gar Monate ins Visier zu nehmen. Doch auch in Fällen, in denen noch kein staatliches Ermittlungsverfahren eröffnet wurde, gehen hin und wieder Meldungen bzw. Spekulationen über angebliche Missstände in Unternehmen durch die Presse. Je spektakulärer die Maßnahmen und je „interessanter" die angeführten Beschuldigungen sind, umso mehr fühlt sich die Presse dazu aufgefordert, sich mit den Vorwürfen auseinanderzusetzen. Dies kann für das Unternehmen unabhängig von dem zugrundeliegenden Wahrheitsgehalt bzw. dem Ausgang der Ermittlungen langfristig zu einem erheblichen Reputationsschaden führen[56]. Regelmäßig wird die Presse bereits durch die zuständigen Pressestellen der ermittelnden Behörden über den Vorgang informiert. Jedoch erhält das Unternehmen in aller Regel die Möglichkeit, im Vorfeld einer Veröffentlichung hierzu Stellung zu nehmen. Die Zeit zur Reaktion ist allerdings häufig knapp bemessen. Es empfiehlt sich deshalb unabhängig von der Größe eines Unternehmens eine generelle Pressestrategie und auch einen geeigneten Ablaufplan festzulegen. Verfügt das Unternehmen über keinen eigenen Pressereferenten, ist es ratsam, schon im Vorfeld Kontakt zu einem Pressespezialisten herzustellen, der im Notfall kontaktiert werden und die Pressearbeit übernehmen kann. Sollte ein **Pressereferent** – in großen Unternehmen sind hiermit ganze Mitarbeiterstäbe befasst – existieren, ist dieser unverzüglich einzubinden. In der Praxis empfiehlt es sich, zu den geplanten Artikeln in aller Kürze Stellung zu nehmen. Von einer inhaltlichen Äußerung ist ohne Einschaltung der beauftragten Rechtsanwälte in jedem Fall abzuraten. Eigene Medientätigkeiten wie zB auch Gegendarstellungen sollten grds. – zumindest so lange kein unvertretbarer Imageschaden in der Öffentlichkeit generiert wird – vermieden werden. Sie sind allenfalls nach Prüfung durch die Rechtsabteilung gemeinsam mit einer externen Kanzlei in Erwägung zu ziehen.

Äußerungen zur Sache selbst können zu erheblichen Schwierigkeiten führen, insbes. 99 wenn Unternehmensfremde hiervon betroffen sind. Man sollte deshalb bei allem Verständnis für die Medien immer im Auge behalten, dass Äußerungen in der Presse häufig zu gravierenden Missstimmungen seitens der Ermittlungsbehörden führen, aber auch gerichtliche Schritte etwa wegen möglicher Verleumdung (§ 187 StGB) oder falscher Verdächtigung (§ 164 StGB) nach sich ziehen können. Auch besteht das Risiko der Geltendmachung von Schadensersatz- und Schmerzensgeldprozessen nach § 823 BGB[57].

An Börsen gelistete Unternehmen haben darüber hinaus zB das im **Wertpapierhan-** 100 **delsgesetz** verankerte **Insiderhandelsverbot** zu beachten. Ziel der Regelungen ist es, jeden Marktteilnehmer bei der Versorgung mit wesentlichen Informationen über ein bestimmtes Unternehmen gleich zu behandeln. Wesentliche Insiderinformationen sind adhoc-meldepflichtig, können deshalb nicht einfach über die Presse kommuniziert werden. Verletzungen der Insiderhandelsvorschriften sind ihrerseits strafbewehrt. Bereits aus diesem Grunde ist einem börsennotierten Unternehmen anzuraten, sich im Rahmen medienwirksamer Vorgänge mit Äußerungen zur Sache gegenüber der Presse zurückzuhalten.

---

[56] *Park* Rn. 901.
[57] Hauschka Corporate Compliance/*Jahn* § 40 Rn. 11.

IV. Zulässigkeit interner Untersuchungen neben staatlichen Ermittlungen

101 Für die Beurteilung, ob parallel zur staatlichen Ermittlung eine interne Untersuchung begonnen oder die bereits begonnene Untersuchung wegen der staatlichen Ermittlung unterbrochen werden sollte, ist maßgeblich, ob es sich um ein Ermittlungsverfahren gegen einen einzelnen Mitarbeiter wegen privater Vergehen handelt oder ob ein Sachverhalt ermittelt wird, der die Unternehmensinteressen betrifft. Vielfach sind die Grenzen fließend. Bei Ermittlungen, die ausschließlich privates Fehlverhalten des Mitarbeiters betreffen, wird in den meisten Fällen eine interne Untersuchung unangebracht sein. Bei rein unternehmensinternen Vorwürfen wird eine interne Untersuchung zur Klärung des Sachverhaltes und zur möglichen Durchsetzung arbeits- und/oder zivilrechtlicher Konsequenzen in aller Regel angezeigt sein. Es ist jedoch mit den Behörden abzuklären, inwieweit und in welcher Form eine interne Untersuchung erfolgen kann. Insbes. mit Blick auf das Problem der möglichen **Strafvereitelung** gemäß § 258 StGB sollte das weitere Vorgehen mit der Behörde eng abgestimmt werden[58].

1. Vorrang der staatlichen Ermittlungen

102 Die „Herrschaft" über die Aufklärung des Sachverhaltes liegt in der Hand der staatlichen Ermittlungsorgane. Zumindest in den Fällen, in denen die Staatsanwaltschaft durch eine Anzeige oder auf anderem Wege von dem Verdacht einer Straftat Kenntnis erhält, hat sie zu ihrer Entschließung darüber, ob die öffentliche Klage zu erheben ist, den Sachverhalt zu erforschen (§ 160 StPO). Sie ist **„Herrin des Ermittlungsverfahrens"**. Da der Staatsanwaltschaft vollständige Objektivität zugesprochen wird („Objektivste Behörde der Welt"), hat sie bei der Sachverhaltsermittlung nicht nur belastende, sondern auch entlastende Umstände zu erforschen und diese später gleichermaßen zu berücksichtigen. IRd Ermittlungen bedient sich die Staatsanwaltschaft in erster Linie der Polizei, die als Ermittlungsperson verpflichtet ist, den Anordnungen der Staatsanwaltschaft Folge zu leisten (§ 152 GVG). Im Gegensatz zum Privatermittler ist die Staatsanwaltschaft auch befugt, von allen anderen Behörden Auskunft zu verlangen. Damit hat die Behörde zwar gesetzlich kein **Erstermittlungsrecht** zur Aufklärung von Sachverhalten[59], in der Praxis kommt ihr aufgrund des vorrangigen Beweissammlungsrechts jedoch ein **faktisches Ausschließungsrecht** zu[60].

a) Staatsanwaltschaft als Herrin des Verfahrens

103 Gerade bei bereits eingeleiteten Ermittlungsverfahren ist deshalb in Betracht zu ziehen, dass in Einzelfällen die ermittelnden Polizeibeamten, aber auch die Justizbehörden eine Zusammenarbeit mit dem Unternehmen oder gar das Zulassen parallel geführter **interner Untersuchungen** von Vornherein ablehnen. Die Unternehmensleitung muss sich darüber im Klaren sein, dass interne Untersuchungsverfahren nicht ohne weiteres eingeleitet oder fortgeführt werden dürfen, wenn die Ermittlungen bereits laufen.

---

[58] Zum Umfang und den Grenzen der Behördenkommunikation sowie zur möglichen Strafvereitelung → Abschnitt III.2. und → Abschnitt III.1.b.
[59] *Minoggio* Rn. 72 mwN.
[60] *Knierim* FS Volk, 2009, Abschnitt II 1.

b) Risiko der Strafvereitelung, § 258 StGB

In jedem Fall, also sowohl nach erfolgter Meldung eines compliance-relevanten Sachver- 104
haltes an die Ermittlungsbehörden durch das Unternehmen als auch nach Kontaktaufnahme mit dem Unternehmen durch die Ermittlungsbehörden empfiehlt es sich, interne Untersuchungen sowohl nach Inhalt und Umfang vollständig mit den ermittelnden Behörden abzustimmen, um nicht in die Gefahr der **Beweisunterdrückung** und damit einer möglichen **Strafvereitelung** (§ 258 StGB) zu gelangen. Hier liegen für den Privatermittler die Grenzen sowohl bei der Erhebung als auch bei der Verwertung von Personal- und Sachbeweisen[61]. Danach soll eine Einflussnahme Dritter auf mögliche Beweismittel verhindert und die Gefahr der Vernichtung ausgeschlossen werden. Dies ist ein Konflikt, in dem sich regelmäßig Strafverteidiger wiederfinden, weil sie einerseits die Pflicht zur bestmöglichen Vertretung ihres Mandanten haben, andererseits jedoch keine falschen Aussagen herbeiführen oder wahrheitswidrige Angaben machen dürfen. Das Risiko einer möglichen Strafvereitelung besteht aber auch für interne Untersuchungsabteilungen von Unternehmen. Mitarbeitergespräche zu compliance-relevanten Sachverhalten können dazu führen, dass beschuldigte Mitarbeiter vorgewarnt werden **(Warnfunktion)** und dass möglicherweise Beweismittel vernichtet werden, noch bevor die Staatsanwaltschaft von deren Existenz Kenntnis erlangen kann. Zudem könnte der Beschuldigte aufgrund der Kenntnis des Sachverhaltes die Möglichkeit erhalten, viele der ihm vorgeworfenen Sachverhaltsdetails zu erfahren. Dadurch könnte er seine erste Vernehmung durch die staatlichen Behörden bereits schlüssig vorbereiten und sich die Aussage entsprechend „zurechtlegen".

2. Aktive Unterstützung der externen Ermittlungen durch interne Untersuchung

Unabhängig von der Frage, ob die Ermittlungsbehörde von einem compliance-relevanten 105
Sachverhalt noch keine Kenntnis hat oder ein behördliches Verfahren bereits eröffnet wurde, ist zu untersuchen, in welchem Umfang und in welchen Grenzen sich das Unternehmen zur Kooperation mit den Ermittlungsbehörden entschließt. Inwieweit die Ermittlungsbehörde ihrerseits an der Kooperation mit dem Unternehmen interessiert ist, entscheidet sich je nach Einzelfall. So zeigen praktische Erfahrungen regelmäßig eine große Bereitschaft zur Zusammenarbeit auf Seiten der Staatsanwaltschaft bzw. Gerichten. In den Fällen Siemens und MAN hat sich diese sehr enge Zusammenarbeit mit der Staatsanwaltschaft München I bei der Aufarbeitung des **Korruptionsskandals** als höchst erfolgreich und effektiv erwiesen. Gerade wenn den Behörden Unmengen von Daten im Laufe eines Verfahrens zur Verfügung zu stellen sind, haben diese idR ein erhebliches Interesse an einer Kooperation. Dies gilt erst recht, wenn Abläufe und Organisationsstrukturen in Unternehmen für externe Ermittler schwer zu durchdringen sind. Das ist idR bei Großunternehmen der Fall. Aber auch bei kleineren oder mittelständischen Unternehmen kann ein Interesse der Behörden an einer Kooperation bestehen. So werden Ermittler bei der Sichtung von Unterlagen, die umfangreiche (länderübergreifende) Projekte betreffen und die mengenmäßig ganze Büroräume füllen können, für Unterstützung bei der Kategorisierung sowie für die Erläuterung der Ablagestrukturen durch einen Unternehmensmitarbeiter dankbar sein. Es besteht so die Möglichkeit, zumindest in den Grenzen des anwendbaren Strafverfahrensrechts des jeweiligen Landes, eine konstruktive und **effektive Zusammenarbeit** herzustellen, von der beide Seiten profitieren können.

---

[61] *Knierim* FS Volk, 2009, Abschnitt III.1.

a) Kooperation in Deutschland

106   Auch außerhalb einer formellen Durchsuchung muss die Unternehmensleitung darüber entscheiden, ob sie sich in einem Ermittlungsverfahren gegenüber den Behörden kooperativ verhält. Doch die grundsätzliche Bereitschaft zur Kooperation bedeutet nicht zwingend, dass das Unternehmen sich den Behörden vollständig ausliefern und die Untersuchung um jeden Preis unterstützen muss. Es sollte schon im Vorfeld intern eine Strategie erörtert werden, in welcher Form eine Kooperation erfolgen soll. In diesem Zusammenhang sollten auch Umfang und Grenzen der Kommunikation festgelegt werden. Sofern kein Durchsuchungsbeschluss vorliegt, ist das Unternehmen frei in seiner Entscheidung. Eine Pflicht zur Kooperation besteht nicht. Inwieweit man den Ermittlern beispielsweise bei der Datensammlung und Zusammenstellung von Unterlagen behilflich ist, bleibt der Einzelfallentscheidung vorbehalten. Auch sollte erwogen werden, ob eine Herausgabe von Daten im Wege der Sicherstellung oder Beschlagnahme erfolgen sollte.

aa) Datensammlung

107   Für eine effektive Datensammlung empfiehlt sich gerade in größeren Verfahren die Bildung eines speziellen Teams, bestehend aus Mitgliedern der Compliance Abteilung, der Rechtsabteilung, des Vertriebs und ggf. der IT-Abteilung. Dies ist deshalb wichtig, weil die einzelnen Abteilungen für sich meist keine abschließende Beurteilung vornehmen können, ob Unterlagen für die Ermittlung relevant sein können und vom Durchsuchungsbeschluss gedeckt sind. Daher ist es am Anfang einer **Datensammlung** besonders wichtig, den Focus möglichst klar abzugrenzen. Das Problem der Praxis besteht oft darin, dass Ermittler im Zeitpunkt der Durchsuchung meist selbst noch nicht abschließend beurteilen können, welche konkreten Dokumente und Unterlagen sie benötigen. Dies ergibt sich häufig erst im weiteren Verlauf der Ermittlung. Für das Unternehmen wird es jedoch praktisch kaum möglich sein, sämtliche Unterlagen eines Großprojektes zur Verfügung zu stellen bzw. eine Selbsteinschätzung vorzunehmen, welche Unterlagen für die Untersuchung relevant sein könnten oder nicht. Letzteres wird von den Ermittlern wohl auch kaum gewünscht sein, denn im Zweifel würden dann fragwürdige Dokumente vermutlich „unter den Tisch fallen gelassen". Den ermittelnden Beamten sollte daher frühzeitig vermittelt werden, welchen Umfang große Projekte haben können und wie viele Daten bzw. Unterlagen existieren. Da meist eine Fülle an technischen Unterlagen vorhanden sind, die für die Ermittlungen häufig irrelevant sind, sollte mit den Ermittlern schriftlich die Art der zu übergebenden Unterlagen (zB Verträge, Besprechungsprotokolle etc.) fixiert und ein relevanter Zeitraum festgelegt werden.

108   Für die Übergabe der Daten empfiehlt sich grds. das Medium der **externen Festplatte**, es sei denn, die Ermittler wünschen dies ausdrücklich nicht. Die digitale Datenübergabe erleichtert den Mitarbeitern das Zusammenstellen der Unterlagen. Gerade bei internationalen Projekten müssen diese häufig aus verschiedenen Ländern eingesammelt werden. Für die Ermittlungsbeamten kann die Sichtungsarbeit erleichtert werden, weil bestimmte **Datensammlungsprogramme** in der Lage sind, Unterlagen nach verschiedenen Kriterien auszusortieren und nach Schlüsselworten zu suchen. Aus diesem Grunde ist eine frühzeitige Einschaltung der IT-Abteilung oder eines **externen IT-Dienstleisters**[62] ratsam, insbes. weil Projektdaten in großen Unternehmen häufig verschlüsselt sind und für die Sicherung durch die Ermittler bestimmte **Benutzerkonten** einzurichten sein werden.

109   Diese Datensammlungsprogramme gewinnen aber nicht nur im Hinblick auf mögliche Kosteneinsparungen in Unternehmen in den letzten Jahren mehr und mehr an Bedeutung, sondern auch im Hinblick auf Effizienzmaßnahmen und Digitalisierungsinitiativen. Sie ermöglichen die Extrahierung von relevanten Daten aus einem „Datenmeer" und ermöglichen eine Aushändigung relevanter Unterlagen unter Berücksichtigung länderspezi-

---

[62] Vgl. hierzu detailliert → Kapitel K.

fischer Anforderungen. Dies ist sowohl in Rechtsstreitigkeiten, aber auch in internen Untersuchungen hilfreich und kostensparend.

Hierbei werden die Daten gesammelt, verarbeitet und so aufbereitet, dass komplexe **110** Suchen und Bewertungen über sog. „Review Plattformen" möglich werden. Auf diesem Weg können sowohl Inhalte aus „Mailboxes" oder „Loose Files", aber auch verschlüsselte Emails sowie transparent verschlüsselte „Fileshares" sichergestellt, aufbereitet und analysiert werden.

Besondere Bedeutung erlangen Datensammlungsprogramm auch aufgrund der Tatsa- **111** che, dass bei ihnen neben der menschlichen die sog. künstliche Intelligenz eingesetzt wird, die dazu führt, dass das Programm aufgrund von Erfahrungen immer mehr lernt und Daten zum Vorschein bringt, die nach herkömmlichen Suchalgorithmen nicht zu finden wären. Gleichzeitig bietet ein derartiges Programm den Vorteil, dass idR nur noch die Daten identifiziert und weiterbearbeitet werden, die tatsächliche Relevanz haben.

Da diese sog. „Electronic Discovery" („E Discovery") jedoch gerade in gerichtlichen **112** Verfahren eine völlig neue Dimension bekommt, Klägern insbes. den Zugriff auf interne Kommunikationsvorgänge beklagter Unternehmen ermöglicht, gewinnen auch die hiermit verbundenen Rechtsfragen um die Herausgabe von Daten sowie entsprechende Datenschutzbestimmungen mehr und mehr an Bedeutung.

Va in den USA ist die Offenlegungspflicht in Bezug auf die heraus verlangten Daten **113** iRv Gerichtsverfahren sehr weitgehend. Vielfach bestehen nur sehr eingeschränkte Zurückbehaltungsrechte. Zu den Beweismitteln gehören sämtliche elektronisch gespeicherten Daten, also nicht nur E-Mails mit und im Zusammenhang mit dem Streitgegenstand, sondern auch SMS-Nachrichten, Sprachnachrichten und sonstige elektronisch gespeicherte Daten wie Tabellen, Nutzerdaten und Profile. Spätestens mit Ausspruch eines „Litigation-Hold" ist eine Datenlöschung nicht mehr möglich. Wird dennoch die Herausgabe von Daten durch das Unternehmen verweigert oder werden gar Daten gelöscht, drohen horrende Strafen. So können Verstöße nach dem Sarbanes Oxley Act mit bis zu 20 Jahren Gefängnis und 1 Mio. USD Geldbuße geahndet werden, wenn beweiserhebliche E-Mails in einem Betrugsverfahren gelöscht oder verfälscht werden.

bb) Sicherstellung oder Beschlagnahme?

Im Vorfeld der Übergabe der gesammelten Daten sollte mit der Unternehmensleitung **114** und dem Datenschutzbeauftragten geklärt werden, ob der Gewahrsamsübergang an die Ermittler im Wege der einfachen **Sicherstellung** (= freiwillige Herausgabe; § 94 Abs. 1 StPO) oder durch **Beschlagnahme** (= unfreiwillige Herausgabe; § 94 Abs. 2 StPO) erfolgen soll.

Weigert sich der Betroffene, ein Beweismittel freiwillig herauszugeben, kann die Her- **115** ausgabe durch Festsetzung von **Ordnungs- und Zwangsmitteln** erzwungen werden (§ 95 Abs. 2 StPO). Dies umfasst die Verhängung eines **Ordnungsgeldes** bis hin zur **Ordnungshaft** (§ 70 StPO). Die hierdurch entstehenden Kosten werden dem Betroffenen auferlegt (§ 70 Abs. 1 S. 1 StPO). Die Festsetzung von Zwangsmitteln ist jedoch nur gegenüber Zeugen möglich, die sich nicht auf ein Zeugnisverweigerungsrecht berufen können. Eine Zwangsmittelfestsetzung gegenüber zeugnisverweigerungsberechtigten Personen sowie den Beschuldigten (nemo-tenetur-Grundsatz) ist unzulässig.

Häufig wird der Datenschutzbeauftragte einer Herausgabe von Daten nur im Wege der **116** Beschlagnahme zustimmen, weil interne Betriebsvereinbarungen dies regelmäßig als Voraussetzung für die Herausgabe personenbezogener Daten vorschreiben. Eine freiwillige Herausgabe personenbezogener Daten von Mitarbeitern, wie zB Personalakten, kann für den einzelnen Mitarbeiter je nach Vorwurf schwerwiegende strafrechtliche Konsequenzen haben, zumal er selbst gegen die freiwillige Herausgabe durch den Arbeitgeber wenig praktische Handhabe hat. Um nicht Gefahr zu laufen, im Anschluss an die Durchsuchung rechtliche Schritte seitens der betroffenen Mitarbeiter fürchten zu müssen, ist hier eine Prüfung der Rechtslage im Unternehmen dringend anzuraten.

117   In der Praxis empfiehlt sich bei der Frage der Übermittlung personenbezogener Daten die folgende Vorgehensweise als „goldener Mittelweg": Handelt es sich um eine **„angekündigte Durchsuchung"**, dh wendet sich die Behörde im Vorfeld der Durchsuchung bereits an das Unternehmen mit der Bitte um Kooperation, reicht regelmäßig die Übergabe des Durchsuchungsbeschlusses aus, sofern dieser formell und materiell rechtmäßig ist. Demnach müssen unter anderem die in Frage stehenden Daten vom Beschluss umfasst sein, und das schutzwürdige Interesse der Betroffenen darf nicht überwiegen. Ist dies der Fall, muss der Durchsuchungsbeschluss dann faktisch nicht vollzogen werden, dh eine Datenherausgabe kann „freiwillig" im Wege der Sicherstellung erfolgen. Die durch die Rechtsabteilung bzw. eine externe Kanzlei erfolgte **Rechtmäßigkeitsprüfung** (inkl. **Güterabwägung**) ist entsprechend zu dokumentieren. Vorteil der Sicherstellung ist, dass sie für die Ermittlungsbeamten den einfacheren und schnelleren Weg darstellen. So muss der Ermittler nicht wie bei der Beschlagnahme den Ermittlungsrichter erneut anrufen, um den Rechtsakt auf formelle Rechtmäßigkeit prüfen zu lassen. Dies hat in der Praxis zur Folge, dass die Ermittler wesentlich wohlgesonnener auftreten, als dies bei Beschlagnahme der Fall ist, weil das Verfahren nicht zeitlich verzögert und der Arbeitsaufwand für den Ermittler sowie den zuständigen Richter nicht zusätzlich erhöht wird.

118   Handelt es sich hingegen um eine unangekündigte **„Ad hoc Durchsuchung"**, von der das Unternehmen bis zum Zeitpunkt der Durchsuchung keine Kenntnis hatte, entscheidet das Unternehmen im Einzelfall, ob die Daten freiwillig herausgegeben werden oder ob eine formelle Beschlagnahme im Übergabeprotokoll vermerkt werden soll. Dies hätte eine nachträgliche **gerichtliche Überprüfung** der Beschlagnahme auf ihre Rechtmäßigkeit bezüglich Inhalt und Umfang zur Folge. Sofern die Situation bei der Durchsuchung „unübersichtlich" ist, wird es lege artis erforderlich werden, einer Sicherstellung zunächst zu widersprechen und auf eine formale Beschlagnahme zu bestehen. Im Anschluss daran ist zu prüfen, ob der Widerspruch gegen die Sicherstellung zurück genommen werden kann. Dies wird idR erfolgen, wenn die von der Rechtsabteilung bzw. der externen Kanzlei durchführte Rechtmäßigkeitsprüfung einschließlich Güterabwägung ergeben hat, dass die von der Behörde erhobenen Daten vom Beschluss gedeckt sind und kein überwiegend schutzwürdiges Interesse der Betroffenen besteht.

b) Kooperation in den USA und Großbritannien

119   Ein gesetzlicher Kooperationszwang besteht letztlich – mit Ausnahme der Vorlage bestimmter in sog. **„Subpoenas"**[63] benannten Dokumenten – nicht[64]. Faktisch ist es den US Behörden untersagt, unternehmensinterne Untersuchungen zu steuern, um von deren Ergebnissen zu profitieren, indem Rechte der Betroffenen bewusst umgangen werden. Eine jüngere Gerichtsentscheidung aus den USA[65] zeigt, dass ein derartiges Unterdrucksetzen von Mitarbeitern, die zur Selbstbelastung oder zum Erscheinen ohne Anwalt führen, unzulässig ist.

120   Eine über die reine Pflichterfüllung hinausgehende Kooperation kann sich jedoch iRd Strafzumessung erheblich auswirken, wie auch der Fall Siemens in jüngster Vergangenheit gezeigt hat. Ohne eine vollumfängliche Kooperation des Unternehmens mit den Behörden wäre die Strafe wahrscheinlich erheblich höher ausgefallen. Einer Strafmilderung steht auch nicht entgegen, wenn sich einzelne Mitarbeiter in Interviews weniger kooperativ zeigen und möglicherweise dadurch das Untersuchungsergebnis gefährdet wird. Denn die

---

[63] Hierunter versteht man das im US-Recht eingesetzte Zwangsmittel, durch das die Auskunft Beteiligter oder Dritter oder die Herausgabe von Dokumenten verlangt werden kann.
[64] *Dann/Schmidt* NJW 2009, 1851.
[65] United States vs. Stein; vgl. hierzu *Wehnert* NJW 2009, 1190 (1191).

Federal Sentencing Guidelines[66], die iRd Strafzumessung bei FCPA-Fällen regelmäßig herangezogen werden, differenzieren hier zwischen dem Verhalten des Unternehmens an sich und dem der einzelnen Mitarbeiter[67]. So kann dem Unternehmen auch bei mangelnder Kooperation einzelner Mitarbeiter iRd Strafzumessung volle Kooperation zugesprochen werden. Ein faktischer Kooperationszwang kann sich in Großbritannien bei Verstößen gegen den UK Bribery Act ergeben, wenn vom Unternehmen ein „Deferred Prosection Agreement" (DPA) mit dem Serious Fraud Office (SFO) angestrebt wird, weil das SFO die umfassende Kooperation als notwendige Voraussetzung eines DPA betrachtet.

c) Verhaltensempfehlungen für Mitarbeiter

Den Mitarbeitern eines Unternehmens ist zu empfehlen, sich gegenüber Ermittlungsbeamten möglichst neutral zu verhalten und deren Anweisungen zu befolgen. Dies gilt insbes. bei Durchsuchungen. In jedem Fall sollte den Ermittlern gegenüber höflich und sachlich begegnet werden. Eine Konfrontation kann das Verhältnis zu den Ermittlern bereits im Vorfeld zerrütten und so eine spätere Unternehmenskooperation mit dem Ziel der Verständigung gefährden oder sogar zerstören. Die Kommunikation mit den Beamten sollte sich auf ein Minimum beschränken, das heißt, keinesfalls sollten Angaben zu Verantwortlichkeiten und bestimmten Strukturen und Abläufen ohne Not gemacht werden[68]. **121**

Sofern möglich, sollte bei Durchsuchungen unverzüglich ein Unternehmensjurist oder ein externer Anwalt verständigt werden, der an der Durchsuchung teilnimmt. In der Praxis wird dies von den Ermittlern häufig durch das Verhängen eines sog. **„Kontaktverbots"** verhindert. Das bedeutet, dass in den ersten Minuten nach Eintreffen der Ermittler zunächst keine Telefonate geführt werden dürfen. Hierdurch soll verhindert werden, dass Beschuldigte vorgewarnt werden und entsprechende Vereitelungsmaßnahmen treffen könnten. Die Ermittlungen würden hierdurch empfindlich behindert. Ein generelles Kontaktverbot ist jedoch unzulässig, weil weder dem Beschuldigten noch Dritten die Kontaktaufnahme mit einem Rechtsanwalt dauerhaft untersagt werden darf[69]. **122**

Eine rechtliche Verpflichtung zur Unterstützung der Ermittler bei Durchsuchungen besteht nicht. Solange kein Rechtsanwalt vor Ort ist, sollten daher auch bei höchster Kooperationsbereitschaft den Beamten keine Unterlagen freiwillig herausgegeben werden. Hierdurch kann im Einzelfall sogar der Straftatbestand des § 203 StGB (Verletzung von Privatgeheimnissen) erfüllt sein. Ob die Herausgabe von Unterlagen letztlich im Wege der Sicherstellung oder Beschlagnahme zu erfolgen hat, ist vom hinzuziehenden Rechtsanwalt ggf. gemeinsam mit der Unternehmensleitung und dem Datenschutzbeauftragten zu entscheiden[70]. **123**

In jedem Fall sollten die Mitarbeiter die ermittelnden Beamten um das Vorlegen ihrer Ausweise bitten und für das spätere Vorgehen Namen und Dienststelle notieren[71]. Beschuldigte müssen aufgrund des ihnen zustehenden Aussageverweigerungsrechts nach § 55 StPO keine Aussagen zur Sache sondern lediglich Angaben zu ihrer Person machen. Zeugen hingegen haben Angaben zur Person und zur Sache zu machen, sind jedoch über ein mögliches Zeugnisverweigerungsrecht nach §§ 52, 53 StPO zu belehren. **124**

---

[66] Die Guidelines sind abrufbar unter: http://www.ussc.gov/guidelines/archive (zuletzt abgerufen am 10.3. 2017).

[67] *Dann/Schmidt* NJW 2009, 1851 (1853).

[68] Ein Beispiel für solche Handlungsempfehlungen findet man in *Park* Kap. 6 Abschn. B. I. Rn. 869 mwN. Auch die einzelnen Rechtsanwaltskammern oder Anwaltsvereine führen häufig Beispiele auf den jeweiligen Homepages.

[69] Vgl. *Park* Rn. 191.

[70] Zu den Einzelheiten → Abschnitt III.2.bb „ Sicherstellung oder Beschlagnahme?".

[71] *Park* Rn. 884.

125 Zu beachten ist auch, dass das Auslegen von sog. **Verhaltensregelungen bei Durchsuchungen,** die von Kanzleien vielfach vorgeschlagen werden, strafrechtlich problematisch sein kann. Zwar soll diese meist gut gemeinte Verhaltensanordnung den Mitarbeitern die Angst vor Durchsuchungen nehmen. So können Mitarbeiter anhand der Verhaltensanordnung die erforderlichen „To dos" abarbeiten, ohne in einer kritischen und für sie ungewohnten Situation eigenverantwortlich für das Unternehmen möglicherweise nachteilige Entscheidungen treffen zu müssen. Sofern diese Verhaltensregelungen jedoch Ansprechpartner, wie zB den Leiter der Rechtsabteilung, den Compliance Officer oder auch die Unternehmensleitung vorsehen, die im Falle der Durchsuchung unverzüglich zu informieren sind, kann dies strafrechtlich problematisch werden. Gerade diese Information kann den Ermittlungserfolg zumindest dann empfindlich beeinflussen, wenn gegen die zu informierenden Personen ermittelt wird. Insbes. bei Korruptionsvorwürfen werden sich die Ermittler idR als Erstes an die genannten internen Stellen wenden, weil hier die maßgeblichen Informationen zu möglichen compliance-relevanten Sachverhalten zusammenlaufen. Um das Risiko eines potentiellen Strafvereitelungsvorwurfs zu vermeiden, sollten schriftliche Verhaltensanweisungen daher sorgsam verfasst werden und möglichst die Information eines **Koordinatoren** für die Durchsuchung vorsehen, der als Ansprechpartner für die Ermittler zur Verfügung steht und nach Rücksprache mit den Beamten alles Weitere veranlassen kann. Darüber hinaus sollte die Verhaltensanweisung den Hinweis enthalten, dass Unterlagen keinesfalls vernichtet bzw. beiseite geschafft oder Daten gelöscht werden dürfen. Die Handlungsanweisungen sollten in jedem Fall mit der internen Rechtsabteilung bzw. einer externen Kanzlei abgestimmt werden.

V. Fazit

126 Bei der Frage der Zulässigkeit interner Untersuchungen neben externen Ermittlungsverfahren ist demnach eine Vielzahl von Aspekten zu berücksichtigen. Trotz staatlichen Ermittlungsprivilegs sind Unternehmen verpflichtet, Vorwürfen im Hinblick auf compliance-relevantes Fehlverhalten im Unternehmensinteresse nachzugehen. Vor Meldung eines solchen Sachverhaltes an die Behörden ist der Rechtsrat eines Juristen einzuholen und die Entscheidung mit der Unternehmensleitung abzustimmen. In vielen Fällen ist Eile geboten.

127 Im Hinblick auf Ausmaß und Umfang interner Untersuchungen ist zu unterscheiden, ob die Ermittlungsbehörden bereits Kenntnis von einem compliance-relevanten Sachverhalt haben und diesen bereits untersuchen oder ob der Vorgang den Behörden zu diesem Zeitpunkt noch unbekannt ist. Jedenfalls ist bei Parallelität von internen Untersuchungen und externen Ermittlungen mit den Behörden frühzeitig zu klären, ob und in welchem Umfang interne Untersuchungen durchgeführt werden dürfen. Die einzelnen Schritte sollten gerade mit Blick auf die Problematik möglicher Strafvereitelungen mit den Ermittlungsbeamten abgestimmt werden. Die Herausgabe von Unterlagen sollte geprüft und vor dem Hintergrund möglicher rechtlicher Schritte von Mitarbeitern und Geschäftspartnern gegen das Unternehmen mit einem Rechtsanwalt und dem zuständigen Datenschutzbeauftragten abgestimmt werden.

128 Unabhängig davon sind bei sämtlichen internen Untersuchungen folgende Aspekte zu beachten:

129 Um die Rechte der Mitarbeiter iRv internen Untersuchungen hinreichend zu wahren, empfiehlt sich vor der Befragung von Mitarbeitern, diese über ihre Rechte und Pflichten und mögliche Konsequenzen, insbes. im Hinblick auf staatliche Ermittlungsverfahren hinzuweisen. Der Mitarbeiter sollte darüber belehrt werden, dass er aufgrund seines bestehenden Arbeitsverhältnisses zwar verpflichtet ist, zu sämtlichen Tätigkeiten, die im Zusammenhang mit seinem Arbeitsverhältnis stehen, umfangreiche und wahrheitsgemäße

Angaben zu machen. Zusätzlich sollte darauf hingewiesen werden, dass der Arbeitgeber hieraus gegebenenfalls zivil- und/oder arbeitsrechtliche Konsequenzen ziehen wird. Wichtig ist auch der Hinweis, dass dies den Strafverfolgungsanspruch des Staates nicht ausschließt. Eine im Interview getroffene **Zusicherung** einer vertraulichen Behandlung der Interviewinhalte nach außen für den Aufbau eines den Schutz vor strafprozessualem Zugriff nach § 97 StPO gebietenden mandatsähnlichen Verhältnisses zu den Befragten ist unbrauchbar und wiegt den Mitarbeiter in einer falschen Sicherheit. Hinzu kommt, dass eine privatrechtliche Disposition über die Zulässigkeit strafprozessualer Maßnahmen im Wege von „Zusagen" abseits der gesetzlichen Regelungen in Deutschland unzulässig und damit für die Praxis bedeutungslos ist.

Das Führen von ausführlichen Protokollen über die Befragung von Mitarbeitern ist kritisch zu hinterfragen. Vor- und Nachteile sind im Unternehmensinteresse und im Interesse der Mitarbeiter sorgfältig abzuwägen. Viele Mitarbeiter halten es für unfair, wenn keine Protokolle über die Befragung gefertigt werden[72]. Vor dem Hintergrund einer möglichen arbeitsgerichtlichen Auseinandersetzung sind die Mitarbeiter an der Erstellung von Protokollen idR interessiert. Dies wird jedoch dann nicht der Fall sein, wenn sie durch die Erstellung der Protokolle und einer möglichen Weitergabe an Ermittlungsbehörden Nachteile erlangen könnten. Für das Unternehmen empfiehlt es sich jedoch, in jedem Fall Interviewprotokolle zu erstellen, um sich für mögliche nachfolgende arbeitsgerichtliche Prozesse zu rüsten. Das Erstellen von Interviewprotokollen ist aber auch für den Mitarbeiter, der möglicherweise einem späteren Strafverfahren ausgesetzt wird, von Vorteil, weil die befragende Einheit oder auch möglicherweise anwesende Betriebsräte in späteren Strafprozessen als Zeugen geladen werden könnten. Als sog. **Zeugen vom Hörensagen** wären sie verpflichtet, zur Sache und damit auch zu den Aussagen des betroffenen Mitarbeiters Stellung zu nehmen. Sofern Interviewprotokolle gefertigt werden, sollte der Mitarbeiter am Ende des Interviews nach ausreichender Durchsicht und Prüfung des Protokolls die Möglichkeit haben, Änderungen bzw. Ergänzungen vorzunehmen. Aus Beweissicherungsgründen ist das Protokoll am Ende der Abstimmung durch den Mitarbeiter zu unterzeichnen.

Nicht zuletzt sollten für die Durchführung von internen Untersuchungen und die Befragung von Mitarbeitern Prozesse und Verhaltensregeln (**Code of Conduct** für interne Untersuchungen) festgeschrieben werden. Auch empfiehlt es sich, den Mitarbeitern nach Abschluss der internen Untersuchungen jedoch vor Einleitung arbeitsrechtlicher Maßnahmen nochmals rechtliches Gehör zu gewähren.

VI. Ausblick: Auswirkungen eines künftigen Unternehmensstrafrechts?

Mit Blick auf die internen Untersuchungen in Unternehmen stellt sich nun die Frage, wie die bereits seit langem diskutierte mögliche Einführung eines Unternehmensstrafrechts in Deutschland sich auf die Pflichten von Vorstand, Geschäftsführung und Aufsichtsräten zur Vermeidung von Compliance Sachverhalten auswirken würde.

Derzeit gibt es in Deutschland kein formell anwendbares Unternehmensstrafrecht, weil der deutsche Gesetzgeber sich bislang für ein schuldorientiertes, also an eine Person anknüpfendes Strafrecht entschieden hat. Bei Unternehmen gibt es hingegen keine Handlungsfähigkeit der Gesellschaft selbst und daher auch keine Schuldfähigkeit.

Die Sanktionierung von Unternehmen erfolgt derzeit im deutschen Recht noch hauptsächlich über das **Ordnungswidrigkeitenrecht** (§§ 30, 130 OWiG bzw. § 29a OWiG) und nur mittelbar über das **Strafrecht** (§§ 73 ff. StGB).

130

131

132

133

134

---

[72] Juve-Rechtsmarkt 1/11 „Interne Ermittlungen: Gebrochenes Tabu. Die BRAK versucht sich an Regeln für die interne Sachverhaltsaufklärung".

135 Ob bzw. wann in Deutschland ein originäres Unternehmensstrafrecht iSe „Verbandsstrafrechts" – vgl. zB dem in Österreich geltenden – eingeführt wird, erscheint trotz verschiedener politischer Absichtsbekundungen noch offen.

136 Es bleibt daher auch abzuwarten, ob und inwiefern die Einführung eines solchen möglichen Unternehmensstrafrechts sowie die erfolgten Änderungen im Berufsrecht der Syndikusanwälte die bisherigen Praktiken und Entscheidungen der Gerichte verändern werden.

137 Des Weiteren stellt sich die Frage, ob bei Einführung eines Unternehmensstrafrechts verfassungsrechtliche Grundsätze tangiert werden und sich Auswirkungen auf die Haftung von Managern, insbes. Vorständen, Geschäftsführern und Aufsichtsräten, ergeben. Durch die bisherige eindeutige Zuordnung von Handlungen in Strafrecht (für Individuen) und Ordnungswidrigkeitenrecht (für Organe) konnte eine Doppelbestrafung im eigentlichen Sinne für eine Tat ausgeschlossen werden. Wenn aber das Unternehmen per se strafrechtlich verantwortlich ist, könnte dann das dieses Unternehmen leitende Organ zumindest für bestimmte Sachverhalte künftig nicht für die gleiche Tat zur Verantwortung gezogen werden.

138 Alternativ zur Einführung eines Verbandsstrafrechts wäre die inhaltliche Konkretisierung der Aufsichts- und Organisationspflichten von Managern denkbar[73]. Rechtsprechung und Literatur haben über Jahre hinweg eine Auslegung dieser Pflichten vorgenommen, ohne den Unternehmen aber klare Leitlinien für effektive Compliance Systeme an die Hand zu geben. Die in den USA bzw. UK bereits existierenden „Standards" wie die US Sentencing Guidelines oder der UK Bribery Act zeigen jedoch, dass dies möglich ist.

139 Denkbar ist, dass durch solch klare gesetzliche Vorgaben für Vorstände, Geschäftsführer und Aufsichtsräte bzw. durch die Schaffung von Anreizen zur Initiierung von internen Kontrollsystemen, Ethik- und Compliance-Programmen gerade bei kleinen und mittelständischen Unternehmen die von Unternehmen ausgehenden Straftaten und Ordnungswidrigkeiten besser vermieden werden können. Im Gegensatz zu einem möglichen „Verbandsstrafgesetzbuch" würde hierdurch auch nicht in die gewachsene dogmatische Struktur des Rechts der Unternehmenssanktionen eingegriffen werden.

140 Für welchen Weg sich der Gesetzgeber letztendlich entscheiden wird und wie hierdurch die Verpflichtungen für Manager im Unternehmen beeinflusst werden, bleibt offen und spannend.

---

[73] So der Gesetzgebungsvorschlag des Bundesverbands Deutscher Unternehmensjuristen aus dem Jahr 2014.

D. Arbeitsrechtliche Aspekte interner Untersuchungen

Literatur:
Ascheid/Preis/Schmidt (Hrsg.), Kündigungsrecht, 4. Aufl., 2012; *Böhm*, Strafrechtliche Verwertbarkeit der Auskünfte von Arbeitnehmern bei unternehmensinternen Untersuchungen, WM 2009, Heft 41, 1923 ff.; *Dzida*, Die Einladung zur Anhörung vor Ausspruch einer Verdachtskündigung, NZA 2013, 412 ff.; *Dzida*, Tat- und Verdachtskündigung bei komplexen Sachverhalten, NZA 2014, 809 ff.; *Dzida/Förster*, Beginn der Zwei-Wochen-Frist bei Compliance-Untersuchungen, NZA-RR 2015, 561 ff.; *Eylert*, Die Verdachtskündigung, NZA-RR 2014, 393 ff.; *Göpfert/Drägert*, Außerordentliche Kündigung bei Compliance-Verstößen ohne Ausschlussfrist?, CCZ 2011, 25 ff.; *Göpfert/Merten/Siegrist*, Mitarbeiter als Wissensträger, NJW 2008, 1703 ff.; *Greco/Caracas*, Internal investigations und Selbstbelastungsfreiheit, NStZ 2015, 7 ff.; *Grützner/Jakob* (Hrsg.), Compliance von A–Z, 2. Aufl., 2015; *Hauschka/Moosmayer/Lösler*, Corporate Compliance, Handbuch der Haftungsvermeidung im Unternehmen, 3. Aufl. 2016; *Hohmuth*, Die arbeitsrechtliche Implementierung von Compliance-Pflichten, BB 2014, 3061 ff.; *Klengel/Mückenberger*, Internal Investigations – typische Rechts- und Praxisprobleme unternehmensinterner Ermittlungen, CCZ 2009, 81 ff.; *Kock*, Einführung einer Ethikrichtlinie im Unternehmen, MDR 2006, 673 ff.; *Köhler/Häferer*, Mitbestimmungsrechte des Betriebsrats im Zusammenhang mit Compliance-Systemen, GWR 2015, 159 ff.; *Lunk*, Die Verdachtskündigung: Eine Rechtsfigur vor dem Aus? Zugleich eine Übersicht über die aktuelle Rechtsprechung, NJW 2010, 2753 ff.; *Lützeler/Müller-Sartori*, Die Befragung des Arbeitnehmers – Auskunftspflicht oder Zeugnisverweigerungsrecht?, CCZ 2011, 19 ff.; *Mengel*, Arbeitsrechtliche Besonderheiten der Implementierung von Compliance-Programmen in internationalen Konzernen, CCZ, 2008, 85 ff.; *Mengel*, Compliance und Arbeitsrecht, Implementierung, Durchsetzung, Organisation, 2009; *Mengel/Hagemeister*, Compliance und arbeitsrechtliche Implementierung, BB 2007, 1386 ff.; *Moosmayer*, Compliance – Praxisleitfaden für Unternehmen, 3. Aufl. 2015; *Müller-Glöge/Preis/Schmidt* (Hrsg.), Erfurter Kommentar zum Arbeitsrecht, 16. Aufl. 2016; *Neufeld/Knitter*, Mitbestimmung des Betriebsrats bei Compliance-Systemen, BB 2013, 821 ff.; *Rudowski*, Die Aufklärung von Compliance-Verstößen durch Interviews", NZA 2011, 612 ff.; *Richardi*, (Hrsg.), Betriebsverfassungsgesetz mit Wahlordnung, Kommentar, 15. Aufl. 2016; *Schreiber*, Implementierung von Compliance-Richtlinien, NZA-RR 2010, 617 ff.; *Stück*, Compliance und Mitbestimmung, ArbR Aktuell 2015, 337 ff.; *Schrader/Mahler*, Interne Ermittlungen des Arbeitgebers und Auskunftsgrenzen des Arbeitnehmers, NZA-RR 2016, 57 ff.; *Schuster/Darsow*, Einführung von Ethikrichtlinien durch Direktionsrecht, NZA 2005, 273 ff.; *Spehl/Momsen/Grützner*, Unternehmensinterne Ermittlungen – Ein internationaler Überblick, Teil IV: Sanktionen gegen Mitarbeiter, CCZ 2015, 77 ff.; *Wybitul/Böhm*, Beteiligung des Betriebsrats bei Ermittlungen durch Unternehmen, RdA 2011, 362 ff.; *Zimmer/Heymann*, Beteiligungsrechte des Betriebsrats bei unternehmensinternen Ermittlungen, BB 2010, 1853 ff.

I. Einführung

In nahezu allen internen Untersuchungen stehen die Mitarbeiter und ihre Rolle in dem 1 zu untersuchenden Vorgang im Fokus der Aufklärung. Der Erfolg interner Untersuchungen hängt maßgeblich von der Kooperation der involvierten Mitarbeiter ab, während gleichzeitig die Sanktionierung etwaigen Fehlverhaltens dieser Mitarbeiter wesentlicher Bestandteil nachhaltiger Compliance ist.[1] Der Umgang mit diesem Spannungsverhältnis ist im Rahmen jeder internen Untersuchung eine Herausforderung.

Die Basis, um dieser Herausforderung zu begegnen, liegt in der vollumfänglichen Be- 2 achtung des anwendbaren individuellen und kollektiven Arbeitsrechts. Es beginnt mit der Beteiligung der Arbeitnehmervertretungen bei der Einführung des Compliance Systems, insbes. der Implementierung von Verhaltensregeln – sei es in Form von Ethikrichtlinien für alle Mitarbeiter, sei es in Form spezieller Verhaltensvorgaben für die an einer internen Untersuchung Beteiligten. Auf individualarbeitsrechtlicher Ebene kommt der Beachtung arbeitsrechtlicher Vorgaben und Fristen sowie der Kooperationspflicht der Mitarbeiter eine besondere Rolle zu.

Die nachfolgenden Ausführungen beleuchten die in der Praxis besonders relevanten ar- 3 beitsrechtlichen Aspekte interner Untersuchungen.[2]

---

[1] Vgl. zum Sanktionierungsprozess → Kapitel F.
[2] Unter Berücksichtigung der Konzeption dieses Buches als Praxisleitfaden enthält das folgende Kapitel keine abschließende und umfassende Behandlung aller möglicherweise im Zusammenhang mit internen Untersuchungen auftretenden arbeitsrechtlichen Themen und auch keine Prüfungsschemata.

II. Beteiligung der Arbeitnehmervertretung

4 Ein gängiges sowie empfehlenswertes Mittel, um Compliance-Richtlinien unternehmensweit einzuführen, ist der Abschluss von **(Konzern-/Gesamt-)Betriebsvereinbarungen.**[3] Diese entfalten normative Wirkung (§ 77 Abs. 4 S. 1 BetrVG) und gestalten den Inhalt einzelner Arbeitsverhältnisse unmittelbar, unabhängig von einer Zustimmung der betroffenen Arbeitnehmer.[4] Ferner unterfallen solche kollektiven Regelungen nicht der AGB-Kontrolle (§ 310 Abs. 4 BGB) und genießen faktisch häufig eine höhere Akzeptanz in der Belegschaft.[5] Um sicherzustellen, dass die betriebliche Regelung auch den nicht unter den persönlichen Anwendungsbereich des § 5 Abs. 1 BetrVG fallenden Personenkreis erfasst (insbes. Organe der Gesellschaft und leitende Angestellte), sollte die Unternehmensleitung entsprechende Vereinbarungen mit dem Sprecherausschuss als Interessenvertretung der leitenden Angestellten, sofern vorhanden, anstreben (vgl. § 28 Abs. 2 SprAuG).

1. Mitbestimmungsrechte des Betriebsrats

5 Die Frage, ob einzelne Regelungen der Mitbestimmungspflicht des Betriebsrats unterliegen, richtet sich nicht nach der vom Arbeitgeber gewählten Form sondern nach dem Inhalt der jeweiligen Regelung.[6] Dementsprechend sind die Mitbestimmungsrechte des Betriebsrats[7] zu beachten, selbst wenn der Arbeitgeber sich für eine individualvertragliche Einführung der Compliance-Richtlinien bzw. eine Einführung per Direktionsrecht entscheidet.[8]

6 Möchte der Arbeitgeber ein Gesamtwerk wie zB einen Verhaltenskodex („Code of Conduct") implementieren, ist zu beachten, dass dieser mitbestimmungspflichtige und mitbestimmungsfreie Regelungen enthalten kann. Demnach ist die Frage der Mitbestimmungspflicht für jede Regelung einzeln zu prüfen. Nach einer Entscheidung des Bundesarbeitsgerichts aus dem Jahr 2008 *„begründet das Mitbestimmungsrecht an einzelnen Regelungen nicht notwendig ein Mitbestimmungsrecht am Gesamtwerk."*[9]

7 IRd Prüfung, ob im Einzelfall ein Mitbestimmungsrecht des Betriebsrats besteht, ist zu berücksichtigen, dass die reine Wiederholung gesetzlicher Pflichten nach dem ersten Halbsatz des § 87 Abs. 1 BetrVG nicht der betrieblichen Mitbestimmung unterliegt (zB Korruptionsverbote, Insiderklauseln, Diskriminierungsverbote).[10] Davon zu differenzieren ist die Einführung von Compliance-Vorgaben aufgrund ausländischer Gesetze, wie zB dem UK Bribery Act. Die Umsetzung gesetzlicher Vorgaben schließt nach der Entscheidung des BAG v. 22.7.2008[11] die Mitbestimmungsrechte nach dem BetrVG nicht aus – solange und soweit eine Transformation der Vorgaben in das deutsche Recht unterblieben ist.[12]

---

[3] Praktisch sowie rechtlich schwer handhabbar ist die Einführung durch individualarbeitsvertragliche Regelungen, die einer AGB-Kontrolle (§ 307 BGB) unterliegen und deren Einführung und Änderung von der Zustimmung des Mitarbeiters abhängen. Weitere Ausführungen zur Einführung per Direktionsrecht und Arbeitsvertrag bei *Mengel* CCZ, 2008, 85 sowie *Schreiber* NZA-RR 2010, 617.

[4] Richardi BetrVG/*Richard* BetrVG § 77 Rn. 18; *Hohmuth* BB 2014, 3061 (3064); ErfK/*Kania* BetrVG § 77 Rn. 5,6.

[5] *Stück* ArbR Aktuell 2015, 337.

[6] Vgl. BAG NZA 2003, 166 (168); *Hohmuth* BB 2014, 3061 (3064).

[7] Im Folgenden wird durchweg das Bestehen eines Betriebsrats vorausgesetzt.

[8] *Hohmuth* BB 2014, 3061 (3064); *Mengel* CCZ, 2008, 85 (87); BAG NZA 2003, 166 (167).

[9] BAG NZA 2008, 1248 (1252) – Honeywell.

[10] BAG NZA 2008, 1248 (1253) – Honeywell; *Moosmayer* Compliance S. 58, Rn. 208; *Neufeld/Knitter* BB 2013, 821 (822).

[11] BAG NZA 2008, 1248.

[12] *Neufeld/Knitter* BB 2013, 821.

Im Folgenden werden die wichtigsten Themenfelder im Zusammenhang mit der Durch- 8
führung interner Untersuchungen im Hinblick auf ihre Mitbestimmungspflicht beleuchtet.

Dem sei vorangestellt, dass sich die Bedeutung des Betriebsrats bei der Einführung und 9
Implementierung eines Compliance Systems keinesfalls auf die rechtlichen Aspekte des
Betriebsverfassungsrechts beschränkt. Maßgeblich für den Erfolg eines effektiven Compliance Systems ist eine enge und frühzeitige Einbindung der Arbeitnehmervertretung durch
die Unternehmensleitung.[13] Ein vom Betriebsrat getragenes Compliance System wird
auch in der Belegschaft eine höhere Akzeptanz erfahren und unter Umständen sogar etwaige Vorbehalte revidieren, Misstrauen beseitigen oder potentielle Auseinandersetzungen
vermeiden.[14]

2. Einführung von Verhaltensrichtlinien

a) § 87 Abs. 1 Nr. 1 BetrVG

Im Falle der Einführung von Verhaltensrichtlinien kommt in erster Linie das Mitbestim- 10
mungsrecht des § 87 Abs. 1 Nr. 1 BetrVG in Betracht. Dieses erfasst das so genannte
„Ordnungsverhalten", die allgemeine betriebliche Ordnung und das Verhalten der Arbeitnehmer im Betrieb, soweit deren Zusammenleben und Zusammenwirken berührt
wird und damit ein Bezug zur betrieblichen Ordnung besteht.[15] Davon abzugrenzen ist
das mitbestimmungsfreie **„Arbeitsverhalten"**, die unmittelbare Konkretisierung der Arbeitspflicht.[16]

Das „Ordnungsverhalten" ist bspw. betroffen, sofern der Arbeitgeber Regelungen über 11
die Zulässigkeit der Annahme von Geschenken[17], intime Beziehungen zwischen Vorgesetztem und Untergebenen aufstellt oder das Zeigen und Verbreiten anzüglicher Bilder
am Arbeitsplatz verbietet.[18] In diesen Fällen besteht ein Mitbestimmungsrecht des Betriebsrats, auch wenn die das „Ordnungsverhalten" betreffenden Regelungen keine Verhaltenspflichten statuieren, sondern „nur" darauf gerichtet sind, das Verhalten der Mitarbeiter zu steuern oder die Ordnung des Betriebs zu gewährleisten.[19]

Dagegen stellen Vorgaben, die sich an die an der Untersuchung beteiligten Mitarbeiter 12
richten, zB deren Pflicht zur Verschwiegenheit oder die Gestaltung der Mitarbeiterbefragungen, eine Konkretisierung der arbeitsvertraglichen Nebenpflicht dar und fallen damit
unter das mitbestimmungsfreie „Arbeitsverhalten". Gleiches gilt für die Auskunftspflicht
der betroffenen Mitarbeiter iRd Befragungen.

b) § 87 Abs. 1 Nr. 6 BetrVG

Mitbestimmungspflichtig nach § 87 Abs. 1 Nr. 6 BetrVG ist allerdings eine Verhaltens- 13
richtlinie, die die Einführung und Anwendung **technischer Einrichtungen,** die dazu
bestimmt bzw. objektiv geeignet sind, das Verhalten und die Leistung der Arbeitnehmer
zu überwachen, regelt.[20] Dies ist bspw. gegeben, wenn eine Richtlinie die Voraussetzungen der Verwendung von Festplatten sowie der darauf gespeicherten Daten zum Zwecke
der Kontrolle der Mitarbeiter statuiert.[21]

---

[13] *Moosmayer* Compliance Kapitel D. III. Rn. 209.
[14] *Schreiber* NZA-RR 2010, 617 (623).
[15] Richardi BetrVG/*Richardi* BetrVG § 87 Rn. 175, 176, 177.
[16] ErfK/*Kania* BetrVG § 87 Rn. 18.
[17] ErfK/*Kania* BetrVG § 87 Rn. 21a.
[18] BAG NZA 2008, 1248 (1256).
[19] BAG NZA 2008, 1248 (1254); *Köhler/Häferer* GWR 2015, 159 (161); *Neufeld/Knitter* BB 2013, 821 (822).
[20] ErfK/*Kania* BetrVG § 87 Rn. 55.
[21] *Köhler/Häferer* GWR 2015, 159 (160).

3. Einführung von Meldesystemen (Whistleblowing-, Ombuds-Systeme)[22]

14 Trotz anfänglicher Kritik ist die Einrichtung von Meldesystemen, zB Whistleblowing-Hotline oder Ombudsmann, inzwischen anerkannter Bestandteil eines effektiven Compliance Systems und wichtiges Mittel zur Erreichung umfassender unternehmensinterner Aufklärung.[23]

a) § 87 Abs. 1 Nr. 1 BetrVG

15 Führt der Arbeitgeber ein Meldesystem ein, das ein standardisiertes Meldeverfahren vorsieht und eine Meldepflicht festsetzt, ist das Ordnungsverhalten betroffen und es besteht ein Mitbestimmungsrecht des Betriebsrats nach § 87 Abs. 1 Nr. 1 BetrVG.[24] Das Mitbestimmungsrecht soll hingegen nicht bestehen, sofern das einzuführende Whistleblowing- oder Ombuds-System eines unter mehreren Meldeverfahren ist, und dem Arbeitnehmer die Entscheidung überlassen wird, welchen Meldeweg er nutzen möchte.[25] Entgegen mancher Stimmen in der Literatur soll vor dem Hintergrund der Entscheidung des BAG v. 22.7.2008[26] das Mitbestimmungsrecht auch dann gegeben sein, wenn keine Meldepflicht besteht, da die reine Aufforderung und Motivation der Mitarbeiter, potentielles Fehlverhalten zu melden, dazu diene, das Verhalten der Mitarbeiter zu steuern.[27]

b) § 87 Abs. 1 Nr. 6 BetrVG

16 Das Mitbestimmungsrecht des § 87 Abs. 1 Nr. 6 BetrVG kann im Falle der Einführung eines technischen Whistleblowing-Systems in Form einer Telefonhotline oder eines E-Mailpostfachs gegeben sein, wenn es Rückschlüsse auf die Identität des Hinweisgebers zulässt und so eine Leistungs- und Verhaltenskontrolle ermöglicht. Dementsprechend unterliegen solche Systeme der Mitbestimmung, die die Telefonnummer des Hinweisgebers speichern, Telefonate aufnehmen bzw. im Falle einer Meldung per E-Mail die IP-Adresse des Hinweisgebers aufzeichnen.[28]

4. Durchführung interner Untersuchungen

17 Grds. besteht kein allgemeines Mitbestimmungsrecht des Betriebsrats in Bezug auf die Frage, ob ein Arbeitgeber interne Untersuchungen durchführt und was Gegenstand der Untersuchung ist.[29] Geht der Arbeitgeber einem zB über eine Whistleblowing-Hotline gemeldeten Missstand auf den Grund und initiiert eine interne Untersuchung, kommt er lediglich seiner Pflicht zur Aufklärung und Kontrolle nach (vgl. § 130 OWiG).[30]

18 Zwei maßgebliche Erkenntnisquellen im Rahmen interner Untersuchungen sind die Auswertung schriftlicher und elektronischer Dokumente sowie die Befragung von Mitarbeitern in so genannten „Interviews".[31]

---

[22] Sa → Kapitel C. II.1.

[23] *Neufeld/Knitter* BB 2013, 821 (822).

[24] BAG NZA 2003, 166.

[25] *Neufeld/Knitter* BB 2013, 821 (822); *Mengel/Hagemeister* BB 2007, 1368 (1392); weitergehend – bereits keine Mitbestimmung, wenn keine Meldepflicht – *Kock* MDR 2006, 673 (675); *Schuster/Darsow* NZA 2005, 273 (276).

[26] BAG NZA 2008, 1248.

[27] *Köhler/Häferer* GWR 2015, 159 (160).

[28] *Neufeld/Knitter* BB 2013, 821 (823).

[29] *Zimmer/Heymann* BB 2010, 1853; *Wybitul/Böhm* RdA 2011, 362 (365).

[30] Sa → Kapitel B. I.1, 2.

[31] Sa → Kapitel G. VI.4.

a) § 87 Abs. 1 Nr. 1 BetrVG

Sofern die iRd Untersuchung ergriffenen Maßnahmen des Arbeitgebers die Ausführung 19
der Arbeit durch seine Mitarbeiter betreffen, ihre arbeitsvertraglichen Pflichten oder Nebenpflichten lediglich konkretisieren, besteht kein Mitbestimmungsrecht nach § 87 Abs. 1 Nr. 1 BetrVG.

Der Arbeitnehmer ist bereits aufgrund seiner arbeitsvertraglichen Pflichten sowohl zur 20
Teilnahme an Interviews als auch zur Herausgabe dienstlicher Unterlagen und E-Mails verpflichtet.[32] Sichtet der Arbeitgeber zB im Rahmen einer internen Untersuchung dienstliche Unterlagen und E-Mails und wertet diese „manuell" bzw. persönlich aus, fällt dies nicht unter den Mitbestimmungstatbestand des § 87 Abs. 1 Nr. 1 BetrVG. Eine Auswertung privater Unterlagen und E-Mails kann hingegen – sofern datenschutzrechtlich zulässig – ein Mitbestimmungsrecht nach § 87 Abs. 1 Nr. 1 BetrVG auslösen, da die Auswertung unter Umständen Schlussfolgerungen auf die Einhaltung interner betrieblicher Vorschriften, zB zur Privatnutzung des Internets, zulässt.[33]

Im Falle von Befragungen der Mitarbeiter besteht kein Mitbestimmungsrecht nach § 87 21
Abs. 1 Nr. 1 BetrVG, solange sich die anlässlich eines Interviews gestellten Fragen auf das Arbeitsverhalten der Mitarbeiter beziehen und keinen Bezug zur betrieblichen Ordnung aufweisen. Gehen die Fragen über das reine Arbeitsverhalten hinaus, kommt ein Mitbestimmungsrecht nach § 87 Abs. 1 Nr. 1 BetrVG im Falle von Mitarbeiter-Interviews nur dann in Betracht, wenn ein kollektiver Bezug vorliegt. Dementsprechend liegt im Falle gezielter, selektiver Befragungen einzelner Mitarbeiter kein Mitbestimmungsrecht nach § 87 Abs. 1 Nr. 1 BetrVG vor.[34] Entscheidet sich der Arbeitgeber allerdings, mittels standardisierter Fragebögen Informationen bei einer Vielzahl von Mitarbeitern zu erheben, kommt ein Mitbestimmungsrecht nach § 94 BetrVG in Betracht – sofern es sich inhaltlich um einen Personalfragebogen[35] handelt.[36]

Als mitbestimmungsfrei gelten Maßnahmen des Arbeitgebers zur Einleitung oder Un- 22
terstützung polizeilicher Ermittlungen sowie die Observation des Arbeitsverhaltens von Mitarbeitern durch externe Privatermittler (zB Anwaltskanzlei, Privatdetektiv).[37]

b) § 87 Abs. 1 Nr. 6 BetrVG

Nutzt der Arbeitgeber für die (systematische) Datenerhebung und Datenauswertung eine 23
elektronische Datenbank oder spezielle Software – dh eine technische Einrichtung, die zur Leistungs- und Verhaltenskontrolle bestimmt bzw. geeignet ist – besteht ein Mitbestimmungsrecht nach § 87 Abs. 1 Nr. 6 BetrVG.[38] Bei dieser Vorschrift steht der Schutz des Arbeitnehmers vor den vielschichtigen Gefahren einer elektronischen Datenverarbeitung im Vordergrund. Dementsprechend kann auch die Nutzung einer technischen Ein-

---

[32] *Neufeld/Knitter* BB 2013, 821 (823); *Stück* ArbRAktuell 2015, 337 (339).
[33] *Köhler/Häferer* GWR 2015, 159 (160); *Neufeld/Knitter* BB 2013, 821 (823).
[34] Neufeld/Knitter BB 2013, 821 (823).
[35] ErfK/*Kania* BetrVG § 94 Rn. 2: „Personalfragebogen ist dem Wortlaut nach ein Formular, in dem personenbezogene Fragen nach einem bestimmten Schema zusammengestellt sind, die ein Arbeitnehmer oder ein Bewerber um einen Arbeitsplatz schriftl. beantworten soll, um dem Arbeitgeber Aufschluss über seine Person und Qualifikation zu geben. Darüber hinaus werden wegen der Zielrichtung des § 94 BetrVG alle formalisierten und standardisierten Informationserhebungen des Arbeitgebers über Arbeitnehmerdaten vom Begriff des Personalfragebogens erfasst. Daraus ergibt sich, dass auch eine mündliche Befragung in der Form eines Interviews, die anhand einer Checkliste und einer anschließenden schriftl. Fixierung der Antworten erfolgt, unter § 94 BetrVG fällt (BAG 21.9.1993 AP BetrVG 1972 § 94 Nr. 4)."
[36] *Wybitul/Böhm* RdA 2011, 362 (365).
[37] BAG NZA 1991, 729; *Wybitul/Böhm* RdA 2011, 362 (364).
[38] *Neufeld/Knitter* BB 2013, 821 (823); vgl. zur Frage der Eignung Beschluss d. BAG v. 6.12.1983 – 1 ABR 48/81.

richtung aus dem Grunde der Beschleunigung der Auswertung ein Mitbestimmungsrecht nach § 87 Abs. 1 Nr. 6 BetrVG auslösen.[39]

24　Maßgeblich für das Bestehen eines Mitbestimmungsrechts nach § 87 Abs. 1 Nr. 6 Betr-VG ist demnach, ob die Prüfung von Unterlagen und E-Mails persönlich erfolgt – durch Mitarbeiter oder Externe; allein die Nutzung technischer Hilfsmittel, zB Computer mit Textverarbeitungsprogrammen durch diese Personen löst allerdings noch kein Mitbestimmungsrecht nach § 87 Abs. 1. Nr. 6 BetrVG aus.[40] Verwendet der Arbeitgeber hingegen eine technische Einrichtung, die Ergebnisse anzeigt, speichert und zuordnet, die einen eigenständigen Informationsgehalt bzw. Erklärungswert haben, ist der Mitbestimmungstatbestand des § 87 Abs. 1 Nr. 6 BetrVG gegeben.[41]

25　Für die Praxis bietet sich an, mit dem Betriebsrat eine Betriebsvereinbarung zur Durchführung interner Untersuchung unter Einsatz von technischen Einrichtungen zu schließen. Es wäre dann nicht jede einzelne Maßnahme auf ihre Mitbestimmungspflicht zu prüfen und ggf. mit dem Betriebsrat abzustimmen, vielmehr könnte zB in einer solchen Betriebsvereinbarung die Beteiligung des Betriebsrats im einzelnen Anwendungsfall auf eine reine Information über die Maßnahme beschränkt werden. Ein weiterer Vorteil einer solchen Betriebsvereinbarung liegt darin, dass auch datenschutzrechtliche Aspekte bei der Durchführung der internen Untersuchung darin mit behandelt werden können (und sollten).[42]

5. Durchführung des Disziplinarprozesses

26　Im Rahmen eines Disziplinarprozesses, der im Falle nachgewiesenen Fehlverhaltens dem Untersuchungsprozess folgt[43], könnte man an das Mitbestimmungsrecht des § 87 Abs. 1 Nr. 1 BetrVG denken, welches sich nicht auf Regeln über den Inhalt des Ordnungsverhaltens beschränkt, sondern auch die vertragsrechtlichen Sanktionen bei Ordnungsverstößen der Arbeitnehmer erfasst („Betriebsbuße").[44] Die Betriebsbuße als innerbetriebliche Disziplinarmaßnahme erscheint allerdings nicht mehr zeitgemäß und hat kaum noch praktische Bedeutung.[45] Das BAG setzt für die Verhängung einer Betriebsbuße den Erlass einer Betriebsbußenordnung durch Betriebsvereinbarung oder Tarifvertrag voraus. Die Betriebsbuße ahndet Verstöße gegen die kollektive betriebliche Ordnung.[46] Sie ist abzugrenzen von der individuell für jeden Einzelfall zu entscheidenden Sanktion des Arbeitgebers, die auf einer Verletzung der arbeitsrechtlichen Pflichten basiert.

27　Entscheidet sich der Arbeitgeber im Rahmen einer Compliance-Richtlinie die im Falle eines Compliance-Verstoßes in Frage kommenden potentiellen Disziplinarmaßnahmen aufzuzählen, so sollte er (in Abgrenzung zu einer Betriebsbußenordnung) klarstellen, dass diese Maßnahmen im Falle der Verletzung arbeitsvertraglicher Verpflichtungen in Frage kommen und Anknüpfungspunkt nicht die mögliche Verletzung der betrieblichen Ordnung ist. Ferner sollte er die Maßnahmen lediglich beschreiben und deutlich machen, dass es sich dabei nur um mögliche Maßnahmen handelt. Er sollte keinen Bezug zu einem etwaigen Fehlverhalten herstellen und den Eindruck vermeiden, ein bestimmtes Fehlverhalten würde automatisch eine bestimmte Disziplinarmaßnahme nach sich ziehen.[47]

---

[39] *Wybitul/Böhm* RdA 2011, 362 (366).
[40] *Wybitul/Böhm* RdA 2011, 362 (366).
[41] MwN *Wybitul/Böhm* RdA 2011, 362 (366); vgl. BAG NZA 1985, 28.
[42] Vgl. → Kapitel I.II.2 sowie III.7.
[43] Sa → Kapitel F.
[44] Richardi/*Richardi* BetrVG § 87 Rn. 213.
[45] *Grützner/Jakob* Compliance von A–Z „Betriebsbuße".
[46] Richardi BetrVG/*Richardi* BetrVG § 87 Rn. 223, 225.
[47] Sa → Kapitel F.III.

IRd Disziplinarprozesses ist die Beachtung der Beteiligungsrechte des Betriebsrats nach **28** dem Betriebsverfassungsgesetz weit bedeutsamer als dessen Mitbestimmungsrechte: So ist der Betriebsrat im Falle einer Versetzung gemäß § 99 BetrVG bzw. der Sprecherausschuss gemäß § 31 Abs. 1 SprAuG zu beteiligen. Entscheidet sich der Arbeitgeber in Folge des iRd internen Untersuchung festgestellten Fehlverhaltens für eine Kündigung des Arbeitsverhältnisses, muss der Betriebsrat nach § 102 Abs. 1 BetrVG bzw. der Sprecherausschuss gemäß § 31 Abs. 2 SprAuG vorher angehört werden. Ein dahingehendes Versäumnis hat schwerwiegende Folgen: Eine ohne Betriebsrats-/Sprecherausschussanhörung ausgesprochene Kündigung ist unwirksam (§§ 102 Abs. 1 BetrVG, 31 Abs. 2 SprAuG).

Übersicht etwaiger Mitbestimmungsrechte im Falle interner Untersuchungen **29**

Maßnahme	Rechtsgrundlage	Mitbestimmungspflicht
Einführung von Verhaltensrichtlinien	§ 87 Abs. 1 Nr. 1 BetrVG	(+) Sofern Richtlinie Ordnungsverhalten betrifft
	§ 87 Abs. 1 Nr. 6 BetrVG	(+) Sofern Richtlinie Einführung und Anwendung technischer Einrichtung, die zur Überwachung geeignet ist, betrifft
Einführung von Meldesystemen	§ 87 Abs. 1 Nr. 1 BetrVG	Umstr.; zumindest (+) bei standardisiertem Meldeverfahren und Meldepflicht
	§ 87 Abs. 1 Nr. 6 BetrVG	(+) Sofern dadurch Leistungskontrolle möglich
Manuelle Auswertung von E-Mails und Unterlagen	§ 87 Abs. 1 Nr. 1 BetrVG	(–) Bei dienstlichen, ggf (+) bei privaten E-Mails/ Unterlagen
Gezielte, selektive Befragung von Mitarbeitern	§ 87 Abs. 1 Nr. 1 BetrVG	(–) Sofern nur Arbeitsverhalten betroffen
	§ 94 BetrVG	(+) bei Verwendung von Personalfragebögen
Observierung durch Externe	–	(–)
Gegenstand der Untersuchung	–	(–)
Systematische elektronische Datenerhebung und -auswertung	§ 87 Abs. 1 Nr. 6 BetrVG	(+)
Durchführung des Disziplinarprozesses	§ 87 Abs. 1 Nr. 1 BetrVG	Grds. (–); ggf. (+) sofern Betriebsbuße verhängt wird (äußerst selten)

6. Folgen der Missachtung erzwingbarer Mitbestimmungsrechte

30 Unterliegt eine Regelung der zwingenden Mitbestimmung des Betriebsrats, sind die Folgen unterlassener Einbeziehung des Betriebsrats gravierend: Die unter Missachtung der Mitbestimmungsrechte des § 87 Abs. 1 BetrVG ergriffene, den Mitarbeiter belastende Maßnahme ist unwirksam und entfaltet individualrechtlich keine Bindungswirkung, so dass der Arbeitgeber im Falle eines Verstoßes keine wirksamen Sanktionen daran knüpfen kann.[48] Tut er dies doch, könnte der betroffene Arbeitnehmer die ihm gegenüber ergriffene Sanktion im Rahmen einer arbeitsgerichtlichen Auseinandersetzung mit Erfolg angreifen.[49]

31 In kollektivrechtlicher Hinsicht kann der Betriebsrat außerdem die Unterlassung der jeweiligen Maßnahme sowie für den Wiederholungsfall die Festsetzung eines Ordnungsgeldes erwirken.[50]

32 Allein die Missachtung von Mitbestimmungsrechten des Betriebsverfassungsgesetzes führt nach Auffassung des BAG nicht zu einem Beweisverwertungsverbot.[51] Ein solches besteht nur, wenn die Verletzung eines Mitbestimmungsrechts zugleich unverhältnismäßig in verfassungsrechtlich geschützte Grundpositionen eingreift und insbes. das Persönlichkeitsrecht des Mitarbeiters erheblich verletzt wird.[52] IRd Verhältnismäßigkeitsprüfung sind die Intensität des Eingriffs in das Persönlichkeitsrecht des Arbeitnehmers sowie die eventuelle Beweisnot des Arbeitgebers aufgrund des Fehlens anderer Erkenntnisquellen sorgfältig gegeneinander abzuwägen.[53] Stimmt der Betriebsrat jedoch einer Kündigung zu, die auf mitbestimmungswidrig erlangten Beweismitteln basiert, spricht dies gegen ein Beweisverwertungsverbot.[54]

7. Zuständigkeit

33 Sollen Compliance-Richtlinien konzernweit gelten, was regelmäßig der Fall sein dürfte, und nicht lediglich in einzelnen Konzernunternehmen oder Betrieben, ist die Zuständigkeit des **Konzernbetriebsrats** gegeben, § 58 Abs. 1 BetrVG.[55] Nach einer Entscheidung des BAG aus dem Jahr 2011 stehen die Mitbestimmungsrechte dem Konzernbetriebsrat zu.[56] Der Betriebsrat bzw. Gesamtbetriebsrat kann in diesem Fall auch keinen Unterlassungsanspruch aus § 87 Abs. 1 BetrVG oder § 80 Abs. 1 BetrVG herleiten, ihm verbleibt lediglich der an höhere Voraussetzungen geknüpfte Unterlassungsanspruch des § 23 Abs. 3 BetrVG.[57]

34 Obgleich Verhandlungspartner der Unternehmensleitung in Bezug auf überbetriebliche Compliance-Richtlinien der Konzernbetriebsrat ist, bleibt der lokale Betriebsrat bei Fragestellungen in Bezug auf interne Untersuchungen idR der richtige Ansprechpartner.[58]

---

[48] ErfK/*Kania* BetrVG § 87 Rn. 136; BAG NZA 1992, 749; *Mengel* CCZ, 2008, 85 (87); *Köhler/Häferer* GWR 2015, 159 (161).

[49] LAG Bln Beschl. v. 30.6.1982 – 5 TaBV 4/82; *Köhler/Häfere,* GWR 2015, 159 (160).

[50] ErfK/*Kania* BetrVG § 87 Rn. 138; *Köhler/Häferer* GWR 2015, 159 (160).

[51] BAG NZA 2008, 1008.

[52] BAG NZA 2012, 1025 mwN ErfK/*Kania* BetrVG § 87 Rn. 137.

[53] BAG NZA 2014, 143; mwN ErfK/*Kania* BetrVG § 87 Rn. 137.

[54] BAG NZA 2003, 1193.

[55] *Moosmayer* Compliance Kapitel D. III Rn. 208.

[56] BAG CCZ 2012, 119.

[57] BAG CCZ 2012, 119.

[58] *Schrader/Mahler* NZA-RR 2016, 57 (64); *Köhler/Häferer* GWR 2015, 159 (161).

8. Informationsrecht des Betriebsrats

Nach § 80 Abs. 2 BetrVG muss der Arbeitgeber den Betriebsrat (unaufgefordert) rechtzei- 35
tig und umfassend informieren, damit dieser seinen Pflichten und Aufgaben nach dem
Betriebsverfassungsgesetz nachkommen kann.

Diese umfassende allgemeine Unterrichtungspflicht soll dem Betriebsrat eine sachge- 36
rechte und wirksame Wahrnehmung seiner gesetzlichen Aufgaben ermöglichen. Dabei ist
sie nicht auf die in § 80 Abs. 1 BetrVG genannten Aufgaben beschränkt. IRd zwingenden
Mitbestimmung des § 87 Abs. 1 BetrVG hat der Arbeitgeber dem Betriebsrat alle für die
geplante Regelung bzw. Maßnahme und für die Entscheidung des Betriebsrats notwendigen Informationen zu übergeben.[59] Der Betriebsrat soll rechtzeitig in die Lage versetzt
werden, selbstständig das Bestehen seiner Mitbestimmungsrechte zu prüfen.[60]

Dementsprechend muss der Arbeitgeber den Betriebsrat über interne Untersuchungen 37
im Allgemeinen sowie über Einzelmaßnahmen wie Mitarbeiter-Befragungen in Kenntnis
setzen.[61] Um seinem Prüfungsrecht nachzukommen, wird der Arbeitgeber ihn über die
Anzahl der zu befragenden Mitarbeiter, deren Standort und den Gegenstand der Befragung informieren müssen.[62] Allerdings wird dem Betriebsrat nicht das Recht zugesprochen, über die einzelnen Erkenntnisse informiert zu werden, die iRd Interviews gewonnen wurden.[63]

Im Falle der Auswertung von Mitarbeiterdaten steht dem Betriebsrat, der auch über die 38
Einhaltung des Bundesdatenschutzgesetzes zu wachen hat, ein Informationsrecht nach
§ 80 Abs. 1 Nr. 1, Abs. 2 BetrVG zu – auch wenn sich die Daten auf dem Dienstcompu-
ter des Mitarbeiters befinden.[64]

Dem Sprecherausschuss stehen nach der Regelung des § 25 Abs. 2 SprAuG ebenfalls 39
umfassende Informationsrechte zu, die ihm die Erfüllung seiner Aufgaben und Pflichten
ermöglichen sollen.

9. Anwesenheitsrecht des Betriebsrats

Der Mitarbeiter hat grds. weder ein Recht auf Hinzuziehung eines Mitglieds des Be- 40
triebsrats zu den während der internen Untersuchung geführten Interviews noch zu den
iRd anschließenden Disziplinarprozesses durchgeführten arbeitsrechtlichen Anhörungsge-
sprächen.[65] Er kann demnach seine Teilnahme nicht unter die Bedingung der Anwesenheit eines Betriebsratsmitglieds stellen. Nur wenn iRd Interviews bzw. Anhörungsgesprächs eine Leistungsbeurteilung stattfindet (was zwar möglich ist, in der Praxis aber
kaum vorkommen dürfte)[66], steht dem betroffenen Mitarbeiter nach § 82 Abs. 2 S. 2
BetrVG das Recht auf Hinzuziehung eines Mitglieds des Betriebsrats zu.[67]

Obgleich § 26 Abs. 1 SprAuG dem Wortlaut nach den leitenden Angestellten die Hin- 41
zuziehung eines Mitglieds des Sprecherausschusses zur Unterstützung und Vermittlung bei
der Wahrnehmung seiner Belange gegenüber dem Arbeitgeber (recht weitgehend) ein-

---

[59] *Mengel* Compliance Kapitel 2 Rn. 21.
[60] *Wybitul/Böhm* RdA 2011, 362 (364); vgl. BAGE 136, 123.
[61] *Zimmer/Heymann* BB 2010, 1853 (1856); *Wybitul/Böhm* RdA 2011, 362 (364).
[62] *Wybitul/Böhm* RdA 2011, 362 (364); *Zimmer/Heymann* BB 2010, 1853 (1856) – sehen auch eine Unterrichtungspflicht, welche Mitarbeiter interviewt werden.
[63] *Schrader/Mahler* NZA-RR 2016, 57 (64); *Rudkowski* NZA 2011, 612 (615).
[64] *Göpfert/Merten/Siegrist* NJW 2008, 1703 (1708).
[65] *Zimmer/Heymann* BB 2010, 1853 (1854).
[66] *Klengel/Mückenberger* CCZ 2009, 82 gehen von einem Teilnahmerecht aus, sobald das Leistungsverhalten
des Mitarbeiters Gegenstand des Gespräches ist.
[67] *Stück* ArbR Aktuell 2015, 337 (340); *Zimmer/Heymann* BB 2010, 1853 (1854).

räumt, sollen in diesem Fall die in Bezug auf den Betriebsrat dargestellten Grundsätze gelten.[68]

42 Bittet der Mitarbeiter um den Beistand eines Mitglieds des Betriebsrats bzw. Sprecherausschusses, ist der Arbeitgeber gut beraten, iSd vertrauensvollen Zusammenarbeit und der Schaffung einer guten sowie produktiven Gesprächsatmosphäre dem Wunsch des Mitarbeiters zu entsprechen. Dadurch kann der Mitarbeiter psychisch entlastet werden, während gleichzeitig seine Akzeptanz gegenüber der Untersuchung sowie seine Aussagebereitschaft erhöht und damit der Untersuchungserfolg gefördert wird.[69]

III. Individualarbeitsrechtliche Aspekte

1. Rechte und Pflichten im Rahmen des Untersuchungsprozesses

a) Teilnahme am Interview

43 Grds. kann der Arbeitgeber den Ablauf und Inhalt des Interviews frei gestalten. Er ist weder an formelle noch inhaltliche Vorschriften gebunden. Insbes. ist keine „Belehrung" des betroffenen Mitarbeiters über die ihm zur Last gelegten Vorwürfe oder etwaige strafprozessuale Folgen erforderlich.[70]

44 Der Mitarbeiter ist auf Weisung des Arbeitgebers zur Teilnahme am Interview verpflichtet (vgl. § 106 GewO). Mit dieser Pflicht zur Teilnahme geht die Pflicht zur wahrheitsgemäßen Auskunftserteilung einher.[71]

b) Auskunfts-/Kooperationspflicht

45 Der Arbeitgeber kann den Arbeitnehmer anweisen, wahrheitsgemäß und umfassend Auskunft zu geben und über Art und Umfang seiner Leistung, seinen Arbeitsbereich und Wahrnehmungen im Zusammenhang mit seiner Arbeitsleistung zu berichten.[72] Der Arbeitnehmer muss jegliche Fragen in Bezug auf seinen „unmittelbaren Arbeitsbereich" beantworten. Diese umfassende Aussagepflicht des Arbeitnehmers gegenüber seinem Arbeitgeber in Bezug auf den „Kernbereich" seiner Arbeit findet ihre rechtliche Grundlage in §§ 666, 675 BGB analog. Diese Auskunftspflicht ist erzwingbar (§ 888 Abs. 1 ZPO) und soll nach hM auch dann gelten, wenn der Arbeitnehmer sich selbst belastet.[73] Demnach muss bspw. der Einkäufer eines Unternehmens auch über gezahlte Bestechungsgelder oder angenommene „Provisionen" Auskunft erteilen.[74]

46 Stimmen in der Literatur sprechen sich auch im Falle von Ermittlungen, die den „unmittelbaren Arbeitsbereich" betreffen, für ein Schweigerecht aus, wenn der Arbeitnehmer sich selbst belasten würde. In diesem Fall sei eine wahrheitsgemäße Auskunft nicht zumutbar.[75] Im Rahmen einer Abwägung würde das allgemeine Persönlichkeitsrecht (Art. 2 Abs. 1 GG) des betroffenen Arbeitnehmers gegenüber dem Aufklärungsinteresse des Arbeitgebers überwiegen. Begründet wird dies unter anderem mit dem Argument, dem Ar-

---

[68] *Zimmer/Heymann* BB 2010, 1853 (1854) – mit der Begründung, dass das SprAuG grds. kein stärkeres Schutzniveau als das BetrVG gewährt.

[69] *Zimmer/Heymann* BB 2010, 1853 (1854).

[70] *Schrader/Mahler* NZA-RR 2016, 57 (62); *Rudkowski,* NZA 2011, 612.

[71] *Rudkowski* NZA 2011, 612 (613).

[72] Anders die Situation im Strafverfahren, in dem der Beschuldigte nach § 136 StPO ein Schweigerecht hat und nicht zur Selbstbelastung gezwungen werden darf (vgl. § 136a StPO); *Greco/Caracas* NStZ 2015,7; *Göpfert/Merten/Siegrist* NJW 2008, 1703 (1705).

[73] *Greco/Caracas* NStZ 2015,7 mwN; *Mengel* Compliance Kapitel 4 Rn. 2.

[74] *Lützeler/Müller-Sartori* CCZ 2011, 19 (20).

[75] *Rudkowski* NZA 2011, 612 (613) – in Bezug auf Umstände, die kündigungsrechtlich verwertet werden können; *Schrader/Mahler* NZA-RR 2016, 57 (64) – in Bezug auf sich selbst oder einen nahen Angehörigen bzgl. der Folgen einer strafrechtlichen Ermittlung, analog §§ 52,55 StGB, §§ 383, 384 ZPO.

beitgeber stünden neben der Aussage des Betroffenen zahlreiche andere Mittel zur Sachverhaltsaufklärung zur Verfügung (zB Zeugenaussagen, technische Ermittlungsmaßnahmen, etc.). Ferner müsse der Arbeitgeber vor dem Hintergrund der Möglichkeit des Ausspruchs einer Verdachtskündigung die Tat nicht im strafprozessualen Sinne nachweisen.[76] Dieses Argument scheint in der Praxis in Anbetracht der strengen Voraussetzungen, die die Arbeitsgerichte an die Aufklärungsarbeit im Vorfeld an eine wirksame Verdachtskündigung stellen, nicht überzeugend. Außerdem spricht die privatrechtliche Rechtsnatur der Aussagepflicht des Arbeitnehmers gegen ein Schweigerecht: Der in diesem Zusammenhang zu Gunsten des Arbeitnehmers durchweg angeführte „nemo tenetur Grundsatz" (Grundsatz der Selbstbelastungsfreiheit) gilt nur im Verhältnis zwischen Staat und Bürger, nicht im privatrechtlichen Arbeitsverhältnis.[77]

Daneben kann der Arbeitnehmer auch zur Auskunft über Themen, die außerhalb seines „unmittelbaren Arbeitsbereiches" liegen, verpflichtet sein, zB wenn die Ermittlung sich auf Wahrnehmungen während einer Dienstreise bezieht.[78] In Bezug auf diesen „Randbereich" basiert die Auskunftspflicht des Arbeitnehmers gegenüber dem Arbeitgeber auf den arbeitsvertraglichen Nebenpflichten §§ 611, 241 Abs. 2 BGB bzw. der Treuepflicht nach § 242 BGB.[79] In diesem Fall ist im Rahmen einer Interessenabwägung zu bewerten, ob und inwieweit der Arbeitnehmer zur Auskunft verpflichtet ist. Dabei findet die Auskunftspflicht in der Unzumutbarkeit oder übermäßigen Belastung des Arbeitnehmers ihre Grenzen.[80] In die vorzunehmende Abwägung fließen das Persönlichkeitsrecht des Arbeitnehmers, die Bedeutung der Information für den Arbeitgeber, die Möglichkeit sie auf anderem Wege zu erlangen, die Stellung des Arbeitnehmers im Betrieb, die Art seiner Tätigkeit und die Gefahr oder der Schaden für Rechtsgüter des Arbeitgebers ein.[81] Das schutzwürdige Interesse des Arbeitgebers an der Informationserlangung kann bspw. fehlen, wenn der Arbeitgeber sich die Information auf anderem Wege beschaffen kann. Zwar soll die Interessenabwägung nicht per se zu Gunsten des Arbeitnehmers ausfallen, wenn dieser sich selbst belasten würde; sein allgemeines Persönlichkeitsrecht und damit die Selbstbelastungsfreiheit dürfte allerdings häufig gegenüber dem Aufklärungsinteresse des Arbeitgebers überwiegen – es sei denn, seine Pflicht, drohende Schäden (wie zB hohe kartellrechtliche Geldbußen) vom Unternehmen abzuwehren, überwiegt.[82]

47

Fazit: Das Bestehen bzw. der etwaige Umfang eines Schweigerechts im Rahmen von Mitarbeiterbefragungen ist eine nicht abschließend geklärte Rechtsfrage, die im Einzelfall sorgfältig zu prüfen und unter Anwendung der dargestellten Grundsätze abzuwägen ist.

48

Unabhängig davon, ob sich die Untersuchung auf den „unmittelbaren Arbeitsbereich" oder lediglich den „Randbereich" bezieht, steht dem Arbeitnehmer nie ein umfassendes Schweigerecht zu; ein solches besteht lediglich für die Beantwortung einzelner Fragen.[83]

49

Grds. reicht die Mitwirkungspflicht von Arbeitnehmern in Führungspositionen, die in besonderem Maße zur Abwehr von drohenden Schäden für das Unternehmen verpflichtet sind, weiter als die Kooperationspflicht der ihnen nachgeordneten Mitarbeiter. Mitar-

50

---

[76] *Rudkowski* NZA 2011, 612 (613).
[77] BGH NJW 1964, 1469; Hauschka Corporate Compliance/*Mengel* § 39 Rn. 103; *Lützeler/Müller-Satori* CCZ 2011, 19 (20).
[78] *Schrader/Mahler* NZA-RR 2016, 57 (62); *Göpfert/Merten/Siegrist* NJW 2008, 1703 (1705).
[79] *Greco/Caracas* NStZ 2015,7.
[80] BAG NZA 1996, 637; *Göpfert/Merten/Siegrist* NJW 2008, 1703 (1705); *Schrader/Mahler* NZA-RR 2016, 57 (62); *Rudkowski* NZA 2011, 612.
[81] *Rudkowski* NZA 2011, 612.
[82] *Böhm* WM 2009, 1923 (1925) – mwN und Erörterung des BAG Urt. v. 7.9.1995 – 8 AZR 828/93; *Greco/Caracas* NStZ 2015,7.
[83] *Göpfert/Merten/Siegrist* NJW 2008, 1703 (1705).

beitern in Führungspositionen soll nur in Ausnahmefällen ein Schweigerecht zukommen.[84]

51 Kommt der Mitarbeiter seiner Kooperationsverpflichtung nicht nach und weigert sich, seiner Auskunftspflicht nachzukommen, kann der Arbeitgeber mit entsprechenden Disziplinarmaßnahmen (unter Umständen bis zur Kündigung) reagieren. Man kann zunächst daran denken, das Gehalt nach § 273 Abs. 1 BGB zurückzuhalten solange der Mitarbeiter nicht kooperiert.[85] Dies erscheint allerdings in Anbetracht des zeitlichen Drucks, dem interne Untersuchungen in der Praxis häufig unterliegen, wenig zielführend, insbes. wenn das Unternehmen vor etwaigen Wettbewerbern einen Kronzeugenantrag stellen möchte. Ferner besteht das rechtliche Risiko späterer Schadensersatzforderungen, sollte der Mitarbeiter tatsächlich berechtigt gewesen sein, zu schweigen. Außerdem könnte der Mitarbeiter auf den Einbehalt des Gehalts, der für ihn eine schwerwiegende Maßnahme sein dürfte, mit einer Eigenkündigung reagieren. In der Praxis relevanter (und risikoärmer) wird der Ausspruch einer Abmahnung sein. Im Falle der andauernden Weigerung zu kooperieren, kommt als ultima ratio eine verhaltensbedingte Kündigung in Betracht.[86]

52 In zeitlicher Hinsicht endet die Kooperationspflicht des Mitarbeiters grds. nicht mit der Beendigung des Arbeitsverhältnisses: Entscheidet sich das Unternehmen letztendlich, das Arbeitsverhältnis aufgrund des festgestellten Fehlverhaltens iRd internen Untersuchung zu beenden, besteht die Auskunftspflicht des Mitarbeiters in zeitlicher Hinsicht nach hM auch nach Beendigung des Arbeitsverhältnisses fort.[87]

53 In der Praxis ist es allerdings ratsam, mit dem ausscheidenden Mitarbeiter eine umfassende nachvertragliche Kooperationsvereinbarung zu schließen. Dies gilt insbes. wenn bereits Indizien vorliegen, dass seine Aussage in Zukunft (noch einmal) relevant sein könnte (zB im Falle noch andauernder behördlicher Ermittlungen). Eine nachvertragliche (erneute) Befragung des ehemaligen Mitarbeiters kann im Einzelfall durchaus nützliche Erkenntnisse bringen, zB wenn man diesen mit neuen Fakten konfrontiert, die man aufgrund einer Einsichtnahme in staatsanwaltliche Ermittlungsakten erhalten hat.

2. Hinzuziehung eines Rechtsanwalts

54 Grds. hat der Mitarbeiter kein Recht auf Hinzuziehung eines Rechtsanwalts zu seiner Befragung.[88] Zumindest wenn der Arbeitgeber einen Rechtsbeistand einschaltet, sollte er dem Mitarbeiter iSd „Waffengleichheit" ebenfalls erlauben, einen Rechtsanwalt zur Mitarbeiterbefragung mitzunehmen.[89]

55 In der Praxis kann dies die Aussagebereitschaft des Mitarbeiters fördern und vor dem Hintergrund der Dauer einer arbeitsgerichtlichen Durchsetzung eines Auskunftsverlangens sowie der Ungewissheit der Effektivität disziplinarischer Sanktionen wegen unterlassener Kooperation eine sinnvolle Alternative darstellen.[90]

56 Um die Gesprächsatmosphäre so angenehm wie möglich zu gestalten und eine offene Konversation zwischen Kollegen zuzulassen, ist der Arbeitgeber allerdings gut beraten, sofern es die zu untersuchende Angelegenheit erlaubt, zumindest zu Beginn der Untersu-

---

[84] *Göpfert/Merten/Siegrist* NJW 2008, 1703 (1705).
[85] *Mengel* Compliance Kapitel 4 Rn. 27; dabei wären natürlich die Pfändungsfreigrenzen zu beachten; *Göpfert/Merten/Siegrist* NJW 2008, 1703 (1707).
[86] *Göpfert/Merten/Siegrist* NJW 2008, 1703 (1707); *Mengel* Compliance Kapitel 4 Rn. 27.
[87] *Göpfert/Merten/Siegrist* NJW 2008, 1703 (1707).
[88] LAG Hamm Urt. v. 23. 5. 2001 – 14 Sa 497/01, BeckRS 2001, 41047; *Rudkowski* NZA 2011, 612 (614); *Göpfert/Merten/Siegrist* NJW 2008, 1703 (1708).
[89] LAG Hamm Urt. v. 23. 5. 2001 – 14 Sa 497/01, BeckRS 2001, 41047; Hauschka Corporate Compliance/*Mengel* § 39 Rn. 104; *Rudkowski* NZA 2011, 612 (614).
[90] *Göpfert/Merten/Siegrist* NJW 2008, 1703 (1708).

chung, auf Rechtsbeistand zu verzichten – und dementsprechend das Gespräch mit dem Mitarbeiter „unter Kollegen" ohne Hinzuziehung externer Rechtsanwälte zu führen.[91]

3. Rechte und Pflichten im Rahmen des Disziplinarprozesses

Ziel des Disziplinarprozesses ist es, eine faire Entscheidung über eine dem Fehlverhalten **57** angemessene Disziplinarmaßnahme zu treffen. Wichtiger Bestandteil der Vorbereitung einer Disziplinarentscheidung ist ein abschließendes persönliches Anhörungsgespräch mit dem betroffenen Mitarbeiter.[92] IRd Gespräches soll der Mitarbeiter die Gelegenheit erhalten, zu dem iRd Untersuchung festgestellten Sachverhalt abschließend Stellung zu nehmen. Auf der anderen Seite erhalten die Entscheidungsträger iRd Anhörungsgesprächs die Gelegenheit, sich ein persönliches Bild von dem Mitarbeiter und seiner Beteiligung an dem untersuchten Vorgang zu machen. Im Prinzip gelten die in Bezug auf Fragen der Teilnahme- und Auskunftpflicht sowie der Anwesenheitsrechte Dritter iRd Interviews dargestellten Grundsätze.

4. Sonderfall: Verdachtskündigung

Besonderheiten gelten allerdings, sofern der Arbeitgeber plant, eine Verdachtskündigung **58** auszusprechen. Sieht sich der Arbeitgeber auch nach intensiven Untersuchungen nicht in der Lage, die Tat nachzuweisen, wird er den Ausspruch einer Verdachtskündigung in Betracht ziehen. Eine Verdachtskündigung liegt vor, wenn und soweit der Arbeitgeber seine Kündigung damit begründet, gerade der Verdacht eines (nicht erwiesenen) strafbaren bzw. vertragswidrigen Verhaltens habe das für die Fortsetzung des Arbeitsverhältnisses erforderliche Vertrauen zerstört.[93] Nach der ständigen Rechtsprechung des BAG kann der Verdacht einer schwerwiegenden Pflichtverletzung einen wichtigen Grund iSv § 626 Abs. 1 BGB zu einer außerordentlichen Kündigung des Arbeitsverhältnisses bilden.[94] Eine auf einen solchen Verdacht gestützte Kündigung kann gerechtfertigt sein, wenn sich der Verdacht auf objektive Tatsachen gründet, die Verdachtsmomente geeignet sind, das für die Fortsetzung des Arbeitsverhältnisses erforderliche Vertrauen zu zerstören, und der Arbeitgeber alle zumutbaren Anstrengungen zur Aufklärung des Sachverhalts unternommen hat. Der Verdacht muss auf konkrete – vom Kündigenden darzulegende und gegebenenfalls zu beweisende – Tatsachen gestützt und dringend sein. Es muss eine große Wahrscheinlichkeit bestehen, dass er in der Sache zutrifft.[95]

Während ein abschließendes Anhörungsgespräch iRd Disziplinarprozesses grds. recht- **59** lich nicht verpflichtend (aber ratsam) ist[96], ist es in Vorbereitung einer Verdachtskündigung eine Wirksamkeitsvoraussetzung.[97] Denn hier verlangt die Rechtsprechung, dass der Arbeitgeber alles ihm Zumutbare getan hat, um den Sachverhalt aufzuklären. Insbes. muss er dem Arbeitnehmer Gelegenheit geben, zum Sachverhalt Stellung zu nehmen und sich gegebenenfalls zu entlasten.[98] IdR wird dem Arbeitgeber nicht mehr als eine Woche Zeit eingeräumt, um das Anhörungsgespräch zu führen.[99]

---

[91] Vgl. *Lützeler/Müller-Sartori* CCZ 2011, 19 (22).
[92] Vgl. zu den Einzelheiten → Kapitel F.II.
[93] BAG NZA 2008, 809 – auch zu den weiteren Voraussetzungen einer Verdachtskündigung.
[94] MwN BAG NZA 2015, 741.
[95] MwN BAG NZA 2015, 741.
[96] Vgl. zu den Einzelheiten → Kapitel F.II.
[97] BAG NZA 2014, 1015.
[98] BAG NZA 2014, 1015; Urt. v. 29.11.2007 – 2 AZR 725/06, BeckRS 2008, 54793.
[99] BAG NZA 2014, 1015.

60 Während das LAG Berlin-Brandenburg[100] sowie einige Stimmen in der Literatur[101] verlangen, dass die Einladung zur Anhörung den „Themenkreis" der Anhörung angeben und dem Arbeitnehmer damit die Gelegenheit zur Vorbereitung auf das Gespräch sowie der Hinzuziehung eines Rechtsbeistands bzw. einer Vertrauensperson geben müsse, hat das BAG in einer Entscheidung aus dem Jahr 2015, die ein Berufsausbildungsverhältnis betrifft, diesen inhaltlichen Anforderungen an die Einladung zur Anhörung eine Absage erteilt. Danach ist es grds. nicht erforderlich, den betroffenen Mitarbeiter vor Durchführung einer Anhörung über den beabsichtigten Gesprächsinhalt zu unterrichten.[102] Obgleich sich das Urteil des BAG auf einen Auszubildenden bezieht, kann für den Arbeitnehmer nichts grundlegend Abweichendes gelten.[103]

61 Je nach Unternehmenskultur kann es aber „Best Practice" und aus Gründen der Fairness gewollt sein, den betroffenen Mitarbeiter vorab über das Thema der Anhörung zu informieren. Keinen hinreichenden Versuch, den Sachverhalt umfassend aufzuklären, stellt eine Einladung „unter falschen Vorzeichen" dar, dh unter dem Vorwand, man würde ein Fachgespräch führen zB über die Quartalszahlen oder den Fortschritt eines Projektes. Im Falle einer solchen Täuschung riskiert der Arbeitgeber, dass die Verdachtskündigung wegen des unzureichenden Anhörungsgesprächs für unwirksam erklärt wird.[104]

62 Erkennt der Arbeitgeber im Laufe der Anhörung, dass die Gesprächssituation den betroffenen Mitarbeiter psychisch oder aufgrund der Komplexität des Sachverhalts überfordert, gebietet es die Rücksichtnahmepflicht des Arbeitgebers, das Anhörungsgespräch zu unterbrechen und einen Folgetermin zu vereinbaren.[105] Gleiches gilt, wenn der Arbeitnehmer im Laufe des Anhörungsgesprächs vor Ausspruch einer Verdachtskündigung auf die Hinzuziehung einer Vertrauensperson besteht.[106]

63 Nicht eindeutig geklärt ist die grundsätzliche Frage, ob der Arbeitnehmer die Hinzuziehung einer Vertrauensperson zum Anhörungsgespräch vor Ausspruch einer Verdachtskündigung verlangen kann. Auch wenn kein genereller Anspruch des Arbeitnehmers auf Begleitung durch einen Betriebsrat besteht, wird der Arbeitgeber eine solche nicht –zumindest nicht ohne guten Grund – ablehnen können (vgl. § 82 Abs. 2 S. 2 BetrVG).[107] Laut BAG wird man dem Arbeitnehmer die *„Zuziehung eines Rechtsanwalts für die Anhörung zuzugestehen haben"*.[108]

64 Der Arbeitgeber ist indes aber nicht verpflichtet, den Arbeitnehmer auf die Hinzuziehung eines Rechtsanwalts oder sonstigen Vertrauensperson hinzuweisen.[109]

65 Form, Inhalt und Umfang der Anhörung bestimmen sich nach den Umständen des Einzelfalls. Dabei muss die Anhörung zwar nicht den Anforderungen genügen, die an eine Anhörung des Betriebsrats nach § 102 Abs. 1 BetrVG gestellt werden.[110] Es reicht aber nicht aus, den Mitarbeiter lediglich mit einer unsubstantiierten Wertung zu konfron-

---

[100] LAG Bln-Bbg NZA-RR 2012, 353.
[101] *Schulz,* ArbRAktuell 2016, 365, 366; *Eylert,* NZA-RR 2014, 393.
[102] BAG NZA 2015, 741.
[103] Vgl. ErfK/*Müller-Glöge* BGB § 626 Rn, 178; *Dzida* NZA 2013, 412; 2014, 809 (813).
[104] LAG Düsseldorf NZA-RR 2010, 184; vgl. allerdings Anmerkung *Dr. Hunold* NZA-RR 2010, 184 (187): Grds. ist die Täuschung des Arbeitnehmers über das Gesprächsthema personalpolitisch abzulehnen. Allerdings führt sie – für sich betrachtet – nicht zur Untauglichkeit des Anhörungsversuchs. Wenn der Arbeitnehmer sich trotzdem auf ein Gespräch über den Verdacht eingelassen hätte, weil er sich dazu ohne Vorberatung und/oder Anwesenheit einer Vertrauensperson bei dem Gespräch sofort in der Lage fühlte, wäre die Anhörung ausreichend gewesen.
[105] BAG NZA 2015, 741; *Dzida* NZA 2014, 809 (814).
[106] BAG NZA 2015, 741; *Dzida* NZA 2013, 412 (413f.).
[107] *Eylert* NAZ-RR 2014, 393 (402).
[108] BAG NZA 2008, 809; LAG Bln-Bbg Urt. v. 6.11.2009 – 6 Sa 1121/09, BeckRS 2009, 74071; *Dzida* NZA 2013, 412 (413f.); *Eylert* NAZ-RR 2014, 393 (403). Ob damit auch die persönliche Anwesenheit des Rechtsanwalts beim Anhörungsgespräch im Betrieb des Arbeitgebers gemeint ist, ist offen. (LAG Düsseldorf NZA-RR 2010, 184 mAnm *Dr. Hunold:* danach soll ein Anwesenheitsrecht des Rechtsanwalts nur in sehr seltenen Ausnahmefällen in Betracht kommen.)
[109] BAG NZA 2015, 741.
[110] BAG NZA 2013, 137; 2008, 809; ErfK/*Müller-Glöge* BGB § 626 Rn, 178.

tieren. Die Anhörung muss sich auf einen greifbaren, konkretisierten Sachverhalt beziehen. Der Arbeitnehmer muss die Möglichkeit der qualifizierten Stellungnahme zu den den Verdacht begründenden oder entkräftenden Tatsachen erhalten.[111] Der Arbeitgeber darf dem Betroffenen daher keine wesentlichen Erkenntnisse vorenthalten, die ihm im Zeitpunkt der Anhörung vorliegen. Er muss alle relevanten Umstände angeben, aus denen er den Verdacht ableitet.[112] Allerdings steht dem Mitarbeiter nicht das Recht zu, die arbeitgeberseitigen Ermittlungsunterlagen bzw. den Untersuchungsbericht einzusehen.[113]

Eine Anhörung vor der Verdachtskündigung ist entbehrlich, wenn der Arbeitnehmer **66** von vornherein nicht bereit war, sich auf die gegen ihn erhobenen Vorwürfe einzulassen und nach seinen Kräften an der Aufklärung mitzuwirken.[114] In der Praxis sollte der Arbeitgeber die entsprechende Weigerung des Arbeitnehmers aus Beweisgründen schriftlich dokumentieren, am besten durch unterschriebene Erklärung des Arbeitnehmers.

Ebenso empfehlenswert ist es, die Inhalte der Anhörung, sofern sie persönlich stattfin- **67** det, ordentlich zu protokollieren. Aus Rechtssicherheitsgründen kann man sich auch für die Durchführung einer schriftlichen Anhörung entscheiden – dies ist allerdings nicht zwingend. Hier sollte man im Einzelfall abwägen, ob sich der Sachverhalt besser für eine mündliche, persönliche oder eine schriftliche Anhörung eignet. Eine persönliche Schilderung und Auseinandersetzung mit der Thematik wird gerade im Falle von komplexen Sachverhalten der Aufklärung besser dienen als eine abstrakte schriftliche Anhörung.[115]

5. Beachtung arbeitsrechtlicher Fristen, insbesondere der Zwei-Wochen-Frist des § 626 Abs. 2 BGB

Fester Bestandteil der strategischen Planung einer internen Untersuchung sollte die recht- **68** zeitige Prüfung (und Beachtung) etwaiger arbeitsrechtlicher Ausschluss- oder Verwirkungsfristen sein. Um die rechtliche Durchsetzbarkeit etwaiger Disziplinarmaßnahmen nicht zu gefährden, sollte das Untersuchungsteam idealerweise bereits bei Beginn der Untersuchung prüfen bzw. durch die zuständige Rechts- oder Personalabteilung prüfen lassen, ob das lokal anwendbare Recht derartige Fristen vorsieht, wann diese beginnen und inwiefern sie gehemmt sein/werden können. Insbes. auch vor dem Hintergrund, dass in manchen Jurisdiktionen nicht nur subjektive sondern auch objektive Ausschlussfristen gelten, die an den Zeitpunkt der Begehung der Tat anknüpfen, können (und sollten) arbeitsrechtliche Fristen die Planung der Untersuchung in zeitlicher und organisatorischer Hinsicht wesentlich beeinflussen.[116] In Russland können bspw. arbeitsrechtliche Disziplinarmaßnahmen nur einen Monat nach dem Bekanntwerden bzw. sechs Monate nach der Begehung des sie auslösenden Verhaltens verhängt werden. Wird eine Pflichtverletzung im Rahmen einer Abschluss- oder Betriebsprüfung festgestellt, verlängert sich die sechsmonatige Ausschlussfrist auf zwei Jahre.[117]

In Deutschland kommt der Zwei-Wochen Frist des § 626 Abs. 2 BGB besondere Be- **69** deutung zu: Gemäß § 626 Abs. 2 BGB kann die fristlose Kündigung aus wichtigem Grund nur innerhalb von zwei Wochen ab dem Zeitpunkt ausgesprochen werden, in dem der Kündigungsberechtigte von den für die Kündigung maßgebenden Tatsachen Kenntnis erlangt.

Stellt die interne Untersuchung Missstände innerhalb des Unternehmens fest, stellen **70** sich demnach zwei Fragen: (a) Wer ist der „Kündigungsberechtigte", auf dessen Kenntnis

---

[111] BAG NZA 2008, 809; *Mengel* Compliance Kapitel 5 Rn. 34.
[112] *Mengel* Compliance Kapitel 5 Rn. 34.
[113] *Lunk* NJW 2010, 2753 (2757); *Dzida* NZA 2014, 809 (813) mwN.
[114] BAG NZA 2008, 809.
[115] *Dzida* NZA 2014, 809 (814).
[116] Priorisierung, Einsatz von Personal und Ressourcen, etc.
[117] *Spehl/Momsen/Grützner* CCZ 2015, 77 (80).

es iRd § 626 Abs. 2 BGB ankommt? (b) Wann hat der Kündigungsberechtigte ausreichend Kenntnis, um seine Kündigungsentscheidung zu treffen?

a) Der Kündigungsberechtigte im Sinne des § 626 Abs. 2 BGB

71 Der Kündigungsberechtigte ist grds. diejenige natürliche Person, der im gegebenen Fall das Recht zur außerordentlichen Kündigung zusteht.[118] Demnach kommt es auf die Rechtsform des Arbeitgebers sowie dessen Organisation an.[119] Nun besteht im Falle unternehmensinterner Untersuchungen die Besonderheit, dass diese gerade in großen Konzernen häufig von einer zentralen Spezialabteilung einer anderen Konzerngesellschaft (meist der „Konzernmutter") durchgeführt werden – nicht von der Gesellschaft, bei der der betroffene Mitarbeiter angestellt ist. Etwas kleinere Unternehmen, die nicht über eine solche Spezialabteilung verfügen, beauftragen häufig externe Rechtsanwaltskanzleien oder Wirtschaftprüfungsgesellschaften mit der Durchführung der Untersuchung.

72 Das LAG Berlin-Brandenburg hat in seiner Entscheidung v. 23. 10. 2014 klargestellt, dass es auf die Kenntnis des Arbeitgebers (bzw. dessen vertretungsberechtigte Organe) und der Personen, denen dieser das Kündigungsrecht übertragen hat, ankommt.[120] Dagegen ist die Kenntnis anderer Personen für den Lauf der Kündigungsfrist grds. unbeachtlich. Dies gilt auch dann, wenn diesen anderen Personen Aufsichtsfunktionen übertragen worden sind.[121] Dementsprechend hielt das LAG Berlin-Brandenburg nicht den Zeitpunkt der Kenntniserlangung durch den Leiter der Compliance-Abteilung für maßgeblich, sondern den Tag, an dem dieser den Vorstand des Arbeitgebers über den Sachverhalt informiert hat.[122]

73 Der Auffassung des LAG Berlin-Brandenburg folgend ist für den Beginn der Frist des § 626 Abs. 2 BGB auch (erst recht) nicht die Kenntnis der Compliance-Abteilung einer anderen Konzerngesellschaft oder externer Rechtsanwälte bzw. Wirtschaftprüfer maßgeblich. Vielmehr kommt es darauf an, wann der für den betroffenen Arbeitnehmer zuständige Kündigungsberechtigte von dem Sachverhalt Kenntnis erlangt hat.[123] So stellte auch das LAG Hamm in seinem Urt. v. 15. 7. 2014[124] auf den Zeitpunkt der Kenntniserlangung durch den Personalleiter des Arbeitgebers ab, der über einen Monat vor der Veröffentlichung des Untersuchungsberichts durch die Konzernmuttergesellschaft mündlich über die Ermittlungsergebnisse informiert wurde. Der Arbeitgeber konnte sich nicht auf den späteren Zeitpunkt der offiziellen Verteilung des Untersuchungsberichts berufen.[125]

74 Im Ergebnis soll der Arbeitgeber durch die Übertragung der Ermittlungen auf andere Konzerngesellschaften nicht den Beginn der Zwei-Wochen-Frist des § 626 Abs. 2 BGB beliebig hinauszögern können. Für die Praxis bedeutet das, dass die Überprüfung der Einhaltung der Zwei-Wochen-Frist stets parallel zur Untersuchung des Sachverhalts „mitlau-

---

[118] BAG AP BGB § 626 Ausschlußfrist Nr. 3 mAnm Söllner AP BGB § 626 Ausschlußfrist Nr. 4.

[119] Ascheid/Preis/Schmidt/*Dörner/Vossen* BGB § 626 Rn. 131.

[120] LAG Bln-Bbg NZA-RR 2015, 241; *Dzida/Förster* NZA-RR 2015, 561.

[121] LAG Bln-Bbg NZA-RR 2015, 241.

[122] LAG Bln-Bbg NZA-RR 2015, 241 – Nur ausnahmsweise muss sich die Arbeitgeberin die Kenntnis solcher Personen nach Treu und Glauben zurechnen lassen, wenn diese Personen eine herausgehobene Position und Funktion im Betrieb oder in der Verwaltung haben sowie tatsächlich und rechtlich in der Lage sind, einen Sachverhalt, der Anhaltspunkte für eine außerordentliche Kündigung bietet, so umfassend zu klären, dass mit ihrer Mitteilung die kündigungsberechtigte Person ohne weitere eigene Nachforschungen die (Kündigungs-)Entscheidung abgewogen treffen kann. Dementsprechend müssen diese Personen in einer ähnlich selbstständigen Stellung sein, wie gesetzliche oder rechtsgeschäftliche Vertreter der Arbeitgeberin.

[123] *Dzida/Förster* NZA-RR 2015, 561.

[124] LAG Hamm CCZ 2015, 94.

[125] Das LAG Hamm stellte ferner klar, dass die Verpflichtung, den Kündigungssachverhalt zu ermitteln, dem kündigenden Arbeitgeber obliegt. Dieser wird durch die Übertragung der Ermittlungen auf die Konzernobergesellschaft nicht von dieser Pflicht befreit (LAG Hamm CCZ 2015, 94).

fen" sollte.[126] Dies ist in der Praxis gerade bei komplexen Sachverhalten eine große Herausforderung, insbes. da dabei zu berücksichtigen ist, dass innerhalb der Zwei-Wochen-Frist drei Tage für die Anhörung des Betriebsrats nach § 102 Abs. 2 S. 3 BetrVG sowie ein Tag für eine zuverlässige Zustellung des Kündigungsschreibens per Boten mit Empfangs-/Übergabebestätigung eingerechnet werden muss. Idealerweise sollten diese organisatorischen Aspekte bereits vorbereitet sein, wenn die kündigungsberechtigten Personen durch die die Untersuchung durchführende Abteilung über die Ermittlungsergebnisse informiert werden.[127]

b) Kenntnis im Sinne des § 626 Abs. 2 BGB

Die Ausschlussfrist des § 626 Abs. 2 BGB beginnt, wenn der Kündigungsberechtigte eine **75** zuverlässige und möglichst vollständige positive Kenntnis von den für die Kündigung maßgeblichen Tatsachen hat, die ihm die Entscheidung ermöglicht, ob die Fortsetzung des Arbeitsverhältnisses zumutbar ist oder nicht.[128] Zu den maßgeblichen Tatsachen gehören sowohl die für als auch die gegen eine Kündigung sprechenden Aspekte. Der Kündigungsberechtigte, der bislang nur Anhaltspunkte für einen Sachverhalt hat, der zur außerordentlichen Kündigung berechtigen könnte, kann nach pflichtgemäßem Ermessen weitere Ermittlungen anstellen und den Betroffenen anhören, ohne dass die Frist des § 626 Abs. 2 BGB zu laufen beginnt; sie ist so lange gehemmt.[129]

Der Arbeitgeber ist dabei allerdings gehalten, die notwendigen Ermittlungsmaßnahmen **76** mit der gebotenen Eile durchzuführen.[130] Welcher Zeitraum angemessen ist, hängt vom Einzelfall und der Komplexität des Sachverhalts ab.[131] So hat das BAG eine Ermittlungsdauer von zwei Monaten im Falle einer Untersuchung, die die Prüfung von ca. 12.000 Rechnungen beinhaltete, akzeptiert.[132] Betrifft die Untersuchung die Aufdeckung komplexer Sachverhalte, wie zB Bilanzmanipulation, kartellrechtliche Absprachen oder globale Bestechungssysteme wird man hier auch eine deutlich längere Dauer der Ermittlungen als angemessen erachten können (und müssen). Maßgebliche Faktoren sind die Anzahl der Beteiligten und damit der zu führenden Interviews sowie der zu prüfenden Dokumente und E-Mails.[133] Im Falle von systematischen und netzwerkartigen Compliance-Verstößen soll dem Arbeitgeber sogar die Zeit für eine vollständige Aufarbeitung des Netzes von Pflichtverletzungen zugestanden werden.[134]

Insgesamt ist iRd Diskussion über die Angemessenheit der Dauer und damit den Um- **77** fang interner Untersuchungen im Auge zu behalten, dass es weder iSd Arbeitnehmers noch des Arbeitgebers ist, voreilig – ohne eine genaue Untersuchung und rechtliche Bewertung aller maßgeblichen be- und vor allem entlastenden Faktoren – eine Kündigung auszusprechen, „nur" um innerhalb der Ausschlussfrist des § 626 Abs. 2 BGB zu handeln.[135]

Für den Sonderfall, dass ein Strafverfahren gegen den beschuldigten Mitarbeiter einge- **78** leitet wurde, darf der Arbeitgeber den Aus- oder Fortgang des Ermittlungs- oder Strafver-

---

[126] Anm. *Stück* CCZ 2015, 94 (96) zu LAG Hamm CCZ 2015, 94.
[127] Anm. *Stück* CCZ 2015, 94 (96) zu LAG Hamm CCZ 2015, 94.
[128] BAG NZA 2006, 1211.
[129] BAG NZA-RR 2011, 177.
[130] BAG NZA-RR 2008, 630.
[131] *Dzida/Förster* NZA-RR 2015, 561.
[132] BAG NZA 2007, 744.
[133] *Dzida/Förster* NZA-RR 2015, 561 (564); *Dzida* NZA 2014, 809 (814) – Die Praxis zeigt, dass die Ermittlungen komplexer Sachverhalte des Wirtschaftsstrafrechts auch über ein Jahr oder sogar mehrere Jahre dauern können.
[134] *Göpfert/Drägert* CCZ 2011, 25 (28ff.); *Dzida* NZA 2014, 809 (814); Dies soll auch gelten, wenn der beschuldigte Arbeitnehmer bereits ein umfängliches Geständnis abgelegt hat; Vgl. Urteil des AG München NZA-RR 2009, 134.
[135] Vgl. dazu auch → Kapitel F.II.

fahrens abwarten und in dessen Verlauf zu einem nicht willkürlich gewählten Zeitpunkt kündigen. Für die Wahl des Zeitpunkts, der die Frist des § 626 Abs. 2 BGB auslöst, bedarf es einen sachlichen Grundes, zB der Erhalt neuer Beweismittel, die Erhebung der öffentlichen Klage oder die Verurteilung. Hat der Arbeitgeber das Arbeitsverhältnis zu Beginn der Ermittlungen schon einmal gekündigt, ist er dadurch nicht gehindert, eine erneute Kündigung auf eine veränderte Tatsachengrundlage zu stützen.[136]

79   Vor dem Hintergrund verschiedener Unwägbarkeiten im Zusammenhang mit der Berechnung der Frist des § 626 Abs. 2 BGB sollte der Arbeitgeber aus Gründen der Rechtssicherheit in der Praxis stets parallel zur außerordentlichen Kündigung eine hilfsweise ordentliche Kündigung aussprechen.

---

[136] BAG AP BGB § 626 Nr. 241.

E. Amnestie-/Leniency-Programme[1]

Literatur:

Breßler/Kuhnke/Schulz/Stein, Inhalte und Grenzen von Amnestien bei Internal Investigations, NZG 2009, 721 ff.; *Göpfert/Merten/Siegrist,* Mitarbeiter als Wissensträger, NJW 2008, 1703 ff.; *Hauschka/Moosmayer/Lösler,* Corporate Compliance, Handbuch der Haftungsvermeidung im Unternehmen, 3. Aufl. 2016; *Kahlenberg/Schwinn,* Amnestieprogramme bei Compliance-Untersuchungen im Unternehmen, CCZ 2012, 81 ff.; *Knierim/Rübenstahl/Tsambikakis* (Hrsg.), Internal Investigations – Ermittlungen im Unternehmen, 1. Aufl. 2013; *Zimmer/Heymann,* Beteiligungsrechte des Betriebsrats bei unternehmensinternen Ermittlungen, BB 2010, 1853 ff.

I. Einführung

Der Erfolg interner Untersuchungen hängt meist maßgeblich von der Kooperation und **1** Aussagebereitschaft der betroffenen Mitarbeiter ab. Diese sind zwar grds. arbeitsrechtlich zur Kooperation verpflichtet, fürchten aber gleichzeitig, aufgrund der Ergebnisse der Untersuchung selbst belangt zu werden, sei es im Rahmen eines internen arbeitsrechtlichen Disziplinarprozesses, sei es auf zivilrechtlicher Ebene im Wege der Geltendmachung von Schadensersatzansprüchen. Da der Arbeitgeber in der Praxis nur begrenzt effektive Möglichkeiten hat, die Kooperation der Mitarbeiter zu erzwingen, entscheiden sich Mitarbeiter in vielen Fällen aus Furcht vor drohenden Nachteilen auf arbeits- oder zivilrechtlicher Ebene zu schweigen. Erfahrungsgemäß trifft dies insbes. auf die Mitarbeiter zu, die tatsächlich etwas zur Aufklärung des Sachverhalts beitragen könnten (und dementsprechend Sanktionen seitens des Unternehmens fürchten).

Auf Unternehmensebene kann die Entscheidung für ein Amnestie-/Leniency-Programm eine mögliche Strategie sein, um dieser schwierigen Situation zu begegnen und **2** „die Mauer des Schweigens" zu durchbrechen.[2] In der Praxis erhalten Amnestie-/Leniency-Programme gerade im Falle öffentlichkeitswirksamer unternehmensweiter Untersuchungen mehr und mehr Relevanz.[3] Besondere Bedeutung erlangen sie, wenn das Unternehmen eine Kooperation mit staatlichen Behörden anstrebt. Möchte das Unternehmen bspw. bei der zuständigen Kartellbehörde einen Kronzeugenantrag stellen und dadurch eine Reduzierung potentieller Geldbußen erlangen, ist eine schnelle und umfassende Aufklärung entscheidend, um möglichst als erstes Unternehmen den Kronzeugenantrag zu stellen und ein etwaiges Bußgeld soweit wie möglich zu reduzieren.[4] In solchen Situationen kann ein Amnestie-/Leniency-Programm ein wirksames Instrument darstellen, um eine möglichst rasche Aufklärung des Sachverhalts zu erwirken.

Das Auflegen eines Amnestie-/Leniency-Programmes will sowohl in konzeptioneller **3** Hinsicht als auch im Einzelfall sorgfältig geprüft und das Programm dementsprechend ausgestaltet sein.

II. Ausgestaltung

IdR sagen Unternehmen iRv Amnestie-/Leniency-Programmen den Mitarbeitern zu, **4** unter gewissen Bedingungen von Sanktionen, dh von bestimmten arbeitsrechtlichen Maßnahmen und zivilrechtlichen Ansprüchen, abzusehen. Typischerweise knüpft das Unternehmen die Gewährung der Amnestie/Leniency an weitere Bedingungen wie der Ver-

---

[1] Auch „Kronzeugenprogramme" genannt.
[2] *Göpfert/Merten/Siegrist* NJW 2008, 1703 (1704).
[3] Ende des Jahres 2015 hatte VW (nach Ferrrostal, MAN und Siemens) ein Amnestieprogramm zur raschen Aufklärung des Abgasskandals aufgesetzt (vgl. Süddeutsche Zeitung v. 30. 10. 2015).
[4] Vgl. *Kahlenberg/Schwinn* CCZ 2012, 81.

pflichtung des Mitarbeiters zur vollumfänglichen Kooperation und insbes. dazu, vollständige und wahrheitsgemäße Aussagen zu tätigen (sog. „Spezialamnestie").[5] In der Praxis eher ungewöhnlich ist eine sogenannte „Generalamnestie", bei der das Unternehmen Mitarbeitern die Vorteile der Amnestie/Leniency unabhängig von der Erfüllung weiterer Voraussetzungen zukommen lässt.[6] Eine solche „Generalamnestie", in deren Rahmen die Geschäftsleitung ohne adäquate Gegenleistung auf Rechtspositionen verzichtet, ist auch schwerlich mit dem für die Unternehmensleitung geltenden Pflichtenmaßstab vereinbar.[7]

III. Zu beachtende Grundsätze

5   Diesem für die Unternehmensleitung geltenden Verhaltensmaßstab wird das Aufsetzen eines Amnestie-/Leniency-Programms auch nur gerecht, wenn es im Unternehmensinteresse zur Aufklärung von Compliance-Verstößen erforderlich ist.[8]

6   Da der mit einer Amnestie/Leniency verbundene Verzicht auf Rechtspositionen für die Unternehmensleitung stets das Risiko birgt, sich pflichtwidrig zu verhalten und sich selbst schadensersatzpflichtig zu machen bzw. den Tatbestand der Untreue nach § 266 Abs. 1 StGB zu erfüllen, ist stets eine sorgfältige Interessensabwägung durchzuführen. Das Aufklärungsinteresse des Unternehmens muss im Einzelfall das Interesse an der aufzugebenden Rechtsposition (zB Schadensersatz, Trennung) überwiegen.

7   In der Praxis empfiehlt es sich, sowohl die Gründe für die Erforderlichkeit des Amnestie-/Leniency-Programms als auch das Ergebnis der Interessensabwägung im Einzelfall und die Begründung zur Absicherung der Unternehmensleitung zu dokumentieren.[9]

8   Die konkrete Ausgestaltung und der Inhalt von Amnestie-/Leniency-Programmen unterscheiden sich in der Praxis erheblich. Sie sind auf den Einzelfall anzupassen, abhängig von der unternehmenspolitischen Situation, der Unternehmenskultur und –strategie sowie des Aufklärungsbedürfnisses und der dahingehenden Motivation.

9   Die Beachtung einiger Grundsätze ist jedoch in jedem Fall empfehlenswert:

10   1. Grds. ist es ratsam, das Amnestie-/Leniency-Programm zeitlich zu befristen. Zum einen kommt gerade im Falle der Kooperation mit staatlichen Behörden dem Faktor Zeit meist besondere Bedeutung zu. Hier ist es besonders wichtig, schnelle Ergebnisse präsentieren zu können, um sich die Gunst der Behörden zu sichern und zu zeigen, wie ernst das Unternehmen die Vorgänge nimmt. Zum anderen könnten Mitarbeiter ansonsten zuwarten, ob man ihr Fehlverhalten entdeckt, um dann die Vorzüge des Amnestie-/Leniency-Programms zu genießen.[10]

2. Inhaltlich sollte das Amnestie-/Leniency-Programm, insbes. aber die Amnestie-/Leniencyzusage, konkretisiert sein und die von der Amnestie/Leniency erfassten Sachverhalte klar benennen (zB „nur für Fehlverhalten im Zusammenhang mit den Ausschreibungen XY" oder „nur für Fehlverhalten im Zusammenhang mit Projekt Z" oder „nur für Fehlverhalten im Zusammenhang mit dem Geschäftspartner W").[11]

Gerade weil die Mitarbeiter, denen Amnestie/Leniency gewährt wird, im Unternehmen verbleiben, ist es wichtig, dass klar erkennbar ist, auf welche Sachverhalte sich die Amnestie/Leniency bezieht. Ansonsten besteht das Risiko, dass der Amnestie-/Leniency-Kandidat die Amnestie/Leniency als „Freibrief" versteht bzw. verwendet. Gerade

---

[5] Hauschka Corporate Compliance/*Mengel* § 39 Rn. 105; *Kahlenberg/Schwinn* CCZ 2012, 81; vgl. zur Unterscheidung zwischen Spezial- und Generalamnestie *Breßler/Kuhnke/Schulz/Stein* NZG 2009, 721.

[6] Hauschka Corporate Compliance/*Mengel* § 39 Rn. 105; *Breßler/Kuhnke/Schulz/Stein* NZG 2009, 721 (722).

[7] *Knierim/Rübenstahl/Tsambikakis/Mengel* Kapitel 13 Rn. 66; *Kahlenberg/Schwinn* CCZ 2012, 81 (82).

[8] *Kahlenberg/Schwinn* CCZ 2012, 81 (82).

[9] *Kahlenberg/Schwinn* CCZ 2012, 81 (82).

[10] *Kahlenberg/Schwinn* CCZ 2012, 81 (82); *Moosmayer* Compliance Kapitel E. III. Rn. 334.

[11] *Breßler/Kuhnke/Schulz/Stein* NZG 2009, 721 (723).

wenn im Laufe der Zeit weitere von der Amnestie/Leniency nicht erfasste Sachverhalte aus der Vergangenheit aufgedeckt werden sollten, kann es im Falle einer generisch formulierten Amnestie-/Leniencyzusage im Nachhinein schwierig sein, nachzuweisen, dass der konkrete Sachverhalt nicht von der Amnestie-/Leniencyzusage erfasst war bzw. ist.

Daneben darf das Amnestie-/Leniency-Programm nur Handlungen erfassen, die in der Vergangenheit liegen. § 276 Abs. 3 BGB verbietet den Vorausverzicht auf Schadensersatzansprüche wegen vorsätzlicher Schädigung.[12]

3. In persönlicher Hinsicht sollte sich das Amnestie-/Leniency-Programm auf gewisse Personengruppen beziehen bzw. sollten gewisse Personengruppen von dem Programm ausgenommen sein. Dies gilt regelmäßig für die Mitglieder der Unternehmensleitung. Zum einen kommt diesen eine besondere Vorbildfunktion zu. Insbes. vor dem Hintergrund ihrer besonderen Bedeutung für die Compliance im Unternehmen, sind im Falle eines gravierenden Fehlverhaltens ihrerseits meistens schwerwiegende arbeitsrechtliche Maßnahmen wie eine Trennung geboten. Hinzu kommt, dass der Verzicht auf Schadensersatzansprüche zugunsten der Unternehmensleitung strengen Anforderungen unterliegt und nur ausnahmsweise im Falle des Überwiegens gewichtiger Gründe des Gesellschaftswohls gewährt werden darf.[13]

War der betroffene Mitarbeiter Rädelsführer, Anstifter oder Initiator eines systematischen Compliance Verstoßes, sollte die Gewährung von Amnestie/Leniency idR ausgeschlossen sein. Ansonsten könnte derjenige, der das Fehlverhalten orchestriert hat, Amnestie/Leniency beantragen und damit seinen „Kopf aus der Schlinge ziehen".

4. Empfehlenswert ist es auch, das Amnestie-/Leniency-Programm unter einen Widerrufsvorbehalt zu stellen, um dessen Nachhaltigkeit zu gewährleisten.[14] Dadurch soll die durchgängige und umfängliche Kooperation des Mitarbeiters sichergestellt werden. Dieser soll wissen, dass er die Vorzüge der Amnestie/Leniency auch verlieren kann, wenn man feststellt, dass er nur eingeschränkt kooperiert, Wissen zurückgehalten oder gar falsche Aussagen getätigt hat. Ein weiterer Widerrufsgrund kann eine im Laufe der Untersuchung entdeckte Selbstbereicherung des Amnestie-/Leniency-Kandidaten oder einer ihm nahestehenden Person sein.

Die Voraussetzungen eines etwaigen Widerrufs müssen iSd Transparenzprinzips in der Amnestie-/Leniencyzusage deutlich formuliert werden.[15] Der Mitarbeiter muss wissen, was das Unternehmen von ihm erwartet und was passieren kann, wenn er diesen Erwartungen nicht gerecht wird. **11**

IV. Typische Regelungen

Um die Mitarbeiter zur Teilnahme an seinem Amnestie-/Leniency-Programm und damit zur Kooperation zu bewegen, macht das Unternehmen den Mitarbeitern typischerweise rechtlich verbindliche Zusagen. **12**

Solche Amnestie-/Leniencyzusagen beinhalten bspw. **13**

– Die Zusage, von schwerwiegenden arbeitsrechtlichen Maßnahmen abzusehen, vor allem von einer außerordentlichen und ordentlichen Kündigung des Arbeitsverhältnisses.
– Die Zusage, etwaige Schadensersatzansprüche nicht geltend zu machen.
– Die Übernahme von Rechtsanwalts-, Verfahrens- und/oder Strafverteidigerkosten.
– Die Zusage, keine Strafanzeige bzw. keinen Strafantrag zu stellen.

---

[12] *Göpfert/Merten/Siegrist* NJW 2008, 1703 (1704); *Kahlenberg/Schwinn* CCZ 2012, 81 (83).
[13] Vgl. die Ausführungen in → Kapitel H.; *Kahlenberg/Schwinn* CCZ 2012, 81 (82).
[14] Knierim/Rübenstahl/Tsambikakis/*Mengel* Kapitel 13 Rn. 66.
[15] Bei der Formulierung des Widerrufsvorbehalts ist auf dessen Wirksamkeit nach AGB-Recht (§§ 307 ff. BGB) zu achten.

– Die Übernahme etwaiger Geldbußen, -strafen.
– Die Zusage der vertraulichen Behandlung der im Rahmen der Amnestie/Leniency erhaltenen Informationen.

14 1. Das Unternehmen wird üblicherweise zusagen, von einem etwaigen Kündigungsrecht keinen Gebrauch zu machen. Dies ist abzugrenzen von einem Verzicht auf ein Kündigungsrecht, der im Falle einer außerordentlichen Kündigung nicht wirksam wäre.[16] Außerdem sollte sich das Unternehmen die Möglichkeit bewahren, im Falle der fehlerhaften Kooperation eines Mitarbeiters entsprechend zu reagieren.

In Bezug auf arbeitsrechtliche Maßnahmen ist es ratsam, sich parallel zu der Zusage das Arbeitsverhältnis nicht zu beenden die Ergreifung milderer Maßnahmen, gegebenenfalls sogar einer Änderungskündigung, explizit vorzubehalten. Denn es wird nicht selten im Interesse des Unternehmens sein, Mitarbeiter auf andere Positionen zu versetzen, was eventuell nicht mehr vom Direktionsrecht des Arbeitgebers erfasst ist, so dass es einer Änderungskündigung bedarf.

Daneben empfiehlt es sich, trotz der Amnestie/Leniency das Fehlverhalten iRd bestehenden Möglichkeiten konsequent zu ahnden. Zum einen kann das Unternehmen dadurch versuchen, seine Reputation gegenüber Behörden, Gerichten und der Öffentlichkeit wiederherzustellen.[17] Außerdem verstehen die Mitarbeiter auf diese Weise, dass das Unternehmen es ernst meint und, dass man „nur" wegen des iRd Amnestie/Leniency getätigten Kooperationsbeitrags von einer schwerwiegenden Maßnahme verschont wird.

Aus Gründen der Transparenz und um spätere Auseinandersetzungen zu vermeiden ist es daher in der Praxis besonders wichtig, deutlich zu formulieren, welche Art von disziplinarischen Maßnahmen sich das Unternehmen vorbehält. Von einem Verzicht auf jegliche arbeitsrechtliche Maßnahmen ist aus den genannten Gründen entschieden abzuraten.

2. Bevor das Unternehmen die Zusage erteilt, etwaige Schadensersatzansprüche nicht geltend zu machen, ist sorgfältig zu prüfen, ob sich die Unternehmensleitung durch einen solchen Verzicht nicht selbst Ansprüchen aussetzen könnte.[18]

3. Auch die Übernahme von Rechtsanwalts- oder Strafverteidigerkosten kann im Rahmen eines Amnestie-/Leniency-Programms zugesagt werden.[19] Da die Wahrscheinlichkeit einer strafrechtlichen Verfolgung im Falle der Kooperation steigt, wird der Mitarbeiter ein gesteigertes Interesse an einer Freistellung von den Kosten seiner Rechtsverteidigung haben. Denn diese können für ihn eine erhebliche finanzielle Belastung darstellen. Nimmt ihm das Unternehmen diese finanzielle Sorge, wird dies seine Kooperationsbereitschaft steigern. Dabei kann man die Übernahme der Kosten an bestimmte Bedingungen knüpfen, zB das Fehlen einer vorsätzlichen Strafbarkeit des jeweiligen Mitarbeiters.[20]

In jedem Fall sollte das Unternehmen die Interessenabwägung, die die Übernahme der Kosten gerechtfertigt erscheinen lässt, gut dokumentieren.

4. Zwar kann das Unternehmen dem Mitarbeiter zusagen, keine Strafanzeige bzw. keinen Strafantrag zu stellen. Einen umfassenden Schutz vor strafrechtlicher Verfolgung kann der Arbeitgeber aber nicht gewährleisten, da die Strafverfolgungsbehörden grds. in ih-

---

[16] Vgl. zur Frage des Verzichts auf das Recht zur außerordentlichen Kündigung Knierim/Rübenstahl/Tsambikakis/*Mengel* Kapitel 13 Rn. 76 sowie *Breßler/Kuhnke/Schulz/Stein* NZG 2009, 721 (724).

[17] Knierim/Rübenstahl/Tsambikakis/*Mengel* Kapitel 13 Rn. 70.

[18] Vgl. Ausführungen in → Kapitel H.; *Breßler/Kuhnke/Schulz/Stein* NZG 2009, 721 (723); *Kahlenberg/Schwinn* CCZ 2012, 81 (82).

[19] Es ist zu berücksichtigen, dass Verfahrenskosten, die für einen Arbeitnehmer aufgrund einer entsprechenden Amnestiezusage bezahlt werden, steuerpflichtigen Arbeitslohn darstellen können. Zur steuerlichen Qualifikation der Verfahrenskosten ist jedoch eine Einzelfallprüfung erforderlich. Vgl. *Kahlenberg/Schwinn* CCZ 2012, 81 (85).

[20] *Kahlenberg/Schwinn* CCZ 2012, 81 (85).

rer Entscheidung frei sind (Ausnahmefall: absolute Antragsdelikte wie zB Hausfriedens-
bruch, § 123 StGB, die nur auf Strafantrag hin verfolgt werden).[21]

Dies sollte gegenüber dem Mitarbeiter klargestellt werden.

5. Auch die etwaige Zusage, die iRd Amnestie/Leniency erlangten Informationen vertraulich zu behandeln, ist mit Vorsicht zu behandeln. Insbes. wenn das Unternehmen
die Weitergabe der erhaltenen Informationen in Erwägung zieht, etwa an eine Ermittlungsbehörde, ist deutlich darauf hinzuweisen.

Seit dem „HSH-Nordbank" Beschluss des Landgerichts Hamburg[22] ist darüber hinaus
fraglich, inwiefern das Unternehmen noch eine vertrauliche Behandlung der iRv Am-
nestie-/Leniencyprogrammen erhaltenen Informationen gewährleisten kann[23]. Denn
hier wurde die Beschlagnahme von Interviewprotokollen bei der die interne Untersuchung leitenden Rechtsanwaltskanzlei durch die Staatsanwaltschaft für rechtmäßig erachtet, obgleich die Rechtsanwaltskanzlei den befragten Mitarbeitern die vertrauliche
Behandlung der Interviewinhalte zugesagt hatte.[24]

Sofern die Unternehmensleitung unter Umständen kapitalmarktrechtliche Publizitäts-
pflichten oder gesellschaftsrechtliche Auskunftspflichten treffen können, ist ein dahinge-
hender Hinweis in die Amnestie-/Leniencyzusage aufzunehmen. Um die Teilnahme am
Amnestie-/Leniency-Programm trotzdem attraktiv zu halten, kann das Unternehmen
dem Mitarbeiter die bestmögliche (und dabei rechtlich zulässige) Wahrung seines Persönlichkeitsrechts zusagen.[25] Insgesamt ist es in der Praxis wichtig, vor allem in Bezug auf
das Thema Vertraulichkeit transparent zu sein. Nur so kann man das für den Erfolg eines
Amnestie-/Leniency-Programms so wichtige Vertrauen der Mitarbeiter gewinnen.

6. Die Übernahme von Geldsanktionen/Geldbußen im Rahmen eines Amnestie-/Leni-
ency-Programms ist aus mehreren Gründen rechtlich problematisch.

In zivilrechtlicher Hinsicht stellt zumindest die bereits vor Begehung einer Tat getätigte
Zusage, etwaige bei der Arbeitsausübung auferlegten Geldstrafen für eine zum Zeitpunkt
der Zusage noch nicht begangene Tat zu übernehmen, einen Verstoß gegen die guten
Sitten dar und ist nach § 138 BGB nichtig.[26] Das BAG argumentiert, eine solche Zusage
würde jedenfalls dem Sinn und Zweck von Straf- und Bußgeldvorschriften zuwiderlau-
fen. Außerdem wäre sie geeignet, die Hemmschwelle des Arbeitnehmers herabzusetzen,
Straftaten oder Ordnungswidrigkeiten zu begehen. Dagegen hält das BAG die Erstattung
einer vom Täter bereits bezahlten Geldstrafe oder Geldbuße für zulässig.[27] Ein Amnes-
tie-/Leniency-Programm wird in Anbetracht seines Zieles, bereits begangene Compliance-Verstöße aufzudecken, typischerweise nur solche Zusagen beinhalten, die nach Begehung der aufzuklärenden Tat getätigt werden und sich auf Geldbußen, die aufgrund
dieser Tat verhängt werden, beziehen.[28] Eine solche nachtatliche Zusage, kann iRd bereits dargestellten Grenzen und Voraussetzungen Bestandteil eines Amnestie-/Leniency-
Programms sein. Insbes. ist in der Praxis an dieser Stelle detailliert eine etwaige Strafbarkeit wegen Untreue nach § 266 Abs. 1 StGB zu prüfen. Maßgeblich wird iRd Prüfung
sein, ob die Übernahme der Geldstrafe im Unternehmensinteresse liegt und den Grundsätzen ordnungsgemäßer Geschäftsführung entspricht.[29] Vor dem Hintergrund der recht-

---

[21] Einen umfassenden Schutz vor strafrechtlicher Verfolgung kann der Arbeitgeber nicht gewährleisten (Ausnahmefall: absolute Antragsdelikte), vgl. *Breßler/Kuhnke/Schulz/Stein* NZG 2009, 721 (727). Darauf sollte
der Arbeitgeber hinweisen.

[22] LG Hamburg NZWiSt 2012, 26.

[23] Vgl. dazu → Kapitel C.II.2.c.

[24] Vgl. dazu ausf. *Kahlenberg/Schwinn* CCZ 2012, 81 (82 f.).

[25] Vgl. dazu ausf. *Breßler/Kuhnke/Schulz/Stein* NZG 2009, 721 (725 f.).

[26] BAG NZA 2001, 653.

[27] BAG NZA 2001, 653.

[28] *Kahlenberg/Schwinn* CCZ 2012, 81 (86).

[29] Hinzu kommt der steuerrechtliche Aspekt, dass die Übernahme von Geldsanktionen durch den Arbeitgeber steuerpflichtigen Arbeitslohn darstellen kann. Die steuerrechtlichen Implikationen sind einzelfallbezo-
gen zu prüfen.

lichen Schwierigkeiten, die eine Übernahme von Geldbußen mit sich bringen kann, und dem Umstand, dass eine solche selten im Interesse des Unternehmens liegen wird, ist in der Praxis eher davon abzuraten.[30]

V. Beteiligung des Betriebsrats

15 Die grundsätzliche Entscheidung, ob ein Arbeitgeber ein Amnestie-/Leniency-Programm einführt, unterliegt nicht der Mitbestimmung des Betriebsrats.[31]

16 Der Betriebsrat ist allerdings nach § 80 Abs. 1 BetrVG über die Durchführung des Programms zu informieren. Die Frage ob bzw. welche Mitbestimmungsrechte in Bezug auf die konkrete Ausgestaltung des Amnestie-/Leniency-Programms bestehen können, ist nicht abschließend geklärt.[32] Überzeugend ist die in der Litertaur vertretene Meinung, die ein Mitbestimmungsrecht nach § 87 Abs. 1 Nr. 1 BetrVG ablehnt, da das Amnestie-/Leniency-/Programms nicht das Ordnungsverhalten der Mitarbeiter untereinander regelt, sondern ihr Verhalten gegenüber dem Arbeitgeber. Aus diesem Grunde ist hier der Schwerpunkt auf der individualrechtlichen und nicht der kollektivrechtlichen Ebene zu sehen.[33]

17 Unabhängig vom Bestehen etwaiger Mitbestimmungsrechte des Betriebsrats, ist dessen frühzeitige Einbindung bereits bei der Planung des Programms zu empfehlen. Dadurch kann die Akzeptanz in der Belegschaft gefördert und damit ein erheblicher Beitrag zum Erfolg des Amnestie-/Leniency-Programms geleistet werden.

18 Sofern (ausländische oder inländische) Behörden gegen das Unternehmen ermitteln, sollten auch sie in die Entscheidung über ein Amnestie-/Leniency-Programm eingebunden werden.[34]

---

[30] So auch *Mengel* in *Knierim/Rübenstahl/Tsambikakis,* Internal Investigations, Kapitel 13, Rn. 72.

[31] *Mengel* in *Knierim/Rübenstahl/Tsambikakis,* Internal Investigations, Kapitel 13, Rn. 79; *Göpfert/Merten/Siegrist,* NJW 2008, 1703, 1708.

[32] Vgl. befürwortend *Göpfert/Merten/Siegrist,* NJW 2008, 1703, 1708; ablehnend *Mengel* in *Knierim/Rübenstahl/Tsambikakis,* Internal Investigations, Kapitel 13, Rn. 79 mwN.

[33] Knierim/Rübenstahl/Tsambikakis/*Mengel* Kapitel 13 Rn. 79; vgl. auch *Breßler/Kuhnke/Schulz/Stein* NZG 2009, 721 (725) mit der Argumentation, dass der mit der Amnestie/Leniency verbundene Verzicht auf Forderungen und Gestatungsrechte nicht zur Disposition der Betriebsparteien steht, sondern alleine der Unternehmensführung obliegt.

[34] *Zimmer/Heymann* BB 2010, 1853 (1855).

F. Sanktionierung nach Abschluss der Untersuchungen

Literatur:
Böhm, Non-Compliance und Arbeitsrecht, 2011; *Göpfert/Drägert*, Außerordentliche Kündigung bei Compliance-Verstößen ohne Ausschlussfrist? CCZ 2011, 25 ff.; *Göpfert/Merten/Siegrist*, Mitarbeiter als Wissensträger, NJW 2008, 1703 ff.; *Maschmann* in: Dölling (Hrsg.), Handbuch der Korruptionsprävention, 2007, Kapitel A VI. Arbeitsrechtliche Konsequenzen.; *Mengel*, CCZ 2008, 85 ff., *Mengel*, Compliance und Arbeitsrecht, Implementierung, Durchsetzung, Organisation, 2009; Momsen/Grützner, Wirtschaftsstrafrecht, 2013, Kapitel IV, Interne Ermittlungen; *Moosmayer*, Compliance, Praxisleitfaden für Unternehmen, 3. Aufl. 2015; *Moosmayer*, Compliance-Risikoanalyse, Praxisleitfaden für Unternehmen, 2015; *Reichert*, Reaktionspflichten und Reaktionsmöglichkeiten der Organe auf (möglicherweise) strafrechtsrelevantes Verhalten innerhalb des Unternehmens, ZIS 3/2011, 113 ff.; *Schürrle/Obers*, Compliance-Verantwortung in der AG, CCZ 2010, 102 ff.; *Theile* in: Rotsch (Hrsg.), Criminal Compliance, 2015, § 34 Die verfahrensrechtliche Relevanz der Einrichtung einzelner Compliance Maßnahmen, B. Interne Ermittlungen.

Wenn Mitarbeiter Compliance-Verstöße begangen haben, muss das Unternehmen die 1 Verhängung von adäquaten Sanktionen prüfen und in Folge auch umsetzen. Anderenfalls entsteht der Eindruck, das Unternehmen dulde Rechts- und Regelverstöße[1], das Unternehmen käme seiner Ahnungspflicht nicht nach[2] und auch eine präventive Wirkung des Untersuchungsprozesses stünde nicht zu erwarten.[3] Ein funktionierendes Compliance System[4] wäre nicht gewährleistet.[5]

Damit wird ein fairer und transparenter **Sanktionierungsprozess** zu einem maßgeblichen 2 chen Faktor für den nachhaltigen Erfolg des unternehmensinternen Untersuchungsprozesses und des Compliance Systems per-se.

Die Akzeptanz des **Sanktionierungsprozesses** basiert auf zwei Grundregeln: die 3 Sanktionierung muss angemessen und durch das Management getragen sein. Denn eines ist klar: nur wenn das Management des Unternehmens auch bereit ist, die Verantwortung für geschäftspolitisch unpopuläre Disziplinarentscheidungen zu übernehmen, werden im Unternehmen die richtigen Zeichen gesetzt. („Appropriate **Tone from the Top**").

Unternehmen, die über die Einführung oder Optimierung von Compliance-Programmen/Systemen und internen Untersuchungsprozessen nachdenken, sind gut beraten, auch 4 ihre bereits bestehenden unternehmensinternen Prozesse zur Ahndung von Fehlverhalten auf Eignung und Effektivität hin zu überprüfen. IE sollte der Sanktionierungsprozess[6] insbes. folgenden Kriterien Rechnung tragen:

Die Prozesse sollten nachhaltig, transparent, und robust sein und eine schnelle und effi- 5 ziente Reaktion ermöglichen. Die Entscheidung sollte klar, angemessen und konsistent sein, aber auch maßgeschneiderte Lösungen mit Augenmaß erlauben und dem Gleichbehandlungsgrundsatz Rechnung tragen. Zudem führen nur unabhängige, unparteiische und objektive Entscheidungen zu nachhaltiger Akzeptanz.

Mit den nachfolgend dargestellten Regelungsalternativen soll diesen Kriterien möglichst 6 weitreichend Rechnung getragen werden.

---

[1] Sa *Menge*, CCZ, 85 (88); *Böhm* S. 210.
[2] *Reichert* ZIS 3/2011, 119 mwN, *Momsen/Grützner* Rn. 445 und zu den haftungsrechtlichen Konsequenzen Moosmayer/*Schieffer/Wauschkuhn* Compliance-Risikoanalyse S. 51 ff. Rn. 49 mwN.
[3] Rotsch Criminal Compliance/*Theile* Rn. 60/61 zu den sekundär und tertiären Präventionseffekten interner Ermittlungen.
[4] Allg. zur Einführung eines Compliance-Systems, *Moosmayer* Compliance-Risikoanalyse S. 1 ff. und Moosmayer/*Schieffer/Wauschkuhn* Compliance-Risikoanalyse S. 51 ff.
[5] Sa Moosmayer/*Schieffer/Wauschkuhn* Compliance-Risikoanalyse S. 51 ff. 69 f.; *Moosmayer* Compliance Rn. 338.
[6] Der Sanktionierungsprozess sollte hierbei umfassend verstanden werden, beginnend mit der arbeitsrechtlichen Bewertung der Untersuchungsergebnisse bis hin zur maßgeschneiderten Reaktion auf Compliance-Verstöße der betroffenen Mitarbeiter.

I. Einrichtung eines zentral gesteuerten Sanktionierungsprozesses und Disziplinarausschusses

7 In welcher Form Sanktionierungsprozesse in Unternehmen ausgestaltet werden sollten, hängt von verschiedensten Rahmenbedingungen ab, wie zB der Größe des Unternehmens, der globalen und regionalen Aufstellung, den Geschäftsbereichen und dem Anlass für die Einführung oder Ausweitung der unternehmensinternen Compliance-Programme und Untersuchungsprozesse (zB **Compliance-Krise, Korruptionsskandal**). Aber auch die rechtlichen Rahmenbedingungen spielen bei der Ausgestaltung eine wichtige Rolle. So unterliegen Disziplinarprozesse in verschiedenen Ländern bereits engen rechtlichen Vorgaben. Für Disziplinarentscheidungen, die zB Mitarbeiter im U.K. oder in Südafrika betreffen, bedarf es einer landesspezifischen Anpassung der in Folge vorgeschlagenen Prozessstationen.

8 Anhand der Rahmenbedingungen ist abzuwägen, ob die Einrichtung eines zentral gesteuerten Sanktionierungsprozesses mit Entscheidungsgremien in der Konzernzentrale und ggf. in den Regionen ratsam ist oder ob die zumeist in der Personalabteilung aufgehängten Prozesse ausreichend sind und ggf. durch die Einführung zentraler (Mindest)-Standards ergänzt werden sollten. Dort wo der Disziplinarprozess weiterhin bei der Personalabteilung angesiedelt bleibt, ist es dringend zu empfehlen, die Verantwortlichkeit der Führungskräfte für eine adäquate Disziplinarentscheidung deutlich herauszuarbeiten (**„Tone from the Middle"**). Es kommt in der Praxis nur zu häufig vor, dass sich die zuständigen Führungskräfte gerade bei geschäftspolitisch unerwünschten Konsequenzen aus der Verantwortung ziehen oder inadäquate Maßnahmen fordern, um zB einen sehr erfolgreichen Vertriebsmitarbeiter nicht zu verlieren.[7]

9 Es bietet sich jedenfalls in größeren Unternehmen und in Unternehmen, die sich in einer konkreten **Compliance-Krise** befinden, die Einrichtung eines zentral gesteuerten Sanktionierungsprozesses an. Ein Kernelement dieses Prozesses bildet ein zentral (in der Konzernzentrale) eingerichtetes **Entscheidungsgremium** (das ggf. durch regionale Entscheidungsgremien ergänzt werden sollte).[8] Das zentrale Entscheidungsgremium bewertet die Untersuchungsergebnisse und entscheidet über die Konsequenzen von Compliance-Verstößen.

10 In Folge werden Vorschläge für die Ausgestaltung eines zentral gesteuerten Sanktionierungsprozesses unterbreitet. Für das Entscheidungsgremium wird die Bezeichnung (zentraler/zentral eingerichteter) Disziplinarausschuss gewählt.[9]

1. Zuständigkeitsregelungen

11 Versteht man unter Compliance umfassend die Einhaltung aller Gesetze sowie der internen Regelungen und Richtlinien des Unternehmens, zeigt sich schnell, dass – schon aus quantitativen Gründen – nicht die Bewertung jedes Compliance-Verstoßes an einen zentral eingerichteten Disziplinarausschuss übertragen werden kann. Daher bieten sich klare Regelungen zur Zuständigkeit im Sanktionierungsprozess und im zentralen Disziplinarausschuss an, die insbesondere an der Zielsetzung des Ausschusses auszurichten sind.

12 Bei der Beurteilung von Compliance-Verstößen geht es im Kern um die Frage, ob die Bewertung und Entscheidung eines Sachverhaltes durch einen zentralen Disziplinarausschuss einen Mehrwert für das Unternehmen hat und dieser besser geeignet ist, in der

---

[7] Vgl. auch das Fallbeispiel bei *Moosmayer* Compliance, Rn. 341–341 zu den Folgen einer unterbliebenen Sanktionierung.

[8] Vgl. auch zur Einrichtung eines Disziplinarausschusses und Verfahrens, *Schürrle/Olbers* CCZ 2010, 103.

[9] Vgl zu den Mitbestimmungsrechten der Arbeitnehmervertreter → Kapitel D.II.5.

Sache zu entscheiden und die Akzeptanz im Unternehmen zu fördern, als dies möglicherweise bei zB lokaler Bearbeitung der Fall wäre.

Ein Mehrwert ist dann anzunehmen, wenn für bestimmte Sachverhalte und Deliktsgruppen eine **Bündelung von Fachexpertise** sinnvoll ist oder wenn sich bei lokaler Behandlung Interessenkonflikte aufdrängen, die die **Objektivität der Entscheidung** in Frage stellen können. Auch der **Gleichbehandlung** kann häufig durch einen zentralen Disziplinarausschuss leichter Rechnung getragen werden. Bei gravierenden Verstößen ist die zentrale Bewertung und Sanktionierung ebenfalls vorteilhaft. Dies gilt insbes. dort, wo ein systematisches Fehlverhalten mit potentiell weitreichenden Konsequenzen im Raum steht wie behördliche Ermittlungen, potentielle Vorstandshaftung, Börsen- und Medienrelevanz, etc. Durch einen zentral eingerichteten und hochrangig besetzten Disziplinarausschuss kann das Unternehmen schnell reagieren und hat die erforderliche **Durchsetzungskraft** und **Außenwirkung.** Der Disziplinarausschuss ist am ehesten in der Lage, schwierige „politische" Entscheidungen für das Unternehmen zu treffen und zu verantworten.[10]

Die folgenden Überlegungen sollten bei der Frage nach der Zuständigkeit eines zentralen Disziplinarausschusses angestellt werden:

a) Zuständigkeit für bestimmte Formen von Compliance-Verstößen

Zumindest bei großen Unternehmen empfiehlt sich eine Fokussierung des zentralen Disziplinarausschusses auf bestimmte Sachverhalte. Hierunter fällt in jedem Fall strafrechtlich relevantes Verhalten mit erheblicher Auswirkung für das Unternehmen, wie Korruptions- und Betrugsdelikte sowie Kartell- und Wettbewerbsverstöße und korrespondierende **Aufsichtspflichtverletzungen,** aber auch jede andere Form systematischen Fehlverhaltens, das letztlich eine ordnungsgemäße Organisations- und Aufsichtsstruktur in Frage stellt. Zudem bietet sich eine Generalklausel an, nach der jedes Fehlverhalten mit potentiell weitreichenden Auswirkungen für das Unternehmen (wie schwerwiegende Diskriminierungssachverhalte mit hohen Reputationsrisiken) grds. in die Zuständigkeit des zentralen Disziplinarausschusses fällt.

Für weitere Gruppen von Compliance-Verstößen kann es durchaus sinnvoll sein, bestimmte **Schwellenwerte** und Wertgrenzen einzuführen, da zB nicht jedes lokal begangene Diebstahlsdelikt oder jede Unregelmäßigkeit im Zusammenhang mit Reisekosten oder Missbrauch von Firmeneigentum notwendigerweise einer zentralen Entscheidung zugeführt werden muss, da der Mehrwert einer zentralen Entscheidung idR zu verneinen sein dürfte. Dieselbe Frage stellt sich auch bei der Behandlung von Verstößen gegen Regelungen, die insbesondere das (lokale) Miteinander der Mitarbeiter regeln (wie ua auch Vorwürfe der Diskriminierung und des Mobbings). Diese Fallkonstellationen werden idR am besten und effektivsten (weiterhin) in den zuständigen Personalabteilungen gemeinsam mit den zuständigen Führungskräften behandelt, die auch über die lokale arbeitsrechtliche Expertise verfügen dürften,[11] soweit die Verantwortlichkeit der Führungskräfte für eine adäquate Disziplinarentscheidung sichergestellt wird.

b) Zuständigkeit für das obere Management

Neben der Fokussierung auf bestimmte Formen von Compliance Verstößen kann es durchaus sinnvoll sein, den zentralen Disziplinarausschuss (ohne Einschränkung) mit allen Sachverhalten zu betrauen, die ein etwaiges **Fehlverhalten** des **oberen Managements** betreffen. Steht zB die Führung einer Landesgesellschaft im Fokus einer Untersuchung,

---

[10] Sa *Moosmayer* Compliance Rn. 343.
[11] Etwas anderes gilt jedoch, sollten besondere Umstände eine Behandlung und Entscheidung durch den zentralen Disziplinarausschuss erfordern oder rechtfertigen, zB bei gravierenden potentiellen Sanktionen und Reputationsschäden, wie dies beispielsweise bei einem Fall systematischer Diskriminierung in den USA der Fall sein könnte.

drängt es sich auf, dass eine unabhängige und unparteiische Entscheidung zentral besser sichergestellt werden kann. An dieser Fallkonstellation zeigt sich auch, dass idR nur ein hochrangig besetzter Disziplinarausschuss für die Entscheidungsfindung geeignet ist. Sind weitere untergeordnete Mitarbeiter in den Sachverhalt involviert, wäre jedenfalls eine Annexzuständigkeit anzunehmen, um den Sachverhalt nicht künstlich, je nach Hierarchiestufe, auseinanderzureißen und die Gleichbehandlung sicherzustellen.

c) Weitere Zuständigkeitsregelungen

18   Insbes. bei an US-Börsen gelisteten Unternehmen, die dem **Sarbanes Oxley Act**[12] unterliegen, bietet es sich zudem an, ein besonderes Augenmerk auf die Gruppe der Zertifizierer der Quartals- und Jahresabschlüsse zu richten.

19   Der Sarbanes Oxley Act zielt darauf ab, vollständige, korrekte und einwandfreie Bilanz-Abschlüsse mit hinreichender Sicherheit zu gewährleisten und die Risiken von Fehldarstellungen zu minimieren.

20   Gem. Abschn. 302 Sarbanes Oxley Act (Corporate responsibility for Financial Reports) müssen daher der CEO und der CFO eines Unternehmens die veröffentlichten Finanzinformationen bestätigen und die Gesamtverantwortung für effektive Offenlegungskontrollen und -Verfahren übernehmen. Unternehmen haben zur Vorbereitung dieser Bestätigung in gängiger Praxis interne Zertifizierungsprozesse etabliert.

21   Damit ist die Integrität der zur Vorbereitung eingeschalteten internen Zertifizierer von essentieller Bedeutung. In Hinblick auf diese Personengruppe ist es daher empfehlenswert, jedenfalls die Bewertung von Compliance-Verstößen, die das Vertrauen in die Eignung zur Zertifizierung berühren (zB Verstöße gegen Bilanzierungsregelungen), dem zentralen Disziplinarausschuss zu übertragen und einen Finanzexperten in den Ausschuss zu berufen.

22   In diesem Zusammenhang sollte auch erwogen werden, ein Frühwarnsystem im Rahmen des internen Untersuchungsprozesses einzurichten, sobald schwerwiegende Compliance-Verstöße durch Zertifizierer im Raum stehen. In Konsequenz wäre unter Einbeziehung von Finanzexperten zu klären, ob und welche besonderen Sicherheitsmaßnahmen bereits zu einem frühen Zeitpunkt im Untersuchungsprozess geboten sind, um die Bilanzabschlüsse des Unternehmens mit hinreichender Sicherheit zu gewährleisten.

23   Weiter stellt sich die Frage, ob die Entscheidung über die **Geltendmachung von Schadensersatzansprüchen**[13] im Zusammenhang mit Compliance-Verstößen auf den zentralen Disziplinarausschuss übertragen werden soll. Schwierige Abwägungsfragen an der Schnittstelle zwischen Arbeits-, Zivil- und Strafrecht stellen sich insbes. dann, wenn sich das Unternehmen einerseits für die Fortführung des Arbeitsverhältnisses entscheidet und damit sein fortbestehendes Vertrauen in den Mitarbeiter signalisiert, andererseits aber (hohe) potentielle Schadensersatzansprüche gegen den Mitarbeiter und eine potentielle Vorstandshaftung bei Verzicht auf deren Geltendmachung im Raum stehen.[14]

24   Die Schadensersatzthematik betrifft zB Konstellationen systematischen Fehlverhaltens (wie Korruption und Untreue), die zu staatlichen Ermittlungen führen, die wegen Geringfügigkeit nach §§ 153, 153a StPO eingestellt werden. In diesen Fällen greift zwar weiterhin die Unschuldsvermutung aber dennoch steht der Tatvorwurf nach der Überzeugung der Staatsanwaltschaft im Raum. Diese Überzeugung steht möglicherweise nicht im Einklang mit einer unternehmensinternen Bewertung, die zu dem Ergebnis kommen kann, dass der Mitarbeiter nicht alle Umstände kannte, (lediglich) grob fahrlässig handelte und das Unternehmen daher anstelle einer Kündigung die Abmahnung als geeignete und angemessene Reaktion wählt.

---

[12] US-Bundesgesetz aus dem Jahr 2002.
[13] Vgl. zu den (arbeits-)rechtlichen Einzelheiten zum Schadenersatz die Ausführungen in → Kapitel H.III., J.
[14] Vgl. hierzu auch → Kapitel H.III., J.

Der betroffene Mitarbeiter wird bei der Geltendmachung von Schadensersatzansprüchen **25** nicht zwischen arbeitsrechtlicher Sanktion und zivilrechtlichen Ansprüchen trennen und den Schadensersatz als zusätzliche Strafe empfinden, die für ihn existenzbedrohend sein kann. Damit ist das Vertrauensverhältnis empfindlich gestört, solange bezüglich des Schadensersatzanspruches und dessen Höhe keine Klarheit besteht. Diese Ungewissheit dürfte zu erheblichen Auswirkungen auf das Arbeitsverhalten des Mitarbeiters und das Vertrauensverhältnis zum Arbeitgeber führen. Andererseits wird der Mitarbeiter gerade bei niedrigeren Beträgen schneller bereit sein, Zahlungen (auch gegen seine Überzeugung) zu leisten, um den Bestand des Arbeitsverhältnisses nicht zu gefährden und sein Verhältnis zum Arbeitgeber nicht zu verschlechtern. Diese Bereitschaft wird bei einem gekündigten Mitarbeiter in der Regel nicht bestehen.

In diesen Fallkonstellationen[15] stellen sich folglich vielfältige Fragen, die nicht pauschal **26** zu beantworten sind und einer umfassenden Abwägung im Einzelfall bedürfen: Wegen ihrer Komplexität und Relevanz ist idR ein zentraler (vorstandsnaher) Disziplinarausschuss gut geeignet, sich adäquat mit der Thematik zu befassen:
- Ob und in welcher Höhe kann und muss das Unternehmen potentielle Schadensersatzansprüche zur Vermeidung einer potentiellen Vorstandshaftung gegen den Mitarbeiter geltend machen und durchsetzen?
- Inwieweit ist die finanzielle Leistungsfähigkeit des Mitarbeiters von Beginn an zu berücksichtigen, die in der Regel begrenzt sein dürfte.
- Kann der Wert der Arbeitsleistung/die Motivation des Mitarbeiters und das Interesse am Erhalt der Vertrauensbasis im Rahmen der Abwägung berücksichtigt werden?
- Welchen Einfluss hat der Ausgang der staatsanwaltschaftlichen Ermittlungen auf die unternehmensinterne Risikoabwägung?

Liegt die Entscheidungskompetenz zum Thema Schadensersatzanspruch (als Annexkom- **27** petenz) beim zentralen Disziplinarausschuss kann dieser zudem gleichzeitig über die Sanktionierung und die Schadensersatzfrage entscheiden. Dies schafft umfassende Gewissheit für den betreffenden Mitarbeiter und fördert die Akzeptanz.

Darüber hinaus ist zu erwägen, weitere Grundsatzentscheidungen im Zusammenhang **28** mit unternehmensinternen Untersuchungen auf den zentralen Disziplinarausschuss oder Unterausschüsse zu übertragen. Hierzu zählen zB die Einführung von **Amnestieprogrammen**[16] und die Gewährung von Amnestie im Einzelfall; Themenkomplexe die ebenfalls mit schwierigen Abwägungsfragen verknüpft sind. Das gilt insbesondere in Hinblick auf mögliche Risiken durch den Verzicht auf Kündigungen (etwa die Frage der Bindungswirkung für vergleichbare Sachverhalte) und die Geltendmachung von Schadensersatzansprüchen als Folge der Amnestiezusage.

2. Besetzung des zentralen Disziplinarausschusses

Nur ein Sanktionierungsprozess, den das Management umfassend unterstützt, wird die ge- **29** wünschte generalpräventive Wirkung entfalten und die Akzeptanz der Mitarbeiter finden. Entschließt sich ein Unternehmen für die Einrichtung eines zentralen Disziplinarausschusses, kann bereits dessen Besetzung ein wichtiges Zeichen setzen. Je hochrangiger der Ausschuss besetzt wird, umso deutlicher wird auch in der Belegschaft klar, welchen Stellenwert das Unternehmen der Aufarbeitung von Compliance-Verstößen beimisst. Bei Unternehmen in der Compliance-Krise sorgt ein entsprechender Schritt auch für das richtige Signal nach Außen (gegenüber den ermittelnden Behörden und Prüfern). In hier-

---

[15] Vgl. zu weiteren Einzelheiten → Kapitel H.II.
[16] Vgl. zu den Einzelheiten → Kapitel E. und J.

archischer Hinsicht ist daher eine Besetzung des Ausschusses auch mit Mitgliedern des Vorstands oder der Geschäftsführung zu empfehlen.[17]

30   In fachlicher Hinsicht sollten jedenfalls Vertreter aus den folgenden Bereichen im Ausschuss vertreten sein: (1) Recht, (2) Personal, (3) Compliance (bei Existenz einer Compliance Abteilung), (4) Finanzen (bei Sachverhalten, die Finanzangelegenheiten betreffen). Um konsistente Entscheidungsprozesse und Ergebnisse zu gewährleisten, ist es idR vorzuziehen, den Ausschuss mit fest nominierten Mitgliedern zu besetzen und strenge Vertretungsregelungen zu schaffen.

31   Zudem empfiehlt es sich, für jeden Sachverhaltskomplex einen Vertreter aus dem betroffenen Geschäftsbereich zu benennen, der die Rolle einnimmt, fachliche Informationen zum Geschäftsbereich zu geben und der den betroffenen Mitarbeitern als Ansprechpartner zur Verfügung steht. Da hier Interessenkonflikte zu befürchten sind, muss der Vertreter des Geschäftsbereiches besonders sorgfältig ausgewählt und zur größtmöglichen Neutralität verpflichtet werden. Seine Kommunikation der Compliance-Thematik und daraus resultierenden Disziplinarentscheidung in der betroffenen Einheit sowie gegenüber dem betroffenen Mitarbeiter wird unter anderem den Ausschlag dafür geben, ob der Sanktionierungsprozess des Unternehmens als fair und transparent wahrgenommen wird.

32   Der Vertreter des betroffenen Geschäftsbereiches sollte an der Sitzung des zentralen Disziplinarausschusses teilnehmen und aktiv seine Sicht der Dinge schildern. Gibt es für ihn Zweifel am Ergebnis der Untersuchungen und der disziplinarischen Bewertung, ist jetzt der richtige Zeitpunkt, diese vorzubringen und abschließend zu diskutieren. Nur wenn auch der Vertreter des Geschäftsbereiches hinter der Ausschuss-Entscheidung steht, ist der einheitliche Ton des Managements (*„Appropriate Tone from the Top"*) sichergestellt. Darüber hinaus dient seine Teilnahme der Transparenz der Beratung und Entscheidung des zentralen Gremiums und erleichtert die spätere Umsetzung der Entscheidung. Gleiche Erwägungen sprechen auch für die Teilnahme eines Vertreters aus der zuständigen operativen **Personalabteilung,** dessen Abteilung später für die Umsetzung der Entscheidung gemeinsam mit dem betroffenen Geschäftsbereich verantwortlich sein sollte.

33   Je prominenter der Ausschuss besetzt ist, umso mehr wird es darauf ankommen, Instanzen zu schaffen, die alle wesentlichen faktischen und rechtlichen Fragen im Vorfeld klären und eine Entscheidungsvorlage vorbereiten. Jedenfalls größere Unternehmen sollten erwägen, eine eigene Funktion oder Abteilung mit der rechtlichen Bewertung der Untersuchungsergebnisse und mit der Vorbereitung der Ausschusssitzungen und Entscheidungsvorlagen zu betrauen, die den zentralen Disziplinarausschuss in den Sitzungen berät.[18] Auf diese Weise kann eine effektive Durchführung der Ausschusssitzungen sowie ein zeitlich akzeptabler Rahmen für Mitglieder des Topmanagements sichergestellt werden.

II. Vorbereitung der Sanktionierungsentscheidung, Anhörungsgespräch

34   Interne Untersuchungsprozesse schließen idR zunächst mit einem auf den Fakten basierenden Bericht über die Untersuchungsergebnisse. Hierauf aufsetzend oder bereits parallel zur Untersuchung des Sachverhaltes sollte eine umfassende rechtliche Bewertung der Risiken und Konsequenzen erfolgen, die sich aus diesen Feststellungen ergeben. Auch die

---

[17] Die Siemens AG hat sich für eine hochrangige Besetzung ihres zentral eingerichteten Ausschusses („Corporate Disciplinary Committee") entschieden, dem im Kern die Bewertung und Entscheidung über Compliance-Verstöße des Senior Managements obliegt, sowie etwaige weitere Maßnahmen, die das Komitee für erforderlich hält, um die Integrität des Siemens-Managements zu gewährleisten und Compliance-Verstößen vorzubeugen. Dem Komitee gehören im Jahr 2017 das Siemens-Vorstandsmitglied, das für das Portfolio von Human Resources verantwortlich ist (Vorsitzende), das Siemens-Vorstandsmitglied, das für das Portfolio von Finance und Controlling verantwortlich sowie der Chief Compliance Officer sowie der Leiter Human Ressources, Global Business Partners der Siemens AG an.

[18] Diese Aufgabe ist idealerweise durch spezialisierte Syndikusanwälte abzudecken. Vgl. hierzu → Kapitel I.

Frage nach Verbesserungspotential für die iRd Untersuchungen aufgedeckten Schwachstellen der unternehmensinternen Prozesse setzt an dieser Stelle an.[19]

Soweit iRd Untersuchungen das Fehlverhalten von Mitarbeitern im Raum steht, wird **35** eine umfassende arbeitsrechtliche Bewertung der Untersuchungsergebnisse erforderlich.[20] In komplexen Fällen empfiehlt es sich, arbeitsrechtliche Expertise bereits in die laufenden Untersuchungen einzubeziehen, um gegebenenfalls schnell und noch vor Abschluss der häufig längerfristigen Untersuchungen (fristwahrend) mit arbeitsrechtlichen Sanktionen reagieren zu können.

Allerdings wird in diesen Fällen immer eine sorgfältige und umfassende Abwägung er- **36** forderlich sein, bevor arbeitsrechtliche Konsequenzen gezogen werden. Zu beachten ist zunächst, dass bis zum Abschluss der Untersuchungen das Gesamtbild nicht feststeht und sich weiterhin neue Entwicklungen ergeben können, die sich auf die Bewertung des individuellen Fehlverhaltens auswirken. Außerdem wird ein Mitarbeiter, dem während der Untersuchungen gekündigt wird, nur noch bedingt die weitere Sachverhaltsaufklärung unterstützen und mit dieser Weigerungshaltung möglicherweise den Untersuchungserfolg gefährden.[21] An dieser Stelle gilt es häufig, das Interesse an einer möglichst sicheren Rechtsposition in einer potentiellen individualarbeitsrechtlichen Streitigkeit gegen andere, oftmals umfassendere Unternehmensinteressen abzuwägen.[22] Bei derartigen Abwägungsfragen zeigt sich einmal mehr der Vorteil der Einrichtung eines zentralen Disziplinarausschusses, dem es sehr viel leichter fallen wird, diese umfassenden Interessensabwägungen anzustellen und sich ggf. gegen die individualarbeitsrechtlich sicherere Alternative zur Reaktion gegenüber einem Mitarbeiter zugunsten der Gesamtsituation zu entscheiden.[23]

Ein abschließendes **Anhörungsgespräch**[24] sollte einen festen Bestandteil des Sanktio- **37** nierungsprozesses bzw. der Vorbereitung der Sanktionierungsentscheidung bilden. Dies gilt unabhängig davon, welche Maßnahmen zur Sanktionierung erwogen werden.[25] Das Gespräch dient einmal dazu, dem Mitarbeiter nach Abschluss der Untersuchungen, die sich gerade bei komplexen Sachverhalten über einen langen Zeitraum erstrecken können, nochmals die Möglichkeit zu geben, seine Sicht der Dinge zu schildern. Da dem Mitarbeiter häufig erst zu diesem Zeitpunkt gänzlich der Ernst der Lage bewusst wird, können iRd Anhörungsgespräches neue Tatsachen zu Tage treten (zB in Form eines umfassenden Geständnisses), die unter Umständen sogar Nachuntersuchungen erforderlich machen. Darüber hinaus besteht seitens des Unternehmens iRd Anhörungsgespräches die Möglich-

---

[19] Vgl. hierzu *Moosmayer* Compliance Rn. 344 ff.

[20] Welche Abteilung oder Funktion hierfür zuständig ist, bestimmt sich danach, ob sich das Unternehmen zB für die Einrichtung eines zentralen Disziplinarausschusses und vorgeschaltete Spezialfunktionen entschieden hat, oder ob die Rechts- oder Personalabteilung bzw. externe Dienstleister (idR Anwaltskanzleien) für die Bewertung zuständig sind.

[21] Zwar ist der Mitarbeiter (rechtlich) auch nach Ausspruch einer Kündigung noch zur Mitwirkung an der Sachverhaltsaufklärung verpflichtet; so auch *Göpfert/Merten/Siegrist* NJW 2008, 1707; jedoch ist diese Mitwirkungspflicht schwerlich gegen den Willen des Mitarbeiters durchsetzbar.

[22] Das Unternehmen ist in diesen Fällen häufig gut beraten, die „Kenntnis" eines Sachverhaltes erst anzunehmen, wenn die Untersuchungen insgesamt abgeschlossen sind und der Arbeitgeber bzw. der Disziplinarausschuss Kenntnis erlangt hat und diese Position erforderlichenfalls in einem Arbeitsrechtsstreit zu verteidigen. IdS bzgl. der deutschen Regelung des § 626 Abs. 2 BGB und mit weiterführenden Argumenten auch *Göpfert/Drägert* CCZ 2011, 25 und ausdr. für den Disziplinarausschuss: *Göpfert/Merten/Siegrist* NJW 2008, 1707. In aufzuklärenden Sachverhalten, die weitreichende Konsequenzen für das Unternehmen befürchten lassen (systematisches Fehlverhalten/Korruptionsskandal), kann zudem erwogen werden, ob statt dem Ausspruch von Kündigungen ein Amnestieprogramm eingesetzt werden soll. Vgl. zu den Einzelheiten → Kapitel D.III.

[23] Vgl. zum „Abwägungsdilemma" in dem sich Unternehmen befinden auch *Mengel* Compliance S. 151 ff.

[24] Vgl. zu den arbeitsrechtlichen Aspekten → Kapitel D.III.3.

[25] Das rechtliche Gehör stellt ein Grundprinzip eines fairen Verfahrens dar und sollte iRd Untersuchungsprozesses in jedem Fall gewährt werden. Auch arbeitsrechtliche Vorgaben können ein (weiteres) Anhörungsgespräch erfordern (zB bei Ausspruch einer Verdachtskündigung in Deutschland). Hiervon ist das vorliegend empfohlene Anhörungsgespräch zu unterscheiden, das zusätzlich zu rechtlichen Vorgaben als Bestandteil des Sanktionierungsprozesses empfohlen wird. S. zu arbeitsrechtlichen Fragestellungen → Kapitel D.

keit, Klarheit zu schaffen, welche Instanz in welchem Zeitrahmen über das „ob" und „wie" der Sanktionierung entscheidet. Je klarer dem Mitarbeiter die Einzelheiten der Entscheidungsfindung und des Sanktionierungsprozesses sind, umso eher wird er den Prozess und das Ergebnis akzeptieren.

38   Die Teilnehmer des Anhörungsgespräches bestimmen sich danach, wie das Unternehmen den Sanktionierungsprozess ausgestaltet hat. Ist ein zentraler Disziplinarausschuss eingerichtet, sollte neben der Funktion, der die arbeitsrechtliche Bewertung obliegt (Ausschuss-Mitglied oder vorgeschaltete Abteilung) auch der Vertreter des betroffenen Geschäftsbereiches teilnehmen. Das Gespräch ermöglicht den Unternehmensvertretern, sich ein persönliches Bild zu machen und erleichtert damit die Sanktionierungsentscheidung bzw. die Stellungnahme gegenüber einem zentralen Disziplinarausschuss. Das Anhörungsgespräch ist zu protokollieren und vom Mitarbeiter zu bestätigen, nachdem er die Möglichkeit zur Durchsicht des Protokolls und etwaigen Ergänzung hatte. Darüber hinaus sollte jedenfalls bei geäußertem Wunsch des Mitarbeiters ein Rechtsbeistand oder auch ein Vertreter des Betriebsrates an dem Gespräch teilnehmen.[26]

III. Entscheidungskriterien und Sanktionsmaßnahmen

39 Unternehmen sind gut beraten, klare **Entscheidungskriterien** für die Bewertung von Fehlverhalten zu schaffen und im Unternehmen in geeigneter Weise zu kommunizieren.

40   Ein Ermessensspielraum bei der Frage, „ob" gravierende Compliance-Verstöße zu ahnden sind, ist abzulehnen, aber beim „wie" der Sanktionierung zu bejahen.[27] Je nachdem, an welcher Stelle die Entscheidungskriterien verankert werden, kann es sich um eine compliance-spezifische, aber auch um eine allgemeine Regelung handeln. Als allgemeingültige einleitende Kernaussage gilt hierbei, dass das Unternehmen keine Compliance-Verstöße bzw. sonstiges Fehlverhalten seiner Mitarbeiter toleriert („**no tolerance** „) und Verstöße entsprechend ihrer Art und Schwere sanktioniert. Daneben bietet sich die (nicht abschließende) Beschreibung von Entscheidungskriterien und Sanktionsmaßnahmen an.

41   Von dem Konzept einer schematischen Darstellung, die für definierte Verstöße konkrete korrespondierende Sanktionen vorgibt, ist abzuraten. Zum einen kann auch im Rahmen allgemeiner Kriterien verdeutlicht werden, dass ein schwerwiegendes (ggf. strafrechtlich relevantes) Fehlverhalten zu einer einschneidenden Maßnahme führen wird. Darüber hinaus erlaubt eine schematische Beurteilung keine Berücksichtigung der Situation im Einzelfall und das Unternehmen ist schnell dem Vorwurf ausgesetzt, es agiere entweder „starr" und ohne Augenmaß (bei schematischer Anwendung) oder willkürlich (soweit eine vom Schema abweichende Entscheidung getroffen wird).[28]

42   Eine Liste der Entscheidungskriterien sollte beinhalten:
  – Art und Schweregrad des Fehlverhaltens
  – Umfang der Beteiligung
  – Häufigkeit des Fehlverhaltens
  – Handlung auf Anweisung oder selbstbestimmt
  – Unternehmensseitige Faktoren, die das Fehlverhalten begünstigt haben
  – Vorsatz oder (grobe) Fahrlässigkeit
  – Selbstbereicherung

---

[26] Vgl. zu den Einzelheiten und zu der Beteiligung eines Rechtsbeistandes und/oder Betriebsrates → Kapitel D.II., und insbes. auch zur Frage des Auskunftverweigerungsrechtes → Kapitel D.III.
[27] *Reichert* ZIS 3/2011, 117; *Momsen/Grützner* Rn. 445.
[28] Hinzu kommt, dass ein solches Konzept ggf. als Betriebsbußenkatalog aufgefasst werden könnte, mit den daran anknüpfenden (zusätzlichen) betriebsverfassungsrechtlichen Problemen. Vgl. hierzu auch → Kapitel D.II.

– Umfang des Schadens für das Unternehmen
– Standards/Maßnahmen, die in vergleichbaren Fällen ergriffen wurden
– Zeitpunkt des Fehlverhaltens und Verhalten danach
– Position und hierarchische Stellung des Mitarbeiters zum Zeitpunkt des Fehlverhaltens und heute
– Mitarbeiter- und Compliance-Historie
– Kooperationsbereitschaft des betreffenden Mitarbeiters während der Untersuchung
– Einstellung und Informationsbereitschaft des Mitarbeiters im abschließenden Anhörungsgespräch
– Aktuelle Einstellung zum Compliance-Programm des Unternehmens
– Besondere Umstände wie Amnestieprogramm

Den geeigneten Reaktionsrahmen sollte das Unternehmen möglichst flexibel gestalten. **43** Entschließt sich das Unternehmen dazu, das Arbeitsverhältnis fortzuführen, sollte die Reaktion nicht bei arbeitsrechtlichen Sanktionsmaßnahmen enden, sondern auch weitere konkrete Präventionsmaßnahmen regeln, wie gezielte **Schulungen** und Trainingsmaßnahmen.

Darüber hinaus ist der geplante kurz-, mittel- und langfristige Karriereweg des Mitar- **44** beiters zu berücksichtigen. Ob das Fehlverhalten die Karriere im Unternehmen beeinträchtigt, beurteilt sich nach der Schwere des Fehlverhaltens und den Umständen des Einzelfalles.[29] Auch kann eine **Beförderung** oder die Eignung für eine bestimmte Funktion jedenfalls für einen bestimmten Zeitraum in Frage stehen und ein Aussetzen der Entscheidung bzw. eine **Versetzung** erforderlich machen. In keinem Fall darf die Reaktion des Unternehmens den Eindruck erwecken, ein Fehlverhalten bleibe ohne Konsequenzen oder führe am Ende sogar zu einer Besserstellung des Mitarbeiters. Daher ist das Unternehmen gut beraten, Versetzungen und andere Maßnahmen wegen oder in zeitlichem Zusammenhang mit Compliance-Verstößen sorgfältig daraufhin zu überprüfen, ob diese in der Wahrnehmung der anderen Mitarbeiter als Beförderung oder Besserstellung verstanden werden können.

Zudem empfiehlt es sich, je nach Art und Schwere des Fehlverhaltens gezielte **Comp-** **45** **liance Trainings** verpflichtend einzuführen, um den Mitarbeitern die Früherkennung von Risiken in ihrem konkreten Betätigungsfeld zu erleichtern und damit künftiges Fehlverhalten zu vermeiden.

Ein entsprechender Vorschlagskatalog denkbarer Sanktions- bzw. Reaktionsmaßnah- **46** men wäre als zentrale Vorgabe denkbar, die mit landesspezifischen Durchführungsbestimmungen zu unterlegen wäre.[30]

1. Klassische Sanktionsmaßnahmen:[31]
   – Formlose Verwarnung/Ermahnung
   – Formelle Verwarnung/Abmahnung
   – Suspendierung (insbes. während laufender Untersuchungen)
   – Verwirkung von freiwilligen Vergütungselementen/Zuteilungen von Aktien
   – Verlust von variablem Einkommen
   – Aufhebungsvertrag
   – Ordentliche Kündigung
   – Fristlose Kündigung
2. Weitere Reaktionsmöglichkeiten:

---

[29] Häufig sind Mitarbeiter, die im Fokus der Untersuchungen standen und ihr Fehlverhalten eingesehen haben, besonders sensibilisiert und geeignet, potentielle künftige Compliance-Risiken zu erkennen.

[30] Das Problem eines möglicherweise entstehenden Betriebsbußenkatalogs sollte dabei nicht aus dem Auge verloren werden. Vgl. hierzu auch → Kapitel D.II.

[31] Vgl. iE: Dölling/*Maschmann* S. 150 ff., vgl. auch *Mengel* Compliance S. 132 ff.

- Veränderung des Verantwortungsbereiches
- Versetzung in eine andere Position (zB Position ohne Führungsverantwortung)
- Ausschluss von Beförderung für einen bestimmten Zeitraum
- Aberkennung von Zertifizierungsaufgaben
- Geeignete Schulungs- und Trainingsmaßnahmen
- Monitoring/Coaching durch eine geeignete Führungskraft
- Verpflichtendes Compliance-Training (ggf. in regelmäßigen Abständen)

IV. Kodex für den Sanktionierungsprozess

47 Ähnlich wie iRd unternehmensinternen Untersuchungsprozesse[32] bietet sich auch für den anschließenden Sanktionierungsprozess eine detaillierte Regelung der Zuständigkeiten und Verhaltenskriterien an, um Transparenz zu schaffen und einen einheitlichen und fairen Prozess zu gewährleisten. Diese Kriterien können im Rahmen einer Charta oder Geschäftsordnung bzw. eines Kodex für den Sanktionierungsprozess festgelegt werden. Der Kodex sollte durch Beschluss der Unternehmensleitung (Vorstand, Geschäftsführung) legitimiert sein.[33] Inhaltlich sind die folgenden allgemeinen Zuständigkeitsregelungen und Grundsätze als Regelungsbestandteile zu erwägen:

1. Allgemeine Feststellungen, Verhaltensanforderungen und Interessenkonfliktregelung

48 In einem allgemeinen einführenden Teil sollten die Grundprinzipien und Hintergründe der Einrichtung eines zentralen/regionalen standardisierten Sanktionierungsprozesses verdeutlicht werden. Dabei muss zum Ausdruck kommen, dass es dem Unternehmen um die nachhaltige **Ahndung von Fehlverhalten** geht, auf der Basis eines fairen und transparenten Prozesses. Zudem sollte der Kodex Verhaltensanforderungen an die Entscheidungsträger im Sanktionierungsprozess fixieren, um das Vertrauen in die unabhängige Entscheidungsfindung zu stärken.

49 Regelungsbestandteile könnten hierbei sein:
- Vorrang von Integrität und rechtmäßigem Handeln vor allen anderen Überlegungen.
- Verpflichtung zur Einhaltung der Regelungen des Kodex, insbesondere Erfüllung der Pflichten im Rahmen des Disziplinarprozesses.
- Vermeidung jeglicher Handlung, die auch nur den Anschein erwecken könnte, sie würde gegen die im Kodex dargelegten Grundprinzipien und Verhaltensanforderungen oder irgendeine andere Compliance-Vorschrift oder -Verpflichtung verstoßen.
- Keine unautorisierten Zusagen oder Versprechen, die eine etwaige Verpflichtung des Disziplinarausschusses begründen oder einen entsprechenden Anschein erwecken könnten.

50 Daneben empfiehlt es sich, klare Vorgaben für das Verhalten bei **Interessenkonflikten** zu machen. Insbes. die Entscheidungsträger im Sanktionierungsprozess können je nach Aus-

---

[32] Vgl. hierzu → Kapitel G.
[33] Zudem sind die Beteiligungsrechte der zuständigen Abeitnehmervertretungen zu wahren. Vgl auch → Kapitel D. Auch außerhalb der zwingenden Mitbestimmung sollte eine Einbindung der Arbeitnehmervertreter erwogen werden, da die Akzeptanz der Regelungen eines Kodex durch die Arbeitnehmervertretungen idR von erheblicher Bedeutung für die Akzeptanz des Kodex im Unternehmen insgesamt sind.

gestaltung in verstärktem Maße Interessenkonfliktsituationen ausgesetzt sein.[34] Dabei muss es sich nicht zwingend um eine tatsächliche Konfliktsituation handeln, sondern es kann der Außenwahrnehmung des Sanktionierungsprozesses bereits nachhaltig schaden, wenn eine Konstellation nur den Anschein eines Konfliktes suggeriert und damit Zweifel an der Unparteilichkeit der Entscheidung aufkommen.[35]

| Eine Interessenkonfliktregelung für die Mitglieder eines Disziplinarausschusses könnte zB wie folgt aussehen: | **51** |

Eine Interessenkonfliktregelung für die Mitglieder eines Disziplinarausschusses könnte zB wie folgt aussehen:

Im Zuge der Ausübung ihrer Pflichten können bestimmte Situationen entstehen, die Mitglieder des Disziplinarausschusses in einen möglichen Interessenkonflikt bringen.

Zu entsprechenden Konfliktsituationen kann es insbes. kommen, wenn persönliche und/oder berufliche Beziehungen zu der Person bestehen, deren Verhalten es iRd Sanktionierungsprozesses zu beurteilen gilt, oder das Ausschussmitglied in der Vergangenheit und/oder aktuell direkt oder indirekt (zB wegen der entsprechenden Geschäftsverantwortung) in den zur Diskussion stehenden Sachverhalt involviert war.

Damit die Ausschussmitglieder in (potentiellen) Konfliktsituationen Entscheidungen frei vom Anschein der Voreingenommenheit oder Befangenheit treffen können, wird folgender Prozess angewandt:

Sobald ein Ausschussmitglied sich eines potenziellen Konfliktes bewusst wird, informiert er/ sie den Vorsitzenden des Disziplinarausschusses und erläutert die Grundlage des potenziellen Konfliktes und beantragt entweder (i) aus dem Beurteilungs- und Entscheidungsprozess zur fraglichen Angelegenheit ausgeschlossen zu werden oder (ii) bittet die restlichen Mitglieder des Disziplinarausschusses zu entscheiden, ob der potenzielle Konflikt zu einem Ausschluss von der Bewertung und/oder Entscheidung über den Sachverhalt führen soll. Der Antrag und etwaige Ausschluss ist schriftlich zu dokumentieren.

---

2. Regelungen zur Zuständigkeit und Besetzung

Es bietet sich an, im Kodex klare Regelungen dafür zu treffen, welche Sachverhalte[36] **52** durch welche Entscheidungsträger[37] entschieden und umgesetzt werden. Hierbei sollte zwingend der Eindruck vermieden werden, die Behandlung eines Sachverhaltes (zB auf der Ebene des zentralen oder lokalen Disziplinarausschusses oder durch bestimmte Entscheidungsträger) sei willkürlich oder gar interessengesteuert.

Der Kodex sollte zudem Kriterien für die Nominierung der Entscheidungsträger auf- **53** stellen und nach außen transparent machen.

Daneben müssen klare Vertretungsregelungen geschaffen werden. Die Vertretung sollte **54** hierbei die Ausnahme sein, um die Kontinuität der Tätigkeit der Entscheidungsträger zu gewährleisten und die Priorisierung und Bedeutung des Sanktionierungsprozesses nach außen zu demonstrieren.

---

[34] Hat sich das Unternehmen für die Einrichtung eines zentralen Disziplinarausschusses entschieden, ist je nach Besetzung des Disziplinarausschusses (zB Führungsebene) und Zuständigkeit des Ausschusses (zB Compliance-Verstöße des Senior Management) beinahe vorprogrammiert, dass die Mitglieder im Laufe ihrer Tätigkeit in eine entsprechende Konfliktsituation kommen.

[35] Vgl. auch allgemein zu Interessenkonfliktsituationen während intern durchgeführten Untersuchungen und Sachverhaltsaufklärung → Kapitel N.IV.

[36] Vgl. oben → Ziff. I.1. für den zentralen Disziplinarausschuss.

[37] Vgl. oben → Ziff. I.2. für den zentralen Disziplinarausschuss.

3. Sitzungsablauf und Entscheidungsfindung, Eilverfahren

55　Aus Gründen der Transparenz sollte der Kodex den Entscheidungsprozess ausdrücklich regeln. Hierbei ist die Entscheidung in Präsenzsitzungen vorzugswürdig. Darüber hinaus sind Standards für die Einladung, die Tagesordnung, den Sitzungsturnus (Präsenzsitzungen, telefonische Teilnahmemöglichkeiten, Videokonferenzen etc.), den Sitzungsablauf und die schriftliche Dokumentation (Protokollierung) zu normieren. Es empfiehlt sich auch die Form der Entscheidungsfindung zu regeln. Hierbei dürfte zwar die Entscheidung durch Einstimmigkeit am besten den Prinzipien des Sanktionierungsprozesses Rechnung tragen. Kann allerdings keine Einstimmigkeit erzielt werden, wäre auf eine Mehrheitsentscheidung auszuweichen, ggf. verbunden mit einem Zweitstimmrecht des Vorsitzenden.

56　Auch wenn ein geregelter Sitzungsturnus jedenfalls bei größeren Unternehmen vorzugswürdig ist, muss ein Prozess für Eilentscheidungen definiert werden. Häufig wird es sich gerade in diesen Fällen um besonders schwerwiegende Compliance-Verstöße handeln, die mit Blick auf arbeitsrechtliche Fristen aber auch auf eine etwaige Außenwirkung eine sofortige Reaktion erfordern. Hier helfen Regelungen für ad-hoc Sitzungen und die Möglichkeit einer Entscheidung im Umlaufverfahren.

4. Entscheidungsgrundsätze, Umsetzung und Kommunikation

57　Hat sich ein Unternehmen für die Verabschiedung eines Kodex für den Sanktionierungsprozess entschieden, so sollten hierin auch die oben beschriebenen Entscheidungsgrundsätze und ein entsprechender Vorschlagskatalog denkbarer Sanktions- bzw. Reaktionsmaßnahmen definiert werden. Zudem ist klarzustellen, dass die Mitteilung der Entscheidungsvorlagen- und Ergebnisse nur an einen sehr limitierten Kreis und nur nach umfassender Interessenabwägung erfolgen darf (*„need to know"*-Prinzip).[38]

58　Bei global aufgestellten Unternehmen sind zudem die landesspezifischen rechtlichen Rahmenbedingungen zu berücksichtigen. Ist zB ein in der Zentrale etablierter Disziplinarausschuss aufgrund lokalen Rechts daran gehindert, eine verbindliche Entscheidung (etwa für eine Tochtergesellschaft in einem anderen Land) zu treffen, bietet sich der Ausspruch einer Empfehlung an. Abweichungen von den empfohlenen Maßnahmen sollten jedoch nur zulässig sein, sofern sie wegen zwingender lokaler Regelungen geboten sind. Dieser Umstand wäre dem zentralen Disziplinarausschuss in geeigneter Weise nachzuweisen.

59　Die finale Umsetzung der Entscheidung liegt in der Hand der Geschäftsverantwortlichen und der zuständigen Personalabteilung[39] unter Beachtung der Rechte der Arbeitnehmervertretungen.[40] Die Umsetzung ist in geeigneter Weise nachzuweisen. Durch die Nachverfolgung kann die konsequente Ahndung von Fehlverhalten sichergestellt werden. Zudem dokumentiert das Unternehmen gegenüber seinen Mitarbeitern sowie nach außen, dass es ihm mit seinem Sanktionierungsprozess ernst ist und den Regularien auch Taten folgen.

60　Etwaige **Umsetzungshindernisse** sind genauso an die Entscheidungsträger zurückzumelden, wie drohende gerichtliche Auseinandersetzungen. Zeichnet sich zB nach Ausspruch einer Kündigung ein Kündigungsschutzprozess mit problematischen Prozessrisiken ab, obliegt es wieder den Entscheidungsträgern zu entscheiden, ob ein Vergleich oder eine Abwicklungsvereinbarung eine aus Unternehmenssicht vertretbare Lösung wäre.

61　Die Nachdrücklichkeit, mit der das Unternehmen Fehlverhalten ahndet, sollte den Mitarbeitern unmissverständlich kommuniziert werden. Eine hinreichend anonymisierte

---

[38] Vgl. zu den Einzelheiten → Kapitel G.V.
[39] Vgl. am Anfang des Kapitels für den zentralen Disziplinarausschuss.
[40] Vgl. hierzu → Kapitel D.II.

statistische Erfassung von Compliance-Verstößen und den resultierenden Disziplinarmaß-nahmen ist gut geeignet, die **Kommunikation** zu unterstützen.

5. Regionale/lokale Behandlung

Hat sich ein Unternehmen für die Einrichtung eines zentralen Disziplinarausschusses ent- 62 schieden, und hat sich dieser bewährt, kann es gerade für große, global aufgestellte Unternehmen sinnvoll sein, in den Regionen lokale Disziplinarausschüsse nach dem Vorbild des zentralen Disziplinarausschusses zu etablieren. Diese Gremien wären denselben Anforderungen und Standards zu unterwerfen wie der Ausschuss in der Konzernzentrale unter Anpassung an die rechtlichen Rahmenbedingungen des jeweiligen Landes. Eine entsprechende Aufstellung erlaubt die Gewährleistung eines einheitlichen, fairen und transparenten Prozesses auch bei regionalen Entscheidungen unterhalb der Zuständigkeit des zentralen Disziplinarausschusses.

Entscheidet sich ein Unternehmen gegen die Einrichtung zentraler und/oder lokaler 63 Disziplinarausschüsse, empfiehlt es sich, die Normierung von Mindeststandards bei der Bewertung von Compliance-Verstößen zu erwägen. Diese Standards können in einem Kodex für die Beurteilung und Entscheidung über Compliance-Verstöße oder aber auch generell für etwaiges Fehlverhalten eingeführt werden. Viele der bisher dargestellten Prinzipien wären in einem entsprechenden Kodex aufzugreifen, da es auch hier darauf ankommt, faire und transparente Prozesse zu gewährleisten und die Entschlossenheit des Unternehmens bei seiner Reaktion auf Compliance-Verstöße zu demonstrieren.

G. Einrichtung einer internen Untersuchungsabteilung und deren Prozesse

I. Einleitung

Empfiehlt es sich eine unternehmenseigene Untersuchungsabteilung zu etablieren oder 1
sollten diese Aufgaben extern vergeben werden?

Jedes Unternehmen, das ein effektives Compliance Programm einführt, wird mit der 2
Frage konfrontiert zu entscheiden, wer sich im Unternehmen mit Vorwürfen nicht regel-
konformen Verhaltens befassen sollte. Dies bedeutet aber auch, dass man sich über die
Vorzüge einer internen Untersuchungsabteilung gegenüber den Möglichkeiten externer
Vergaben klarwerden muss. Welche Gründe würden also eine Unternehmensleitung da-
von überzeugen, sich für eine interne anstelle einer externen Lösung zu entscheiden?

II. Grundsätze und Zielsetzung einer internen Untersuchungsabteilung

Grds. ist festzuhalten, dass die Themen, die zu beachten und zu bedenken sind, von vie- 3
len Faktoren abhängen, zum Beispiel von der Art und der Größe des Unternehmens und
den Märkten und Regionen, in denen das Unternehmen tätig ist.

Bevor jedoch auf diese Themen genauer eingegangen wird, sollten innerhalb der Un- 4
ternehmensstruktur die Grundprinzipien, die dem Aufbau einer Untersuchungsabteilung
zugrunde liegen, verankert werden. Der Grundgedanke einer Untersuchung bzw. der
Sinn und Zweck einer solchen Abteilung ist es, die Verdachtsmomente zu überprüfen,
den Sachverhalt zu untersuchen und die Fakten herauszuarbeiten, die einen Vorwurf er-
härten oder entkräften.

1. Definition einer Compliance Untersuchung

Eine **Compliance-Untersuchung** kann somit wie folgt definiert werden: 5

„Eine Compliance-Untersuchung dient der Feststellung
– ob ein Fehlverhalten oder ein Compliance Verstoß vorgefallen ist
  und
– wer die dafür Verantwortlichen sind."

Die Ziele einer solchen Abteilung sind dabei: Die kostengünstige aber gründliche Durch- 6
führung interner Untersuchungen innerhalb eines angemessenen Zeitraums.

Daneben ist ein weiterer wichtiger Aspekt interner Untersuchungen die Minimierung 7
von künftigen **Risiken.**

2. Herausforderungen und Überlegungen zur Vorbereitung einer Entscheidung – Abwägung Kosten gegen Risiken

a) Rechtliche Überlegungen zur Schaffung eines internen „Unternehmens-Gedächtnisses"

Die Kosten für den Aufbau einer funktionsfähigen internen Untersuchungsabteilung sind 8
oftmals nicht unbedeutend und können auf den ersten Blick abschreckend wirken. Wenn
man diese Kosten jedoch als Teil einer permanenten und effektiven Compliance Struktur

im Unternehmen betrachtet, können diese Aufbaukosten bald wieder refinanziert werden. Die Kostendiskussion für eine interne Abteilung geht einher mit dem immer relevanten Thema der Mitarbeiteranzahl und dem Druck auf die Abteilungsführung, diese so niedrig wie möglich zu halten.

9   Für viele Unternehmen scheint die sogenannte **„Übertragung des Risikos"** oder der Verantwortung auf externe Anbieter deshalb eine attraktive Alternative zu sein. Dies trifft jedoch gewöhnlich auf Unternehmen zu, die über eine kleine oder noch im Entstehen befindliche Compliance Organisation verfügen. Die Dienste von professionellen **externen Anbietern** sind allerdings ebenfalls teuer und deren Nutzung wirft organisatorische und rechtliche Fragen auf.

b) Vor- und Nachteile eines internen Lösungsansatzes

10   Ein Vorteil der internen Untersuchungsabteilung gegenüber der externen Lösung ist die Möglichkeit, ihre Expertise hinsichtlich des eigenen Unternehmens immer weiter auszubauen und zu nutzen: Zu wissen wo und nach was gesucht und mit wem gesprochen werden muss. Dieser Faktor und die daraus resultierende Effektivität sind auch hinsichtlich der Kostenersparnisse bedeutsam. Dieser Vorzug, quasi ein sogenanntes „Unternehmens-Gedächtnis" aufzubauen, ist ein großer Pluspunkt für den Aufbau einer internen Untersuchungsabteilung. Ein „Unternehmens-Gedächtnis" bedeutet, dass die Untersuchungsabteilung ein spezifisches Wissen über falsche Praktiken, Warnsignale und weitere Risiken und Schwächen, sowohl personen- als auch prozessbezogen, ansammelt.

11   Ein weiterer und bedeutsamer Vorteil ist, dass allein die Existenz einer professionellen Untersuchungsabteilung bereits abschreckend auf mögliches Fehlverhalten wirken kann.

12   Der größte Nachteil ist, dass sich das Unternehmen jedem Risiko, das während einer Untersuchung entstehen kann, annehmen muss. Es gibt zahlreiche Risiken, angefangen von den Konsequenzen unvollständiger und unprofessioneller Untersuchungen (zB wenn der Sachverhalt nicht einwandfrei festgestellt wurde und das Fehlverhalten weiter andauert, oder wenn der Täter nicht ermittelt werden konnte und dies das Unternehmen exponiert), bis dahin, dass ein erkanntes Fehlverhalten aufgrund von Widerständen im Unternehmen nicht geahndet wird.

13   Dies führt zu dem nächsten wichtigen Punkt: Eine Untersuchungsabteilung kann nicht agieren und erfolgreich sein, wenn sie in einem Vakuum arbeitet. Die Durchführung einer Untersuchung ist ein juristischer Prozess; die Rechte Einzelner können eingeschränkt werden und es kann zu erheblichen straf- oder zivilrechtliche Konsequenzen für diejenigen führen, die direkt oder auch nur indirekt in eine Untersuchung involviert sind. Außerdem können diese Untersuchungen auch Auswirkungen auf das Unternehmen selbst und deren gesetzliche Vertreter nach sich ziehen. Aus diesem Grund benötigt eine Untersuchungsabteilung die permanente Beratung und Unterstützung in juristischen Angelegenheiten, von arbeitsrechtlichen bis hin zu einer Vielzahl von straf- und zivilrechtlichen Fragen.

14   Weiterhin ist es unabdingbar, dass eine Untersuchungsabteilung innerhalb einer Unternehmenskultur agieren kann, die **Integrität** auf allen Ebenen des Unternehmens unterstützt und fördert. Dies verhindert, dass die Untersuchungsabteilung in einem „Elfenbeinturm" agiert, sondern in einem Umfeld, das unmissverständlich die Botschaft des **„Clean Business"** propagiert. Ein wirksames Compliance Programm und eine solide Compliance Organisation bilden mit Sicherheit einen verlässlichen Rahmen, um die Untersuchungstätigkeit zu unterstützen und die notwendigen Ressourcen bereitzustellen.

III. Art und Beschaffenheit des Lösungskonzepts und entsprechender Herausforderungen

1. Interner Lösungsansatz

Welche interne Struktur sollte eine Untersuchungsabteilung aufweisen? Welche Einflüsse 15
gibt es: Größe, Struktur und Komplexität des Unternehmens?

Strebt man eine interne Lösung an, ist die zentrale Frage, wo eine solche Abteilung in 16
der **Unternehmensstruktur** verankert werden kann. Dies ist wahrscheinlich die wichtigste Frage, die das Management bei der Entscheidung zur Einrichtung einer internen Untersuchungsabteilung beantworten muss. Das Problem ist hierbei nicht, welches der zahlreichen Modelle verfolgt werden sollte, oder wo die Abteilung strukturell verankert wird, beispielsweise im Finanz/Revisions-Bereich oder im Legal/Compliance-Bereich, oder ob die Abteilung direkt dem oberen Management oder einem quasi-unabhängigen Komitee zuarbeitet. Wichtiger ist: An wen berichtet die Abteilung ihre **Untersuchungsergebnisse** konkret?

Natürlich gibt es keine allgemein gültige Antwort. Viel wird von den Spezifika des 17
betrachteten Unternehmens abhängen, und die Lösung wird dementsprechend von Unternehmen zu Unternehmen variieren. Obgleich viele, die sich mit dieser Frage beschäftigen, schnell mit „je höher desto besser" antworten, mag es sich unter Umständen als kontraproduktiv herausstellen, wenn das Arbeitsumfeld und die relevanten, unterstützenden Einheiten organisatorisch in unterschiedlichen Bereichen innerhalb des Unternehmens verankert sind. Aus diesem Grund ist es, unabhängig davon welches Modell ausgewählt wird, notwendig sicherzustellen, dass die Untersuchungsabteilung zusammen mit einem etablierten, unterstützenden Netzwerk (aus weiteren Abteilungen) als Teil des Ganzen funktioniert, und dass sie ihre Aufgaben unparteiisch erfüllen kann.

Dieser Entscheidung liegt die Frage nach der **„Unabhängigkeit der Untersuchun-** 18
gen" zugrunde. Obgleich sehr viel mehr zu diesem Thema gesagt werden kann, ist es im Zuge dieses Kapitels ausreichend, das Folgende hervorzuheben: Anzuerkennen ist, dass es keine Unabhängigkeit im absoluten Sinn für jedwede Funktion (oder Tätigkeit) in einem Unternehmen gibt oder geben kann – sogar der Vorstandsvorsitzende eines Unternehmens besitzt Verpflichtungen gegenüber dem Vorstand, dieser wiederum gegenüber dem Aufsichtsrat und den Anteilseignern. Was ist also nun gemeint mit der oft zitierten ‚Unabhängigkeit der Untersuchungen'? Eine, und die in diesem Kontext bevorzugte Antwort ist, dass die durch die Untersuchungsabteilung durchgeführten Untersuchungen sowie die daraus resultierenden Berichte unabhängig von jeder unzulässigen Einflussnahme sein sollten.

Wie bereits erwähnt, ist eine Untersuchung ein **juristischer Prozess.** So hat die 19
Durchführung einer Untersuchung, zumindest der **Wahrnehmung** nach, immer negative Auswirkungen auf die Rechte des Einzelnen mit möglicherweise schwerwiegenden straf- und/oder zivilrechtlichen Konsequenzen für alle, die direkt oder auch nur indirekt involviert sind. Dieses Argument spricht daher für eine direkte Verankerung der Untersuchungsabteilung im Rechtsbereich eines Unternehmens. Ein weiterer Punkt, der für eine Zuordnung zum Rechtsbereich spricht, ist die anwaltliche Schweigepflicht. Um zu verhindern, dass die gewonnenen Erkenntnisse der Untersuchungsabteilung von Wettbewerbern entdeckt werden und sie damit Zugang zu den vertraulichsten Information eines Unternehmens erlangen würden, könnte es sinnvoll sein, direkt an einen Anwalt zu berichten, welcher seinerseits den Schutz der Erkenntnisse bzw. die Ergebnisse aufgrund des Anwaltsgeheimnisses gewährleisten kann, soweit das **„legal privilege"** nach der jeweiligen nationalen Rechtslage auch dem Syndikusanwalt im Unternehmen zugebilligt wird.[1]

---

[1] Vgl. hierzu → Kapitel L.

2. Diskussion über die beste organisatorische Anbindung/Struktur

20 Dies führt nun zu der Frage, wie die zu gründende Untersuchungsabteilung aufgebaut sein soll. Grds. gibt es (auch hier) verschiedene Varianten. Die finale Wahl ist abhängig von dem jeweiligen Unternehmen, dessen Größe – nicht nur bezogen auf die Anzahl der Mitarbeiter und des Geschäftsumsatzes, sondern auch von dessen geographischer Lage und/oder dessen globaler Reichweite und des Vertriebsnetzes, der Unternehmensstruktur, der strategischen Rahmenbedingungen und -ausrichtung, sowie der Geschäftsart und der entsprechenden Märkte.

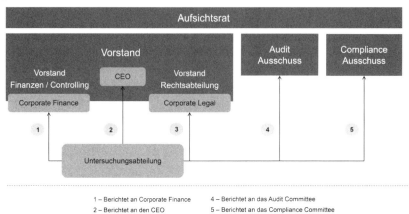

1 – Berichtet an Corporate Finance   4 – Berichtet an das Audit Committee
2 – Berichtet an den CEO   5 – Berichtet an das Compliance Committee
3 – Berichtet an Corporate Legal

Abbildung 1: Optionen der Berichtserstattung für die Untersuchungsabteilung

21 Wenn man sich über die Struktur der Abteilung Gedanken macht, bieten sich zwei Optionen an: Entweder eine zentralisierte oder eine dezentralisierte Lösung. Eine **zentrale Struktur** ermöglicht die Nähe zur Unternehmensleitung und bietet gute Schulungsmöglichkeiten, des Weiteren erleichtert sie die Erstellung und Durchsetzung von Richtlinien. Aber die Distanz zum regionalen Management sowie die Zeit, die es bedarf, um Angelegenheiten vor Ort zu behandeln, werfen Probleme auf und können die Effektivität und damit letztendlich die Glaubwürdigkeit der Abteilung in Frage stellen.

22 Dies führt nun zu der Frage, wie die zu gründende Untersuchungsabteilung aufgebaut sein soll. Grds. gibt es (auch hier) verschiedene Varianten. Die finale Wahl ist abhängig von dem jeweiligen Unternehmen, dessen Größe – nicht nur bezogen auf die Anzahl der Mitarbeiter und des Geschäftsumsatzes, sondern auch von dessen geographischer Lage und/oder dessen globaler Reichweite und des Vertriebsnetzes, der Unternehmensstruktur, der strategischen Rahmenbedingungen und -ausrichtung, sowie der Geschäftsart und der entsprechenden Märkte.

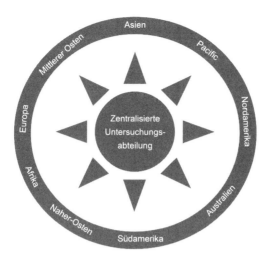

Abbildung 2: Zentralisierte Organisationsstruktur

Eine **dezentralisierte Struktur** deckt zwar einige der Nachteile einer zentralen Struktur ab, hat aber mit der Distanz zur Unternehmensleitung zu kämpfen und muss der Versuchung widerstehen, regionale oder geographische Lösungen zu entwickeln bzw. Partikularinteressen zu verfolgen. 23

Abbildung 3: Vollständig dezentralisierte Organisationsstruktur

Eine dritte Option ist die Kombination der oben aufgeführten Optionen. Dies entspricht einem zentralen Funktionsbereich mit Regionalbüros in unterschiedlichen Regionen, sämtlich gesteuert durch die gleichen Vorgaben und Prozesse. Die Wahl der Örtlichkeiten für die Regionalbüros muss neben der unternehmensinternen **Risikoanalyse** bzw. der Analyse des zu erwartenden Fallaufkommens unter anderem auch die Erreichbarkeit, Infrastruktur sowie sozial-ökonomischen und politischen Risikofaktoren berücksichtigen. 24

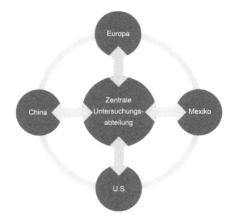

Abbildung 4: Regionale Organisationsstruktur

25   Entscheidend für den Erfolg dieser Variante ist jedoch eine zentral anerkannte und weltweit gleiche Verfahrensweise, die eindeutig vom oberen Management der Muttergesellschaft sowie auch vom lokalen Management unterstützt wird.

IV. Wichtige Grundlagen einer Untersuchungsabteilung

1. Unterschiede zwischen Revision und Untersuchungen: Auswahl der Mitarbeiter und Rekrutierungs-Kriterien

26 Bei der Einrichtung einer Untersuchungsabteilung ist es wichtig, die unterschiedlichen Funktionen von **Revision** und **internen Untersuchungen** zu kennen. Im Wesentlichen hat die Revision eine kooperative/partnerschaftliche Funktion: Revisionen werden im Voraus angekündigt, die zu prüfende Einheit kann sich vorbereiten, kann frühzeitig (geeignete) Korrekturmaßnahmen ergreifen, hat Einblick in die Ergebnisberichte im Entwurfsstadium und bekommt abschließend die Gelegenheit, die Resultate vor der nächsten Revision zu adressieren. Wie bereits zuvor erwähnt, haben Untersuchungen dagegen Eingriffscharakter, die Einheit und die Mitarbeiter bekommen keine Vorankündigung. Zwar werden die Betroffenen zu den Vorwürfen stets angehört der **Abschlussbericht** wird weder an die beschuldigten Mitarbeiter verteilt oder mit ihnen zuvor besprochen, und wird Fehlverhalten festgestellt, führt dies normalerweise zu Konsequenzen für die Mitarbeiter und ggf. auch für ihr zuständiges Management.

27   Der Schlüssel zum Erfolg einer jeden Abteilung ist die Kompetenz und das Engagement der Mitarbeiter. Dies trifft auch für die Einrichtung einer global zuständigen Untersuchungsabteilung zu. Ein offensichtliches Erfordernis ist, dass der mit der Untersuchung beauftragte Mitarbeiter über eine **professionelle Berufsqualifikation** verfügt; essentielle Grundlagen dieser Berufsqualifikation sind Erfahrung in Untersuchungen, profunde Befragungskenntnisse, fundiertes Urteilsvermögen, die Fähigkeit logischen Denkens sowie die Fertigkeit, dies auf die unterschiedlichen Situationen anzuwenden. Wichtig sind auch eine natürliche Neugierde, die Fähigkeit, mit Personen aus allen (Lebens- und) Geschäftsbereichen und Hierarchieebenen des Unternehmens umzugehen, gute Kommunikationsfähigkeiten und höchste Integrität.

28   Außer diesen offensichtlichen Fähigkeiten sind aber noch andere (weitere) Kriterien wichtig, um ein kompetentes, weltweit operierendes Team aufzubauen. Erfolgreiche Teams bestehen normalerweise aus Mitarbeitern mit unterschiedlichen Fähigkeiten, mit unterschiedlichen Sprachkenntnissen, aus unterschiedlichen Kulturen, mit unterschiedli-

chem schulischem und akademischem Hintergrund, dem gleichen Anteil von weiblichen und männlichen Mitarbeitern, die jederzeit bereit sind, Neues zu erlernen.

Abbildung 5: Erfolgsfaktoren eines effektiven Untersuchungsteams

Es ist ebenfalls wichtig zu beachten, dass die „klassischen" Ermittlungen normalerweise 29 durch staatliche Behörden (Polizei bzw. andere **Ermittlungsbehörden** und Staatsanwalt-schaft) durchgeführt werden. Staatliche Behörden verfügen zur Durchsetzung ihrer Auf-gaben über weiter reichende Befugnisse als unternehmensinterne Ermittlungseinheiten. Dies wird an dieser Stelle erwähnt um hervorzuheben, dass der Ermittler in einem Unter-nehmen über zusätzliche/weiter reichende Fähigkeiten verfügen muss, nämlich Fähigkei-ten, die ihn oder sie in die Lage versetzen, Fakten auch ohne die Befugnisse der Verhaf-tung oder der Beschlagnahme (auch bei Dritten, wie zB Banken) zu ermitteln.

Verfügt man über ein kompetentes Team, bedarf es auch der (entsprechenden) Werk- 30 zeuge, um die Aufgaben durchführen zu können. Hierbei handelt es sich regelmäßig um den Untersuchungsprozess unterstützende **IT-Prozesse.**

Eine der größten Herausforderungen bei der Durchführung von Untersuchungen ist 31 die Notwendigkeit, sie zum Schutz des beschuldigten Mitarbeiters und der **Unschulds-vermutung** in absoluter Vertraulichkeit durchzuführen, wobei gleichzeitig jeder Prozess-Schritt wie auch die erhaltenen Informationen in transparenter Art und Weise dokumen-tiert werden müssen. Um dies zu realisieren, bedarf es technischer Einrichtungen, durch die Untersuchungen nachvollziehbar dokumentiert und geführt werden können. Der Einsatz solcher Einrichtungen und Prozesse ist unabdingbar für globale Aktivitäten, nicht nur für die Nachvollziehbarkeit und Dokumentation von Untersuchungen, sondern auch zur Führung und zum effizienten Einsatz damit verbundener Ressourcen.

2. Hilfsmittel, um Untersuchungen durchzuführen, inklusive Datensicherung und Datenauswertung

Eine mehr technische Herausforderung von zunehmend rechtlicher Relevanz, ist die 32 Notwendigkeit, während der Untersuchungen auf Korrespondenz zwischen Mitarbeitern oder Mitarbeitern und Dritten zugreifen zu müssen. In der hoch technisierten modernen Geschäftswelt sind solche Informationen meist auf Computern, Laptops, Handys, PDA's oder Blackberrys vorhanden. Eine Untersuchungsabteilung muss die Möglichkeit besitzen, solche Informationen zu sichern und darauf zuzugreifen. Eine schlichte **Datensamm-**

lung ist aber nicht ausreichend. Da oft mehrere Verdächtige von den Untersuchungen betroffen sind, können sichergestellte Daten dieser Personen Hunderte von **Gigabytes** oder sogar **Terabytes** umfassen. Es wäre schlicht unmöglich für ein Untersuchungsteam effizient solche Datenmengen zu sortieren, sie zu sichten und auszuwerten. Die Lösung ist ein definierter **Datensicherungsprozess** und eine **intelligente Auswertungsplattform.** Diesbezügliche Lösungen können intern vorgehalten oder von externen Anbietern genutzt werden, wobei interne Lösungen auf lange Sicht kosteneffizienter sind.

33   Hat man nun ein kompetentes Team, ausgestattet mit den entsprechenden „Werkzeugen", ist es wichtig, dessen Handlungen auch rechtlich zu legitimieren. Hierzu bedarf es regelmäßig der Erstellung von Unternehmensrichtlinien, internen Rundschreiben und Vereinbarungen etwa mit dem Betriebsrat. Von wesentlicher Bedeutung ist hierbei ein Dokument, das den Ermittler autorisiert und beauftragt, seine Untersuchungen durchzuführen. Dieses Dokument sollte die Ermächtigung durch das Unternehmen bzw. dessen Leitung, bestimmte Verdachtsmomente von Fehlverhalten zu untersuchen, beinhalten. Praktisch ähnelt dieses Dokument einem Ermittlungsauftrag staatlicher Behörden, etwa einem Durchsuchungsbeschluss. Insgesamt sollte dieses Dokument nicht nur die Untersuchungen per se legitimieren, sondern auch klarstellen, dass der Ermittler Zugang zu allen Unternehmensinformationen, seien es Verträge, projekt- oder finanzbezogene Unterlagen, hat.

3. Legitimierung von Untersuchungen: Das Erfordernis klare Richtlinien zu etablieren

34   Wegen des starken **Eingriffcharakters** von Untersuchungen ist es wichtig, dass die zuständigen Organe oder Einheiten im Unternehmen, die für den Schutz der Mitarbeiterrechte verantwortlich sind, an den vorgenannten Vereinbarungen und an der Legitimation von Untersuchungshandlungen mitwirken. Bei diesen Organen oder Einheiten handelt es sich zB um den Betriebsrat, den Datenschutzbeauftragten oder die Abteilung für Informationssicherheit.[2]

35   Wurden die vorzunehmenden Untersuchungen durch entsprechende Vereinbarungen mit allen zu beteiligenden Stellen legitimiert ist es von Vorteil, diese Vereinbarungen auch im Unternehmen zu publizieren; es gilt, größtmögliche Transparenz der geplanten Aktivitäten und Verantwortlichkeiten bei internen Untersuchungen herzustellen.[3]

V. Das A und O: Eine prozessorientierte Lösung

1. Transparenz durch eine klare Darstellung des Untersuchungs-Prozesses

a) Verhaltenskodex für Untersuchungen

36   Während der Untersuchungsprozess meistens einen schematischen Schritt-für Schritt-Überblick über die Durchführung und den Fortgang von Untersuchungen darstellt, soll der **Verhaltenskodex,** die Charter oder der „Code of Conduct", den mit Untersuchungen befassten Mitarbeiter Vorgaben für die eigene Verhaltensweise während der Untersuchung machen. Ein solcher Verhaltenskodex hilft ebenfalls, Transparenz herzustellen, und dient ferner der Klarstellung der Rolle von mit Untersuchungen befasster Mitarbeiter im Unternehmensumfeld.[4]

---

[2] Vgl. hierzu insbes. die → Kapitel D, F und I.
[3] Ein Beispiel eines Untersuchungsprozesses ist nachfolgend illustriert und erklärt.
[4] Ausf. zum Thema eines Verhaltenskodex für interne Untersuchungen → Kapitel N.

b) Transparenz vs. Notwendigkeit, zu informieren („need to know")

Die transparente Darstellung dessen, was meist als Angst einflößend wahrgenommen wird, 37
ist ein wichtiges Gut im Unternehmensumfeld und ist im Interesse des Unternehmens.
Aber, zuviel **Transparenz** kann andererseits kontraproduktiv sein, da sie die Rechte der in
die Untersuchung involvierten Personen verletzen kann. Dies sind zwei Aspekte, die einer
größeren Beachtung bedürfen: Einerseits die Integrität der Untersuchung, andererseits die
Interessen und Rechte des Mitarbeiters, der von der Untersuchung betroffen ist, zu wahren.

Wie bereits zuvor erwähnt, sollte jede Untersuchung frei von unzulässigen Einflussnah- 38
men auf die Erhebung von Tatsachen sein. Dies bedeutet auch, dass jede Information, die
während der Untersuchung erhoben wird, so vertraulich wie möglich behandelt werden
muss, um die weitere Untersuchung nicht durch die vorzeitige Bekanntgabe von Informationen zu beeinflussen oder eine Vorverurteilung herbeizuführen.

Dieses Nebeneinander von Transparenz einerseits und Vertraulichkeit andererseits führt 39
zu einem Spannungsverhältnis bei der Tätigkeit jeder professionellen Untersuchungsabteilung. Das **„Need-to-know"** Prinzip versucht, diesem Konflikt gerecht zu werden.

Das „Need-to-know" Prinzip wurde etabliert, um jedwede Vorverurteilung vom Be- 40
kanntwerden eines Verdachts bis zum Abschluss der Untersuchung zu vermeiden, und gebietet, dass nur solche Personen vertrauliche Informationen im Rahmen einer Untersuchung erhalten, die diese tatsächlich aus dienstlichen Gründen erfahren müssen.

Es ist sehr wichtig, während einer Untersuchung zu unterscheiden, wer welche Infor- 41
mation erhalten muss oder wer nur aus Neugierde etwas erfahren will. Ist diese Vorgehensweise nach dem „Need-to-know" Prinzip nicht auf höchster Ebene in einem Unternehmen verankert, kann dies zu Frustration und Vertrauensverlust zwischen den
Führungspersonen und den mit der Untersuchung befassten Mitarbeitern führen. Natürlich gibt es Situationen, in denen das operativ und hierarchisch zuständige Führungsperso-
nal eingebunden und über die Entwicklung der Untersuchung informiert werden muss.
Dies ist definitiv dann der Fall, wenn ein Fehlverhalten oder ein aktuell bestehendes Risiko entdeckt wurde, oder die Reputation des Unternehmens gefährdet ist.

Ein **Untersuchungsprozess** beschreibt den Auftrag und die Stadien einer Untersu- 42
chung, von der Erstinformation eines Fehlverhaltens, der Untersuchung selbst, bis hin
zum Bericht und den Schlussfolgerungen durch die Untersuchungsabteilung.

Die nachfolgende **Prozessbeschreibung** gibt einen Überblick über die unterschiedli- 43
chen Prozess-Schritte, die die Schwerpunkte des Siemens-internen Untersuchungsprozesses bilden. Sicherlich gibt es viele verschiedene Wege diese Prozess-Schritte anzuordnen
und anschaulich darzustellen, um die individuellen Unternehmens-Schwerpunkte wider-
zuspiegeln. Einige Elemente, zB die Quelle, die ein Fehlverhalten meldet, sowie die
Durchführung der Untersuchung und das Berichten der Feststellungen, sind aber in allen
Darstellungen/Ansätzen gleich.

Abbildung 6: Prozessbeschreibung einer internen Untersuchung

2. Beispiel eines Untersuchungsprozesses

An dieser Stelle sei nochmals daran erinnert, dass interne Untersuchungen ohne die Ein- 44
bindung anderer Einheiten im Unternehmen nicht erfolgreich durchgeführt werden können. Dies wird anhand der verschiedenen Schritte und deren jeweiliger Funktion genau
erklärt.

Eine detaillierte Erklärung jedes Prozess-Schrittes ist nachfolgend illustriert. 45

VI. Details und Relevanz der einzelnen Prozessschritte

1. Quellen von Vorwürfen – Aufbau von Meldewegen

Abbildung 7: Quelle und Evaluierung der Information

46   Es gibt mehrere Aspekte in diesem ersten Verfahrensschritt, die essentiell für die erfolgreiche Arbeit einer internen Untersuchungsabteilung sind. Die Behandlung von Informationen aus verschiedenen Quellen, und die Behandlung der Quellen selbst, ist entscheidend für die **Glaubwürdigkeit** der Untersuchungstätigkeit.

a) Aufnahme des Vorwurfs – Schutz der Anonymität des Hinweisgebers

47   Zuerst ist es notwendig, unterschiedliche Meldewege für die Mitarbeiter zur Verfügung zu stellen, über die sie Fehlverhalten melden können. Hierbei muss auch entschieden werden, ob ein oder mehrere Meldewege auch für externe Personen wie Kunden und Lieferanten zur Verfügung stehen sollen. Generell sind die Meldewege damit in interne und externe Wege aufgeteilt. Es ist jedoch von allergrößter Bedeutung, dass die Vertraulichkeit der Information und des Hinweisgebers/der **Hinweisgeber** stets gewahrt bleibt.

48   Die bevorzugte Möglichkeit für die Meldung solcher Hinweise von möglichem Fehlverhalten über einen externen Kanal ist das Modell des Ombudsmannes. Der **Ombudsmann** ist ein unabhängiger Rechtsanwalt, der vom Unternehmen ernannt wurde, um das Unternehmen bei der Prüfung von Hinweisen auf Fehlverhalten zu unterstützen.[5]

49   Für interne Hinweisgeber gibt es unterschiedliche Möglichkeiten; welche Möglichkeit in Betracht kommt, hängt stark von der Größe des Unternehmens ab. Für große Unternehmen hat sich die Einrichtung einer globalen Melde-Hotline als gute Lösung etabliert. Diese Lösung ermöglicht nicht nur eine automatische Eingangsbestätigung für den **Hinweisgeber,** sondern eröffnet auch einen sicheren – und auf Wunsch des Hinweisgebers auch anonymen – Kommunikationskanal mit dem Hinweisgeber, um mit ihm Informationen über die nächsten Schritte und Feedback nach Abschluss der Untersuchung austauschen zu können.

b) Überprüfung der Plausibilität des Vorwurfs

50   Nachdem das Unternehmen einen Hinweis auf Fehlverhalten erhalten hat, übernimmt es auch die Verantwortung, angemessen darauf zu reagieren. Die Wirksamkeit dieser Reaktion wird nicht nur anhand ihrer Geschwindigkeit, sondern besonders an ihrer Effektivität und Qualität gemessen. Es ist wichtig, dass jeder Hinweis/Vorwurf zuallererst einen rechtlichen und auf Fakten bezogenen **„Plausibilität-Test"** durchläuft. Dieser Test überprüft die Plausibilität verschiedener Elemente, aus denen sich der Vorwurf zusammensetzt. Zum Beispiel: Die Behauptung, dass es Absprachen in Verbindung mit der Ausschreibung von Projekt „X" unter der Leitung von Herrn „Y" aus dem Geschäftsbereich „Z" im Land „D" gegeben hat. Die Plausibilitätsprüfung hat die Aufgabe festzustellen, ob das Unternehmen Herrn „Y" in dem Geschäftsbereich „Z" beschäftigt, ob es das Projekt „X" gibt und ob dieses im Land „D" durchgeführt wird. Weiter könnte, je nach der speziellen Ausformulierung des Vorwurfs/des Hinweises, auch „plausibilisiert" werden, ob Herr „Y" überhaupt die Möglichkeit hatte, Teile der Ausschreibung oder des Angebots zu beeinflussen. Zu prüfen ist auch, ob die gemeldeten Tatsachen, unterstellt sie lassen

---

[5] Vgl. näher zum Ombudsmann → Kapitel L.

·sich belegen, überhaupt einen Verstoß gegen geltendes Recht oder Compliance-Richtlinien darstellen.

Eine offensichtliche Einschränkung erfährt die **Plausibilitätsprüfung** durch die An- 51
wendung des **„De-minimis"-Prinzips.** Ein Hinweis kann plausibel sein, aber die vorgeworfene rechtswidrige Handlung ist so minimal, dass jedwede Reaktion unangemessen wäre und nur zu einer Verschwendung von Zeit und Geld führen würde.

Außerdem ist es notwendig, im Interesse der möglicherweise nachfolgenden Untersu- 52
chung, den Umfang der Plausibilitätsprüfung zu begrenzen. So sollte beispielsweise ausgeschlossen sein, dass während dieser Phase der Betroffene (Beschuldigte) direkt oder auch indirekt angesprochen oder sonst involviert wird. Außerdem sollten keine (elektronischen) Daten gesammelt und untersucht werden, die einen direkten Bezug zum Vorwurf haben, um die eigentliche formelle Untersuchung nicht zu gefährden.

Nur wenn alle Elemente des Hinweises die Plausibilitätsprüfung passiert haben, sollte 53
die Entscheidung getroffen werden, eine interne Untersuchung einzuleiten.

2. Mandat, Legitimation und Befugnisse

Abbildung 8: Prozessschritt Legitimation und Mandat

Die Ausstellung eines formellen **Untersuchungsmandats** zu Beginn einer internen 54
Untersuchung sollte nicht nur als ein bloßer Prozess-Schritt angesehen werden. Sie sollte sowohl dazu dienen, die Untersuchung selbst zu autorisieren und legitimieren, als auch die notwendige Transparenz herzustellen. Daher sollte das Untersuchungsmandat als offiziellen Dokuments des Unternehmens deutlich erkennbar sein, so dass das Untersuchungsteam stets die Möglichkeit hat, das Dokument – und damit die Autorisierung der Untersuchung – nach Aufforderung vorzuweisen.

Welche Stelle sollte nun ein solches Mandat erstellen und unterzeichnen dürfen? Die 55
Beantwortung dieser Frage hängt selbstverständlich von den zuvor getroffenen Entscheidungen zur Auswahl und den daraus resultierenden Berichtslinien der Abteilung ab. Wichtig ist jedoch, dass die Stellung der Person, die das Mandat autorisiert, unternehmensweit anerkannt ist.

Sobald das Mandat erstellt und autorisiert wurde, wird es durch die Führung der Un- 56
tersuchungsabteilung einem speziellen Mitarbeiter der Abteilung übertragen. Ab diesem Zeitpunkt ist es unerlässlich, die interne Untersuchung durch geeignete Verfahren zu führen und zu dokumentieren. Diese Verfahren gehen weit über die grundlegenden Voraussetzungen des Ressourcenmanagements hinaus und erlauben außerdem die transparente und revisionssichere Verwaltung der Untersuchungen.

3. Prioritäten: Identifizierung des Risikos, der zu untersuchenden Vorwürfe und der involvierten Personen/Einheiten

Abbildung 9: Prozessschritt Interne Recherche und Planungs

a) Identifizierung, ob die Untersuchung Datenerhebungen erfordert

57 Das unmittelbare Ziel in dieser Phase ist die Überprüfung, ob das Unternehmen als Folge der Vorwürfe noch andauernden Risiken ausgesetzt ist. Sollte dies der Fall sein, muss das zuständige Management unverzüglich informiert werden, um notwendige Maßnahmen zu ergreifen. Dabei muss aber dennoch größte Sorgfalt darauf verwendet werden, die Identität der involvierten Personen zu schützen, um die Unschuldsvermutung zu gewährleisten.

58 Außerdem werden in dieser Phase, nach der Sammlung von Informationen und Unterlagen, potentielle Zeugen und potentielle Beschuldigte und sonstige Beteiligte identifiziert, und es wird entschieden, ob elektronische Daten erhoben werden müssen. Sollte es notwendig sein, elektronische Daten zu erheben, müssen die daraus resultierenden (datenschutz-)rechtlichen Fragen durch einen Rechtsanwalt beantwortet werden. Dieser Rechtsanwalt sollte insbes.im lokalen **Datenschutzrecht** des jeweils betroffenen Landes, in dem die Daten erhoben werden, bewandert sein. Außerdem müssen arbeitsrechtliche, gesellschaftsrechtliche und sonstige lokale Vorschriften und Regelungen berücksichtigt werden, die einen Einfluss auf die Rechtmäßigkeit der Datenerhebung haben können.[6]

b) Sorgfältige Planung ist der Schlüssel zum Erfolg

59 Der Erfolg einer Untersuchung beruht in den meisten Fällen auf der Qualität der Befragung, wobei die Qualität und der Nutzen der erhaltenen Informationen von zwei wesentlichen Faktoren abhängen: Vorbereitung und Planung. Die Beachtung dieser Faktoren ist unverzichtbar, um die Befragung so wenig in den Arbeitsalltag eingreifend und so kosteneffektiv wie möglich zu gestalten.

60 Wenn also das Untersuchungsmandat ausgestellt und dem mit der Untersuchung befassten Mitarbeiter zugestellt wurde, beginnt er mit der Erhebung der Fakten.

4. Auswertung von gesicherten Daten und Unterlagen

Abbildung 10: Prozessschritt Durchführung der Untersuchung

a) Vorbereitung und Durchführung von Zeugenbefragungen

61 Es gibt keinen „**Numerus Clausus**" für die Möglichkeiten in einer Untersuchung. Die Schwierigkeit, die Dauer einer Untersuchung vorherzusagen besteht darin, dass zu jedem Zeitpunkt neue oder zusätzliche Informationen den Ablauf einer Untersuchung ändern können.

62 Deshalb werden hier nur die stets wiederkehrenden und grundlegenden Schritte aufgeführt.

b) Verfolgung weiterer Untersuchungsthemen

63 In diesem Prozess-Schritt werden die wesentlichen Zeugen festgelegt und gesicherte Unterlagen – elektronisch oder in Papierform – werden ausgewertet. Dies geschieht zur Vorbereitung der Befragung des oder der Beteiligten. Es ist zu empfehlen, dass Zeugen- und Beschuldigtenbefragungen stets schriftlich festgehalten werden. Im Interesse von Beweiskraft und Effizienz sollten diese Protokolle von den Beteiligten unterschrieben werden.

---

[6] Vgl. zu den datenschutzrechtlichen Aspekten einer internen Untersuchung → Kapitel I.

c) Zentraler Punkt der Vorbereitung: Befragung des Beschuldigten

Normalerweise ist die Befragung eines Beschuldigten der letzte Schritt der Untersuchung. 64
In seltenen Fällen, die in diesem Kapitel nicht weiter ausgeführt werden können, ist es
jedoch sinnvoll, die Befragung des Beschuldigten zu einem früheren Zeitpunkt durchzuführen. Auch hierbei ist es wichtig, dass alle Beteiligten, sowohl Zeugen als auch der oder
die von den Vorwürfen Betroffenen, über ihre Rechte aufgeklärt werden. Besonders bei
der Befragung des Beschuldigten ist es wichtig, ihn oder sie über seine bzw. ihre Rechte
zu informieren, denn eine Unterlassung dieses Punktes kann nicht nur einen erfolgreichen
Abschluss der Untersuchung in Frage stellen, sondern auch zu rechtlichen Konsequenzen
für das Unternehmen führen.

5. Berichtsarten – was ist zu tun, wenn der Vorwurf nicht substantiiert werden kann?

Abbildung 11: Prozessschritt Feststellungen, Schlussfolgerungen und Empfehlungen

a) Schlussfolgerungen – Tatsachen und rechtliche Würdigung

Aus vielen Gründen ist diese Phase die wichtigste für eine Untersuchungsabteilung. In 65
dieser Phase besteht für die Abteilung nicht nur die Möglichkeit, den Vorgang formell
durch einen **Abschlussbericht** zu beenden und ihre Arbeit durch die Darlegung der
Fakten und Feststellungen transparent zu machen, sondern sie gibt ihr auch die Möglichkeit, ihren **unternehmerischen Mehrwert** zu verdeutlichen. Vor einer genaueren Betrachtung dieser Aussage muss allerdings die Frage beantwortet werden: An wen richtet
sich Untersuchungsbericht?

Auch in diesem Fall hängt die Antwort von der Art, der Struktur und der Größe des 66
Unternehmens ab. Ganz generell ist es sicherlich richtig, dass der Bericht für die Leitung
der Einheit geschrieben wird, die von der Untersuchung bzw. dem Vorwurf betroffen ist.
Aber es gibt weitere Beteiligte, die ein Interesse am Ergebnis einer Untersuchung haben.
Eine abschließende Aufzählung bzw. Festlegung ist hier schwierig, Allerdings gehören das
zuständige obere Management, die Finanz- und Steuerabteilungen, die Revision und in
gravierenden Fällen auch der externe Wirtschaftsprüfer immer zu den Empfängern des
Berichts. Und in den Fällen, in denen sich ein Fehlverhalten bestätigt hat und mögliche
straf- und zivilrechtliche Schritte erwogen werden, ist auch im Unternehmen zu entscheiden, ob und wie die zuständigen Behörden informiert werden.[7]

Was ist der Inhalt eines guten Untersuchungsberichts? Die Antwort hängt von der Art 67
des Vorwurfs und dem damit einhergehenden Fall ab. Der Bericht sollte jedoch klare
Aussagen zu den festgestellten Fakten enthalten, die von entsprechenden Beweisen gestützt werden. Die Feststellungen unterliegen einer rechtlichen Bewertung, die die (rechtlichen) Konsequenzen der im Bericht dargestellten Handlungen beschreibt.

Ein Faktor, dessen Wert nicht unterbewertet werden darf, ist aber auch, dass der Be- 68
richt die Möglichkeit bietet, eine Person von einem Vorwurf „freizusprechen".

Gerade Unternehmen, die eine **Hotline** eingerichtet haben, an die auch anonym Hin- 69
weise auf Fehlverhalten gemeldet werden können, stehen in der besonderen Verpflichtung, nicht den Verdacht des **„Denunziantentums"** aufkommen zu lassen und den betroffenen Mitarbeitern auch eindeutig mitzuteilen, wenn sich die Vorwürfe nicht bestätigt

---

[7] Vgl. zum Verhältnis interner Untersuchungen zu externen Ermittlungen → Kapitel C.

haben. Ein „Freispruch" sollte dabei eindeutig und seine Begründung nachvollziehbar sein.

b) Empfehlungen – Mehrwert für das Unternehmen[8]

70 Die Möglichkeit, den unternehmerischen Mehrwert einer Untersuchungsabteilung darzustellen, ergibt sich daraus, in Ergänzung zu den Feststellungen auch **Empfehlungen** zur Korrektur von Fehlern und zur Beseitigung von entdeckten Mängeln auszusprechen. Diese Empfehlungen können von disziplinarischen und zivilrechtlichen Maßnahmen bis hin zu Verbesserungsmaßnahmen bei Finanz-, Beschaffungs-, IT- und Verwaltungsprozessen reichen.

c) Veröffentlichung – Schlussakt in einem transparenten Prozess

71 Die Veröffentlichung des Berichts gemäß dem erwähnten „need to know"-Prinzip innerhalb des Unternehmens bedeutet den Abschluss der Untersuchung und stellt den Schlussakt eines transparenten Prozesses dar.

6. Konsequenzen des Berichts: Korrektur von Fehlern und Beseitigung von Mängeln

Abbildung 12: Prozessschritt Kosequenzen und Mängelbeseitigung

72 Nach Abschluss der Untersuchung und Veröffentlichung des Berichts müssen die im Bericht festgestellten Mängel adressiert und in einem geordneten und überwachten Prozess beseitigt werden.[9] In den meisten Fällen trägt hierfür das lokale Management die Verantwortung für die Beseitigung, aber es ist empfehlenswert, dass eine zentrale Funktion als Vermittlungsstelle und Kontrollinstanz eingeschaltet wird.

7. Straf- und zivilrechtliche Schritte

Abbildung 13: Prozessschritt Außenbeziehungen

73 Einige der **Folgemaßnahmen** aus den aufgedeckten Feststellungen können intern, dh durch das Unternehmen, selbst nicht vollzogen werden. Dies ist zB der Fall, wenn die Feststellungen auf eine Straftat hinweisen und Behörden einzuschalten sind, oder wenn es um die zivilrechtliche die Beitreibung von Forderungen oder Arbeitsgerichtsprozesse geht. Der Abschluss dieser externen Schritte liegt außerhalb der Kontrolle der Prozesse im Unternehmen und kann auch nach Abschluss der unternehmensinternen Untersuchung und Beseitigung der internen Mängel andauern.

---

[8] → Kapitel H.
[9] → Kapitel H.

H. Remediation

Literatur:

Buchert, Der externe Ombudsmann – ein Erfahrungsbericht – Hinweisgeber brauchen Vertrauen und Schutz, CCZ 2008, 148 ff.; *Eufinger,* Arbeitsrechtliche Aspekte der Aufklärung von Compliance-Verstößen, BB 2016, 1973 ff.; *Kahlenberg/Schwinn,* Amnestieprogramme bei Compliance-Untersuchungen im Unternehmen, CCZ 2012, 81 ff.; *Kappel/Kienle,* Punitive Damage? – Finanzielle Risiken für Schmiergeld zahlende Unternehmen, WM 2007, Heft 31, 1441 ff.; *Kolbe,* Unkündbarkeit für Korruptionstäter?, NZA 2009, 228 ff.; *Knierim/Rübenstahl/Tsambikakis* (Hrsg.), Internal Investigations – Ermittlungen im Unternehmen, 1. Aufl. 2013; *Küttner,* Röller (Hrsg.), Personalbuch 2016, 2. Aufl. 2016; *Mengel,* Compliance und Arbeitsrecht, Implementierung, Durchsetzung, Organisation, 2009; *Moll,* Münchener Anwaltshandbuch Arbeitsrecht, 3. Aufl. 2012; *Passarge,* Besteht tatsächlich ein Anspruch des Arbeitgebers auf Herausgabe von Schmiergeldzahlungen gegen seinen Arbeitnehmer aus §§ 667 2. Alt., 675 BGB?, CCZ 2009, 180 ff.; *Rodewald/Unger,* Corporate Compliance – Organisatorische Vorkehrungen zur Vermeidung von Haftungsfällen der Geschäftsleitung, BB 2006, Heft 3, 113 ff.; *Römermann* (Hrsg.), Münchener Anwaltshandbuch GmbH-Recht, 3. Aufl. 2014

I. Einführung

Kommt eine interne Untersuchung zu dem Ergebnis, dass in einem Unternehmen Compliance-widrig gehandelt wurde, muss das Unternehmen sich die Frage stellen, wie es darauf reagiert – und wie man künftig derartiges Verhalten so gut wie möglich verhindern kann. **1**

Maßgeblicher Bestandteil dieses so genannten „Remediation[1]-Prozesses" ist die Durchführung eines Disziplinarprozesses in Bezug auf die Mitarbeiter, denen iRd internen Untersuchung pflichtwidriges Fehlverhalten nachgewiesen wurde.[2] Neben der disziplinarischen Aufarbeitung des identifizierten Fehlverhaltens ist zu prüfen, ob und inwiefern das Unternehmen Ersatz für die aufgrund dieses Fehlverhaltens entstandenen Schäden von den Mitarbeitern, Organmitgliedern oder externen Dritten verlangen kann oder sogar muss. **2**

Neben diesen offensichtlichen Themen im Nachgang einer internen Untersuchung sollten abgeschlossene interne Untersuchungen umfassend nachbereitet werden, um zu prüfen, ob die identifizierten Defizite abgestellt wurden, ob sie einen Einzelfall darstellen oder unter Umständen „systemimmanent" sind, und was zur Verhinderung ähnlich gelagerter Verstöße erforderlich ist.[3] In diesem Zusammenhang sollte man auch analysieren, ob es zu strukturellen Versäumnissen bei der Implementierung des Compliance-Systems kam, und wie man solchen Unzulänglichkeiten begegnen kann. **3**

1. Rechtspflicht zur Remediation

Wie in → Kapitel B.I. dargelegt, leitet sich Pflicht zur Einrichtung eines nachhaltigen und auf Schadensprävention ausgerichteten Compliance-Systems für die Aktiengesellschaft aus §§ 76 Abs. 1, 93 Abs. 1 AktG ab. Ergänzend muss nach dem Ordnungswidrigkeitenrecht die Unternehmensleitung gem. § 130 OWiG die Organisations- und Aufsichtsmaßnahmen treffen, die erforderlich sind, um die Begehung straf- oder bußgeldbewerteter Handlungen im Unternehmen zu verhindern. Diese Pflicht trifft nach § 9 Abs. 1 OWiG so- **4**

---

[1] Laut Cambridge Dictionary: „the process of improving or correcting a situation"; im Deutschen scheint „Aufarbeitung" eine passende Übersetzung, vgl. Knierim/Rübenstahl/Tsambikakis/*Idler/Waeber* Kapitel 20 Rn. 4.

[2] Vgl. Ausführungen in → Kapitel F.

[3] MAH GmbHR/*Theusinger/Jung* § 24 V. Rn. 89.

wohl den Vorstand als vertretungsberechtigtes Organ der Aktiengesellschaft als auch die Geschäftsführer der GmbH.[4]

5   Aus diesen Regelungen folgt nach der überwiegenden Meinung in der Literatur nicht nur eine unmittelbare Verpflichtung der Unternehmensleitung, Verdachtsfälle aufzuklären und etwaige Compliance-Verstöße reaktiv abzustellen, sondern auch künftige, ähnlich gelagerte Verfehlungen präventiv zu verhindern und darauf hinzuwirken, dass ähnliche Verstöße zukünftig nicht begangen werden können.[5] Dies gilt umso mehr, wenn die interne Untersuchung festgestellt hat, dass Compliance-Verstöße auf systemimmanente Schwachstellen zurückzuführen sind. Die Unternehmensleitung hat die bestehenden Strukturen im Hinblick auf etwaige Defizite zu überprüfen und die systemimmanenten Schwachstellen durch geeignete Maßnahmen zu beheben, um sicherzustellen, dass sich vergleichbare Fälle nicht wiederholen, und die Wirksamkeit der Compliance-Strukturen dauerhaft und nachhaltig gewährleistet ist.[6]

6   Unabhängig vom Bestehen einer Rechtspflicht zur Remediation wäre es nahezu töricht, die iRd internen Untersuchung gewonnenen wertvollen Erkenntnisse über etwaige Schwachstellen im Kontrollsystem oder in Geschäftsabläufen nicht für eine Verbesserung und Weiterentwicklung des Compliance-Systems zu nutzen. Dementsprechend leisten die Personen, die an der internen Untersuchung aktiv beteiligt waren und den Vorgang am besten kennen, einen wichtigen Beitrag zu einem effektiven Remediation-Prozess. Vor diesem Hintergrund empfiehlt es sich in der Praxis, ihnen aufzugeben, in Abstimmung mit den für den jeweiligen Fachbereich verantwortlichen Experten die iRd Remediation-Prozesses zu adressierenden Themenfelder zu identifizieren und die entsprechenden Empfehlungen („Recommendations") zu formulieren. Es ist ebenfalls ratsam und erleichtert den Ablauf des Remediation-Prozesses, wenn an dieser Stelle bereits die für die Umsetzung im Unternehmen verantwortlichen Stellen benannt werden.

7   In der Praxis hat es sich bewährt, diese wohl überlegt formulierten „Recommendations/Empfehlungen", die es im Laufe des Remediation-Prozesses umzusetzen gilt, sowie die dafür verantwortlichen Personen/Abteilungen in den jeweiligen Untersuchungsbericht aufzunehmen. Sie sind die Basis des auf die Untersuchung folgenden Remediation-Prozesses.

2. Kategorisierung

8   Um den Remediation-Prozess so gut wie möglich zu strukturieren, empfiehlt es sich, die Empfehlungen im Untersuchungsbericht definierten Kategorien zuzuordnen. In der Praxis haben sich folgende Kategorien bewährt:[7]

9   – **Disziplinarische Maßnahmen**: Durchführung eines Disziplinarprozesses
    – **Rechtliche Maßnahmen**: Prüfung von Meldepflichten gegenüber lokalen Behörden (zB Staatsanwaltschaft, Kartellbehörde, etc.) oder multinationalen Entwicklungsbanken, Beobachtung von Strafverfahren oder sonstigen öffentlicher Verfahren, Prüfung zivilrechtlicher Ansprüche, zB Schadensersatzansprüche gegenüber Mitarbeitern und/oder externen Dritten, Rückforderung von Boni bzw. variablen Gehaltsbestandteilen; Benachrichtigung der iRd Untersuchung beschuldigten Mitarbeiter, gegenüber denen sich die Vorwürfe nicht bestätigt haben („Clearance Letter")

---

[4] Vgl. Knierim/Rübenstahl/*Tsambikakis/Idler/Waeber* Kapitel 20 Rn. 20.
[5] MAH GmbHR/*Theusinger/Jung* § 24 V. Rn. 90; *Eufinger* BB 2016, 1973; vgl. zu den Einzelheiten → Kapitel B.I.
[6] MwN Knierim/Rübenstahl/*Tsambikakis/Idler/Waeber* Kapitel 20 Rn. 21; MAH GmbHR/*Theusinger/Jung* § 24 V. Rn. 90.
[7] Die Aufzählung ist rein exemplarisch und nicht abschließend.

- **Finanzielle Maßnahmen**: Prüfung finanzieller, bilanzieller und steuerrechtlicher Auswirkungen und Umsetzung entsprechender Folgemaßnahmen
- **Audit Maßnahmen**: Durchführung von Audits, Betriebs- oder Bilanzprüfungen
- **Kontroll- und prozesstechnische Maßnahmen**: Analyse administrativer Maßnahmen, insbesondere in Bezug auf Dritte wie Geschäftspartner und Lieferanten, Analyse interner Prozesse sowie des Kontrollumfelds, etc.
- **Trainings- und Kommunikationsmaßnahmen**: Durchführung von Trainings für Einzelne oder Abteilungen, Lessons Learned Workshops, Town Hall Meetings, etc.
- **Sonstige Maßnahmen**

3. Remediation-Prozess

Der Remediation-Prozess soll die jeweils Verantwortlichen (Stakeholder/Governance 10 Owner) bei der Umsetzung der Empfehlungen aus den Untersuchungsberichten unterstützen und diese sicherstellen. Dadurch wird gewährleistet, dass identifizierte Schwachstellen bzw. Missstände behoben werden. Zugleich werden etwaige strukturelle Defizite bei der Implementierung des Compliance-Systems festgestellt und an die verantwortlichen Stellen gemeldet. Auf diese Weise können wichtige Erkenntnisse aus vergangenen Untersuchungen in die Entwicklung des Compliance-Systems einfließen.

Um eine umfassende und lückenlose Aufarbeitung aller iRd internen Untersuchung 11 identifizierten Themen zu gewährleisten, muss der gesamte Remediation-Prozess strukturiert geplant, ausgesteuert und überwacht werden.[8] Die genaue Ausgestaltung des Remediation-Prozesses hängt insbes. von der Unternehmensgröße und der Organisation der Compliance-Abteilung in dem jeweiligen Unternehmen ab. Dabei bietet es sich an, die Form der Remediation der Form der internen Untersuchung folgen zu lassen: In großen Konzernen, die über eine zentrale Compliance-Abteilung verfügen, sollte neben dem zentralen Untersuchungsteam, das für die Durchführung der internen Untersuchungen verantwortlich ist, ein zentrales Remediation-Team für die Begleitung und Nachverfolgung der Empfehlungen aus den Untersuchungsberichten verantwortlich sein. Dabei ist eine enge Zusammenarbeit dieser beiden Abteilungen für den Erfolg des Remediation-Prozesses essentiell. Dem zentralen Remediation-Team kommt gegenüber den im Unternehmen verantwortlichen Stakeholdern insbes. eine Beratungs-, Koordinations- und Überwachungsfunktion zu. Werden die internen Untersuchungen nicht von einer zentralen sondern von der lokalen Compliance-Organisation durchgeführt, wird diese auch die Aufgaben der Remediation wahrnehmen.

In jedem Fall sollte das Remediation-Team die notwendige fachliche Kompetenz, Integrität und Unabhängigkeit aufweisen, um die Aufarbeitung des Falles erfolgreich durchzuführen.[9] 12

Die Verantwortung für die erfolgreiche Umsetzung der iRd Remediation zu adressierenden Themen liegt jedoch bei den verantwortlichen Geschäftseinheiten bzw. letztendlich der Unternehmensleitung. Deren Einbindung, Akzeptanz und Unterstützung ist von großer Bedeutung für eine erfolgreiche Remediation. Dementsprechend ist es sinnvoll, die Unternehmensleitung bei wichtigen und komplexen Fällen von vornherein in den Remediation-Prozess einzubinden. 13

Strukturell lässt sich der Remediation-Prozess in mehrere Phasen unterteilen: 14
1. IRd ersten Planungs-Phase der Remediation analysiert der den Fall betreuende Remediation Manager diesen gründlich und klärt etwaige Unklarheiten mit dem Untersuchungsteam. Sodann identifiziert er die zu beteiligenden Stakeholder und stellt das

---

[8] Vgl. Knierim/Rübenstahl/Tsambikakis/*Idler/Waeber* Kapitel 20 Rn. 34.
[9] Vgl. Knierim/Rübenstahl/Tsambikakis/*Idler/Waeber* Kapitel 20 Rn. 29.

Team, das für diese spezielle Remediation zuständig sein soll, zusammen. Zumindest bei komplexeren Vorgängen kann der Entwurf eines Remediation-Plans helfen, den Prozess inhaltlich und zeitlich zu strukturieren.

2. In der zweiten Phase geht die Remediation von der Planung in die Ausführung über: der Remediation Manager organisiert ein „Kick Off-Meeting", an dem alle am Remediation-Prozess Beteiligten sowie bei bedeutsamen Fällen die Unternehmensleitung teilnehmen. Gemeinsam werden in diesem Rahmen alle Empfehlungen, ihre Umsetzungsmöglichkeiten sowie die jeweiligen Zuständigkeiten und der zeitliche Rahmen diskutiert, entwickelt und festgesetzt.

3. Daraufhin folgt die Phase der Umsetzung. Etwaige in dieser Phase auftretende Schwierigkeiten können mit dem zuständigen Remediation Manager besprochen werden, der die Implementierung sowohl in inhaltlicher als auch zeitlicher Hinsicht überwacht. Weist ein Fall einen gewissen Grad an Komplexität auf, kann man erwägen, ein „Steering Committee" einzusetzen, das über die Zwischenergebnisse der Remediation informiert wird und im Laufe der Umsetzungsphase auftauchende richtungsweisende Entscheidungen trifft. Mitglieder eines solchen „Steering Committes" sollten der Leiter der Compliance-Abteilung (Chief Compliance Officer) und die Unternehmensleitung sowie die Leiter der betroffenen Geschäftsbereiche sein.

4. Die erfolgreiche Umsetzung der Empfehlungen sowie die Ergebnisse der Remediation sind mit den entsprechenden Nachweisen zu dokumentieren und zu archivieren sowie in einem Remediation-Bericht für die Beteiligten zusammenzufassen. Mit der Verteilung dieses Remediation-Berichts kann der Fall geschlossen werden. Sofern ein Case Tracking Tool existiert, ist dies darin entsprechend zu verzeichnen.

5. Daneben sollte die Remediation-Abteilung iRd unternehmensinternen Reportings den Leiter der Compliance-Abteilung (Chief Compliance Officer) und die Unternehmensleitung regelmäßig über den Fortschritt der Remediation informieren. Dieses Reporting sollte auch einen Gesamtüberblick bieten, welche Fälle sich seit wann im Remediation-Prozess befinden.

15 Ziel des Remediation-Prozesses ist, nicht nur den „Soll-Zustand" wiederherzustellen und die negativen Folgen des Compliance-Falles zu beseitigen, sondern aus der Vergangenheit zu lernen, das Compliance-System stetig zu verbessern bzw. zu optimieren und dadurch die Zahl der Compliance-Verstöße soweit wie möglich einzudämmen. Der Remediation kommt somit neben ihrem reaktiven durchaus auch präventiver Charakter zu. Durchaus empfehlenswert ist ein reger Austausch zwischen dem Remediation-Team und der Strategie/Risiko-Abteilung. Denn die im Laufe der Untersuchung und der Remediation erlangten Erkenntnisse können einen wichtigen Beitrag zur unternehmensinternen Risikoanalyse leisten.

16 Obgleich die Bedeutung eines umfassenden Remediation-Prozesses für ein funktionierendes Compliance-System evident ist, wird das Thema gerade in kleineren Unternehmen häufig vernachlässigt. Ist man doch in erster Linie froh, dass die interne Untersuchung erst einmal abgeschlossen ist. Häufig folgt die arbeitsrechtliche und damit disziplinarische Behandlung des Falles – aber keine umfassende Nachbearbeitung. Nichtsdestotrotz ist jedes Unternehmen gut beraten, die wertvollen iRd Untersuchungsprozesses gewonnenen Erkenntnisse und ihren Mehrwert auch iSd Prävention und Risikominimierung zu nutzen und aufzuarbeiten – trotz der Kosten, die ein umfassender Remediation-Prozess mit sich bringt. Zum einen sind die Kosten im Zweifel geringer als die finanziellen und reputativen Schäden, die weitere Compliance-Fälle (aufgrund ähnlicher Prozessschwächen) mit sich bringen würden. Die Rufschädigung dürfte umso größer sein, wenn die Öffentlichkeit davon erfährt, dass die gleichen „Fehler" wieder begangen wurden. Das Compliance-System verliert durch solche Wiederholungsfälle massiv an Glaubwürdigkeit. Implementiert das Unternehmen aber einen Remediation-Prozess, leistet es einen dauerhaften Beitrag zu einem effektiven sowie nachhaltigen Compliance-System und steigert damit auch seinen Unternehmenswert.

II. Sonderthema: Schadensersatz/Regress

Ist dem Unternehmen aufgrund des Fehlverhaltens eines Mitarbeiters oder Organmitglieds 17
ein Schaden entstanden, wird eine Maßnahme iRd Remediation-Prozesses die Prüfung
etwaiger Schadensersatz-/Regressansprüche des Unternehmens gegen seine(n) Schädiger
sein.[10]

In seiner ARAG/Garmenbeck Entscheidung[11] hat der BGH dem Aufsichtsrat einer 18
Aktiengesellschaft die Pflicht zugesprochen, eigenverantwortlich das Bestehen von Schadensersatzansprüchen gegenüber dem Vorstand[12] zu prüfen und diese auch zu verfolgen –
soweit ihre gesetzlichen Voraussetzungen gegeben sind. Stehen der Aktiengesellschaft
durchsetzbare Schadensersatzansprüche zu, hat der Aufsichtsrat diese grds. zu verfolgen.
Davon darf er nur dann ausnahmsweise absehen, wenn gewichtige Gründe des Gesellschaftswohls dagegen sprechen und diese Umstände die Gründe, die für eine Rechtsver-
folgung sprechen, überwiegen oder ihnen zumindest gleichwertig sind. In diesem Zusammenhang können Aspekte wie negative Auswirkungen auf die Geschäftstätigkeit und das
Ansehen des Unternehmens in der Öffentlichkeit, Behinderung der Vorstandsarbeit und
Beeinträchtigung des Betriebsklimas Bedeutung erlangen.[13]

ISd ARAG/Garmenbeck-Entscheidung und vor dem Hintergrund des Verhaltensmaß- 19
stabs, der an Leitungsorgane eines Unternehmens angelegt wird, in der Aktiengesellschaft
nach § 93 Abs. 1 S. 1 AktG bzw. in der GmbH nach § 43 Abs. 1 GmbHG, setzen sich
(auch abseits der Organhaftung) die Verantwortlichen, die ohne entsprechende Rechtfer-
tigung auf Schadensersatzansprüche verzichten, obgleich sie rechtlich zulässig, prozessual
durchsetzbar und wirtschaftlich realisierbar sind, der Gefahr aus, selbst wegen Untreue
nach § 266 Abs. 1 StGB strafrechtlich belangt zu werden.[14]

Dementsprechend ist iRd Remediation-Prozesses eine justiziable Prozesskostenrisiko- 20
analyse durchzuführen. Auf Grundlage dieser Analyse kann dann entschieden werden, ob
die Verfolgung von Regressansprüchen im Unternehmensinteresse liegt und dem Wohl
der Gesellschaft dient.[15] Eine umfassende, sorgfältige und sachgerechte Prozessrisikoanaly-
se soll die Unternehmensleitung in die Lage versetzen, abzuschätzen, ob und in welchem
Umfang die gerichtliche Geltendmachung zu einem Ausgleich des entstandenen Schadens
führen kann.[16]

IRd Prüfung von Schadensersatzansprüchen gegenüber Mitarbeitern aufgrund betrieb- 21
lich veranlasster Tätigkeit sind allerdings Sonderregeln zu berücksichtigen. Für Ansprüche
gegen Arbeitnehmer sind nach der Rechtsprechung des BAG[17] die Grundsätze des inner-
betrieblichen Schadensausgleichs zu beachten:

- keine Haftung bei leichtester Fahrlässigkeit des Arbeitnehmers;
- anteilige Haftung bei mittlerer Fahrlässigkeit;
- in der Regel volle Haftung bei grober Fahrlässigkeit und Vorsatz.

---

[10] Vgl. sehr ausf. dahingehend Knierim/Rübenstahl/Tsambikakis/*Glöckner/Racky* Kapitel 19 Rn. 21 ff; vgl.
Ausführungen in → Kapitel J.III.
[11] Vgl. BGH DStR 1997, 880 (882) – ARAG/Garmenbeck.
[12] Von einer ausführlichen Darstellung der Haftung von Organmitgliedern wird aufgrund der Fokussierung
auf das Arbeitsrecht abgesehen; vgl. Ausführungen in → Kapitel J.III.
[13] Vgl. BGH DStR 1997, 880 (882) – ARAG/Garmenbeck.
[14] *Buchert* CCZ 2008, 148 (150); *Kolbe* NZA 2009, 228 (231).
[15] Vgl. den in einer AG geltenden Sorgfaltsmaßstab des § 93 Abs. 1 S. 1 AktG bzw. in der GmbH § 43
Abs. 1 GmbHG; *Kahlenberg/Schwinn* CCZ 2012, 81 (82); *Rodewald/Unger* BB 2006, 113; *Kolbe* NZA
2009, 228 (231).
[16] Vgl. zur Frage der Entscheidungsträger → Kapitel F.I.1.c, sowie J.IV.
[17] BAG NZA 1998, 310.

22 Ein klassischer Anwendungsfall für die dritte Stufe („in der Regel volle Haftung bei grober Fahrlässigkeit und Vorsatz") stellt die Begehung von Straftaten zu Lasten des Arbeitgebers dar.[18] Allerdings führt ein vorsätzlicher Pflichtverstoß bzw. Verstoß gegen Weisungen
des Arbeitgebers nur dann zur vollen Haftung des Arbeitnehmers, wenn auch der Schaden vom Vorsatz erfasst ist.[19]

1. Beispielsfälle

23 Im Falle eines Bestechungssachverhalts besteht in der Rechtsprechung grds. Einigkeit, dass
der Arbeitnehmer, der im unmittelbaren Zusammenhang mit der Wahrnehmung der ihm
vom Arbeitgeber übertragenen Aufgaben von einem Dritten Schmiergelder annimmt,
dem Arbeitgeber gegenüber zur Herausgabe verpflichtet ist.[20]

24 Daneben kann das Unternehmen auch gegen den Dritten, der das Schmiergeld bezahlt
hat, Schadensersatzansprüche geltend machen. Der Anspruch richtet sich auf Ersatz des
Schadens, der durch die Schmiergeldzahlungen bzw. deren Refinanzierung entstanden ist.
Dabei kann sich das geschädigte Unternehmen auf die deliktischen Anspruchsgrundlagen
des § 823 Abs. 2 BGB iVm § 299 StGB, bzw. §§ 263 Abs. 1, 25 Abs. 2 StGB sowie regelmäßig auch des § 826 BGB berufen.[21]

25 Neben den unmittelbar durch das Fehlverhalten eines Mitarbeiters verursachten Schäden kommt allerdings auch der Ersatz solcher Schäden in Betracht, die der Mitarbeiter
nur „mittelbar" begründet hat: Unter gewissen (strengen) Voraussetzungen kann der Arbeitgeber, der einen Detektiv[22] mit der Überwachung eines Mitarbeiters beauftragt, von
eben diesem Mitarbeiter die Erstattung der Kosten für den Einsatz des Detektivs verlangen.[23]

26 Die vom BAG definierten Voraussetzungen einer Erstattung von Detektivkosten lauten
wie folgt:[24]
– Der Arbeitgeber muss gegen den Arbeitnehmer einen konkreten Tatverdacht haben.
– Der Detektiv muss aufgrund dieses konkreten Tatverdachts beauftragt worden sein.
– Der Arbeitnehmer muss einer Vertragspflichtverletzung überführt worden sein.
– Diese Vertragspflichtverletzung muss der Arbeitnehmer vorsätzlich begangen haben.

---

[18] Küttner Personalbuch/*Griese* Arbeitnehmerhaftung, Rn. 15.
[19] BAG NZA 2003, 37.
[20] LAG Bln Urt. v. 30.11.2004 – 3 Sa 1634/04, BeckRS 2004, 30454179; vgl. dazu BAG AP BGB § 687
Nr. 1; AP BGB § 687 Nr. 2; AP BGB § 687 Nr. 4; BGH NJW 2001, 2476; 19 91, 1224; 19 63, 649;
BAG und BGH gelangen hier unter Anwendung unterschiedlicher Rechtsgrundlagen zur gleichen
Rechtsfolge: Das BAG leitet den Anspruch aus den Vorschriften zur unechten (angemaßten) Geschäftsführung her (§§ 687 Abs. 2 BGB iVm §§ 681 S. 2, 667 BGB). Danach behandelt der Arbeitnehmer dadurch, dass er von einem Dritten für eine ihm nach dem Arbeitsvertrag gegenüber dem Arbeitgeber ob-
liegende Tätigkeit eine Zuwendung erhält, gegen die Interessen des Arbeitgebers ein fremdes Geschäft als
sein eigenes. Weiß der Arbeitnehmer, dass er zur Empfangnahme von Zuwendungen, die ihm von Dritten wegen seiner arbeitsvertraglichen Tätigkeit zufließen, nicht berechtigt ist, ist danach der Tatbestand
des § 687 Abs. 2 BGB erfüllt (vgl BAG AP BGB § 687 Nr. 1; AP BGB § 687 Nr. 2; AP BGB § 687
Nr. 4). Der BGH gelangt in Anwendung des § 667 BGB zum selben Ergebnis; danach hat der Geschäftsführer (Arbeitnehmer) alle Sondervorteile herauszugeben, die ihm von dritter Seite zugewandt worden
sind und die eine Willensbildung zum Nachteil des Auftraggebers (Arbeitgebers) befürchten lassen (vgl.
BGH NJW 2001, 2476) – *Passarge* CCZ 2009, 180 (182 ff.) lehnt einen Herausgabeanspruch ab und verweist auf Schadensersatzansprüche des Arbeitgebers.
[21] *Kappel/Kienle* WM 2007, 1441.
[22] Eine andere, separat zu beurteilende Frage ist die Zulässigkeit des Einsatzes von Detektiven im Arbeitsverhältnis. Das BAG hat grds. keine dahingehenden Vorbehalte; vgl. MAH ArbR/*Dendorfer* § 36 Rn. 167;
vgl. auch Urteil des BAG von 19.2.2015, 8 AZR 1007/13 zur Frage der Wahrung des allgemeinen Persönlichkeitsrechts.
[23] BAG BB 2011, 958 mAnm *Dr. Dr. Gastell;* ebenso BAG BB 1998, 2475; AP BGB § 611 Haftung des
Arbeitnehmers Nr. 133.
[24] BAG BB 2011, 958 mAnm *Dr. Dr. Gastell.*

– Der Einsatz des Detektivs wäre auch von einem vernünftigen, wirtschaftlich denken-
den Arbeitgeber nach den Umständen des Einzelfalls nicht nur als zweckmäßig, sondern als erforderlich ergriffen worden.
– Der Einsatz des Detektivs muss der Beseitigung einer Vertragsstörung oder der Verhü-
tung eines weiteren Schadens dienen.

Eine Erstattung von Detektivkosten kommt jedoch nicht in Betracht, wenn der Arbeitge- 27
ber durch die Einschaltung des Detektivs lediglich den Umfang eines Schadensersatzan-
spruchs feststellen möchte. Eine Kostenerstattung ist einzig und allein möglich, wenn der
Detektiveinsatz einen Beitrag zur Beseitigung einer Vertragsstörung oder einen Beitrag
zur Schadensverhütung leistet. Dies soll regelmäßig der Fall sein, wenn der Einsatz des
Detektivs der Vorbereitung einer Vertragsbeendigung dient.[25]

2. Wichtige Aspekte

Im Rahmen seiner Risikoanalyse und der Prüfung etwaiger Ansprüche gegen den Arbeit- 28
nehmer ist insbes. für die Darlegung der Pflichtverletzung und des Verschuldens sicherzustellen, dass keine Beweisverwertungsverbote bestehen.[26] Dies ist im Einzelfall sorgfältig
zu prüfen. Ein Beweisverwertungsgebot kann sich zB aus einer Verletzung des allgemeinen Persönlichkeitsrechts des betroffenen Mitarbeiters iRd Untersuchung[27] oder aufgrund
von Verstößen gegen das Datenschutzrecht[28] ergeben.

Hat der Arbeitgeber die gesetzlich vorgeschriebene Beteiligung des Betriebsrats ver- 29
säumt, so führt eine solche Missachtung der Mitbestimmungsrechte des Betriebsrats nicht
per se zu einem Beweisverwertungsverbot.[29]

Ferner sind bei der Prüfung der Durchsetzbarkeit der Ansprüche etwaige Ausschluss- 30
und Verjährungsfristen zu beachten.[30]

Eine Realisierung durch Aufrechnung gegen Vergütungsforderungen des Arbeitneh- 31
mers ist im Falle fahrlässiger Begehungsweise nur unter Beachtung der Pfändungsfreigrenzen zulässig. Bei vorsätzlicher Schädigung kann hingegen in vollem Umfang aufgerechnet
werden.[31] Denn beruht die Forderung mit der der Arbeitgeber aufrechnen möchte, auf
einer vorsätzlich begangenen Straftat des Arbeitnehmers zu Lasten des Arbeitgebers oder
auf einer vorsätzlichen unerlaubten Handlung des Arbeitnehmers, kann der Arbeitnehmer
sich nach den Grundsätzen von Treu und Glauben nicht auf die Unpfändbarkeit und den
damit verbundenen Aufrechnungsschutz berufen. Dies gilt allerdings nur, wenn der Sozi-
alschutz des Arbeitnehmers hinter den Interessen des Geschädigten zurücktreten muss.[32]

Neben den vielfältigen rechtlichen und faktischen Aspekten, die iRd Risikoanalyse zu 32
berücksichtigen sind, sollte auch die Außenwirkung der zu treffenden Entscheidung eine
Rolle spielen: Welches Signal sendet ein Verzicht auf etwaige Schadensersatzansprüche in
die Belegschaft, und ist dieses Signal mit der durch die Unternehmensleitung kommuni-
zierten Haltung gegenüber Compliance (zB „no tolerance") vereinbar?

> Es gilt somit in der Praxis, neben der Analyse etwaiger Risiken die jeweiligen Interessen 33
> im Einzelfall sorgfältigen gegeneinander abzuwägen, um auf diese Weise zu einer Ent-
> scheidung im besten Interesse des Unternehmens zu gelangen.

---

[25] Anm. *Dr. Dr. Gastell* zu BAG BB 2011, 958.
[26] Vgl. → Kapitel J.V.2.
[27] BAG NZA 2003, 1193; BVerfG NJW 1992, 815 (815); mwN *Mengel* Compliance Kapitel 5 Rn. 69.
[28] BAG NZA 2014, 143.
[29] Vgl. Ausführungen in → Kapitel D.II.6.; BAG NZA 2003, 1193.
[30] Vgl. → Kapitel J.V.1.
[31] Küttner Personalbuch/*Griese* Arbeitnehmerhaftung Rn. 24.
[32] BAG NZA 1997, 1108; Küttner Personalbuch/*Griese* Aufrechnung Rn. 8.

34 Sollte diese Abwägung zu dem Ergebnis kommen, dass von der Verfolgung der Schadensersatzansprüche abgesehen werden kann bzw. soll, ist dies sorgfältig schriftlich zu dokumentieren.

I. Datenschutzrechtliche Rahmenbedingungen

Literatur:
Gola/Klug/Körffer/Schomerus, (Hrsg.): BDSG – Bundesdatenschutzgesetz, 12. Aufl. 2015; *Gola/Wronka,* Handbuch zum Arbeitnehmerdatenschutz, 6. Aufl. 2013; *Heinson,* ua: Rechtliche Fragen zur Praxis IT-forensischer Analysen in Organisationen, DuD 2010, 75 ff.; *Kamp/Körffer,* Auswirkungen des § 32 BDSG auf die Aufgabenerfüllung und die strafrechtliche Verantwortung des Compliance Officers, RDV 2010, 72 ff.; *Loof/Schefold:* Kooperation bei Ermittlungsverfahren gegen Unternehmen in den USA – Datentransfer zwischen Skylla und Charybdis, ZD 2016, 107 ff.; *Schrader/Mahler,* Interne Ermittlungen des Arbeitgebers und Auskunftsgrenzen des Arbeitnehmers, NZA-RR 2016, 57 ff.; *Taeger/Gabel,* (Hrsg.), Kommentar zum BDSG und zu den Datenschutzvorschriften des TKG und TMG, 2. Aufl. 2013; *Thüsing,* Beschäftigtendatenschutz und Compliance, 2. Aufl. 2014; *ders.,* Licht und Schatten im Entwurf eines neuen Beschäftigtendatenschutzgesetzes, RDV 2010, 147 ff.; *Vogel/Glas,* Datenschutzrechtliche Probleme unternehmensinterner Ermittlungen, DB 2009, 1747 ff.; *Wybitul/Böhm,* E-Mail-Kontrollen für Compliance-Zwecke und bei internen Ermittlungen, CCZ 2015, 133 ff.

In der Praxis führt das Bekanntwerden von Datenschutzverstößen im Rahmen interner **1** Untersuchungen zu ausgesprochen negativer Berichterstattung in der Presse und bewirkt oftmals einen erheblichen, teils auch nachhaltigen Reputationsverlust. Sämtliche Datenschutzskandale der Vergangenheit führten zu personellen Konsequenzen der Verantwortlichen bis hin zum Vorstand. Die Rechtsgrundlagen und wichtigsten Aspekte des Datenschutzrechts im Zusammenhang mit internen Untersuchungen sollen im Folgenden dargestellt werden.

Anders als der Begriff erwarten lässt, schützt das Datenschutzrecht nicht Daten, sondern **2** natürliche Personen vor den Gefahren der modernen Datenverarbeitung. So heißt es in § 1 Abs. 1 **Bundesdatenschutzgesetz** (BDSG): „Zweck dieses Gesetzes ist es, den Einzelnen davor zu schützen, dass er durch den Umgang mit seinen personenbezogenen Daten in seinem Persönlichkeitsrecht beeinträchtigt wird". Das beschriebene Persönlichkeitsrecht des Einzelnen ist verfassungsrechtlich in Art. 1 Abs. 1 in Verbindung mit Art. 2 Abs. 1 Grundgesetz (GG) verankert. Der Schutz personenbezogener Daten wurde schließlich auch auf Unionsebene primärrechtlich in Art. 8 der Grundrechtecharta der Europäischen Union (GrC) verankert, nachdem bereits der Europäische Gerichtshof für Menschenrechte (EGMR) ein solches Recht aus dem in Art. 8 Abs. 1 der Europäischen Menschenrechtskonvention (EMRK) garantierten Recht auf Achtung des Privatlebens und der Korrespondenz hergeleitet hatte.

Eine Ausprägung dieses Persönlichkeitsrechts ist das Recht auf informationelle Selbst- **3** bestimmung. Danach hat jedermann das Recht, selbst zu bestimmen, welche Informationen er über sich wem, wann und zu welchem Zweck preisgibt. Dieses Selbstbestimmungsrecht ist wesentlich, denn wer „nicht mit hinreichender Sicherheit überschauen kann, welche ihn betreffenden Informationen in bestimmten Bereichen seiner sozialen Umwelt bekannt sind, und wer das Wissen möglicher Kommunikationspartner nicht einigermaßen abzuschätzen vermag, kann in seiner Freiheit wesentlich gehemmt werden, aus eigener Selbstbestimmung zu planen oder zu entscheiden. (…) Wer unsicher ist, ob abweichende Verhaltensweisen jederzeit notiert und als Information dauerhaft gespeichert, verwendet oder weitergegeben werden, wird versuchen, nicht durch solche Verhaltensweisen aufzufallen."[1]

Bei der Beurteilung der rechtlichen Zulässigkeit von Untersuchungen durch Unter- **4** nehmen stellen die gesetzlichen Vorgaben des Datenschutzes oftmals einen entscheidenden Aspekt dar. Dies gründet darauf, dass wesentliche Geschäftsprozesse und die Kommunikation – sei es im Unternehmen oder mit Dritten – weitgehend elektronisch erfolgen. Dabei entstehen umfangreiche Datenbestände, aus denen sich einzelne Vorgänge ohne große Schwierigkeiten auffinden und auswerten lassen. Zugleich ermöglichen diese Daten aber auch einen höchst detaillierten Einblick in die Kommunikation und das Verhalten

---

[1] BVerfGE 65, 1, 43 – Volkszählungsurteil.

Einzelner und ihr betriebliches und soziales Umfeld. Damit können sie das Grundrecht auf informationelle Selbstbestimmung, das durch das Datenschutzrecht geschützt wird, signifikant beeinträchtigen.

5 Datenschutzskandale in deutschen Großunternehmen haben gezeigt, welch drastische Nachteile bei Verstößen gegen das Bundesdatenschutzgesetz im Rahmen der Aufklärung möglicher Rechtsverstöße drohen. Hieran zeigt sich, welche Rolle der Datenschutz bei der internen Sachverhaltsaufklärung durch Unternehmen spielt. Diese seit 2009 Fahrt aufnehmende Entwicklung dauert an und wird durch eine langsam zunehmende Zahl von Gerichtsentscheidungen und neuen deutschen und europäischen Gesetzen weiter genährt. Weitere wesentliche Aspekte bei den Rahmenbedingungen von Untersuchungen in Unternehmen haben die Aufsichtsbehörden geschaffen. Diese Rahmenbedingungen gelten sowohl für Unternehmen, deren Leitungsorgane und Arbeitnehmer, als auch für von Unternehmen beauftragte externe Ermittler.

6 Unternehmen müssen hierbei stets die richtige Balance zwischen den Rechten als Arbeitgeber einerseits und den Rechten der Arbeitnehmer und deren Interessenvertretungen andererseits beachten, also den Interessen an einer effektiven Verhinderung oder jedenfalls Aufdeckung von Fehlverhalten einerseits und der Wahrung der Grenzen andererseits, die eine schrankenlose Aufklärung ohne Rücksicht auf die Rechte des Einzelnen verhindern sollen. Es ist sicherzustellen, dass die Compliance-Arbeit des Unternehmens nicht selbst zum Compliance-Risiko wird.

I. Gesetzlicher Rahmen

1. Einschlägige Gesetze

7 Ab Mai 2018 wird an erster Stelle die EU-Datenschutz-Grundverordnung (DS-GVO) den rechtlichen Rahmen bestimmen. Das EU-Parlament hat die DS-GVO im Mai 2016 verabschiedet und diese ist nach einer Übergangsfrist von zwei Jahren als Verordnung direkt in den Mitgliedstaaten anwendbar. Damit soll ein einheitlicher Datenschutzstandard in der EU sichergestellt werden. Allerdings sind in einigen Regelungsbereichen Öffnungsklauseln vorgesehen, so dass hier Mitgliedstaaten eigene Regelungen vorsehen können, zB im Beschäftigtendatenschutz. Gerade die Staaten, die bereits heute einen ausdifferenzierteren Beschäftigtendatenschutz kennen, werden hiervon Gebrauch machen. In Deutschland ist ein solches Vorhaben bislang am fehlenden Konsens zwischen den Sozialpartnern gescheitert. Für den Bereich des Beschäftigtendatenschutzes bleiben daher die allgemeinen Regelungen des **Bundesdatenschutzgesetzes** und ab Mai 2018 das deutsche Datenschutz-Anpassungs- und Umsetzungsgesetz EU (DSAnpUG-EU) sowie kollektivarbeitsrechtliche Vorschriften (va das **Betriebsverfassungsrecht**[2]) und sonstige arbeitsrechtliche Rechtsgrundlagen anwendbar.

8 Für Unternehmen wird die DS-GVO spürbare Auswirkungen mit sich bringen. Mehr Transparenz und neue Verpflichtungen, insbes. auch für Auftragsdatenverarbeiter, dafür etwas weniger Bürokratie, so lassen sich die Änderungen auf einen Punkt bringen. Im Falle eines Verstoßes drohen erhöhte Bußgeldsummen. In Zukunft sind Bußgelder von bis zu vier Prozent des globalen Unternehmensumsatzes möglich.

9 Im Bereich des Beschäftigtendatenschutzes ist weiterhin zu beachten, dass die ansonsten geltende Eingrenzung des Anwendungsbereichs des BDSG bzw DSAnpUG-EU auf dateigebundene bzw. automatisierte Verarbeitungen aufgehoben ist. Soweit also **Beschäftigtendaten** betroffen sind, erstreckt sich die Anwendung auf sämtliche Beschäftigtendaten, also auch auf Protokolle eines Vorstellungsgesprächs, Einsichtnahme in Personalakten durch Vorgesetzte, Taschenkontrollen und die Durchführung der Krankenkontrolle durch

---

[2] Vgl. oben → D II.

Detektive – insoweit kommt es also gerade nicht darauf an, ob ein Datenverarbeitungs-programm oder eine Datei genutzt werden.[3]

Hinweis: **10**

Im Bereich der Beschäftigtendaten ist der Anwendungsbereich des Datenschutzrechts sehr weit und nicht auf dateigebundene bzw. automatisierte Verarbeitungen beschränkt.

Je nach Art und Herkunft von personenbezogenen Daten treten telekommunikations- **11** rechtliche, telemedienrechtliche und ähnliche Vorschriften hinzu. Wenn der Arbeitgeber den Beschäftigten auch die private Nutzung von Internet und/oder des betrieblichen E-Mail-Postfaches erlaubt, ist zusätzlich das **Telekommunikationsgesetz** (TKG) bzw. das **Telemediengesetz** (TMG) zu beachten. Nach Auffassung der Aufsichtsbehörden ist der Arbeitgeber in diesem Fall Telekommunikationsdienste- bzw. Telemediendienste-Anbie-ter. Dies hat die Konsequenz, dass er an das Fernmeldegeheimnis des § 88 Abs. 2 S. 1 TKG gebunden ist und gem. § 11 Abs. 1 Nr. 1 TMG den Datenschutzvorschriften des TMG unterliegt. Zugleich bedeutet dies, dass sich der Arbeitgeber bei einer Verletzung des Fernmeldegeheimnisses gem. § 206 Strafgesetzbuch (StGB) strafbar machen kann. Das Fernmeldegeheimnis kann sich nach dieser Rechtsauffassung auch auf E-Mails erstrecken, die auf einem Server des jeweiligen Diensteanbieters zwischen- oder endgespeichert sind. Daher wird auch der „ruhende" E-Mail-Verkehr erfasst, bei dem ein „dynamischer" Tele-kommunikationsvorgang nicht (mehr) stattfindet.

Einige Gerichte vertreten demgegenüber die Auffassung, dass Arbeitgeber, die die pri- **12** vate Nutzung des Internets und/oder eines betrieblichen E-Mail-Postfachs gestatten oder dulden, nicht als Diensteanbieter im Sinne des TKG bzw. TMG anzusehen sind und da-her nicht dem Fernmeldegeheimnis unterliegen.[4] Das LAG Berlin-Brandenburg sah die Kontrolle eines Browserverlaufs durch den Arbeitgeber ohne die Einwilligung des betroffenen Arbeitnehmers als wirksam an.[5] Dabei hielten die Landesarbeitsrichter die Auswertung der Internet-Browserdaten für zulässig und verwertbar. Diese Entscheidung hat auch umfassende Auswirkungen auf die Kontrolle von E-Mails und anderen IT-Systemen am Arbeitsplatz. Die Landesarbeitsrichter stellten sich klar gegen die Auffassung der deutschen Datenschutzaufsichtsbehörden, dass ein Arbeitgeber bei erlaubter Internet-Privatnutzung Telekommunikationsdiensteanbieter iSv § 88 Abs. 3 TKG sei und das Fernmeldegeheim-nis beachten müsse. Da die Richter sowohl die Speicherung der Browserdaten als auch deren Auswertung für zulässig hielten, wurde die auf die daraus gewonnenen Erkenntnis-se gestützte außerordentliche Kündigung als rechtmäßig angesehen. Zwar handele es sich bei dem Browserverlauf um personenbezogene Daten, in deren Kontrolle der Arbeitneh-mer nicht eingewilligt habe. Allerdings sei eine derartige Datenverwertung erlaubt gewe-sen. Hierbei bewerteten die Landesarbeitsrichter die Datenspeicherung und die anschlie-ßende Auswertung als geeignetes, erforderliches und verhältnismäßiges Mittel, um den vorliegenden Verdacht auf Missbrauch des betrieblichen Internet-Zugangs zu überprüfen. Insbesondere erkannte das LAG Berlin-Brandenburg an, dass für den Arbeitgeber im kon-kreten Fall nicht die Möglichkeit bestand, mit anderen, gleich geeigneten und weniger einschneidenden Mitteln den Umfang der unerlaubten Internetnutzung nachzuweisen. Denn der Arbeitnehmer konnte den Umfang der Internetnutzung aus der eigenen Erin-nerung nicht mehr präzise rekonstruieren. Pauschale, auf Schätzungen beruhende Anga-ben genügten dabei nicht.

Auch hoben die Landesarbeitsrichter hervor, dass in Abwesenheit des Arbeitnehmers **13** oder sogar heimlich durchgeführte Kontrollen besonders schwerwiegend in das allgemei-

---

[3] *Gola/Schomerus/Gola/Klug/Körffer* BDSG § 32 Rn. 8.
[4] Zum Meinungsstand *Schrader/Mahler* NZA-RR 2016, 57 (62).
[5] LAG Bln-Bbg ZD 2016, 336.

ne Persönlichkeitsrecht eines Arbeitnehmers eingreifen können. Allerdings sei eine in Anwesenheit des Arbeitnehmers durchgeführte Auswertung des Browserverlaufs demgegenüber auch kein grundsätzlich milderes Mittel. Denn der Arbeitnehmer hat in beiden Fällen keine beachtliche Möglichkeit, den Verlauf oder das Ergebnis der Auswertung zu beeinflussen.

14 Praxistipp: Solange die Frage der Eigenschaft als TK-Diensteanbieter nicht höchstrichterlich oder durch den Gesetzgeber geklärt ist, sollten Arbeitgeber zur Vermeidung etwaiger Strafbarkeit davon ausgehen, TK-Diensteanbieter zu sein. Auch dann sind verhältnismäßige E-Mail-Kontrollen nach Abwägung mit dem Persönlichkeitsinteresse des Arbeitnehmers möglich, am besten entlang der in einer Betriebsvereinbarung klar beschriebenen Stufenfolge. In die gleiche Richtung geht auch die Orientierungshilfe der Datenschutzaufsichtsbehörden zur datenschutzgerechten Nutzung von E-Mail und anderen Internetdiensten am Arbeitsplatz.[6]

2. Welche Daten sind betroffen

15 Die DS-GVO findet wie das BDSG Anwendung auf **personenbezogene Daten** von Betroffenen, die das Unternehmen (die „verantwortliche Stelle") verarbeitet.

16 In anderen Rechtsordnungen – etwa in Österreich oder der Schweiz – erstreckt sich der Datenschutz prinzipiell auch auf Daten von juristischen Personen und Personenvereinigungen. Zumindest für die EU-Staaten wird die DS-GVO das Recht harmonisieren, denn die DS-GVO wird nur Schutz für die Verarbeitung der personenbezogenen Daten natürlicher Personen ungeachtet ihrer Staatsangehörigkeit oder ihres Aufenthaltsorts bieten. Die DS-GVO gilt nicht für die Verarbeitung personenbezogener Daten juristischer Personen.

17 Der Kreis der durch das Datenschutzrecht geschützter Personen kann in der Praxis dennoch erheblich sein, vor allem weil unternehmensinterne Untersuchungen keineswegs auf Personen beschränkt sind, die im Unternehmen tätig sind: neben die aktuell Beschäftigten treten im Einzelfall auch ehemalige Beschäftigte, Bewerber, Anteilseigner, Geschäftspartner (Kunden, Lieferanten und deren Arbeitnehmer) und viele mehr – wesentlich ist der Umstand, dass Daten über solche Personen verarbeitet werden.

18 So sind etwa auch Familienangehörige von Arbeitnehmern Betroffene, wenn das Unternehmen Daten über sie verwendet – etwa aus steuerrechtlichen oder sozialversicherungsrechtlichen Gründen. Betroffene sind auch Arbeitnehmer bei Geschäftspartnern, die mit eigenen Beschäftigten rechtswidrige Absprachen treffen (Kick-Back-Provisionen; kartellrechtliche Absprachen).

19 | Hinweis:
Geht es um die Frage, wer durch das Datenschutzrecht geschützt ist, so steht der gesamte Personenkreis im Fokus.

20 Häufig beziehen sich Informationen auf nur indirekt identifizierbare Personen. Die DS-GVO stellt in Art. 4 Nr. 1 klar, dass Informationen auch dann noch einen Personenbezug aufweisen, wenn sie sich indirekt, also mittels Zuordnung zu einer Kennung, zu einer Kennnummer oder zu Standortdaten oder zu einer Online-Kennung auf eine Person beziehen lassen. Selbst Logfiles sind im Zweifel als personenbezogene Daten zu werten.

---

[6] https://www.datenschutz-mv.de/datenschutz/publikationen/informat/internet/oh-internet-arbeitsplatz.pdf (zuletzt abgerufen: Juni 2017).

Kessler/Köhler

3. Phasen der Datenverarbeitung durch die verantwortliche Stelle

Das Datenschutzrecht findet Anwendung auf die verschiedenen Phasen der Datenverar- 21
beitung, angefangen mit dem Erheben der Daten, also dem Beschaffen von Daten über
den Betroffenen, gleich in welcher Form – etwa mittels Fragebögen, über Webseiten,
durch Preisausschreiben, die Auflistung von Daten, die Auswertung von Veröffentlichun-
gen oder E-Mail-Kommunikation. Die Datenverarbeitung endet mit der Löschung oder
dem Vorgang des Anonymisierens.

Den weiten Anwendungsbereich des Datenschutzrechts auf alle wesentlichen relevan- 22
ten Vorgänge in Bezug auf personenbezogene Daten verdeutlicht die Definition des
Verarbeitungsbegriffs in Art. 4 Nr. 2 DS-GVO. Danach bezeichnet Verarbeitung „jeden
mit oder ohne Hilfe automatisierter Verfahren ausgeführten Vorgang oder jede solche
Vorgangsreihe im Zusammenhang mit personenbezogenen Daten wie das Erheben, das
Erfassen, die Organisation, das Ordnen, die Speicherung, die Anpassung oder Veränderung, das Auslesen, das Abfragen, die Verwendung, die Offenlegung durch Übermittlung, Verbreitung oder eine andere Form der Bereitstellung, den Abgleich oder die Ver-
knüpfung, die Einschränkung, das Löschen oder die Vernichtung."

Das Gesetz geht davon aus, dass für jede Verarbeitung eine verantwortliche Stelle exis- 23
tiert, die gegenüber den Betroffenen und der Aufsichtsbehörde für die umfassende Umsetzung der datenschutzrechtlichen Pflichten in der Verantwortung steht. Die Wirklich-
keit sieht aber doch anders aus. Gerade bei der internen Datenaufbereitung eines
Compliance-Falles ist ein arbeitsteiliges Zusammenwirken mehrerer Akteure mit ganz unterschiedlichen Kompetenzen und Interessen gegeben.[7] Während die IT-Abteilung regelmäßig die Tools und damit teilweise die Konzepte vorgibt, rückt der Bedarfsträger und
damit die originär verantwortliche Stelle mehr und mehr in den Hintergrund. Spätestens
im Falle eines Falles wird aber die IT-Abteilung sich auf ihre Dienstleisterrolle rückbesin-
nen und den Bedarfsträger als Prozessverantwortlichen darstellen. Dies muss dem Bedarfsträger als Prozessverantwortlichen klar sein. Unter der DS-GVO wird man hier häufiger
das neue Konstrukt des „gemeinsam Verantwortlichen" oder auch „Joint-Controller"
nach Art. 26 DS-GVO wählen.

Wichtig ist weiterhin, dass das heute noch geltende Datenschutzrecht allein auf die je- 24
weilige rechtliche Einheit abstellt und das arbeitsteilige Zusammenwirken in Unterneh-
mensgruppen wie etwa Konzernen erst durch die DS-GVO berücksichtigt wird. Nach
der DS-GVO ergeben sich Erleichterungen für die Weitergabe personenbezogener Daten
zwischen Konzernunternehmen. Der Erwägungsgrund 48 stellt erfreulich deutlich klar,
dass Verantwortliche, die Teil einer Unternehmensgruppe sind, ein berechtigtes Interesse
haben können, „personenbezogene Daten innerhalb der Unternehmensgruppe für interne
Verwaltungszwecke, einschließlich der Verarbeitung personenbezogener Daten von Kunden und Beschäftigten, zu übermitteln." Diese Klarstellung ist zu begrüßen. Sie wird gerade den konzerninternen Austausch von Beschäftigtendaten, auch im Rahmen von zentralen Untersuchungen in den Tochtergesellschaften, grundsätzlich erleichtern. Die
Übermittlung an Empfänger außerhalb der EU unterliegt aber auch weiterhin den sonst
geforderten Beschränkungen, vgl. Art. 44 ff. DS-GVO.

Die Anonymisierung hat im Rahmen der deutschen Datenschutzpraxis und der DS- 25
GVO zunehmend an Bedeutung gewonnen. Sie hebt die Bestimmbarkeit der Person auf.
Die Zuordnung muss zwar nicht vollkommen ausgeschlossen sein, muss aber einen unverhältnismäßig großen Aufwand an Zeit, Kosten und Arbeitskraft erfordern. In der Praxis werden ganz unterschiedliche Methoden der Anonymisierung angewendet. Welche
davon zum Erfolg führt hängt vom Aufbau und Inhalt des jeweiligen Datenbestandes ab.

---

[7] Sa NK-BDSG/*Dammann* BDSG § 3 Rn. 2.

Bei IPv4-Adressen wird von einer Anonymisierung gesprochen, sobald die letzten drei Zeichen der Adresse gelöscht werden, zB: 192.168.154.xxx.

26	**Hinweis:**

Das Datenschutzrecht ist nicht anwendbar, wenn keine personenbezogenen Daten erhoben werden, zB bei einer anonymisierten Aufnahme von Hinweisen von Arbeitnehmern und Dritten wegen eines Compliance-Verstoßes (Meldungen über ein hierfür besonders gestaltetes IT-Tool oder über einen Ombudsmann). Dann muss man sich auch über die gesetzliche Grundlage des Sammelns oder der Dauer der Aufbewahrung keine Gedanken machen. Werden die personenbezogenen Daten erst erhoben und dann anonymisiert, gelten für die dann vorliegenden anonymisierten Daten das Datenschutzrecht nicht mehr, wenn eine Zuordnung der Daten zu den Ursprungsdaten nicht mehr möglich ist. Nach der Einführung des Prinzips von „Data-Privacy-by-Design" sind solche Überlegungen unter der DS-GVO zwingend anzustellen.

II. Rechtfertigungstatbestände

1. Was bedeutet das Verbot mit Erlaubnisvorbehalt?

27 Für personenbezogene Daten stellt das Gesetz ein „Verbot mit Erlaubnisvorbehalt" auf, wonach jeder Umgang mit diesen Daten unzulässig ist, sofern er nicht ausdrücklich erlaubt ist. Dieses seit jeher im deutschen Datenschutzrecht geltende Prinzip wurde auf Unionsebene übernommen und in der DS-GVO dadurch untermauert, dass dem Betroffenen bei der Erhebung seiner personenbezogenen Daten mitgeteilt werden muss, auf welche Rechtsgrundlage die Verarbeitung gestützt wird (Art. 13 Abs. 1 DS-GVO).

28 In der Konsequenz bedeutet das Verbot mit Erlaubnisvorbehalt, dass für jeglichen Umgang mit personenbezogenen Daten eine gesetzliche Grundlage oder eine Einwilligung bestehen muss. Das bringt heute noch das BDSG in § 4 Abs. 1 zum Ausdruck. Die Vorschrift lautet:

„Die Erhebung, Verarbeitung und Nutzung personenbezogener Daten sind nur zulässig, soweit dieses Gesetz oder eine andere Rechtsvorschrift dies erlaubt oder anordnet oder der Betroffene eingewilligt hat."

29 Es lassen sich demnach drei wesentliche Fälle unterscheiden:
– die Einwilligung,
– die Erlaubnis/Anordnung außerhalb des Datenschutzgesetzes
– die Erlaubnis/Anordnung nach dem Datenschutzgesetz

a) Einwilligung

30 Bei der Einwilligung erklärt der Rechtsträger, dessen Rechtspositionen tangiert werden (im Datenschutz: der „Betroffene"), sein Einverständnis mit der Erhebung, Verarbeitung und Nutzung seiner personenbezogenen Daten; er nimmt damit den potenziellen Eingriff in sein **Selbstbestimmungsrecht** hin und rechtfertigt ihn so.

31 Die Einwilligung muss, wenn sie wirksam sein soll, auf der freien Entscheidung des Betroffenen beruhen, der dazu über den Zweck der Verarbeitung zu informieren ist sowie ggf. über Folgen der Verweigerung der Einwilligung (Konzept der informierten Einwilligung – „informed consent"). Grundsätzlich bedarf die Einwilligung der Schriftform, von der nur bei besonderen Umständen abgewichen werden kann. Dieses strenge Schriftformerfordernis stellt eine deutsche Besonderheit dar. Weder die Datenschutzrichtlinie noch

die sie ablösende DS-GVO verlangen eine bestimmte Form für die Einwilligung. Nach Art. 7 Abs. 1 DS-GVO obliegt aber der verantwortlichen Stelle die Beweispflicht bezüglich ihrer Erteilung, so dass auch zukünftig die Schriftform oder ein sonstiger elektronischer Nachweis sinnvoll sein kann.

Im Rahmen von Untersuchungshandlungen, die auf eine Einwilligung gestützt werden 32 sollen, ist zunächst zu beachten, dass eine Einwilligung von allen Betroffenen vorliegen muss, deren personenbezogene Daten von der Untersuchung erfasst werden, wenn nicht gesetzliche Erlaubnistatbestände eingreifen. Die Einwilligung des regelmäßigen Nutzers eines Computers, des Berechtigten eines E-Mail-Postfaches oder des Administrators oder der Zugriffsberechtigten eines Netzlaufwerkes wird deshalb in den seltensten Fällen ausreichen.

Vereinzelte Stimmen in der Literatur halten die Einwilligung im Arbeitsverhältnis we- 33 gen des Über-Unterordnungs-Verhältnisses zwischen Arbeitgeber und Beschäftigten oder ganz allgemein wegen einer wirtschaftlichen Abhängigkeit des Beschäftigten per se als unwirksam. Dies überzeugt aufgrund der unzureichenden Differenzierung nicht. Vielmehr sollte im Arbeitsverhältnis im Einzelfall geprüft werden, ob die Wirksamkeit versagt werden muss, etwa weil unzulässig Druck ausgeübt worden ist.

Sind die Voraussetzungen der Einwilligung erfüllt und bestehen keine durchgreifenden 34 Bedenken gegen ihre Wirksamkeit, so ist die grundsätzliche Widerruflichkeit zu beachten. Damit verbunden ist das Risiko, dass der weitere Umgang mit Daten unzulässig wird. Unternehmen sind daher gut beraten, das auf den ersten Blick einfache Modell der Einwilligung zu hinterfragen. Aufgrund des Einflusses europäischen Rechts und der Rechtspraxis anderer EU-Jurisdiktionen besteht allerdings eine gegenläufige Tendenz, da in den meisten Jurisdiktionen die Einwilligung als das Mittel der Wahl angesehen wird. Auch außerhalb der EU wird die Einwilligung häufig relativ breit und für nicht näher definierte Sachverhalte eingeholt (zB in Russland oder USA, sogar durch sog „Employee-Handbooks").

Hinweis: 35

Insgesamt erscheint damit die Einwilligung als nur wenig verlässlich. Wenn Untersuchungen auch auf gesetzliche Erlaubnisse gestützt werden können, sollte auf die Einholung einer zusätzlichen Einwilligung verzichtet werden.

---

b) Gesetzliche Erlaubnis/Anordnung außerhalb des Datenschutzgesetzes

Eine die Datenverarbeitung rechtfertigende Wirkung geht von allen Rechtsvorschriften 36 des Bundes aus, die den Umgang mit personenbezogenen Daten erlauben. Ausländische Rechtsvorschriften kommen insoweit nicht in Betracht, zB die Übermittlung von Daten in die USA aufgrund des Sarbanes-Oxley Act of 2002[8]. Gesetzliche Anordnungen stellen einen wesentlichen Fall dar, in dem das prinzipielle Verbot der Verarbeitung personenbezogener Daten durchbrochen ist.

Ein Beispiel für eine gesetzliche Anordnung ist § 100j Abs. 1 S. 1, Abs. 2 StPO iVm 37 § 113 Abs. 1 S. 3 TKG. Danach hat der TK-Diensteanbieter (zB der Arbeitgeber, soweit er die private Internetnutzung erlaubt) eine Auskunftspflicht, wem an welchem Tag eine bestimmte IP-Adresse zugeordnet war.

Derartige Vorschriften sind zahlreich und finden sich etwa im Steuerrecht, im Sozialver- 38 sicherungsrecht, im Strafprozessrecht sowie im Polizei- und Ordnungsrecht. Ein Beispiel ist die Erhebung der Zugehörigkeit zu einer öffentlich-rechtlichen Religionsgemeinschaft

---

[8] Vgl. NK-BDSG/*Scholz/Sokol* BDSG § 4 Rn. 9.

durch den Arbeitgeber, damit der zutreffende Kirchensteuerabzug an der Quelle erfolgen kann.

39 Erforderlich ist hierbei, dass die gesetzliche Anordnung auch spezifisch genug voraussetzt, dass für ihre Ausführung auch personenbezogene Daten verarbeitet werden müssen.

40 Gesetzliche **Erlaubnistatbestände** stellen – wie die gesetzlichen Anordnungen – Ausnahmen vom grundsätzlichen Verbot der Datenverarbeitung dar. Da sie erlaubenden Charakter haben, stellen sie die verantwortliche Stelle ein Stück weit frei von der Anwendung des Datenschutzrechts, haben aber keinen zwingenden Charakter, bewahren also den Entscheidungsspielraum des Unternehmens.

41 So ermöglicht § 24 Abs. 1 DSAnpUG-EU durch die Formulierung „ist zulässig" die Übermittlung personenbezogener Daten zur Gefahrenabwehr und Strafverfolgung, wenn schutzwürdige Interessen des Betroffenen nicht überwiegen. Häufig bestehen solche „schutzwürdigen" Interessen nicht, mit der Folge, dass das Unternehmen übermitteln kann, aber nicht muss. Gerichte und Ermittlungsbehörden versuchen dieses Ermessen auf Unternehmensseite häufig dadurch zu reduzieren, indem sie (alternativ) androhen, den Geschäftsführer des Unternehmens als Zeugen zu dem Sachverhalt zu vernehmen.

c) Gesetzliche Erlaubnis/Anordnung nach dem Datenschutzgesetz

42 Ein eigenständiger Arbeitnehmer- bzw. **Beschäftigtendatenschutz** wurde so gut wie von allen Bundesregierungen seit den 70er Jahren gefordert. Konsens erreichte man nach einer Reihe von Datenschutzskandalen in mehreren Großunternehmen schließlich 2009 nur bzgl. der Regelung des § 32 BDSG. Dieser Paragraph brachte aber ebenfalls keine grundlegenden Neuerungen, sondern beschränkte sich auf die gesetzliche Festschreibung der bisher schon richterrechtlich anerkannten Regeln und Prinzipien.

43 Auch in der DS-GVO zeigt sich, dass es an einem Konsens bzgl. eines europaweit einheitlichen Arbeitnehmer- bzw. Beschäftigtendatenschutzes leider immer noch fehlt. Art. 88 DS-GVO sieht eine Öffnungsklausel für einzelstaatliche Regelungen zum Beschäftigtendatenschutz vor:

„(1) Die Mitgliedstaaten können durch Rechtsvorschriften oder durch Kollektivvereinbarungen spezifischere Vorschriften […] hinsichtlich der Verarbeitung personenbezogener Beschäftigtendaten im Beschäftigungskontext […] vorsehen.

(2) Diese Vorschriften umfassen angemessene und besondere Maßnahmen zur Wahrung der menschlichen Würde, der berechtigten Interessen und der Grundrechte der betroffenen Person, insbesondere im Hinblick auf die Transparenz der Verarbeitung, die Übermittlung personenbezogener Daten innerhalb einer Unternehmensgruppe oder einer Gruppe von Unternehmen, die eine gemeinsame Wirtschaftstätigkeit ausüben, und die Überwachungssysteme am Arbeitsplatz."

44 Der deutsche Gesetzgeber hat den alten § 32 BDSG im neuen DSAnpUG-EU übernommen. Alles andere hätte zu einer Absenkung des Schutzniveaus im Beschäftigtendatenschutz geführt. Die deutschen Arbeitsgerichte haben in der Vergangenheit recht klare und sachgerechte Kriterien zum Umgang mit personenbezogenen Daten entwickelt. Der deutsche Gesetzgeber war nicht gewillt, den Beschäftigtendatenschutz durch das Außerkraftsetzen von § 32 BDSG auf einen gesamteuropäischen Durchschnitt zurückzuführen. Ob im Vergleich zur DS-GVO trotz Öffnungsklausel jedoch strengere Vorgaben auf nationaler Ebene normiert oder beibehalten werden können, bleibt angesichts des Begriffs „spezifischere Vorschriften" in Art. 88 Abs. 1 DS-GVO und der Rechtsprechung des

EuGH zur Richtlinie[9] abzuwarten. Vorerst können sich Arbeitgeber, Betriebsräte, Arbeitnehmer und Richter bei der Frage nach der Erforderlichkeit einer Datenverarbeitung aber weiterhin an der bisherigen Rechtsprechung der Arbeitsgerichte orientieren.

aa) § 26 Abs. 1 S. 1 DSAnpUG-EU

Zunächst beinhaltet § 26 Abs. 1 S. 1 DSAnpUG-EU die Erlaubnis für die Erhebung, Ver-   45
arbeitung und Nutzung von **Beschäftigtendaten,** „wenn dies für die Entscheidung über
die Begründung eines Beschäftigungsverhältnisses oder nach Begründung des Beschäftigungsverhältnisses für dessen Durchführung oder Beendigung, erforderlich ist."

> § 26 ist nicht nur beim automatisierten Umgang mit personenbezogenen Daten anzuwenden,   46
> sondern darüber hinaus auch beim nicht-automatisierten (nicht Datei-gebundenen) Umgang
> mit personenbezogenen Daten, zB Handakte, individuelle Gespräche, nicht-elektronische
> Personalakten oder handschriftliche Notizen. § 26 Abs. 7 DSAnpUG-EU weitet die Anwendbarkeit des Datenschutzrechts auf den nicht-automatisierten Umgang mit personenbezogenen
> Daten aus, erweitert also für das Arbeitnehmerdatenschutzrecht den Anwendungsbereich von
> § 26 Abs. 1 DSAnpUG-EU.

Erforderlich sind Daten dabei nicht nur im engen Sinn einer unabweisbar erforderli-   47
chen Verwendung im Zusammenhang mit dem Beschäftigungsverhältnis, sondern bereits
dann, wenn dadurch die Entscheidung bzw. Durchführung erleichtert oder optimiert
werden kann, jeweils aber nur soweit ein Bezug zum konkreten Beschäftigungsverhältnis
besteht. Beispielsweise wäre ein allgemeines, von den konkreten Anforderungen des Arbeitsplatzes abgelöstes Drogenscreening nicht erforderlich im Sinne dieser Vorschrift.[10]

Zur Durchführung des Arbeitsverhältnis erforderlich sind auch Kontrollen, ob der Ar-   48
beitnehmer seinen aus dem Arbeitsvertrag geschuldeten Pflichten nachkommt, einschließlich präventiver Kontrollmaßnahmen, die zunächst bewirken sollen, dass Pflichtverletzungen erst gar nicht stattfinden (angefangen von der Zeiterfassung bis hin zur Kontrolle der
Taschen und der Internetnutzung).[11] Soweit sich die Maßnahmen nicht auf konkret Verdächtige beziehen, ist § 26 Abs. 1 S. 1 DSAnpUG-EU die einschlägige Rechtsgrundlage.
Der Gesetzgeber hatte bei der damaligen Einführung von § 32 BDSG nicht eine Erschwerung der Abwehr von Straftaten gewollt, welche den Unternehmen auf der Grundlage anderer Vorschriften auferlegt ist (ua § 91 Abs. 2 AktG, § 130 OWiG).

Auch die Durchführung von Screenings von Mitarbeitern und Bewerbern kann nach   49
§ 26 Abs. 1 S. 1 DSAnpUG-EU gerechtfertigt werden, wenn diese als präventive Kontrollen offen geschehen. Das in S. 2 herausgestellte Verhältnismäßigkeitsprinzip gilt auch
hier. Verdeckte Screenings, beispielsweise der Abgleich der Konten und Adressen der
Einkaufsmitarbeiter mit den verfügbaren Daten der Lieferanten sind mit größtem Argwohn zu betrachten. Pauschal kann gesagt werden, dass anlasslose Massenscreenings unzulässig sind.[12] Durch die geeignete Auswahl der Personengruppe oder durch den Einsatz
der Pseudonymisierung kann ein solches Screening aber auch durchaus zulässig sein.

Das Thema Transparenz spielt im Rahmen der Verhältnismäßigkeitsprüfung eine im-   50
mer stärkere Rolle. Das BAG hat dies in dem bekannten Spindurteil[13] wiederholt und
hohe Anforderungen an das Erheben von Daten ohne Kenntnis des betroffenen Arbeitnehmers gestellt. Der Marktleiter eines Großhandelsbetriebs verdächtigte einen Arbeitnehmer, Damenunterwäsche gestohlen und in seinem Spind versteckt zu haben. Während

---

[9] Vgl. insbes. EuGH EuZW 2012, 37 – ASNEF.
[10] NK-BDSG/*Seifert* BDSG § 32 Rn. 34.
[11] Gola/Schomerus/*Gola/Klug/Körffer* BDSG § 32 Rn. 39.
[12] NK-BDSG/*Seifert* BDSG § 32 Rn. 108.
[13] BAG ZD 2014, 260.

der Arbeitnehmer arbeitete, öffnete der Marktleiter im Beisein von Betriebsratsmitgliedern den Spind des Arbeitnehmers und fand dort die fehlenden Wäschestücke. Das BAG sah diese Verhaltenskontrolle und infolgedessen auch die spätere Kündigung als unverhältnismäßig an. Der Arbeitgeber hätte den Spind im Beisein des Arbeitnehmers öffnen müssen. Das Erheben von Daten in Abwesenheit eines Arbeitnehmers sei als heimlich zu beurteilen. Der heimliche Umgang mit personenbezogenen Daten ist ein tieferer Eingriff in das Recht auf informationelle Selbstbestimmung als eine dem Arbeitnehmer bekannte Maßnahme.

bb) § 26 Abs. 1 S. 2 DSAnpUG-EU

51 Die für Compliance-Untersuchungen zentrale, ebenfalls auf der Basis von § 32 BDSG eingeführte Bestimmung § 26 Abs. 1 S. 2 DSAnpUG-EU lautet.

„Zur Aufdeckung von Straftaten dürfen personenbezogene Daten eines Beschäftigten nur dann verarbeitet werden, wenn zu dokumentierende tatsächliche Anhaltspunkte den Verdacht begründen, dass der Betroffene im Beschäftigungsverhältnis eine Straftat begangen hat, die Verarbeitung zur Aufdeckung erforderlich ist und das schutzwürdige Interesse der oder des Beschäftigten an dem Ausschluss der Verarbeitung nicht überwiegt, insbesondere Art und Ausmaß im Hinblick auf den Anlass nicht unverhältnismäßig sind."

52 Diese Vorschrift konkretisiert den durch Satz 1 gesteckten Rahmen weiter im Hinblick auf den Umgang mit personenbezogenen Daten im Zusammenhang mit Straftaten. Sie greift quasi isoliert einen Aspekt heraus, nämlich den Umgang mit Beschäftigtendaten im repressiven Bereich. Die Vorschrift setzt zumindest einen Anfangsverdacht, dass eine Straftat vorliegt, voraus. Diese muss „im Beschäftigungsverhältnis" begangen worden sein, dh es bedarf eines hinreichend engen Bezuges zum Beschäftigungsverhältnis.

---

53 | Hinweis:

Ein solcher Bezug zum Beschäftigungsverhältnis kann unzweifelhaft sein, etwa bei Diebstählen oder Unterschlagungen am Arbeitsplatz wie auch bei unerlaubten Vermögensverschiebungen (Untreue) oder kartellrechtswidrigen Absprachen[14]. Er fehlt, wo die betriebliche Sphäre nicht betroffen ist, etwa bei einem unerlaubten Entfernen vom Unfallort auf dem Heimweg von der Arbeit. Dazwischen liegen Zweifelsfälle – was etwa, wenn der Unfall mit einem Firmenfahrzeug auf einer Dienstfahrt geschah, oder wenn Beleidigungen in sozialen Netzwerken vom Arbeitsplatzrechner aus begangen werden. Eine Abgrenzung könnte sich daran orientieren, ob die Tat sich spezifisch gegen den Arbeitgeber oder Kollegen richtet und den Betriebsfrieden erheblich zu stören geeignet ist oder ob die Tat ohne Weiteres auch ohne den Bezug zum Arbeitsverhältnis hätte geschehen können (in den Beispielen: mit einem privaten Fahrzeug, vom privaten Computer aus).

---

54 Die Vorschrift des § 32 Abs. 1 S. 2 BDSG hat von Anfang an erhebliche Fragen aufgeworfen und Kritik auf sich gezogen: Wie ist sie mit der erklärten Absicht des Gesetzgebers vereinbar, letztlich Kontinuität zu wahren und nur die bisherige Rechtsprechung festschreiben zu wollen? Ist sie vielmehr als das Ende jeder unternehmensinterner Compliance-Arbeit zu verstehen, wie von anderer Seite befürchtet wurde? Zu sachgerechten Ergebnissen gelangt man, wenn man als Regelungsgegenstand die Aufdeckung von Straftaten ansieht, für die auf anderem Weg bereits Anhaltspunkte entstanden sind – es werden von S. 2 also weder die Aufdeckung von Ordnungswidrigkeiten noch Aktivitäten erfasst, die auf die präventive Verhinderung von Straftaten gerichtet sind (etwa IT-gestützte Kontrollen, die die Beachtung von Rollen- und Funktionstrennungen – „Segregation of Du-

---

[14] Vgl. → Kapitel J.

ties/Segregation of Functions" – sicherstellen). Ebenso wenig werden stichprobenartige, diskriminierungsfreie Überprüfungen erfasst, deren Zielsetzung nicht in der Aufklärung und Verfolgung von Straftaten bestehen, sondern vielmehr die Überzeugung begründen sollen, dass regelkonform agiert wird (zB die anlasslose Überprüfung von Reisekostenabrechnungen).

Regelungsgegenstand ist damit insbes. die verhältnismäßige, nachprüfbare Überprüfung **55** von konkreten Verdachtsmomenten, die sich gegen einen Betroffenen oder wenigstens einen abgrenzbaren, überschaubaren Kreis einzelner Betroffener richtet, auch wenn der Kreis noch nicht abschließend identifiziert ist oder sich der Verdacht auf einen einzelnen Betroffenen konkretisiert hat.

> Erfasst wäre danach etwa auch der Fall eines Diebstahls auf dem Betriebsgelände, wenn **56** nach näher zu dokumentierenden Umständen nur drei oder vier Beschäftigte als Täter in Betracht kommen, diese aber namentlich bekannt sind oder etwa durch die Auswertung von Zutrittsprotokollen identifizierbar wären.

Liegt ein Anfangsverdacht vor, so sind die ihn begründenden Anhaltspunkte zu doku- **57** mentieren. Diese Dokumentation wird in der Regel schriftlich erfolgen, ggf. auch in geeigneten elektronischen Systemen.

> **Hinweis:** **58**
>
> Wegen der Sensibilität dieser Informationen sollten entsprechende Dokumentationen weitgehend unter Verschluss gehalten[15] werden; weitere Maßnahmen – wie etwa ein Vier-Augen-Prinzip oder die Pseudonymisierung – vermögen weitere Risiken effektiv zu reduzieren.

Da zu den Rechtmäßigkeitsvoraussetzungen darüber hinaus die Erforderlichkeit der **59** Verarbeitung sowie das Abwägungsergebnis gehören, sollten auch diese Umstände ausreichend dokumentiert werden.

> **Hinweis:** **60**
>
> Sind derartige Untersuchungen nicht nur selten, sondern etwa wegen der Größe des Unternehmens wiederholt zu erwarten, so empfiehlt es sich, Art und Weise der Dokumentation und die Zuständigkeiten hierfür einheitlich, zB über eine Betriebsvereinbarung, zu regeln.[16]

Zur Vornahme der Abwägungsentscheidung sind die jeweiligen Belange und Interessen **61** der Beteiligten zunächst umfassend zu ermitteln und in Abhängigkeit von ihrer Relevanz in die Abwägung einzubeziehen. Sie sind dabei nach einem Bündel von Kriterien zu bewerten, etwa nach der Intensität des Eingriffs in das Persönlichkeitsrecht, nach der Erforderlichkeit bzw. der Frage nach einem milderen Mittel, der Dauer der Verarbeitung und nach der Bedeutung des zu untersuchenden Sachverhaltes für das Unternehmen. Angesichts der großen Zahl denkbarer Sachverhalte sind sehr unterschiedliche Kriterien denkbar.

> Am Beispiel eines Screenings, also eines Abgleichs von Kontodaten von Arbeitnehmern mit **62** denen von Lieferanten sei dieser Prozess knapp skizziert:
>
> Es sollen für beide Personengruppen jeweils Listen erstellt werden, die den Namen des Kontoinhabers, die Kontonummer und die Bankleitzahl (BLZ) enthalten. Die beiden getrennten

---

[15] Vgl. etwa → K III 1: „need to know".
[16] Oben → C I 1.

Datenbestände werden dann darauf abgeglichen, ob eine Kombination von Kontonummer und BLZ aus einem Datenbestand auch im anderen Datenbestand vorhanden ist – das ist nach Ansicht von Wirtschaftsprüfern als ein Hinweis auf denkbare Interessenkonflikte zu bewerten.

Zum einen vorausgesetzt, zum anderen aber auch als positiv bei der Abwägung hervorzuheben ist, dass der betriebliche Datenschutzbeauftragte und die Arbeitnehmervertretung rechtzeitig und im erforderlichen Maß eingebunden worden sind.

Sofern das Unternehmen den Abgleich nicht selbst durchführt, sondern sich eines Dienstleisters bedient, liegt meist eine **Datenverarbeitung im Auftrag** vor, so dass die Anforderungen an die Auswahl, Vertragsgestaltung und Kontrolle erfüllt sein müssen.

Das Unternehmen argumentiert, dass relevante Interessenkonflikte nicht hinzunehmen seien, ein Abgleich könne zu ihrer Feststellung und Aufklärung führen. Die betreffenden Daten lägen dem Unternehmen ohnehin vor. Bankverbindungen seien nach ihrer Natur auch nicht auf Geheimhaltung angelegt, sondern bei der Teilnahme am Wirtschaftsverkehr einer Vielzahl von anderen Personen und Stellen bekannt. Der Eingriff in das Persönlichkeitsrecht sei deshalb nicht besonders tief.

Betroffene Arbeitnehmer werden dem entgegengehalten, dass sie unter einen Generalverdacht fallen. Einzelne Gruppen von Arbeitnehmern werden sogar vorbringen, dass aufgrund ihrer Aufgabenstellung gar kein Interessenkonflikt bestehen könne. Die Maßnahme sei darüber hinaus nicht geeignet, weil sie bereits bei Verwendung einer zweiten Bankverbindung ins Leere liefe. Die Einbindung eines Dienstleisters erhöhe das Risiko, weil das Unternehmen die Kontrolle über den Datenbestand teilweise verliert. Zudem: Die Bankverbindung ist dem Unternehmen für andere Zwecke – insb. der Gehaltszahlung – anvertraut. Die Risiken für die Arbeitnehmer liegen auch auf der Hand: Bei missbräuchlicher Verwendung wären Kontobelastungen möglich, die beim Beschäftigten Aufwand für Kontrollen und ggf. die Veranlassung von Rückbuchungen verursachen.

Unter Berücksichtigung dieser Positionen könnte ein vertretbarer Ansatz darin liegen, dass
- der Abgleich nicht auf alle Beschäftigten erstreckt wird, sondern relevante Gruppen, zB Arbeitnehmer in der Einkaufsorganisation, definiert werden,
- der Abgleich nicht mit vollständigen Datensätzen erfolgt, sondern ohne Namen und ggf. nach Verkürzung der Kontonummern und der Bankleitzahl, und ein Personenbezug erst bei „Treffern" hergestellt wird,
- mit einem Dienstleister strikte technische und organisatorische Maßnahmen und eine unverzügliche Löschung der Daten nach Abgleich vereinbart werden und dass die Einhaltung kontrolliert wird, und
- den Betroffenen die Durchführung des Abgleichs transparent gemacht wird.

2. Sonderfall Betriebsvereinbarungen

63 **Betriebsvereinbarungen** können ebenfalls als Erlaubnisnormen eingeordnet werden. Basis hierfür ist im Wesentlichen die Regelung des § 77 Abs. 4 BetrVG, nach dem Betriebsvereinbarungen „unmittelbar und zwingend" gelten.

64 Dies gilt auch unter der DS-GVO weiter, die ausdrücklich in Art. 88 DS-GVO Kollektivvereinbarungen (nach Erwägungsgrund 155 schließt dies explizit auch Betriebsvereinbarungen ein) als Rechtsgrundlage für die Verarbeitung personenbezogener Beschäftigtendaten im Beschäftigungskontext nennt. Auch Betriebsvereinbarungen können weiterhin den Umgang mit personenbezogenen Daten von Arbeitnehmern erlauben. Allerdings müssen sie den Standards der DS-GVO entsprechen (Art. 88 Abs. 2 DS-GVO).

65 Die Regelungsbefugnis für Arbeitgeber und Betriebsrat gilt insbes. für „Zwecke der Einstellung, der Erfüllung des Arbeitsvertrags einschließlich der Erfüllung von gesetzlich

oder tarifvertraglich festgelegten Pflichten, des Managements, der Planung und der Organisation der Arbeit, der Gleichheit und Diversität am Arbeitsplatz, der Gesundheit und Sicherheit am Arbeitsplatz, des Schutzes des Eigentums der Arbeitgeber oder der Kunden sowie für Zwecke der Inanspruchnahme der mit der Beschäftigung zusammenhängenden individuellen oder kollektiven Rechte und Leistungen und für Zwecke der Beendigung des Beschäftigungsverhältnisses" (Art. 88 DS-GVO).

In der Unternehmenspraxis ist festzustellen, dass es sehr effektiv ist, **Compliance-Be-** **triebsvereinbarungen**[17] zu schließen. Sicherlich erfordern die Vorbereitung und die Verhandlung von solchen Compliance-Betriebsvereinbarungen einen erheblichen Aufwand. Der Vorteil liegt aber auf der Hand: man hat einen etablierten Prozess, bei dem der Betriebsrat eingebunden ist und an den sich alle Parteien halten können, ohne dass dann im Einzelfall hektisch nach verlässlichen Antworten auf aktuelle und brisante Fragen gesucht werden muss. Damit wird der davor erzeugte Aufwand auf mittlere Sicht mehr als aufgewogen. In der Compliance-Betriebsvereinbarung sollten dann die verschiedenen Schritte der Datensammlung beschrieben werden, von der Erhebung der Daten (zB beim Arbeitnehmer, evtl. auch durch automatisierte Verfahren) über die Sichtung der Daten (durch wen), die Informationspflichten gegenüber dem Betroffenen, wann die Einbindung des Betriebsrats erfolgt (es sei denn, es besteht Gefahr im Verzug) und die Datenlöschung bzw. Anonymisierung der personenbezogenen Daten.   **66**

Unstreitig können in Betriebsvereinbarungen Konkretisierungen und Verschärfungen der datenschutzrechtlichen Regelungen bindend vereinbart und nötigenfalls gerichtlich durchgesetzt werden. Doch wie sieht es mit Regelungen in Betriebsvereinbarungen aus, die von gesetzlichen Vorschriften abweichen und diese gegebenenfalls abschwächen? Hierüber besteht in der datenschutzrechtlichen Literatur keine Einigkeit[18]. Gegen die Zulässigkeit einer abweichenden Regelung spricht zunächst, dass die Beschäftigten und nicht etwa die betriebsverfassungsrechtlichen Repräsentanten Träger des Grundrechts auf informationelle Selbstbestimmung sind – warum sollte ein Betriebsrat im Zusammenwirken mit dem Unternehmen in Grundrechte der Beschäftigten eingreifen dürfen? Früher billigte das BAG den Betriebsparteien einen großen Regelungsspielraum beim Datenschutz im Betrieb zu. Heute geht es restriktiver vor und verlangt bei der Auslegung des § 75 Abs. 2 BetrVG die Beachtung des Verhältnismäßigkeitsgrundsatzes[19]. Betriebsvereinbarungen bleiben dennoch ein geeignetes Mittel, um den Beschäftigtendatenschutz transparent und belastbar zu regeln. Richtigerweise kann es dabei nicht Ziel der Betriebsparteien sein, das Niveau des Datenschutzes am Arbeitsplatz abzusenken. Vielmehr ist der eigentliche Nutzen, dass Betriebsrat und Arbeitgeber zusammen klare und angemessene Regelungen treffen können, unter welchen Voraussetzungen welche Beschäftigtendaten verarbeitet werden dürfen.   **67**

Zu beachten sind aber auch wesentliche immanente Grenzen des Ansatzes, die Compliance-Arbeit und ihre Datenschutzaspekte weitgehend auf Betriebsvereinbarungen zu stützen. So setzen sie zunächst natürlich die Existenz eines Betriebsrates voraus, mit dem sie abgeschlossen werden können – verfügen große Unternehmen mittlerweile nahezu ausnahmslos über Betriebsräte, so sind gerade in kleinen und mittleren Unternehmen Betriebsräte in weit geringerem Maße verbreitet.   **68**

Darüber hinaus ist der Anwendungsbereich von Betriebsvereinbarungen oftmals eingeschränkt – etwa in geographischer Hinsicht auf Deutschland, in organisatorischer Hinsicht auf den Zuständigkeitsbereich des jeweiligen Betriebsrates und in personeller Hinsicht im Wesentlichen auf Beschäftigte im mitbestimmten Bereich. Werden etwa Daten von „Leitenden Angestellten" in einer Compliance-Untersuchung ausgewertet, so fällt die Betriebsvereinbarung als legitimierende Grundlage aus. An deren Stelle treten dann in der   **69**

---

[17] Sa → D II 2.
[18] Vgl. etwa Taeger/Gabel/*Taeger* BDSG § 4 Rn. 34 ff.
[19] BAG ZD 2014, 426.

Praxis häufig gleichlautende Sprecherausschuss-Vereinbarungen nach dem Gesetz über Sprecherausschüsse der leitenden Angestellten (SprAuG). Sie sollten aber nicht vergessen werden, da gerade Daten von „Leitenden Angestellten" oftmals zentrales Objekt einer Compliance-Untersuchung sind.

70   Ein Muster einer Betriebsvereinbarung für die private Nutzung des Internets und einhergehende Kontrollrechte des Arbeitgebers findet sich in der Orientierungshilfe der Datenschutzaufsichtsbehörden zur datenschutzgerechten Nutzung von E-Mail und anderen Internetdiensten am Arbeitsplatz[20]. Dieses Muster kann auch für den Erlass einer Richtlinie herangezogen werden, wenn im Unternehmen kein Betriebsrat existiert.

3. Globale Ermittlungen

71   Es häufen sich Anfragen ausländischer Ermittlungsbehörden im Rahmen von strafrechtlichen Ermittlungen gegenüber deutschen Unternehmen mit dem Wunsch, Informationen über unternehmensnahe Personen (zB Arbeitnehmer, Zulieferer, Kunden) im Rahmen einer (noch) freiwilligen Kooperation herauszugeben. Neben wirtschaftlichen Überlegungen wird das Unternehmen prüfen, ob die gewünschte Informationsübermittlung überhaupt rechtlich zulässig ist.

72   Eine Übermittlung sowohl an eine in- wie auch ausländische Stelle bedarf einer gesetzlichen Grundlage oder der Einwilligung des Betroffenen. Nach den § 26 DSAnpUG-EU kann die Übermittlung vor allem dann rechtmäßig sein, soweit dies zur Verfolgung von Straftaten erforderlich ist. Auch hier sind eine Erforderlichkeitsprüfung und gegebenenfalls eine Abwägung mit den schutzwürdigen Interessen des Betroffenen notwendig.

73   Auf der zweiten Stufe ist getrennt hiervon zu prüfen, ob die Datenweitergabe auch an Behörden außerhalb der EU zulässig ist. Hieran schließt sich die Frage, ob nicht bestehende Verträge über die Rechtshilfe in Strafsachen eine direkte Übermittlung an die ausländischen Behörden ohne Rechtshilfeersuchen per se ausschließen.[21] Dies wird zumindest dann vertreten, wenn das deutsche Unternehmen durch eine Beschlagnahmeanordnung zur Herausgabe verpflichtet wird, personenbezogene Daten seiner Arbeitnehmer in den deutschen Niederlassungen an die ausländische Behörde zu übermitteln.[22]

74   Unterstellt man im Weiteren keine Anwendbarkeit der Rechtshilfeabkommen, zB weil das Unternehmen im Wege der Kooperation Daten an die ausländische Behörde übermitteln möchte, so sind die Anforderungen der Art. 44 ff. DS-GVO, zu beachten. Einschlägig ist in vielen Fällen Art. 49 Abs. 1 Buchst. E DS-GVO „zur Geltendmachung, Ausübung oder Verteidigung von Rechtsansprüchen". Während die DS-GVO das einengende Kriterium „vor Gericht" nicht mehr kennt, ist bis zur Anwendbarkeit der DS-GVO im Mai 2018 das „vor Gericht" nach der Artikel-29-Datenschutzgruppe[23] ernst zu nehmen. Dies gilt gerade für die „Pre-Trial-Discovery"-Verfahren, die gerade noch keine Rechtsstreitigkeit vor Gericht darstellen.

75   Die deutschen Aufsichtsbehörden haben auch mehrfach betont, dass das deutsche Datenschutzrecht die Offenlegungspflichten in einem US-Prozess beschränkt und folgende Vorgehensweise empfohlen[24]:

---

[20] www.datenschutz-mv.de/datenschutz/publikationen/informat/internet/oh-internet-arbeitsplatz.pdf (letzter Abruf Juni 2017).

[21] Ausf. hierzu *Loof/Schefold* ZD 2016, 107 ff.

[22] Bericht des Berliner Beauftragten für Datenschutz und Informationsfreiheit zum 31.12.2007, Ziff. 10.3, S. 188 ff.

[23] Artikel-29-Datenschutzgruppe, Arbeitspapier über eine gemeinsame Auslegung des Artikels 26 Absatz 1 der Richtlinie 95/46/EG v. 24.10.1995 v. 25.11.2005, WP114.

[24] Vgl. Bayrisches Landesamt für Datenschutzaufsicht, Tätigkeitsbericht 2009/2010, Ziff. 11.1.

Wird eine US-Gesellschaft in einem Rechtsstreit vor einem US-amerikanischen Gericht 76
im Wege eines Beweisantrags aufgefordert, in Deutschland bei der Mutter- oder weiterem
Konzernunternehmen befindliche Geschäftsunterlagen an das Gericht in den USA zu
übermitteln, dann ist der übergeordnete Grundsatz, dass nur Daten im erforderlichen
Umfang übermittelt werden, zu beachten. Es können also nur Daten betroffen sein, die
zur Klärung der mit der Klage behaupteten Ansprüche beitragen konnten. Mittels einer
Stichwortsuche müssten also in einer Stufe die Unterlagen „gefiltert" werden. Diese Unterlagen sind anschließend nochmals per Hand auf Relevanz, gemessen an den Kriterien
des Beweisantrags, zu überprüfen; zudem sollte hier – soweit möglich – eine Pseudonymisierung stattfinden und sensible Daten aussortiert werden. Beide Arbeitsschritte müssen
vor der Übermittlung im Inland stattfinden. Nur die so selektierten Unterlagen dürfen
dann in die USA übermittelt werden.

In der Praxis eher selten, aber doch vereinzelt möglich, ist auch der Abschluss von EU- 77
Standardvertragsklauseln mit der empfangenden Stelle. Art. 48 DS-GVO, der ursprünglich
als „Blocking Statute" gedacht war, hat sich durch die Anfügung des letzten Halbsatzes als
zahnlos herausgestellt, denn das „Blocking Statute" verdrängt gerade nicht andere legitime
Mechanismen wie die Standardvertragsklauseln. Weiterhin sollte dem neuen Übermitt-
lungstatbestand des Art. 49 Abs. 1 DS-GVO Beachtung geschenkt werden, wenn die
Übermittlung sich als „zwingend" gebietet und es sich wirklich um einen Einzelfall handelt. Diese Ausnahmevorschrift kann gerade bei einzelnen Compliance Fällen einschlägig
sein.

III. Vorbereitung von Untersuchungen

In vielen Fällen wird sich die Untersuchung von Compliance-Fällen nicht nur auf Perso- 78
nen in einem Land beschränken. Allein schon durch die forensische Analyse von Kom-
munikationsdaten (zB E-Mails), die in den meisten Fällen zur Anwendung kommt, wird
es immer Berührungspunkte zu Personen im Ausland geben. Die Komplexität der datenschutzrechtlichen Fragestellungen erhöht sich durch den Auslandsbezug, der eine Klärung
lokaler Rechtsvorschriften notwendig macht, exponentiell. Deshalb liegt der Fokus der
folgenden Ausführungen auf der speziellen Situation in Deutschland.

1. Einbindung des Datenschutzbeauftragten

Da zu Beginn einer Untersuchung normalerweise nicht feststeht, wer wann welche Infor- 79
mationen wo sammelt und auswertet, ist eine frühzeitige Einbindung des Beauftragten für
den Datenschutz notwendig. Wenn forensische Auswertungen von sogenannten unstruk-
turierten Daten wie E-Mails oder von sonstigen Office-Dokumenten angedacht sind, ist
eine Vorabkontrolle dieser Verfahren durch den Datenschutzbeauftragten notwendig, da
die Verarbeitung dazu bestimmt ist, das Verhalten des oder der Betroffenen zu bewerten
bzw. da nicht ausgeschlossen werden kann, dass auch besondere Arten von personenbezogenen Daten betroffen sind (Art. 35 Abs. 2 in Verbindung mit Art. 35 Abs. 3 DS-GVO).

Selbst wenn man die Frage nach der Vorabkontrolle negieren würde, muss der Einsatz 80
dieser Softwarelösungen von der verantwortlichen Stelle rechtzeitig, dh vor Inbetriebnah-
me, an den Datenschutzbeauftragten gemeldet werden, da es sich unzweifelhaft um eine
automatisierte Verarbeitung von personenbezogenen Daten handelt (siehe Art. 38 Abs. 1
DS-GVO).

Gemeinsam mit der verantwortlichen Stelle wird der Datenschutzbeauftragte notwendige 81
technische und organisatorische Maßnahmen (zB Verschlüsselung der Datenbestände, restriktive Zugriffsregeln) zum Datenschutz festlegen und evtl. auch überwachen. Ist geplant,

auch externe Berater oder Dienstleister in die Untersuchung einzubinden, wird der Datenschutzbeauftragte die Einhaltung der Art. 28, 28 DS-GVO einfordern.

82   Durch die frühzeitige Einbindung des Beauftragten für den Datenschutz ist auch sichergestellt, dass die unterschiedlichen Aspekte, zB in Hinblick auf bestehende Betriebsvereinbarungen oder beim Auslandsbezug, nicht vernachlässigt werden. Außerdem können die Weichen für andere Entscheidungen, etwa ob Datenschutzaufsichtsbehörden eingebunden werden sollen, rechtzeitig gestellt werden. Da viele Untersuchungen unter einem gewissen Zeitdruck durchgeführt werden müssen, ist es auch im Sinne der verantwortlichen Stelle, dass möglichst alle Fragestellungen vor der eigentlichen Untersuchung geklärt sind.

83   **Zusammenfassend ist festzustellen, dass der Beauftragte für den Datenschutz nur dann seine gesetzlich vorgegebenen Aufgaben erfüllen kann, wenn er so früh wie möglich in den Untersuchungsprozess eingebunden wird.**

2. Einbindung des Betriebsrates

84   Gibt es im Unternehmen keine Betriebsvereinbarungen, die das Vorgehen bei der Untersuchung von Compliance-Fällen regeln, ist nicht nur aus der Sicht des Datenschutzes eine frühzeitige Einbindung des (Gesamt-)Betriebsrates dringend anzuraten. Sie ist sogar zwingend notwendig, wenn eine Software für forensische Auswertungen eingesetzt werden soll. Der Betriebsrat hat gem. § 87 Abs. 1 Nr. 6 BetrVG ein Mitbestimmungsrecht bei der Einführung und Anwendung von technischen Einrichtungen, die dazu bestimmt sind, das Verhalten oder die Leistung der Arbeitnehmer zu überwachen. Gemäß der ständigen arbeitsgerichtlichen Rechtsprechung reicht schon aus, dass alleine die Eignung einer technischen Einrichtung – hier einer Software – die Mitbestimmung begründet, und definiert „Verhalten" als jedes Tun oder Unterlassen im betrieblichen Bereich.

85   Aber auch die Akzeptanz der Belegschaft in Bezug auf solche Untersuchungen wird durch die Einbindung des Betriebsrates erhöht. Auf „Augenhöhe" können Regeln geschaffen werden, bei denen die Interessen der Beschäftigten wie auch die des Unternehmens Berücksichtigung finden. Nicht zuletzt stellen solche Regeln, gefasst in Betriebsvereinbarungen, andere Rechtsvorschriften im Sinne von § 26 Abs. 1 DSAnpUG-EU in Verbindung mit dem Erwägungsgrund 155 DS-GVO dar.

86   Klare und transparente Regeln, in denen der Ablauf einer Untersuchung, die beteiligten und informierten Stellen und die Rechte der Betroffenen ausreichend beschrieben werden, schaffen letztendlich auch für prüfende Stellen den Rahmen, in dem man sich bewegen muss und sorgen für Klarheit bei den einzelnen Schritten einer Untersuchung.

3. Einbindung externer Berater und Dienstleister

87   Gerade wenn ein Unternehmen zum ersten Mal mit größeren oder komplexen Untersuchungen konfrontiert wird, ist die Einbindung von externen Beratern oder Dienstleistern aus mehreren Gesichtspunkten sinnvoll und in vielen Fällen sogar notwendig. Zeitdruck, Mangel an geeigneten eigenen Ressourcen und Tools und evtl. der Druck von öffentlicher Seite wird Unternehmen mehr oder weniger zwingen, diesen Schritt zu vollziehen. Vor allem wenn Fälle in der Öffentlichkeit bekannt sind, wird durch den Einsatz von externen Beratern der Wille zur Aufklärung sowie die Transparenz und Unabhängigkeit einer Untersuchung betont.

> **Hinweis:** 88
>
> So kommt etwa die Beauftragung von (spezialisierten) Rechtsanwälten, Wirtschaftsprüfern, Unternehmensberatern, IT-Dienstleistern und Forensik-Dienstleistern in Frage.

In vielen Fällen wird es sich dabei aus datenschutzrechtlicher Sicht um eine Auftragsda- 89 tenverarbeitung handeln, so dass insbes. die Vorgaben des § 11 BDSG zu berücksichtigen sind (ähnliche Anforderungen wie § 11 BDSG stellt auch Art. 28 DS-GVO). Die verantwortliche Stelle hat vor allem Folgendes zu beachten:
– sorgfältige Auswahl des Auftragnehmers,
– schriftlich abzuschließender Vertrag,
– mindestens die in Art. 28 Abs. 3 (§ 11 Abs. 2 Nr. 1–10 BDSG) aufgelisteten Vertragsinhalte und
– Prüfung der technischen und organisatorischen Maßnahmen vor Beginn Datenverarbeitung und in regelmäßigen Abständen während der Laufzeit (siehe Art. 32 DS-GVO).
Die DS-GVO legt einen sehr großen Fokus auf die Dokumentation all dieser Maßnah- 90 men („Accountability").

In Bezug auf die Vertragsgestaltung ist darüber hinaus auch wichtig, in welchem Land 91 der Auftragsdatenverarbeiter seinen Sitz hat bzw. an welchem Ort die Leistungserbringung erfolgt, weil die DS-GVO hier eine Differenzierung vornimmt.

Vereinfacht gesagt: die Auftragsdatenverarbeitung ist „privilegiert", wenn der Verarbei- 92 ter in der EU oder im Europäischen Wirtschaftsraum tätig wird, weil der Verarbeiter dann nicht Dritter ist[25], sondern als Teil der verantwortlichen Stelle behandelt wird; damit liegt in diesem Fall keine Übermittlung von personenbezogenen Daten vor. Ist der eingebundene Berater kein Auftragsdatenverarbeiter oder ist er als Auftragsdatenverarbeiter außerhalb EU/EWR tätig, so liegt eine Übermittlung vor, die durch eine Einwilligung oder andere Erlaubnistatbestände (siehe oben II.) gerechtfertigt sein muss. Unter Umständen ist dann auch für ein **angemessenes Datenschutzniveau** Sorge zu tragen (Art. 44 ff. DS-GVO) – etwa durch den Abschluss sog. „EU-Standardverträge"[26].

Der Datenschutzbeauftragte kann aufgrund seiner Fachkunde und Erfahrung die ver- 93 antwortliche Stelle bei allen oben genannten Punkten unterstützen. Ein Verstoß gegen die Pflichten des Auftraggebers bei der Auswahl des Auftragnehmers, bei der Vertragsgestaltung und bei der Prüfung der technischen und organisatorischen Maßnahmen ist eine Ordnungswidrigkeit gem. Art. 83 Abs. 4 und 5 DS-GVO und damit bußgeldbewehrt.

Sollte es sich bei der Beauftragung nicht um eine Auftragsdatenverarbeitung handeln – 94 man spricht dann von einer Aufgabenausgliederung/Funktionsübertragung bzw. externe Inanspruchnahme von Fachleistungen mit Datenübermittlung, kurz **Funktionsübertragung** – sind andere Kriterien zu prüfen und zu erfüllen. Kurz gesagt handelt es sich dann um eine Übermittlung von Daten an einen Dritten, der diese Daten benötigt, um seinen Auftrag zu erfüllen. Für diese Übermittlung muss eine Rechtsgrundlage vorliegen.

Die Einstufung als Auftragsdatenverarbeitung oder Funktionsübertragung ist nicht trivi- 95 al und kann oftmals auch nicht eindeutig vorgenommen werden. Als Hilfe kann das Infoblatt des Bayerischen Landesamtes für Datenschutzaufsicht dienen („Auftragsdatenverarbeitung – Anforderungen nach § 11 BDSG"[27]).

---

[25] Art. 4 Nr. 10 DS-GVO.
[26] Entscheidung der Kommission v. 15.6.2001 hinsichtlich Standardvertragsklauseln für die Übermittlung personenbezogener Daten in Drittländer nach der Richtlinie 95/46/EG (ABl. Nr. L 181 S. 19).
[27] S. www.lda.bayern.de.

4. Einbindung der Datenschutzaufsicht

96   Vor Beginn einer Untersuchung sollte auch die Einbindung der Datenschutzaufsicht diskutiert werden. Nach deutschem Recht ist dies nicht notwendig, da bereits der Datenschutzbeauftragte gem. § 4g Abs. 1 Satz 1 BDSG vorrangig auf die Einhaltung des Bundesdatenschutzgesetzes und anderer Vorschriften über den Datenschutz „hinwirkt". Bei Fällen, die öffentlichkeitswirksam sind, kann aber eine frühzeitige Einbindung der zuständigen Datenschutzaufsichtsbehörde sinnvoll sein, auch weil damit Fragen bzw. Zweifel in der Belegschaft, insbes. bei betroffenen Personen, in Bezug auf ein transparentes und datenschutzkonformes Vorgehen ausgeräumt werden können.

97   Ungeachtet dessen hat der Beauftragte für den Datenschutz während des gesamten Verlaufs einer Untersuchung das Recht, sich von der Datenschutzaufsicht beraten zu lassen, insbes. wenn ihm bei der Vorabkontrolle Zweifel in Bezug auf die Umsetzung der gesetzlichen Anforderungen kommen (Art. 36 DS-GVO).

98   Anders ist die rechtliche Situation, wenn mehrere Länder betroffen sind. Hier ist jeweils zu prüfen, welche Vorgänge an die (Datenschutzaufsichts-)Behörden gemeldet werden müssen bzw. in welchen Fällen eine Zustimmung von Behörden, zB in Bezug auf eine Datenübermittlung, notwendig ist. Als Beispiele sollen hier nur die aktuellen Rechtsvorschriften in Österreich und Spanien genannt werden. Durch die DS-GVO wird es hier aber – wenigstens im EU-Raum – zu einer Harmonisierung der Abläufe und zu einem weitgehenden Wegfall von Meldepflichten kommen.

99   Da es Betroffenen freisteht, sich mit Fragen oder Beschwerden direkt an die Aufsichtsbehörden zu wenden, wird in einigen Fällen der Kontakt sowieso zustande kommen. Gerade auch aus diesem Grund ist eine vollständige und detaillierte Dokumentation des gesamten Prozesses notwendig.

5. Vorbereitung der Datensammlung

100   Zweck einer Untersuchung ist immer die Aufklärung eines bestimmten Sachverhalts. Natürlich ist damit in den meisten Fällen auch die Feststellung der Schuld oder Unschuld einer oder mehrerer Personen verbunden. Wie schon mehrfach erwähnt, ist das „wer macht was, wann, wo und wie" zu dokumentieren. Ein abgestimmtes Vorgehen aller internen und externen Beteiligten, die jeweilige Verantwortung für einen Schritt und das Aussprechen von Weisungen, vor allen Dingen an Auftragsdatenverarbeiter, sind essentiell. Ansonsten kann es dazu führen, dass beispielsweise Daten bei oder von Betroffenen bewusst oder unbewusst vor einer Datensammlung gelöscht werden, oder im Nachhinein gegenüber Behörden oder Gerichten nicht nachgewiesen werden kann, ob Daten verfälscht oder nur unzureichend erfasst wurden.

101   Nicht zuletzt birgt eine Datensammlung – etwa durch das sogenannte Spiegeln von Festplatten oder Kopieren von E-Mails aus Postfächern – und die damit verbundene Speicherung auf einem anderem Medium, immer ein zusätzliches Risiko des Datenverlusts, das zu minimieren ist. Sensible personenbezogene Daten, aber auch andere sensible Informationen die mit der spezifischen Untersuchung im engeren Sinne nichts zu tun haben, können sich im Datenbestand befinden. Eine Kontrolle liegt damit nicht nur im Interesse der Betroffenen, sondern auch im Interesse des Unternehmens und anderer eigentlich unbeteiligter Personen. Frühzeitig muss deshalb festgelegt werden, wann welche Daten gelöscht werden sollen. Je nach Fallkonstellation kann dies zB nach Zweckerreichung oder nach einem definierten Fristablauf erfolgen.

IV. Durchführung der Untersuchungen

1. Technische und organisatorische Maßnahmen

Vor Beginn der eigentlichen Untersuchung müssen bestimmte datenschutzrechtliche Vor- **102** gänge abgeschlossen sein, beispielsweise datenschutzkonforme Verträge mit externen Dienstleistern. Bei der Durchführung der Untersuchung selbst tritt die Umsetzung und die Kontrolle der definierten Maßnahmen in den Vordergrund, aus Datenschutzsicht besonders die Umsetzung der technischen und organisatorischen Maßnahmen (Art. 25 und Art. 32 Abs. 1 DS-GVO).

Die einzelnen Maßnahmen selbst sind in der DS-GVO nicht näher definiert, müssen **103** allerdings dem Stand der Technik entsprechen. Nicht nur aus datenschutzrechtlichen Aspekten bietet sich an, alle gesammelten Daten an einem Ort zu speichern bzw. zu verarbeiten und Verschlüsselungstechniken zu nutzen (Art. 32 Abs. 1a DS-GVO). Der Zugang zu den Daten sollte sehr restriktiv vergeben werden, und alle Beteiligten müssen – wenn nicht schon geschehen – auf Vertraulichkeit und Verschwiegenheit verpflichtet werden.

Müssen Daten mit Personenbezug übermittelt oder transportiert werden, hat dies na- **104** türlich ebenfalls verschlüsselt zu erfolgen. Sollte in bestimmten Fällen auch eine Speicherung von personenbezogenen Daten auf lokalen Systemen notwendig sein, so sind auch dort Maßnahmen vorzusehen, zB eine Festplattenverschlüsselung. Darüber hinaus sind klare Anweisungen notwendig, wann diese Daten auf dem lokalen System gelöscht werden müssen. Sofern schutzwürdige Interessen der Betroffenen einer Löschung entgegenstehen, sind alternativ klare Anweisungen für eine Sperrung aufzustellen und diese technisch zu realisieren.[28]

Durch eine Protokollierung aller Zugriffe auf besonders sensible Datenbestände kann **105** ein möglicher Missbrauch zwar nicht vermieden, aber leichter aufgedeckt werden. Die Regeln dafür sollten natürlich auch bereits in der Vorphase der Untersuchung erstellt und mit allen Beteiligten abgestimmt sein.

2. Exkurs: Besondere Gruppen von Betroffenen

Aus anderen Rechtsvorschriften können sich Beschränkungen einer Untersuchung auf **106** den Kreis von Betroffen ergeben. Grund hierfür können zum einen die Funktion eines Betroffenen innerhalb des Unternehmens, beispielsweise Mitglieder des Betriebsrates, der Jugend- und Ausbildungsvertretung, der Datenschutzorganisation etc, zum anderen berufs- und standesrechtliche Vorgaben sein, zB für betriebsärztliche Dienststellen, Rechtsanwälte oder Mitarbeiter der Sozialberatung.

Es gibt aber noch weitere Gründe, die den uneingeschränkten Zugriff auf Daten von **107** Betroffenen nicht zulassen, ua etwa wenn Mitarbeiter dem Geheimschutzverfahren in der Wirtschaft unterliegen und somit Bezug zu sogenannten staatlichen „Verschlusssachen" haben.

Bei internationalen Projekten sind zusätzlich auf zwischenstaatlicher Ebene vereinbarte **108** Regelungen zu beachten. Diese können bei dem für das Geheimschutzverfahren federführenden Bundesministerium (zB für Unternehmen der gewerblichen Wirtschaft das BMWi – Bundesministerium für Wirtschaft und Energie) oder dem Sicherheitsbevollmächtigten des Unternehmens erfragt werden.

---

[28] Sperrung ist nach § 3 Abs. 4 S. 2 Nr. 4 BDSG die Kennzeichnung der Daten, um die Verarbeitung oder Nutzung einzuschränken.

109 | **Hinweis:**
Da zu Beginn der Untersuchung der Kreis der Betroffenen oft noch nicht festgelegt werden kann, sollte vor der Datensammlung bei jedem Betroffenen eine Klärung der Einzelsituation erfolgen.

V. Abschluss der Untersuchungen

110 Grundsätzlich kann dieser Projektabschnitt in zwei Phasen untergliedert werden: Zum einen in die Phase, in der die ursprünglichen Zwecke der Untersuchung, insbes. Datensammlung und Analysen, als abgeschlossen angesehen werden können und in die Phase bis zum tatsächlichen Projektende, insbes. nach Ablauf von Einspruchs- und Verjährungsfristen. Für diese beiden Phasen stellt sich die Frage, wann und wie die bestehende Datenbestände einer Sperrung, Anonymisierung oder gar Löschung zugeführt werden können.

111 Ausgangspunkt hierfür ist die Vorgabe, dass Datenbestände nicht zweckfrei erhoben, verarbeitet und genutzt werden dürfen – das Verbot mit Erlaubnisvorbehalt wird eben nicht ein für alle Mal durch einen Erlaubnistatbestand beseitigt, sondern auch in zeitlicher Hinsicht nur so lange, wie der Umgang mit personenbezogenen Daten noch erforderlich ist. In der DS-GVO ist in Art. 17 das „Recht auf Vergessenwerden" festgeschrieben. Anders als im BDSG fehlt aber eine Definition des Begriffs Löschung in den Begriffsbestimmungen des Art. 4 DS-GVO. Vom Grundsatz her sind aber die Vorgaben des BDSG auch unter der DS-GVO gültig. Demgemäß bestimmt § 35 Abs. 2 BDSG, dass personenbezogene Daten grds. jederzeit gelöscht werden können[29]; sie sind verpflichtend zu löschen, wenn
– die Speicherung unzulässig ist,
– bei bestimmten sensiblen Daten die Richtigkeit nicht von der verantwortlichen Stelle bewiesen werden kann,
– bei der Verarbeitung für eigene Zwecke die Kenntnis der Daten für die Erfüllung des Zwecks der Speicherung nicht mehr erforderlich ist sowie
– eine nach Ablauf bestimmter Fristen vorgeschriebene Prüfung ergibt, dass eine fortdauernde Speicherung von geschäftsmäßig zum Zweck der Übermittlung verarbeiteten Daten nicht mehr erforderlich ist.

112 In diesem Zusammenhang gilt es den Kontext zu würdigen, dh der Gesetzgeber hat die Löschung in § 35 BDSG konkretisiert und in den Abschnitt „Rechte des Betroffenen" integriert. Somit sind datenschutzrechtliche Grundprinzipien (zB Datensparsamkeit) auch mit den Rechten/Interessen der Betroffenen in Einklang zu bringen, da nach einer Löschung auch Belege für die „Unschuld" eines Betroffen unwiederbringlich vernichtet würden.

113 Die zwei wichtigsten Tatbestände zur Datenlöschung sind § 35 Abs. 2 S. 2 Nr. 1 BDSG bei jetzt unzulässiger Speicherung und Nr. 3 bei endgültiger Zweckerreichung.

114 Nr. 1 stellt auf die derzeitige Lage ab, so dass nicht entscheidend ist, ob die Erhebung zulässig war, sondern nur, ob aktuell für die Speicherung eine Einwilligung vorliegt oder ein gesetzlicher Erlaubnistatbestand erfüllt ist. Als Beispiele können hier etwa die Löschung von Daten nach widerrufener Einwilligung angeführt werden. War die Speicherung zunächst unzulässig, zB wegen fehlender Beteiligung der Mitarbeiterbeteiligung, und liegt diese nunmehr vor, so besteht aber keine Löschungsverpflichtung.

---

[29] Das gilt nicht, wenn die Löschung durch Aufbewahrungspflichten verhindert wird oder schutzwürdige Belange von Betroffenen beeinträchtigen würde. § 35 Abs. 2 S. 1 BDSG verweist insoweit auf Abs. 3 Nr. 1 und 2.

Nr. 3 ist auf Daten beschränkt, die ursprünglich zu eigenen Geschäftszwecken erhoben 115
worden sind. Ist die Kenntnis dieser Daten nicht mehr erforderlich, weil der ursprüngliche Zweck der Verarbeitung erreicht worden ist oder nicht mehr erreicht werden kann, so sind die Daten zu löschen. Dies trifft beispielsweise zu auf die Daten erfolgloser Bewerber (nach Ablauf einer etwaigen Klagefrist nach dem AGG) oder der Arbeitnehmerdaten nach Beendigung des Arbeitsverhältnisses, zumindest soweit diese nicht mehr benötigt werden (zB Betriebsrente).

Unter Löschung ist nach § 3 Abs. 4 S. 2 Nr. 5 BDSG das Unkenntlichmachen zu ver- 116
stehen, mit der Folge, dass kein Rückgriff mehr möglich ist (zB Überschreiben der Daten oder Vernichtung der Datenträger). An die Stelle der Löschung kann aber auch eine Sperrung der Daten[30] treten, sofern Aufbewahrungsfristen[31] eine Speicherung erfordern, schutzwürdige Betroffeneninteressen der Löschung entgegenstehen oder die Löschung einen unverhältnismäßigen Aufwand erfordern würde.

Im Rahmen einer Compliance-Untersuchung hängt die Löschung von vielen Faktoren 117
ab. Je nach Stand der Untersuchung kann eine Löschung durchzuführen sein, sofern ein Vorwurf nicht glaubwürdig ist, Datensätze für eine Aufklärung nicht erforderlich sind, sich der Verdacht nicht erhärtet oder schließlich die Untersuchung abgeschlossen ist.

Nicht zuletzt sind Erkenntnisse aus Untersuchungen aber aufzubewahren, wenn und 118
soweit sie für strafrechtliche oder zivilrechtliche Auseinandersetzungen oder Aufgaben von Behörden von Relevanz sein können – hier zeigt sich zugleich die Notwendigkeit der Differenzierung, denn eine Aufbewahrung der gesamten Datenbestände lässt sich etwa nicht damit rechtfertigen, dass noch ein Rechtsstreit anhängig ist, wenn dieser Rechtsstreit allein sich über Jahre hinzieht, aber nur einen Randaspekt betrifft oder ohne die ursprünglichen Rohdaten/personenbezogenen Daten weitergeführt und abgeschlossen werden könnte.

Weiterhin können bestimmte Pflichten einschlägig sein, die einer Löschung entgegen- 119
stehen, etwa § 50 Abs. 2 BRAO, wonach der Rechtsanwalt die Handakte fünf Jahre aufzubewahren hat.

In der praktischen Umsetzung empfiehlt sich, von Beginn der Untersuchung an ent- 120
sprechende Prozesse, Prüfzeitpunkte und Methoden festzulegen, um Datenbestände zu klassifizieren und in angemessenen Abständen darüber entscheiden zu können, ob die weitere Aufbewahrung legitimiert ist, Sperrkennzeichen zu setzen sind oder die Löschungsreife erreicht ist.

Hinweis: 121

Bis zum tatsächlichen Abschluss der Untersuchung, also nach Ablauf etwaiger gesetzlicher Einspruchs- und Verjährungsfristen, sollte unter Wahrung der Interessen des Betroffenen, eine Sperrung von Datensätzen technisch und organisatorisch realisiert werden. Zum tatsächlichen Abschluss der Untersuchung bedarf es einer Löschung der Datenbestände.

VI. Rechte der Betroffenen

Die Rahmenbedingungen zum Ablauf einer Untersuchung sind so festzulegen, dass zu 122
jeder Zeit sichergestellt werden kann, dass die Rechte der Betroffenen eingehalten werden. Im Wesentlichen sind dies die Benachrichtigung des Betroffenen (Art. 12 DS-GVO), Auskunft an den Betroffenen (Art. 13 und 14 DS-GVO) und Berichtigung, Löschung und Sperrung von Daten (Art. 16 ff. DS-GVO).

---

[30] Sperrung ist nach § 3 Abs. 4 S. 2 Nr. 4 BDSG die Kennzeichnung der Daten, um die Verarbeitung oder Nutzung einzuschränken.
[31] Diese können sich insbes. aus dem Handels- oder Steuerrecht ergeben, vgl. etwa § 147 Abs. 3 AO.

123 Mit der Einführung der DS-GVO werden diese Rechte vom Grundsatz her zwar nicht erweitert, aber die formalen Anforderungen im Hinblick auf Inhalte und Fristen sehr genau festgelegt.

124 Das datenschutzrechtliche Prinzip der Transparenz orientiert sich am „Lebenszyklus" der Daten und den Umständen der Erhebung. Grundsätzlich sollte der Betroffene bei der Erhebung direkt beteiligt werden und insbes. die Einwilligung des Betroffenen freiwillig und informiert erfolgen. Dies umfasst Informationen über den Zweck der Erhebung, Verarbeitung und Nutzung sowie Hinweise auf Folgen der Verweigerung der Einwilligung bzw. Informationen zum Widerruf.

125 Nicht immer kann eine Datenerhebung unter Mitwirkung des Betroffenen erfolgen. Damit auch hierbei das Transparenzgebot berücksichtigt wird, hat der Gesetzgeber den Handlungsrahmen in Art. 14 DS-GVO vorgegeben:

126 Werden erstmalig personenbezogene Daten für eigene Zwecke ohne Kenntnis des Betroffenen gespeichert, ist der Betroffene von der Speicherung, der Art der Daten, der Zweckbestimmung und der Identität der verantwortlichen Stelle zu benachrichtigen und je nach den Umständen des Einzelfalles auch über die Kategorie von Empfängern zu unterrichten, sofern der Betroffenen nicht mit der Übermittlung an diese rechnen muss.

127 Nur durch dieses Transparenzgebot kann der Betroffenen in die Lage versetzt werden, seine Rechte auch wahrzunehmen.

128 Allerdings sieht Art. 14 Abs. 5 weitreichende Ausnahmen von der Benachrichtigungspflicht vor, ua sofern der Betroffene auf andere Weise Kenntnis von der Speicherung oder Übermittlung erlangt hat oder die Speicherung oder Übermittlung durch ein Gesetz vorgesehen ist. Es ist zu empfehlen, die in § 33 Abs. 2 BDSG genannten Dokumentationspflichten auch im Rahmen der DS-GVO beizubehalten.

129 | **Hinweis:**
     | Zu Beginn der Untersuchung legt die verantwortliche Stelle fest, unter welchen Voraussetzungen von einer Benachrichtigung des Betroffenen abgesehen wird und prüft und aktualisiert dies bei wesentlichen Änderungen im Verfahrensablauf.

130 Um Irritationen zu vermeiden, sollte ein Standardprozess definiert werden, wie mit Anfragen von Betroffenen umzugehen ist. Nur so lässt sich sicherstellen, dass der Auskunftsberechtigte sicher identifiziert wird, nicht unterschiedliche Auskünfte erteilt und die gesetzlichen Anforderungen an eine Auskunft eingehalten werden. Dieser sollte eng mit dem Datenschutzbeauftragten und dem Compliance-Officer abgestimmt werden.

131 | **Hinweis:**
     | Falls wesentliche Interessen des Unternehmens betroffen sind, kann das Auskunftsrecht verweigert oder eingeschränkt werden. Dies ist zB dann der Fall, wenn Beweismittel vernichtet werden können oder durch eine Auskunft das Ziel der Untersuchung nicht erreicht werden kann. In diesen Fällen ist der Grund der Auskunftsverweigerung zu dokumentieren und es wird dringend empfohlen, den Datenschutzbeauftragten hinzuzuziehen.

VII. Auslandsberührung

132 Wie bereits erwähnt weist eine Untersuchung oftmals auch Bezugspunkte zu anderen Staaten auf – etwa weil relevante Projekte grenzüberschreitend abgewickelt wurden oder Mitarbeiter ausländischer Niederlassungen oder Tochtergesellschaften über Wissen und Informationen verfügen, die für die Untersuchung von Bedeutung sein können. Die Dar-

stellung aller denkbaren Problemkreise würde den Rahmen dieses Werkes sprengen. Auf einige wesentliche Aspekte sei jedoch dennoch hingewiesen:

Es liegt auf der Hand, dass bei einem grenzüberschreitenden Bezug andere Rechtsord- **133** nungen mit oftmals eigenen Datenschutzvorgaben berührt sind – sei es in Form eigenständiger Datenschutzgesetze oder zumindest in der Form, dass aus der Verfassung oder aus anderen Gesetzen datenschutzrelevante Regelungen ableitbar sind oder solche von der Rechtsprechung entwickelt wurden. Dieser Rahmen ist zu ermitteln und zu beachten, und der Aufwand dafür kann beträchtlich sein. Auch innerhalb der Europäischen Union kann darauf nicht verzichtet werden. Zwar gibt es europäische Richtlinien zum Datenschutz[32], aber Richtlinien sind zunächst durch alle Mitgliedsstaaten in nationales Recht umzusetzen, was zu voneinander abweichenden Regelungen innerhalb der Mitgliedsstaaten führt. Zudem werden die nationalen Regelungen wiederum unterschiedlich ausgelegt und angewandt. Auch die DS-GVO wird hier keine wesentliche Erleichterung bringen, da in Bezug auf den Beschäftigtendatenschutz keine expliziten Regelungen vorgesehen sind, sondern durch Öffnungsklauseln den Mitgliedsstaaten ein eigener Regelungsrahmen eingeräumt wird.

Die Weitergabe von personenbezogenen Daten an Dritte, insbes. auch ausländische **134** Berater, Kanzleien, Behörden und Gerichte, ist ebenso wichtigen Beschränkungen unterworfen. Greifen nicht enge Ausnahmen (vgl. dazu Art. 44 ff. DS-GVO), so setzt die Übermittlung voraus, dass bei der die Daten empfangenden Stelle ein angemessenes Datenschutzniveau gewährleistet ist. Faktisch besonders bedeutsam ist hier, dass die USA aus Sicht der Europäischen Union kein solches Schutzniveau aufweisen. Eine Klärung der Rahmenbedingungen ist deshalb vor allem bei der Beteiligung von Staaten außerhalb der Europäischen Union dringend angeraten.

Manche Staaten kennen schließlich auch gesetzliche Regelungen (sog. „**Blocking Sta-** **135** **tutes**"[33]), die Wirkungen ausländischer Rechtsvorschriften auf ihrem Territorium verhindern oder zumindest einschränken sollen. Hier kann es häufig zu widersprüchlichen Anforderungen kommen, denen sich ein Unternehmen in unterschiedlichen Staaten ausgesetzt sieht – etwa eine vor einem US-Gericht beklagte Bank, die sich auf das Bankgeheimnis in ihrem Herkunftsstaat berufen will. Frankreich und die Schweiz[34] haben solche spezifisch auf den Ausschluss extraterritorialer Einwirkungen gerichtete Bestimmungen.

VIII. Praktische Hinweise

> – Compliance Untersuchungen ohne Datenschutzbezug sind zwar theoretisch möglich, in **136** unserer digitalen Welt aber praktisch nicht vorstellbar.
> – Die Einbindung des betrieblichen Datenschutzbeauftragten ist deshalb vom Gesetz her immer notwendig.
> – Die Einbindung der Arbeitnehmervertretung ist immer sinnvoll, beim Einsatz von forensischer Software sogar notwendig.
> – Die Einbindung von Datenschutzaufsichtsbehörden sollte fallweise entschieden werden.
> – Bei der Einbindung von Dritten sind die einschlägigen gesetzlichen Regelungen in Bezug auf eine Auftragsdatenverarbeitung zu beachten.

---

[32] Va die Richtlinie 95/46/EG des Europäischen Parlaments und des Rates v. 24.10.1995 zum Schutz natürlicher Personen bei der Verarbeitung personenbezogener Daten und zum freien Datenverkehr (ABl. Nr. L 281 S. 31).
[33] S. → B.III.
[34] §§ 201, 203 schweizerisches StGB.

- Klare und transparente Regeln und Prozesse, insbes. in Bezug auf den Umgang mit personenbezogenen Daten, erhöhen die Akzeptanz bei allen Betroffenen und sonstigen Beteiligten.
- Untersuchungen sollten – wann immer möglich – auf einen gesetzlichen Erlaubnistatbestand gestützt werden; eine Einwilligung kann jederzeit widerrufen werden bzw. wird von
  Gerichten im Beschäftigungsverhältnis kritisch gesehen.
- Der Speicherort der Daten muss bekannt sein; nur so kann gewährleistet werden, dass fest-
  gelegte Fristen für Pseudonymisierung, Anonymisierung und Löschung eingehalten werden.
- Allen Beteiligten muss klar sein, dass die Daten nur für den Zweck der Untersuchung genutzt werden dürfen und der Umgang mit Zufallsfunden ist zu regeln. Vorhandene Daten
  wecken Begehrlichkeiten.

J. Zivilprozessuale Geltendmachung von Ansprüchen im Zusammenhang mit internen Compliance Untersuchungen und/oder staatlichen Ermittlungsverfahren

Literatur:
Bauer/Arnold/Kramer, Schiedsvereinbarungen mit Geschäftsführern und Vorstandsmitgliedern, AG 2014, 677 ff.; *Degitz/Schumacher,* Petersberger Schiedstage 2014: Korruption, Geldwäsche und Compliance im Blickpunkt der internationalen Schiedspraxis, SchiedsVZ 2014, 148 ff.; *Fleischer,* Aktienrechtliche Compliance-Pflichten im Praxistest: Das Siemens/Neubürger-Urteil des LG München I, NZG 2014; 321; *Kreindler/Schäfer/Wolff,* Schiedsgerichtsbarkeit Kompendium für die Praxis, 1. Aufl. 2006; *Knieriem, Rübenstahl/Tsambikakis,* Internal Investigations, Ermittlungen im Unternehmen, 1. Aufl, 2013; *Klösel,* Compliance-Berater 2015; 253 ff.; *Leuering,* Organhaftung und Schiedsverfahren, NJW 2014, 657 ff.; *Mehrbrey,* Handbuch Gesellschaftsrechtliche Streitigkeiten, 1. Aufl. 2013; *Münch* in Münchner Kommentar, ZPO, 4. Aufl. 2013; *Rieder/Schoenemann:* Korruptionsverdacht, Zivilprozess und Schiedsverfahren, NJW 2011, 1169 ff.; *Schmidt,* Kartellrecht im Schiedsverfahren – Neuorientierung durch VO 1/2003 und 7. GWB. Novelle?, BB 2006, 1397 ff.; *Schnorbus/Ganzer,* Recht und Praxis bei der Prüfung und Verfolgung von Vorstandsfehlverhalten durch den Aufsichtsrat, Teil I, in WM 2015, 1832 ff., sowie Teil II, in WM 2015, 1844 ff.; *Schwab/Walter,* Schiedsgerichtsbarkeit, 7. Aufl., Kap. 4 II Rn. 4; *Umbeck,* Managerhaftung als Gegenstand schiedsgerichtlicher Verfahren, SchiedsVZ 2009, 143 ff.; *Voith* in Musielak, ZPO, 13. Aufl. 2016, § 1029; § 130; *Woodson,* Befragungen im Unternehmen, ZRF 6/10, 269 ff.

I. Zivilrechtliche Ansprüche – Pflicht oder Kür?

Compliance-Verstöße führen immer häufiger zu Schadensersatzansprüchen Dritter gegen- **1** über der Gesellschaft und den für sie handelnden Organen,[1] aber auch gegenüber Mitarbeitern, Führungskräften und Vertragspartnern (wie Lieferanten, Kunden, Business Partnern). Dabei spielen sowohl Ansprüche innerhalb des Unternehmens als auch der Geschädigten gegen das Unternehmen oder die Schädiger persönlich sowie seitens des Unternehmens gegenüber Dritten eine große Rolle. Prominente Beispiele sind unzählige Verfahren verschiedener Unternehmen, mit denen kartellrechtswidriges Verhalten verfolgt und Schadensersatzansprüche eingetrieben werden, aber auch die derzeit in der Presse diskutierten Verfahren gegen deutsche Unternehmen, die die Diskussion um die Einführung der in den USA üblichen „Class Actions" auch in Europa anheizen.

Vor, während und nach einer internen Untersuchung stellt sich deshalb regelmäßig die **2** Frage, ob und inwiefern das festgestellte Fehlverhalten, sei es von Mitarbeitern, Führungskräften oder seitens des Vorstandes/der Geschäftsführung oder des Aufsichtsrates sowie von Kunden, Lieferanten, Business Partnern usw. auch zivilrechtlich aufzubereiten sei. Hierbei sind verschiedene Themenbereiche von besonderem Interesse.

Zum einen stellen sich rein praktische Fragen. So erfordert die Parallelität mehrerer **3** Zivilverfahren neben oder nachgelagert zu den strafrechtlich relevanten Untersuchungen (häufig intern und extern) von den an der Aufarbeitung involvierten Personen ein hohes Maß an Projektmanagementfähigkeiten. Jedes zivilprozessuale Verfahren bedarf per se schon eines guten Projektmanagements. Übliche Phasen sind die Initiierung, die Planung, die Steuerung/das Monitoring und der Abschluss des Verfahrens. Dies gilt umso mehr, wenn Abhängigkeiten zwischen verschiedenen Verfahren – sei es straf- oder zivilprozessualer Natur – bestehen. Nicht selten stellen sich Fragen des Verjährungsbeginns oder -ablaufs, weil Prozesse parallel laufen, auch wenn noch nicht hinreichende Kenntnisse bezüglich der geltend zu machenden Ansprüche vorliegen. Deshalb sind bei komplexen Sachverhalten die Auswirkungen des Handelns in einem Verfahrensstrang auf die jeweils anderen Verfahren im Auge zu behalten. Denn die Einigung/Anerkennung in einem Verfahrensstrang kann zu erheblichen Nachteilen in anderen Verfahren führen.

---

[1] *Mehrbrey* § 2 Rn. 113.

4 Zum anderen drängen sich je nach Sachverhalt und involvierten Personen im Zusammenhang mit der zivilrechtlichen Aufbereitung idR folgende Fragen auf:
   – Welche Gerichte sind für den jeweiligen Anspruch zuständig?
   – Können oder müssen Ansprüche gegen das Unternehmen und/oder die Verantwortlichen geltend gemacht werden, um mögliche Untreuevorwürfe zB von Aktionären zu verhindern?
   – Kommt es bei der Entscheidung über die Geltendmachung von Ansprüchen zu einer Ermessensreduzierung auf Seiten von Geschäftsführung, Vorstand und/oder Aufsichtsrat? Durch welche Faktoren kann es unter Umständen zu einer Ermessensreduzierung kommen?
   – Wer kann eine derartige Entscheidung treffen oder ist zumindest in die Entscheidung zu involvieren, zB die Hauptversammlung bei der Aktiengesellschaft?
   – Führen umfangreiche interne Untersuchungen zu Nachteilen in zivilprozessualen Verfahren, zB im Hinblick auf Verwirkung, Verjährung oder Präklusion oder gar zu einer Beweislastumkehr?

5 Das folgende Kapitel befasst sich mit Fragen, die im Zusammenhang eines möglichen Zivilprozesses auftreten, nicht aber mit der Geltendmachung von arbeitsvertraglichen Sanktionen, die in → Kapitel D.III. ausführlich behandelt werden oder mit etwaigen materiell-rechtlichen Fragen, die im Rahmen eines Prozesses diskutiert werden. Es soll zum Nachdenken anregen, Antworten auf Fragen für die verschiedensten Fallkonstellationen sind jedoch im konkreten Einzelfall zu erarbeiten. Denn auch wenn die interne Untersuchung belastbare Ergebnisse zu Tage gefördert hat und ggf. mit einer Verurteilung im Strafverfahren endete, bringt die zivilrechtliche Geltendmachung von Ansprüchen erhebliche Unwägbarkeiten mit sich[2].

II. Zuständigkeit der Gerichte

1. Zivilgerichte, Kammern für Handelssachen

6 Gem. §§ 1029 ff. ZPO sind für die Geltendmachung zivilrechtlicher Ansprüche in Deutschland grds. die Zivilgerichte zuständig, soweit nicht ausnahmsweise eine Spezialzuständigkeit gegeben ist oder die entsprechenden Regelungen der ZPO abbedungen sind. Ein Spezialspruchkörper bei den Landgerichten ist die sog. Kammer für Handelssachen, deren Zuständigkeit sich insbesondere aus den §§ 95 ff. GVG ergibt. Die Parteien können also unter bestimmten Voraussetzungen durch eine privatrechtliche Vereinbarung sämtliche oder einzelne Streitigkeiten, die aus einem zwischen den Parteien bestehenden Rechtsverhältnis entstanden sind oder entstehen, der Entscheidung durch ein Schiedsgericht unterwerfen. Insoweit ist relevant, dass nicht nur prozessrechtliche Regelungen, sondern auch Regelungen des materiellen Rechts für die Wirksamkeit einer Schiedsvereinbarung von Bedeutung sind.

7 Diese Regelungen der ZPO beruhen auf dem verfassungsrechtlich verbürgten Justizgewährungsanspruch des Einzelnen. Der Staat darf den Zugang zu seinen Gerichten nur dann versagen, wenn die Parteien dies kraft ihrer privatautonomen Entscheidung vereinbart haben[3] und der Staat sich im Interesse besonders schutzwürdiger Rechtsgüter nicht ein Entscheidungsmonopol vorbehalten hat.[4]

---

[2] Knieriem/Rübenstahl/Tsambikakis/*Gloeckner/Racky*, Kap. 19 Rn. 2
[3] Musielak/Voit/*Voit* ZPO § 1029 Rn. 2.
[4] BT-Drs. 13/5274, 34.

2. Schiedsgerichte

Gem. §§ 1029 ff. ZPO können die Parteien bestimmte schiedsfähige Sachverhalte in die Verantwortung eines oder mehrerer Schiedsrichter überführen. Der Umfang der objektiven Schiedsfähigkeit ist in § 1030 ZPO geregelt. Dementsprechend können vermögensrechtliche Ansprüche immer dann durch Schiedsgerichte entschieden werden,[5] wenn gesetzlich nichts Anderes geregelt ist. Vermögensrechtlich ist ein Anspruch dann, wenn er sich entweder aus Vermögensrechten ableitet oder auf eine vermögenswerte Leistung abzielt.[6] **8**

Zu den Sondervorschriften, die die objektive Schiedsfähigkeit einschränken, zählen unter anderem § 101 ArbGG sowie die Regelungen der §§ 53 Abs. 3 KWG oder 37h WpHG. **9**

Auch wenn die Schiedsgerichtsbarkeit im Zusammenhang mit TTIP verstärkt in die öffentliche Diskussion geraten ist, wird ihre Sinnhaftigkeit insbesondere die der internationalen Handelsschiedsgerichtsbarkeit in der Wirtschaftswelt gleichwohl weitgehend anerkannt. **10**

Bekannte **Schiedsgerichtsinstitutionen** sind zB die Deutsche Institution für Schiedsgerichtsbarkeit e.V. (DIS), der Internationale Schiedsgerichtshof der internationalen Handelskammer (ICC), aber auch die Swiss Arbitration Association (ASA), der London Court of International Arbitration (LCIA) sowie das Internationale Schiedsgericht der Wirtschaftskammer Österreich (VIAC). **11**

In der Fachwelt werden die Vorteile und Nachteile von Schiedsgerichtsverfahren offen angesprochen. **12**

Für die Vereinbarung eines Schiedsgerichtsverfahrens sprechen aus Unternehmenssicht die folgenden Argumente: **13**

Während nach der deutschen ZPO in Deutschland der Grundsatz der Öffentlichkeit von Verfahren gilt (§ 169 GVG) und nur in Ausnahmefällen die Öffentlichkeit ausgeschlossen wird[7] (§§ 171a, 171b, 172 GVG), werden Verfahren vor Schiedsgerichten grds. vertraulich geführt. Somit kann „die Wahrung des Gesichts einzelner" besser gewährleistet werden. Aber auch die Wahrung von Geschäfts- oder Betriebsgeheimnissen kann im Rahmen schiedsgerichtlicher Verfahren eher sichergestellt werden als in einem Verfahren vor den ordentlichen Gerichten. Im Gegensatz zu gerichtlichen Entscheidungen werden Schiedssprüche auch nicht ohne Zustimmung der Parteien publiziert[8]. **14**

Darüber hinaus haben die Parteien größere Freiheiten bei der Ausgestaltung der Verfahren. **15**

Die Parteien können wählen, ob das Schiedsgericht mit einem Schiedsrichter oder drei Schiedsrichtern besetzt ist und auch welche Schiedsrichter ihrer Auffassung nach über die für das konkrete Verfahren erforderliche Expertise verfügen, was häufig auch eine relativ konziliante Streitbeilegung ermöglicht. Da die Parteien idR Interesse daran haben, dass der Konflikt durch Personen entschieden wird, denen sie vertrauen und die eine besondere Sachkunde mitbringen, können sie sowohl Kenner der juristischen als auch aller sonstigen relevanten Fragen bestellen.[9] **16**

Erwähnenswert ist insoweit auch, dass kein Unterschied zwischen staatlich ernannten Richtern und von den Parteien oder den Institutionen benannten Schiedsrichtern idR – zumindest in demokratisch geführten Ländern – im Hinblick auf deren juristische Exper- **17**

---

[5] Musielak/Voit/*Voit* ZPO § 130 Rn. 1; *Schwab/Walter* Kap. 4 II Rn. 4.
[6] MüKoZPO/*Münch* ZPO § 1030 Rn. 13
[7] Über die genaue dogmatische Herleitung eines strafprozessualen Schutzes des Arbeitnehmers wird derzeit kontrovers diskutiert, vgl. *Woodson* ZFRC 6/10, 269 ff.; *Greco/Caracas* NStZ 2015, 7; *Knauer/Gaul* NStZ 2013, 192.
[8] *Bauer/Arnold/Kramer* AG 2014, 677 (684) mit Verweis auf *Leuering* NJW 2014, 657 (658).
[9] *Leuering* NJW 2014, 657 (659).

tise spürbar ist, allenfalls die vertiefte Befassung mit der streitgegenständliche Materie entscheidungsrelevant ist.

18 Im Gegensatz zu zivilrechtlichen Rechtsstreitigkeiten vor staatlichen Gerichten zeichnen sich Schiedsverfahren zudem dadurch aus, dass die Verfahren häufig wegen des fehlenden Rechtsmittel-Instanzenzuges kürzer dauern. Von besonderer Bedeutung ist auch die Tatsache, dass die Vollstreckbarkeit eines Schiedsspruches im Ausland idR aufgrund einer Vielzahl internationaler Verträge, insbes. das New Yorker Übereinkommen über die Anerkennung und Vollstreckung ausländischer Schiedssprüche v. 10. 6. 1958, gewährleistet ist.

19 Als Nachteile der Schiedsgerichtsbarkeit werden neben anderen Punkten im Wesentlichen die hohen Kosten, sowie zum Teil die fehlende Berufungsmöglichkeit gegen einen ergangenen Schiedsspruch angeführt. Eine Zeitverzögerung kann zB dadurch entstehen, dass Schiedsgerichte die Kooperation bzw. Unterstützung durch Gerichte benötigen, was unter Umständen zu Konflikten führen kann (zB Aufhebung eines Schiedsspruches, § 1059 ZPO).

20 Ob und inwiefern diese Vor- oder Nachteile für Streitigkeiten aus und im Zusammenhang mit internen Compliance Untersuchungen oder staatlichen Ermittlungen zum Tragen kommen, hängt von den Umständen des Einzelfalles ab und muss jeweils von den beteiligten Parteien – insbes. auch im Hinblick auf deren Öffentlichkeitswirkung – bewertet werden. Häufig verhält es sich allerdings so, dass zum Zeitpunkt, in dem die Untersuchungen laufen, keine Wahl mehr besteht. Hier ist dann zu prüfen, welches Gericht konkret zuständig ist.

3. Arbeitsgerichte

21 Aus den §§ 101 ff. ArbGG iVm § 2 Abs. 1 Nr. 3, 4 ArbGG ergibt sich eine Spezialzuständigkeit der Arbeitsgerichte für bürgerliche Rechtsstreitigkeiten zwischen Arbeitgebern und Arbeitnehmern aus oder im Zusammenhang mit dem Arbeitsverhältnis. Bei der Beantwortung der Frage der ausschließlichen Zuständigkeit kommt es ganz maßgeblich darauf an, ob es sich bei der in Frage stehenden Person um einen Arbeitnehmer iSd Arbeitsrechts handelt.

22 Fraglich ist daher, ob grds. schiedsfähige vermögensrechtliche Ansprüche, die aber im Zusammenhang mit einem Arbeitsverhältnis stehen, in die Zuständigkeit der Arbeitsgerichte fallen. § 103 Abs. 3 ArbGG sieht vor, dass für arbeitsrechtliche Streitigkeiten, die in den Zuständigkeitsbereich der Arbeitsgerichte fallen, jedenfalls nicht die Zuständigkeit von Schiedsgerichten vereinbart werden kann.

23 Schon bei Abschluss eines Arbeits- oder Anstellungsvertrages ist deshalb zu prüfen, ob und inwiefern die einzustellende Person die im Arbeitsrecht maßgebliche Definition des Arbeitnehmers erfüllt. Falls das nicht der Fall ist, können die Parteien grds. eine geeignete Schiedsklausel aufnehmen, mittels derer sie künftige Streitigkeiten vor den Schiedsgerichten austragen.

24 Es ist zwischenzeitlich anerkannt, dass Ansprüche aus Organhaftung nicht vor einem staatlichen Gericht geltend gemacht werden müssen, sondern objektiv schiedsfähig sind und daher generell Gegenstand einer Schiedsvereinbarung sein können.[10] Gleichermaßen ist anerkannt, dass die Gesellschaft mit dem jeweiligen Organmitglied bereits bei Abschluss des Anstellungsvertrags (oder auch später) eine Schiedsvereinbarung iSd § 1029 ZPO treffen kann.[11] Die Organbeziehung als solche stellt ein ausreichend bestimmtes Rechtsverhältnis dar, auf das sich eine Schiedsvereinbarung beziehen kann.[12]

---

[10] *Leuering* NJW 2014, 657.
[11] *Umbeck* SchiedsVZ 2009, 144.
[12] *Umbeck* SchiedsVZ 2009, 144 *Bauer/Arnold/Kramer* AG 2014, 681

Kritischer hingegen wird nach wie vor die Frage diskutiert, ob und inwiefern Schiedsver- 25 einbarungen Gegenstand einer Satzung sein können. Insoweit wird auch die Auffassung vertreten, dass eine in einer Satzung enthaltene Schiedsklausel nur Streitigkeiten betreffen kann, die nicht aus dem Anstellungsvertrag, sondern aus dem Organverhältnis folgen.[13]

Dies gilt trotz der Tatsache, dass sich die Schiedsfähigkeit an sich nach heutiger 26 Rechtslage auch auf Ansprüche erstreckt, die sich aus dem Organverhältnis ergeben können.[14]

4. Fazit

Das Entscheidungsmonopol der staatlichen Gerichte sowie die daraus resultierende Zu- 27 ständigkeit für unterschiedliche Ansprüche kann dazu führen, dass Ansprüche, die auf ein- und demselben Sachverhalt beruhen, sich aber gegen unterschiedliche Anspruchsgegner richten, vor unterschiedlichen Gerichten geltend gemacht werden (müssen), zB:
- Ansprüche des Unternehmens gegen Mitarbeiter und – soweit die Arbeitnehmereigenschaft iSd ArbGG bejaht wird und keine sonstigen Ausnahmeregelungen einschlägig sind – gegen Führungskräfte, vor den **Arbeitsgerichten,**
- Ansprüche von Geschädigten gegen Mitarbeiter und gegen Führungskräfte vor den **ordentlichen Gerichten** oder – soweit eine Schiedsabrede wirksam vereinbart wurde – vor den **Schiedsgerichten,**
- Ansprüche des Unternehmens oder Dritter gegen Mitglieder der Geschäftsführung/des Vorstandes/des Aufsichtsrates, Lieferanten, Kunden etc vor ordentlichen Gerichten oder – soweit eine Schiedsabrede wirksam vereinbart wurde – vor den **Schiedsgerichten.**

Die unterschiedlichen zivilrechtlichen Zuständigkeiten können zur Folge haben, dass 28 möglicherweise sachlich und rechtlich widersprüchliche Entscheidungen zum gleichen Sachverhalt ergehen. Dies verkompliziert die Sachlage neben der Tatsache, dass das Zivilgericht zudem nicht an Entscheidungen des Strafgerichtes gebunden ist.

Selbst wenn sich die Vertragsparteien bei Abschluss des Vertrages, obwohl sie eine 29 Schiedsklausel hätten vereinbaren können, gegen die Aufnahme einer derartigen Klausel entschieden haben, so steht es ihnen frei, diese auch noch später zu vereinbaren. Gem. § 1029 Abs. 1 ZPO können die Parteien sämtliche oder einzelne, gegenwärtige oder zukünftige Streitigkeiten aus einem bestimmten vertraglichen oder nichtvertraglichen Rechtsverhältnis der Entscheidung durch das Schiedsgericht unterwerfen, vorausgesetzt, es gilt nicht der Vorrang der staatlichen Gerichtsbarkeit.

Nicht selten ist es im Zusammenhang mit Ansprüchen, die aus internen Untersuchun- 30 gen oder externen Ermittlungen resultieren, gerade vor dem Hintergrund der Vertraulichkeit des Verfahrens im Interesse beider Seiten, schon vor Beginn eines Rechtsstreits die Zuständigkeit der Schiedsgerichtsbarkeit zu vereinbaren. Dies gilt idR jedoch nicht, wenn ein Dritter Geschädigter ist.

III. Durchsetzung von Ansprüchen und Ermessensspielraum

Sofern die interne Untersuchung zu dem Ergebnis kommt, dass dem Mitarbeiter oder 31 einem Dritten ein Fehlverhalten nachgewiesen werden kann, ist die Einleitung zivilrechtlicher Ansprüche zu prüfen.[15]

Lange Zeit dominierte im Zusammenhang mit der Verfolgung zivil- und strafrechtli- 32 cher Ansprüche aus Compliance-Sachverhalten der Spruch „Die Kleinen werden gehängt,

---

[13] *Bauer/Arnold/Kramer* AG 2014, 681.
[14] *Bauer/Arnold/Kramer* AG 2014, 681.
[15] S. hierzu auch → Kapitel G.VI.7.

die Großen lässt man laufen"[16] die Presse. Landläufig ging man davon aus, dass Unternehmen lediglich dann aktiv werden, wenn „normale" Mitarbeiter betroffen wären, nicht jedoch, wenn leitendes Personal Ansprüchen ausgesetzt wären. Doch diese Sichtweise hat sich geändert.

33   Spätestens seit der ARAG/Garmenbeck Entscheidung des BGH[17] steht fest, dass der Aufsichtsrat einer Gesellschaft verpflichtet ist, Ansprüche gem. § 93 AktG gegen Vorstandsmitglieder zu verfolgen, wenn nicht ausnahmsweise überwiegende Gründe des Gemeinschaftswohls gegen eine gerichtliche Geltendmachung sprechen. Auch iRd § 93 Abs. 2 AktG ist der Schadensbegriff der §§ 249 ff. BGB maßgeblich.[18] Die Darlegungs- und Beweislast hinsichtlich des Eintritts und der Höhe des entstandenen Schadens liegt bei der Gesellschaft.[19] Welche Schadensposten bei Compliance-Pflichtverletzungen erstattungsfähig sind, wird im Schrifttum erst ansatzweise diskutiert.[20]

34   Diese Entscheidung, die vor dem Hintergrund aktienrechtlicher Besonderheiten getroffen wurde, steigert jedoch nicht nur die Bereitschaft der Aufsichtsratsmitglieder, sondern auch die der Unternehmen, ihrer Geschäftsführer oder Vorstandsmitglieder, die entsprechenden handelnden Personen, unabhängig von ihrer Eigenschaft als Mitarbeiter, leitende Angestellte oder gar in ihrer Organstellung für deliktisches oder strafrechtliches Verhalten in Anspruch zu nehmen.

35   Auch das im Jahr 2014 ergangene Urteil gegen einen ehemaligen Vorstand der Siemens AG,[21] hat in der Wirtschaftspresse große Aufmerksamkeit erlangt. Zwar wurde es in einem anderen Kontext, nämlich des Bekenntnisses zu und der Wahrung von Recht und Gesetz durch die Leitungsorgane eines Unternehmens, erlassen; es ist jedoch davon auszugehen, dass auch die Frage, ob und inwiefern Schadensersatzansprüche von Leitungsorganen eines Unternehmens gegenüber Mitarbeitern oder Dritten verfolgt werden, vor dem Hintergrund dieses Urteils neu bewertet werden. In der Praxis wird der vom BGH entwickelte Maßstab aber auch bei ähnlichern Konstellationen angewendet.[22]

36   Während also in Zeiten vor den großen Compliance-Skandalen zivilrechtliche Ansprüche gegen Mitarbeiter, Organe oÄ eher nicht verfolgt wurden, schlug das Pendel im Nachgang vielfach in die andere Richtung aus. Mehr und mehr häuften sich in den nachfolgenden Zivilverfahren verschiedenste Arten von Ansprüchen, vielfach mit dem Verweis auf andernfalls mögliche Konsequenzen wegen Untreue gegenüber den Unternehmensinhabern/Aktionären. Dies war häufig verbunden mit der Aussage, dass kein Ermessensspielraum bei der Verfolgung zivilprozessualer Ansprüche bestehe. Diese Pauschalaussage lässt sich in der Form jedoch nicht treffen. Vielmehr ist für jeden Einzelfall zu prüfen, ob und ggf. welche Aktivitäten konkret erforderlich bzw. notwendig sind, um sich nicht der Untreue strafbar zu machen. Dies hängt jedoch wie immer bei juristischen Fragestellungen von den Einzelheiten des Sachverhaltes ab und kann nicht pauschal im Vorfeld beantwortet werden.

37   Bei der Abwägung ist auch zu berücksichtigen, dass bei Nichtverfolgung oder Untätigbleiben unter Umständen erhebliche Schadensersatzansprüche von Anlegern gegenüber dem untätigen Unternehmen geltend gemacht werden können. Insbes. bei kapitalmarktrechtlich organisierten Unternehmen, zB Aktiengesellschaften, sind die Interessen der Anleger sowie die Verpflichtung zur Transparenz und Offenlegung im Auge zu behalten. So könnte bspw. ein Aktionär unter Umständen einen Anspruch auf Schadensersatz geltend machen, der zu einem Zeitpunkt Aktien gekauft hat, als das betroffene Unternehmen

---

[16] Spiegel Online v. 3. 4. 2008.
[17] BGHZ 135, 244.
[18] *Fleischer* NZG 2014, 321.
[19] *Fleischer* NZG 2014, 327.
[20] *Fleischer* NZG 2014, 327.
[21] LG München I NZWiSt 2014, 183.
[22] Knieriem/Rübenstahl/Tsambikakis/*Gloeckner/Racky*, Kap. 19 Rn. 23 mwN.

schon eine Ad-hoc-Mitteilung hätte machen müssen und dies schuldhaft unterlassen hat und nicht über die theoretische Möglichkeit des Bestehens des Anspruches informiert hat.

All dies führt jedoch nicht dazu, dass Unternehmen Ansprüche zwingend zu verfolgen 38 haben. Vielmehr verhält es sich so, dass der jeweils Anspruchsberechtigte zu prüfen hat, ob und inwiefern Ansprüche bestehen, ob und inwieweit diese Ansprüche erfolgsversprechend sind und ob und inwieweit gewichtige Gründe gegen eine Geltendmachung sprechen. Dies gilt auch im Hinblick auf die Geltendmachung von Ansprüchen durch den Aufsichtsrat. In vielen Fällen darf und muss der Aufsichtsrat sogar aufgrund des Unternehmensinteresses oder der Treuepflicht der Gesellschaft gegenüber dem Vorstand von einer Regressnahme absehen, ohne dabei seinerseits einen Pflichtverstoß zu begehen.[23] Es empfiehlt sich jedoch, diese Gründe entsprechend zu dokumentieren, um sich und das Unternehmen vor möglichen späteren Inanspruchnahmen zu schützen.

IV. Entscheidungsträger

Je nach Größe und Komplexität eines Unternehmens sowie der Höhe der möglicherweise 39 geltend zu machenden Schäden empfiehlt es sich, sich frühzeitig über eine Entscheidungsmatrix Gedanken zu machen und insbes. zu klären, wer jeweils in die Entscheidungsfindung im Hinblick auf die Schadensgeltendmachung zwingend einzubeziehen ist (zB Vorstand, Aufsichtsrat und Hauptversammlung). Hierbei muss auch bedacht werden, welche Kriterien für eine Entscheidungsfindung von besonderer Bedeutung sind.[24] Dies gilt insbes. auch vor dem Hintergrund der möglichen Verjährung von Ansprüchen gegen Schädiger sowie der teilweise recht komplexen und dementsprechend lange dauernden Abstimmungsprozesse in Unternehmen.

Auch hier ist die entsprechende Dokumentation der Entscheidungsfindung von großer 40 Bedeutung und sollte nicht nachlässig gehandhabt werden.

Auf den ersten Blick scheint dieser Punkt möglicherweise nur für Großunternehmen 41 von Relevanz zu sein. Doch auch in kleineren oder mittleren Unternehmen kann schnell ein Vorwurf gegen die Geschäftsleitung sowohl im Hinblick auf die Wahrung der Organisations- und Aufsichtspflichten als auch im Hinblick auf die mögliche Pflichtverletzungen bei der (fehlenden) Geltendmachung von Schadensersatzansprüchen erhoben werden, die ihrerseits wiederum eine Straftat darstellen könnten.

V. Zivilprozessuale Risiken/Auswirkungen

1. Verjährung

Für den deliktischen vermögensrechtlichen Anspruch gilt mangels gesetzlicher Sonderre 42 geln die regelmäßige Verjährung des § 195 BGB. Nach § 195 BGB verjähren Ansprüche aus unerlaubter Handlung nach drei Jahren.[25] Sie beginnt am Ende des Jahres, in dem der Verletzte vom Schaden und der Person des Ersatzpflichtigen Kenntnis erlangt (§ 199 Abs. 1 BGB).

---

[23] *Schnorbus/Ganzer* WM 2015, 1835 ff.

[24] Ähnl. auch *Schnorbus/Ganzer* WM 2015, 1835: „Schwer zu beurteilen ist, inwieweit es eine Bagatellgrenze gibt, unterhalb derer sich der Aufsichtsrat nicht weiter mit der Verfolgung etwaiger Ansprüche befassen muss. Hier wird im Schrifttum bisweilen angenommen, unterhalb eines Betrages von „wenigen hundert oder tausend Euro" müsse der Aufsichtsrat nicht erst tätig werden" unter Verweis auf *Casper* ZHR 176 (212), 617.

[25] Die regelmäßige Verjährungsfrist beträgt grds. für alle Ansprüche 3 Jahre, soweit keine Sonderregelungen eingreifen. Die regelmäßige Verjährungsfrist gilt damit auch für alle Ansprüche aus dem Arbeitsverhältnis, es sei denn, aus § 197 BGB oder § 852 BGB ergeben sich andere Fristen.

43 Eines der großen Risiken bei der Durchführung von internen Untersuchungen ist deshalb die Frage, wann und zu welchem Zeitpunkt der Geschädigte hinreichend Kenntnis vom Sachverhalt hatte, so dass die Verjährung zu laufen beginnt.

2. Präklusion/Verwertbarkeit von Beweismitteln

44 Im Hinblick auf die im Rahmen einer internen Untersuchung gewonnenen Erkenntnisse wird in der juristischen Fachliteratur teilweise die Auffassung vertreten, dass die Informationen, die zwischen Arbeitnehmer und Arbeitgeber im Rahmen arbeitsvertraglicher Pflichterfüllung ausgetauscht werden, nicht für Zwecke staatsanwaltschaftlicher Ermittlungsverfahren „missbraucht" werden dürfen.[26] Die Aussage sei gerade nicht in strafprozessual zulässiger Weise erlangt worden, und dürfe deshalb quasi als „Früchte des verdorbenen Baumes" von den Behörden nicht verwertet werden.

45 Fraglich ist allerdings, ob dieses Argument möglicherweise im Rahmen eines Zivilprozesses herangezogen werden kann, um der Geltendmachung von Schadensersatzansprüchen den Boden zu entziehen. Nicht zuletzt deshalb sollten für die Durchführung von internen Untersuchungen und die Befragung von Mitarbeitern Prozesse[27] und Verhaltensregeln (**Code of Conduct** für interne Untersuchungen)[28] festgeschrieben und eingehalten werden. Auch empfiehlt es sich, den Mitarbeitern nach Abschluss der internen Untersuchungen, jedoch vor Einleitung arbeitsrechtlicher Maßnahmen nochmals rechtliches Gehör zu gewähren[29].

3. Beweislastumkehr

46 In einem Zivilprozess trägt grds. jede Partei die Beweislast und die Beweisführungspflicht für die tatsächlichen Voraussetzungen der für sie günstigen Vorschriften.[30]

47 Etwas anderes wird jedoch für sog. Organhaftungsansprüche diskutiert. Die Gesellschaft muss lediglich darlegen und gegebenenfalls beweisen, dass der Gesellschaft durch ein möglicherweise pflichtwidriges Verhalten des Geschäftsleiters ein Schaden entstanden ist.[31] Demgegenüber ist es Sache des beklagten Organmitgliedes, seinerseits darzulegen und gegebenenfalls zu beweisen, dass er nicht pflichtwidrig oder schuldhaft gehandelt hat oder dass er mittels eines rechtmäßigen Alternativverhaltens den „gleichen Schaden" hätte herbeiführen können.[32]

48 Bislang gibt es kaum Literatur zur Frage, ob interne Ermittlungen zu beweisrechtlichen Auswirkungen zu Lasten des Unternehmens oder seiner Organe führen. Auch Rechtsprechung von staatlichen Gerichten zu diesem Themenkomplex ist bislang nicht ersichtlich.

49 Erkenntnisse im Zusammenhang von Schiedsverfahren sowie Diskussionen in Fachkreisen lassen allerdings vermuten, dass eine Beweislastumkehr eher als abwegig zu betrachten ist, unter anderem weil ungeschriebene Beweislastumkehrungen Abweichungen von der geltenden Gesetzeslage sind. Darüber hinaus handelt es sich beim Institut der Beweislastumkehr eher um seltene von der Rechtsprechung entwickelte Fallgruppen, die aufgrund von Gerechtigkeits- oder Billigkeitserwägungen entwickelt wurden, unter ande-

---

[26] Über die genaue dogmatische Herleitung eines strafprozessualen Schutzes des Arbeitnehmers wird derzeit kontrovers diskutiert, vgl. *Woodson* ZFRC 6/10, 269 ff.; *Greco/Caracas* NStZ 2015, 7; *Knauer/Gaul* NStZ 2013, 192.

[27] S. hierzu → Kapitel C.II, G.

[28] S. hierzu → Kapitel G.V.

[29] S. hierzu → Kapitel D.III.

[30] *Leuering* NJW 2014, 657 (659).

[31] *Leuering* NJW 2014, 657 (659).

[32] *Leuering* NJW 2014, 657 (659).

rem, weil der jeweils Beweispflichtige aus seiner Situation heraus geradezu untergeordnete Kenntnisse hat, zB in den Fällen der Produkthaftung, der Arzthaftung oder allgemeiner Berufshaftung, und ihm der Antritt des Beweises nahezu unmöglich ist.

Gerade diese Billigkeits- oder Gerechtigkeitserwägungen sind allerdings in der konkreten Fallkonstellation nicht gegeben. Der Schädiger selbst verfügt idR auch nach Durchführung von internen Ermittlungen durch das Unternehmen nach wie vor über Kenntnisse, die er gegenüber dem Unternehmen nicht offengelegt hat, so dass sich eher das Unternehmen in einem Nachteil befindet und nicht der Schädiger. Etwas anderes ergibt sich auch nicht, wenn der Schädiger nicht im gleichen Unternehmen beschäftigt ist wie der Geschädigte. 50

4. Schiedsfähigkeit von Ansprüchen im strafprozessualen Kontext

Neben der grundsätzlichen Frage, ob Schiedsgerichte zuständig sein können,[33] sowie der Frage nach der objektiven Schiedsfähigkeit stellen sich im strafprozessualen Kontext die weiteren Fragen, ob derartige Sachverhalte ausschließlich wegen ihres strafrechtlichen Kontextes ausnahmsweise doch nicht schiedsfähig sind und ob Schiedsgerichte bereit sind, sich mit derartigen Themenkomplexen auseinanderzusetzen, oder etwaige Angriffsflächen vermeiden möchten. 51

Auch wenn vermögensrechtliche Ansprüche (§ 1030 Abs. 1 ZPO) grds. schiedsfähig sind, soweit sich nicht gemäß § 1030 Abs. 3 ZPO aus anderweitigen gesetzlichen Vorschriften zu beachtende Spezialvorschriften ergeben, ist jeweils konkret zu prüfen, ob der jeweilige geltend gemachte Anspruch per se wirklich vermögensrechtlicher Natur ist und ob es Spezialvorschriften gibt, die eine Schiedsfähigkeit behindern. 52

Ein solches Hindernis könnte sich bspw. ergeben, wenn der Anspruch im Zusammenhang mit einem per se rechtswidrigen Vertrag und einer darin befindlichen Schiedsklausel geltend gemacht wird oder der geltend gemachte Anspruch aus einem per se wirksamen Vertrag, also zum Beispiel einem Arbeits- oder Anstellungsvertrag, geltend gemacht werden, der Anspruch selbst aber auf einem rechtswidrigen Verhalten des Schädigers beruht. 53

Schon vor über 50 Jahren wurde die Frage, wie ein Schiedsgericht vorgehen soll, wenn ein Vertrag möglicherweise oder gar offenkundig rechtwidrig ist, womöglich erstmalig schwerpunktartig erörtert,[34] gleichwohl haben rechtswidrige Verträge und Vertragsanbahnungen im Zusammenhang mit der Schiedsgerichtsbarkeit in den letzten Jahrzehnten nur sporadisch eine Würdigung erfahren. Diskutiert wurde bspw. ob deliktische Ansprüche, insbesondere kartellrechtliche Schadensersatzansprüche eine vertragliche Streitigkeit darstellen. Auch wurde diskutiert, ob die Rechtswidrigkeit eines Vertrages auf die Wirksamkeit einer Schiedsabrede durchschlägt. Dies wurde bislang überwiegend verneint. 54

Dies steht auch in Einklang mit der allgemein gültigen Auffassung, dass Schiedsvereinbarungen weit auszulegen sind. Aus dem Grundsatz der schiedsfreundlichen Auslegung folgt, dass auch deliktische Ansprüche, die sich tatbestandlich mit dem Organhaftungsanspruch oder dem Anspruch wegen Verletzung des Anstellungsvertrages decken, von der Schiedsklausel erfasst werden.[35] Selbst wenn in einem Schiedsverfahren der Verdacht aufkommt, dass ein streitiger Vertrag Berührungspunkte zu Korruption aufweist, insbes. dass er unter dem Einfluss von Korruption oder in der Absicht korruptiver Handlungen zustande gekommen ist, berührt dies die Zuständigkeit eines Schiedsgerichtes regelmäßig nicht.[36] 55

---

[33] S. hierzu → Kapitel J.II.2.
[34] *Kreindler* S. 15 ff.
[35] *Umbeck* SchiedsVZ 2009, 144 (148).
[36] *Rieder/Schoenemann* NJW 2011, 1169 (1172).

56 Bis heute aber gibt es keine nachhaltigen oder gewichtigen Hinweise darauf, dass die Schiedsfähigkeit derartiger Ansprüche angezweifelt werden würde oder Schiedsgerichte eine Zuständigkeit ablehnen würden.

5. Befragung von Personen

57 Im Rahmen der Befragung von Beschuldigten und Zeugen im Zuge von internen Untersuchungen sollte von den verantwortlichen Personen daran gedacht werden, dass etwaige Befragungen nicht nur unter dem Blickwinkel des Abschlusses der internen Untersuchungen sowie des Nachweises etwaiger strafrechtlicher Ergebnisse vorgenommen werden. Vielmehr sollte stets auch im Auge behalten werden, ob und wie derartige Aussagen in einem möglichen zivilrechtlichen Folgeprozess verwendet werden könnten. Dabei ist auch der jeweilige Empfängerhorizont, sprich das jeweils für eine Entscheidung möglicherweise zuständige Gericht, zu berücksichtigen.

58 Gerade Fragen im Hinblick auf den zivilrechtlich nachzuweisenden Sachverhalt, konkrete mögliche Ansprüche und die diesbezügliche Beweislast sind sorgfältig im Vorfeld zu überdenken, entsprechend aufzubereiten und zu diesem Zeitpunkt und auch später hinreichend zu dokumentieren. Dies gilt umso mehr als im zivilrechtlichen Rechtsstreit vielfach nicht mehr auf die befragten Personen zurückgegriffen werden kann, sondern lediglich auf die erstellten Dokumentationen.

59 So vom Unternehmen die Entscheidung getroffen wird, dass im Rahmen interner Untersuchungen von einer für einen Zivilprozess geeigneten Dokumentation Abstand genommen wird, sind der Unternehmensleitung die Vor- und Nachteile dieser Entscheidung im Vorfeld zu verdeutlichen und von dieser eine entsprechende Entscheidung einzuholen.

VI. Fazit

60 Die im Zusammenhang mit der Geltendmachung von zivilrechtlichen Ansprüchen vor staatlichen Gerichten oder Schiedsgerichten zu diskutierenden Fragen sind rechtlich spannend und im Hinblick auf den einen oder anderen Punkt nach wie vor fließend.

61 Vor, während oder nach internen Untersuchungen ist deshalb die etwaige Geltendmachung zivilrechtlicher Ansprüche vor staatlichen Gerichten oder Schiedsgerichten im Auge zu behalten, damit hinreichend Grund für die Geltendmachung gelegt wird und die Unternehmensleitung oder die von ihr beauftragten Funktionen in der Lage sind, eine entsprechende Entscheidung für oder gegen die Geltendmachung von zivilrechtlichen Ansprüchen zu treffen. Ohne Frage befinden sich Unternehmen dadurch in einem Spagat im Hinblick auf das, was für ein Unternehmen bezogen auf interne Untersuchungen, staatliche Ermittlungen oder die Geltendmachung von zivilrechtlichen Ansprüchen gut ist. Gerade dieser Spagat, so die Argumente hinreichend vorgetragen und abgewogen werden, hilft jedoch bei der Anwendung der „Business Judgement Rule" und der Abwendung von etwaigen Risiken für die Unternehmensleitung und das Unternehmen.

K. Einschaltung externer Dienstleister bei internen Compliance Untersuchungen; Schutz von Geschäftsgeheimnissen

I. Arten, Auswahl und Steuerung externer Dienstleister

Interne Compliance-Untersuchungen werfen eine Reihe von komplexen juristischen, **1** praktischen und organisatorischen Fragen auf. Nur in wenigen Fällen – etwa weil eine interne Untersuchung sehr begrenzt ist oder das Unternehmen aus vorherigen internen Untersuchungen Erfahrung gesammelt und Ressourcen aufgebaut hat – wird ein Unternehmen in der Lage sein, eine interne Compliance-Untersuchung ganz ohne Unterstützung von externen Spezialisten durchzuführen. Bei der Einschaltung Externer im Rahmen von internen Compliance-Untersuchungen stehen die notwendigen Tätigkeiten zur Aufklärung des Sachverhaltes einschließlich der forensischen Datenauswertung im Vordergrund. Daneben ist aber auch die Vertretung des Unternehmens gegenüber Behörden und Gerichten sowie eine professionelle Kommunikation über die Untersuchung und deren Ergebnisse von Bedeutung.

Dieser Beitrag skizziert insbes. organisatorische Lösungsansätze und **Prozesse** für Un- **2** ternehmen, die vor einer umfangreichen internen Untersuchung stehen und dabei auf die Unterstützung und das Know-How externer Dienstleister zurückgreifen möchten oder müssen. Die hier dargestellten Prozesse sind in der Praxis entwickelt und erprobt worden. Allerdings geschah dies in einem diversifizierten und weltweit tätigen Großunternehmen mit einer komplexen Konzernstruktur. Verschiedene Unternehmenssparten und Geschäftsmodelle, internationale Rechtsprechung und Fremdsprachenanforderungen führten hier zu einer Steigerung des Komplexitätsgrades.[1] Gegenstand der Untersuchung waren nicht nur deutsche Unternehmenseinheiten, sondern auch Geschäftsaktivitäten in mehreren ausländischen Konzerngesellschaften. Die Entwicklung der beschriebenen Prozesse erfolgte außerdem vor dem Hintergrund von parallel laufenden Ermittlungen einer deutschen Staatsanwaltschaft, der US-Börsenaufsicht (U.S. Securities and Exchange Commission, SEC) und des US-Justizministeriums (Department of Justice, DoJ). Die Prozesse sind daher teilweise von dieser besonderen Situation geprägt. Die vorgestellten Lösungsansätze müssen daher selbstverständlich an die konkrete Situation des Unternehmens, das sich zur Durchführung einer internen Compliance-Untersuchung entscheidet, angepasst werden.

1. Art und Rolle externer Dienstleister

a) Mandatierung von Rechtsanwälten in unterschiedlichen Rollen[2]

Im Rahmen einer internen Compliance-Untersuchung werden bei der Einschaltung ex- **3** terner Dienstleister insbes. Rechtsanwälte durch das Unternehmen mandatiert:

Rolle	Aktivitäten
Durchführung der internen Compliance-Untersuchung ("Investigation Counsel")	Entwicklung eines individuellen Untersuchungsplanes anhand konkreter Verdachtsmomente; Durchführung der zur Sachverhaltsaufklärung erforderlichen Maßnahmen, insbes. Mitarbeiter-

---

[1] Vgl. *Laude/Brandt* BB 2016, 1002.
[2] Ausf. beschäftigt sich das nachfolgende → Kapitel L mit der Rolle interner und externer Rechtsanwälte im Rahmen interner Compliance-Untersuchungen. Deshalb werden hier die Einsatzgebiete für externe Rechtsanwälte im Rahmen einer solchen Untersuchung nur tabellarisch aufgeführt.

Rolle	Aktivitäten
	interviews und Sammlung und Durchsicht relevanter Daten; Erstellung des Untersuchungsberichts.
Vertretung des Unternehmens gegenüber staatlichen Stellen („Defence Counsel")	Festlegung der Verteidigungs- und Kooperationsstrategie mit dem Unternehmen unter Berücksichtigung der fortschreitenden Untersuchung und ihrer Ergebnisse.
Gutachter	Gutachterliche Stellungnahme zu besonderen Rechtsfragen im Zusammenhang mit der Untersuchung; zB Klärung der rechtlichen Rahmenbedingungen für Untersuchungsaktivitäten in ausländischen Konzerneinheiten oder Prüfung der Geltendmachung von Schadensersatzansprüchen gegen Mitarbeiter oder Organmitglieder.

b) Einschaltung von Wirtschaftsprüfern

4 Bei Compliance-Untersuchungen geht es im Kern häufig um die Frage, wie, zu welchem Zweck und mit welchem Endempfänger Geld ein Unternehmen verlassen hat, ob und wie die Abbildung verdächtiger Zahlungsvorgänge im Rechnungswesen des Unternehmens erfolgt ist und ob und wie die internen Kontrollen im Unternehmen auf einen verdächtigen Zahlungsvorgang reagiert haben. Bei vielen internen Compliance-Untersuchungen ist daher besonderer Sachverstand erforderlich, um Zahlungsströme im und außerhalb des Unternehmens zu durchleuchten und forensisch auszuwerten. Sofern die Revisionsabteilung eines Unternehmens über die dafür erforderlichen Kompetenzen und Kapazitäten verfügt, kann dieser Teil einer Compliance-Untersuchung intern bewältigt werden. Oft wird dies aufgrund der zu bewältigenden enormen Datenmengen jedoch nicht der Fall sein, sodass die Beauftragung eines entsprechend spezialisierten Wirtschaftsprüfungsunternehmens erfolgt. Dies ist auch dann erforderlich, wenn die Ergebnisse der forensischen Auswertung von Zahlungsdaten iRd Kooperation des Unternehmens mit ermittelnden Behörden diesen zur Verfügung gestellt werden sollen und daher die Unabhängigkeit eines externen Wirtschaftsprüfungsunternehmens von besonderer Bedeutung ist. Zur Vermeidung von Interessenkonflikten ist darauf zu achten, dass nicht der aktuelle Wirtschaftsprüfer des Unternehmens, und auch nicht jener, der das Unternehmen zur in der für die Untersuchung relevanten Zeit geprüft hat, mandatiert werden darf.

c) Forensische Datenauswertung durch IT-Dienstleister

5 Neben der Befragung von Mitarbeitern kommt der systematischen Sammlung und Auswertung relevanter Daten bei internen Compliance-Untersuchungen die größte Bedeutung bei der Sachverhaltsaufklärung zu. ZB wird das Unternehmen bei Hinweisen auf Fehlverhalten einzelner Mitarbeiter genau wissen wollen, ob sich aus den von diesen Mitarbeitern geführten Akten, ihrer E-Mail-Kommunikation und anderen relevanten Datenmengen Anhaltspunkte ergeben, die die Hinweise untermauern. Eine herausragende Rolle spielen insoweit unstrukturierte digitalisierte Informationen; sie machen heute bis zu 80 % aller Unternehmensdaten aus. Die insoweit relevanten Datenquellen sind vielfältig. Auch werden digitalisierte Informationen häufig an verschiedenen Orten gespeichert oder existieren in den unterschiedlichsten Formaten. Mit herkömmlichen Methoden des Datenmanagements lassen sich diese sog „Big Data" folglich kaum noch effizient sichten und

iSd Untersuchungszwecks auswerten.[3] Um die gesammelten Daten effizient auswerten zu können – und um die „Nadel im Heuhaufen" der gesammelten Daten finden zu können – ist ein Unternehmen bzw. die mit der Durchführung der Untersuchung mandatierte Rechtsanwaltskanzlei nicht zuletzt deshalb meist auf die zusätzliche Einschaltung eines spezialisierten IT-Dienstleisters angewiesen. Mit ihrer Expertise und speziellen Software-programmen sind diese IT-Dienstleister in der Lage, selbst sehr große und komplexe Datenmengen aus E-Mails, Festplattendaten und eingescannten Papierakten mit Hilfe einer gezielten, aus den Verdachtshinweisen und dem Untersuchungsgegenstand individuell entwickelten „Stichwort-Suche" elektronisch zu durchforsten. Das automatische Aussondern relevanter Dokumente und das Markieren „verdächtiger" Begriffe in den Dokumenten schafft dann eine kleinere Datenmenge für die weitere Analyse durch die Rechtsanwaltskanzlei. Bei Untersuchungen in Konzernen ist darauf zu achten, dass der IT-Dienstleister in der Lage ist, seine Stichwortsuche in allen Sprachen durchzuführen, in denen im Unternehmen Kommunikation zu den verdächtigen Sachverhalten geführt worden sein kann oder sonstige Daten existieren können. IT-Dienstleister können daneben auch einen wichtigen Beitrag dazu leisten, die lückenlose Nachvollziehbarkeit der vorgenommenen Maßnahmen zu gewährleisten. Dieser Aspekt ist iRd digitalen Beweissicherung unabdingbar, damit Ergebnisse auch nach Abschluss der internen Untersuchung vor Behörden und Gerichten Bestand haben.[4]

d) Sonstige Dienstleister

Die Durchführung einer internen Compliance-Untersuchung stellt ein Unternehmen je **6** nach Umfang des Untersuchungsauftrags und Komplexität der Unternehmensorganisation vor große logistische Herausforderungen, die oft nur mit Hilfe weiterer externer Dienstleister zu bewältigen sind. Zu denken ist hier zB an folgende Bereiche:
- Spezialisierte (Gerichts-)Übersetzer, um Interviews mit internationalen Mitarbeitern des Unternehmens jeweils in deren Muttersprache führen zu können
- Unternehmen zum Scannen größerer Papierakten-Archive zur Vorbereitung auf die Auswertung als digitalisierte Daten
- Unternehmen zum sicheren Transport sensibler Unternehmensdaten, wie etwa sichergestellter Festplatten von dezentralen Orten im Unternehmen in ein zentrales Datencenter

2. Auswahl und Beauftragung externer Dienstleister

Umfassende interne Compliance-Untersuchungen zeichnen sich durch eine besondere **7** Personal- und Zeitintensität aus. Daher stellen idR die Kosten für externe Dienstleister – mit der Ausnahmen möglicher Strafzahlungen – den größten Kostenblock im Rahmen solcher Untersuchungen dar. Einem professionellen Management der externen Dienstleister durch das Unternehmen kommt folglich größte Bedeutung zu. Dies gilt zunächst für den Auswahlprozess und die Auftragserteilung. Folgende Aspekte sind hier entscheidend für eine erfolgreiche und kosteneffiziente Arbeit der externen Dienstleister:
- Nachgewiesene hinreichende Erfahrung mit der Durchführung interner Untersuchungen in Unternehmen vergleichbarer Größe und Struktur
- Spezielle fachliche Expertise für die einzelnen Untersuchungsmaßnahmen
- Möglichst überlappungsfreie Definition der Aufgabenpakete der verschiedenen Dienstleister

---

[3] Vgl. *Fazzone* BB 2014, 1032; *Mühl* BB 2016, 1992 (1993).
[4] *Fazzone* BB 2014, 1032.

– Exakte Definition der vertraglichen Leistungen jedes einzelnen Dienstleisters und seiner Berichtswege in das Unternehmen

– Möglichst exakte Festlegung der Vergütung, Vermeidung rein aufwandsabhängiger Vergütung, Bildung von Aufgabenpaketen mit Festpreisen, Vereinbarung von Budgets, regelmäßige zeitnahe Rechnungsstellung, Rechnungskontrolle

8 Zu berücksichtigen ist ferner, dass jeder externe Dienstleister durch die ihm übergebenen Aufgaben mit äußerst sensiblen und für das Unternehmen höchst kritischen Informationen in Kontakt kommt. Daher ist bei der Beauftragung besonderes Augenmerk auf die Vereinbarung von Geheimhaltungs- und Informationssicherheitsverpflichtungen zu legen. Dies gilt vor allem bei jenen Dienstleistern, die anders als etwa Anwaltskanzleien und Wirtschaftsprüfer, nicht aus berufsrechtlichen Gründen zu einer besonderen Form der Verschwiegenheit verpflichtet sind. Bei solchen Dienstleistern ist auf eine besonders strenge vertragliche Geheimhaltungsverpflichtung zu achten. Auf technische Maßnahmen zur Wahrung der im Unternehmen geltenden Informationssicherheitsstandards, wie das Verschlüsseln von E-Mails und die Einrichtung von gesicherten Plattformen zum Dokumentenaustausch ist ebenfalls besonderer Wert zu legen. Auch datenschutzrechtliche Aspekte sind unter dem Aspekt der Auftragsdatenverarbeitung bei der Beauftragung relevant. Dies gilt insbes. bei der sorgfältigen Auswahl von Dienstleistern, der Vertragsgestaltung mit ihnen und der Kontrolle ihrer Verarbeitung personenbezogener Daten.[5]

3. Steuerung der beauftragten externen Dienstleister

9 Mit der Mandatierung externer Dienstleister ergibt sich für das Unternehmen die Aufgabe, diese im Interesse einer möglichst effektiven, schnellen und Kosten sparenden Arbeit, die zudem den Geschäftsbetrieb des Unternehmens so wenig wie möglich beeinträchtigt, zu steuern.[6] Externe Dienstleister sind idR weder mit der Struktur und den Besonderheiten des Unternehmens hinreichend vertraut, noch genießen sie das Vertrauen der Mitarbeiter. Daher ist es unabdingbar, im Unternehmen eine zuständige Person oder Stelle für den anfänglichen Wissenstransfer vom Unternehmen zum Dienstleister und die Koordination der Aktivitäten des Dienstleisters zu benennen.

10 Bei umfangreichen internen Compliance-Untersuchungen in großen Unternehmen ist es zudem ratsam, eine eigene unternehmensinterne Organisation zu etablieren, die sich ausschließlich um die Steuerung der Tätigkeiten des externen Dienstleisters kümmert, etwa durch Schaffung eines Projektbüros. Ein solches Projektbüro sollte organisatorisch sinnvollerweise in der Rechts- oder Compliance-Abteilung aufgehängt und für die Dauer der Untersuchung mit der hinreichenden Anzahl von erfahrenen Unternehmensjuristen besetzt werden.

11 Zu den wesentlichen Steuerungsaufgaben gehört auch die kontinuierliche Verlaufskontrolle. Sie beinhaltet insbes. die Terminüberwachung und das Kostencontrolling. Termine – etwa zu Mitarbeiterbefragungen in einer bestimmten Abteilung – und vereinbarte Zeitrahmen sind strikt einzuhalten. Mit Blick auf die Kosten ist die Einhaltung des Projektbudgets von hoher Priorität. Die tatsächlich angefallenen Kosten sind den geplanten Kosten fortwährend gegenüberzustellen. Ergeben sich hier Unterschiede, ist nach den Ursachen für die Kostenabweichung zu suchen, um anschließend ggf. Maßnahmen ergreifen zu können, die einer Budgetüberschreitung effektiv entgegensteuern.[7]

12 Um die Steuerungsaufgaben erfolgreich zu erfüllen, wird es erforderlich sein, zwischen den externen Dienstleistern und dem Projektbüro ein Vertrauensverhältnis auf Arbeitsebene zu schaffen.

---

[5] Einzelheiten hierzu in → Kapitel I.
[6] Ausf. und mit Fallbeispielen dazu auch *Schöning/Sauro* CCZ 2016, 11.
[7] Vgl. Hauschka Corporate Compliance/*Wessing* § 46 Rn. 117 ff.; *Schöning/Sauro* CCZ 2016, 11 (12).

Die Arbeit des Projektbüros sollte daher von folgenden Grundsätzen geprägt sein: 13
- Keine Einflussnahme auf den mandatierten Aufgabenbereich
- Keine Einflussnahme auf das Ergebnis der Compliance-Untersuchung, aber umfassende Prozesssteuerung

IE umfassen die Aufgaben des Projektbüros zur Steuerung einer internen Compliance- 14
Untersuchung mit externen Dienstleistern folgende Aspekte:
- Sicherstellung der Rechtskonformität der Untersuchungshandlungen externer Dienstleister, bei globalen Untersuchungen im Konzern auch unter Berücksichtigung ausländischer Rechtsordnungen
- Vermittlung des für die Untersuchung erforderlichen Wissens über das Unternehmen an die externen Dienstleister
- Gestaltung und Umsetzung spezifischer Prozesse zur Durchführung der Untersuchung bzw. Anpassung der von den externen Dienstleistern angewandten Methoden an die Unternehmenssituation
- Vermittelnde Kommunikation der Rolle der externen Dienstleister iRd internen Compliance-Untersuchung
- Kontaktstelle zu Betriebsrat und Vertretung der leitenden Angestellten, Auskunfts- und „Beschwerdestelle" für Mitarbeiter betreffend die Arbeit der externen Dienstleister
- Sicherstellen der möglichst schnittstellenfreien Zusammenarbeit der verschiedenen externen Dienstleister im Interesse der Kosteneffizienz
- Unterstützung der Arbeit externer Dienstleister, zB Vereinbarung aller iRd Untersuchung erforderlichen Interviewtermine mit Mitarbeitern
- Verlaufskontrolle

Darüber hinaus empfiehlt es sich auch ein internes IT-Projektteam zu etablieren, das die 15
Datensammlung durchführt oder gemeinsam mit dem Wirtschaftsprüfer unterstützt, zB
Serverbackups umsetzt, verschlüsselte Daten entschlüsselt, sichere IT-Plattformen zur Datensichtung einrichtet; mit anderen Worten die interne Untersuchung bei den zahllos anfallenden technischen Fragen IT-seitig unterstützt. Außerdem dient das IT-Projektteam als fachliche Schnittstelle für einen eventuell eingeschalteten externen IT-Dienstleister. Es hat sich bewährt, das IT-Projektteam ebenfalls eng an das Projektbüro anzubinden und in dessen Gesamtsteuerung der Tätigkeit Externer zu integrieren.

II. Prozess zur Datenaufbewahrung („Data-Retention"), Datensammlung und zur forensischen Datenauswertung

1. Datenaufbewahrung

Neben Interviews mit Mitarbeitern[8] ist die Datensammlung und -analyse der zweite zen- 16
trale Baustein jeder internen Compliance-Untersuchung. Um eine umfassende Sammlung
aller für eine interne Untersuchung relevanten Daten zu gewährleisten und eine bewusste
oder unbewusste Löschung bzw. Änderung von untersuchungsrelevanten Daten zu
verhindern, kann oder muss das Unternehmen eine Datenaufbewahrungspflicht („Data-
Retention") und ein Löschungsverbot („Investigation-Hold") aussprechen.[9] Der Begriff
„Daten" ist dabei im breitest möglichen Sinn zu verstehen: so umfasst er Papierakten,
handgeschriebene Notizen, jegliche Art von elektronischen Daten in jedem Format und
in allen Fassungen, E-Mails, Ausdrucke, Voicemails, SMS etc. Vor dem Aussprechen der

---

[8] Ausf. dazu → Kapitel D, E und L.
[9] Inhaltlich gleicht ein „Investigation-Hold" häufig einem „Litigation-Hold", der nach US-Prozessrecht
auszusprechen ist, wenn wahrscheinlich ist, dass ein Unternehmen wegen eines Projektes bzw. Sachverhaltes in einen Rechtsstreit verwickelt wird.

genannten Maßnahmen sind datenschutzrechtliche Aspekte zu prüfen, da es ein Spannungsfeld zu Löschpflichten geben kann, die sich aus dem Datenschutzrecht ergeben.

17   Je nach dem zu untersuchenden Sachverhalt, kann diese Dokumentenaufbewahrungsverpflichtung alle Mitarbeiter betreffen oder gezielt an jene adressiert werden, von denen man weiß, dass diese mit dem zu untersuchenden Vorgang in Berührung kamen. Wenn möglich ist der Anwendungsbereich der Dokumentenaufbewahrungsverpflichtung auch sachlich auf einen bestimmten Untersuchungsgegenstand zu beschränken, zB auf einzeln benannte Projekte oder etwa auf alle Projekte mit einem bestimmten (meist öffentlichen) Auftraggeber. Eine Dokumentenaufbewahrungsverpflichtung ist schriftlich (per E-Mail oder in Form eines Rundschreibens) an die betroffenen Mitarbeiter zu adressieren. Erhalt und Einhaltung der Dokumentenaufbewahrungsverpflichtung sollte von den Mitarbeitern schriftlich bestätigt werden. Da der Erlass einer Dokumentenaufbewahrungsverpflichtung häufig zu vielen Fragen und Unklarheiten bei den Mitarbeitern führt, empfiehlt es sich eine Hotline einzurichten bzw. die Fragen durch das Project-Office beantworten zu lassen.

18   Ggf. bestehende automatisierte Löschungsvorgänge im Unternehmen sind bis zum Ende der internen Untersuchung durch die IT-Organisation des Unternehmens auszusetzen.

---

19   **Muster: „Investigation-Hold" für (betroffenes Unternehmen/Unternehmenseinheit oder identifizierte Mitarbeiter)**

Das Unternehmen prüft im Rahmen einer internen Untersuchung einzelne Projekte bzw. Vorgänge (siehe dazu Definition in Anlage), die es erforderlich machen, dass Dokumente aufbewahrt werden, die von Bedeutung für diese interne Untersuchung sein können. Bis auf weiteres sind alle Dokumente aufzubewahren, die sich auf die in Anlage 1 genannten Projekte beziehen.

Aufbewahrung von Unterlagen

Sie müssen alle in Ihrem Besitz befindlichen Schriftstücke und elektronischen Dokumente bis auf weiteres aufbewahren, die sich auf die in Anlage 1 aufgeführten Projekte beziehen. Eine Nichtbeachtung kann das Unternehmen erheblich daran behindern seiner Untersuchungspflicht nachzukommen, sich zu verteidigen bzw. seine Ansprüche wirksam durchzusetzen.

Alle Dokumente und Dateien einschließlich elektronischer Versionen und E-Mails, die sich auf die in Anlage 1 genannten Projekte beziehen, sind aufzubewahren. Das gilt für alle Dokumente und Dateien in Ihrem Besitz, einschließlich persönlicher Dateien oder handschriftlicher Aufzeichnungen, die Sie in Verbindung mit Ihren Aufgaben bei dem Unternehmen aufbewahrt haben, sowie für alle elektronischen Dokumente (einschließlich E-Mails) in Bezug auf diese Themen. Die Nichtaufbewahrung solcher Unterlagen und Dateien kann schwere zivil- oder strafrechtliche Konsequenzen für einzelne Personen oder das Unternehmen nach sich ziehen; deshalb bitten wir alle um sorgfältige Beachtung dieses Erfordernisses. Bitte bewahren Sie alle hiermit verbundenen Dokumente bis auf weiteres auf. **Bitte verzichten Sie bis auf weiteres darauf, potentiell sachdienliche Dokumente zu vernichten oder zu entsorgen bzw. potentiell sachdienliche E-Mails zu löschen.**

Dokumente in Papierform

Sollten Sie Dokumente in Papierform in Verbindung mit den in Anlage 1 genannten Projekten besitzen, bewahren Sie bitte die Originale solcher Dokumente getrennt von Ihren anderen Akten auf, damit das Unternehmen diese Dokumente jederzeit abholen und kopieren kann. Wenn es sich bei den Dokumenten in Verbindung mit diesen Projekten um „aktive" Akten handelt, die für laufende Geschäftsvorgänge benötigt werden, fertigen Sie bitte Kopien der Dokumente an und kennzeichnen Sie Original und Kopie jeweils entsprechend deutlich.

Elektronische Akten

Die vorstehenden Vorgaben zur Aufbewahrung von Unterlagen gelten gleichermaßen für elektronische Unterlagen und E-Mail-Nachrichten. Wenn Sie über elektronische Dokumente (einschließlich Kalkulationstabellen, Datenbanken, Präsentationen, E-Mail-Nachrichten oder andere Datenzusammenstellungen) in Verbindung mit den in Anlage 1 genannten Projekten verfügen, löschen Sie diese Dateien bitte nicht. Wenn es sich bei einem elektronischen Dokument in Verbindung mit den in Anlage 1 genannten Projekten um eine „aktive" Datei handelt, die Sie im Rahmen laufender betrieblicher Vorgänge verändern müssen, fertigen Sie bitte eine Kopie des elektronischen Dokuments an und bewahren Sie diese bis auf weiteres auf.

Ein Mitarbeiter des Project-Offices, der die interne Untersuchung betreut, wird sich mit Ihnen in Verbindung setzten um die Einzelheiten bezüglich der Kopie Ihrer Daten zu besprechen. Über das Ende der Dokumentenaufbewahrungsverpflichtung werden Sie in einer eigenen Nachricht informiert.

2. Datensammlung

a) Mitarbeiterdaten

Die Einschränkungen des Datenschutzrechts, die grds. bei allen personenbezogenen Daten 20 zu beachten sind, gewinnen bei Mitarbeiterdaten besondere Relevanz, weil das Unternehmen in diesem Bereich meist tiefen Einblick in die wirtschaftlichen und sozialen Verhältnisse der Mitarbeiter hat. Zur Einhaltung arbeits- und datenschutzrechtlicher Verpflichtungen und zur Steigerung der Akzeptanz von internen Untersuchungen im Unternehmen und bei seinen Mitarbeitern ist es notwendig, einen einheitlichen und transparenten Prozess für die Behandlung von Mitarbeiterdaten aufzusetzen, der wie folgt gestaltet sein kann:

Mitarbeiterdatensammlung 21

Die untersuchende Rechtsanwaltskanzlei fordert bei dem Projektbüro des Unternehmens die Daten jener Mitarbeiter an, die für die interne Untersuchung analysiert werden sollen (Mitarbeiterdatenanforderung).

Der zuständige Datenschutzbeauftragte prüft, ob bei den einzelnen Mitarbeitern besondere datenschutzrechtliche Vorbehalte gegen die Datensammlung bestehen, etwa weil es sich bei dem Mitarbeiter um ein Betriebsratsmitglied oder um eine Führungskraft handelt, die über Personaldaten anderer Mitarbeiter verfügt. Sofern keine datenschutzrechtlichen Vorbehalte gegen die Sammlung der Daten sprechen, gibt der Datenschutzbeauftragte die Sammlung für jeden Mitarbeiter einzeln frei. Bestehen datenschutzrechtliche Bedenken wird mit dem Mitarbeiter besprochen, wie die kritischen Daten bei der Datensammlung separiert werden können.

Die zuständige Stelle im Unternehmen (Geheimschutzbeauftragter, Unternehmenssicherheit oder Werksschutz), der bekannt ist, welcher Mitarbeiter berechtigt ist über sog Verschlusssachen[10] zu verfügen – also Daten, die dem staatlichen Geheimschutz unterliegen – prüft, ob dessen Daten angefordert wurden. Wenn nicht, wird die Mitarbeiterdatenanforderung freigegeben. Andernfalls wird das weitere Vorgehen mit dem jeweiligen Mitarbeiter besprochen.

---

[10] Verschlusssachen sind Objekte oder dokumentierte Erkenntnisse, die im öffentlichen Interesse, unabhängig von ihrer Darstellungsform, nicht offen gehandhabt werden sollen. Häufig handelt es sich um Informationen im Zusammenhang mit Militär- oder Waffenprojekten. Ein Verstoß gegen den Geheimschutz ist gem. § 94 StGB strafbewehrt.

IdR werden die dem Geheimschutz unterliegenden Daten von dem restlichen Datenbestand getrennt[11].

Nach Freigabe durch den Datenschutzbeauftragten und den Geheimschutzbeauftragten gibt das Projektbüro die Mitarbeiterdatenanforderung formell frei, informiert den Mitarbeiter über die geplante Datensammlung und vereinbart einen Termin dafür.

Das IT-Projektteam erstellt ggf. gemeinsam mit dem Untersuchungsteam eine forensische Kopie der Daten des Mitarbeiters (Kopie der Festplatte, Serverdaten, sammelt Papierunterlagen zum Scannen ein). Dabei sollte der Mitarbeiter gebeten werden, auf jene seiner Unterlagen hinzuweisen, in denen sich seines Erachtens kritische Geschäftsgeheimnisse befinden, damit diese später bei der Bearbeitung in der IT-Plattform geschwärzt werden können.

Die kopierten Daten werden auf einer verschlüsselten Festplatte gespeichert und in versiegelten Behältnissen an jenen Ort gebracht, an dem sich das Datencenter befindet, in dem die Daten der internen Untersuchung analysiert werden.

b) Accountingdaten

22 Häufig werden im Rahmen einer internen Untersuchung auch Zahlungsströme in einem Unternehmen, Zahlungen des Unternehmens an Dritte und deren vertragliche Grundlage durch das Untersuchungsteam analysiert. Diese „Accountingdaten", oft in SAP oder anderen Rechnungswesensystemen gespeichert, werden nicht als Mitarbeiterdaten behandelt und können zentral kopiert werden. Es ist dabei darauf zu achten, dass keine Personaldaten (Gehaltsabrechnung, Fehlzeiten etc.), die ebenfalls häufig in SAP hinterlegt sind, mit kopiert werden.

III. Prozess zum Schutz von Geschäftsgeheimnissen und zur Verarbeitung der gesammelten Daten

23 Um das häufig große Volumen der gesammelten Daten sicher zu verarbeiten, die darin enthaltenen Geschäftsgeheimnisse so gut wie möglich zu schützen und die Kosten für die IT-Maßnahmen im Unternehmen und die eingeschalteten externen IT-Dienstleister gering zu halten, kann es sinnvoll sein, ein eigenes Datencenter im Unternehmen einzurichten. Dies hat den Vorteil, dass das Unternehmen bestmöglich kontrollieren kann, wie die Daten in einer eigens für die Untersuchung geschaffenen IT-Plattform verarbeitet werden und wer Zugriff auf diese Daten erhält, ohne auf die Ergebnisse der Untersuchung Einfluss zu nehmen.

24 Da idR nur ein Bruchteil der gesammelten Daten für die Untersuchung relevant und weiter zu analysieren ist, der „zufällig" mitkopierte Rest an Daten aber oft schützenswerte Informationen enthält, hat sich ein zweistufiger Prozess zur Datenfreigabe bewährt:

25 Vorschaltung eines IT-Filters, mit dem alle nicht untersuchungsrelevanten Datenkategorien, wie zB Foto- oder Musikdateien aussortiert werden.

Der „First-Level-Review", der Daten durch die untersuchende Rechtsanwaltskanzlei mit Hilfe der ggf. ebenfalls eingeschalteten IT-Dienstleister findet ausschließlich im Datencenter im Unternehmen statt. Im First-Level -Review ist der gesamte Umfang der für die interne Untersuchung eingesammelten Daten auf Monitoren sichtbar. Der Review-Raum ist besonders gesichert und ein Ausdrucken oder Kopieren der Daten ist technisch ausgeschlos-

---

[11] S. dazu auch das Geheimschutzhandbuch des Bundesministeriums für Wirtschaft und Technologie https://bmwi-sicherheitsforum.de/handbuch/text/ (letzter Abruf Juli 2017).

sen. Im First-Level-Review wird der gesamte gesammelte Datensatz elektronisch mit Hilfe von Stichwortsuchen durchsucht und einzelne Dokumente als relevant für die Untersuchung markiert. Es handelt sich hier insges. um eine erste und grobe Durchsicht der Dokumente, so dass ggf. auch auf weniger erfahrene Analysten zurückgegriffen werden kann.[12]

Die als relevant für die Untersuchung markierten Dokumente werden von einer geeigneten Stelle im Unternehmen einer Prüfung auf Geschäftsgeheimnisse unterzogen, der sog „Trade-Secret-Review". Je nach Unternehmen kann der Trade-Secret-Review durch das Projektbüro, die Strategieabteilung, die Rechtsabteilung oder eine andere Stelle im Unternehmen erfolgen. Der Trade-Secret-Review findet ebenfalls nur elektronisch in einem speziell gesicherten Raum statt. Jedes einzelne Dokument wird dabei je nach seinem Inhalt als „freigegeben", „nicht freigegeben" oder als „zu schwärzen" markiert.

Welche Inhalte ein Unternehmen als Geschäftsgeheimnis definiert, hängt vom Einzelfall ab, doch werden folgende Kategorien regelmäßig als Geschäftsgeheimnisse angesehen:
– Technische Geschäftsgeheimnisse (technische Zeichnungen, Pläne, Spezifikationen, Kalkulationen, Testergebnisse, Produktions- und Entwicklungspläne etc.)
– Strategische Geschäftsgeheimnisse (Vorstands- und Aufsichtsratprotokolle, Unterlagen über anstehende M&A-Projekte, Wettbewerbsanalysen, Benchmarkings etc.)

Alle freigegebenen Dokumente werden durch das Datencenter in den Second-Level-Review transferiert. Im Second-Level-Review haben die untersuchenden Rechtsanwälte uneingeschränkten Zugriff auf die Dokumente. Das heißt, dass diese Daten auch außerhalb des Unternehmens bearbeitet und aufbewahrt werden können; die Daten können auch ausgedruckt und verschickt werden, da sie keine kritischen Geschäftsgeheimnisse mehr enthalten.

Alle als „nicht freigegeben" oder „zu schwärzen" markierten Dokumente werden von Mitarbeitern des Projektbüros mit den externen Rechtsanwälten gesichtet, um einen Kompromiss zwischen den Untersuchungsinteressen und dem Interesse am Schutz der Geschäftsgeheimnisse zu finden. Je nach dem werden diese Dokumente dann geschwärzt oder ungeschwärzt in den Second-Level transferiert oder verbleiben im First-Level-Review.

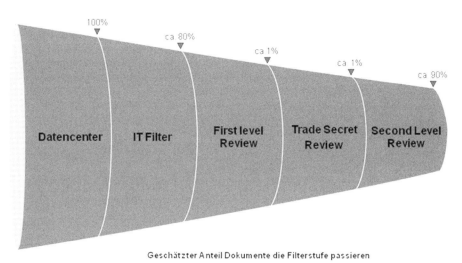

Geschätzter Anteil Dokumente die Filterstufe passieren

Abbildung 1: Dokument Review Prozess

---

[12] Vgl. *Fazzone* BB 2014, 1032 (1033).

26 Dieser Prozess stellt zwar für das Unternehmen und die mit der Untersuchung beauftragte Rechtsanwaltskanzlei einen erheblichen Arbeitsaufwand dar, doch ist dadurch sichergestellt, dass Geschäftsgeheimnisse des Unternehmens zuverlässig geschützt werden, ohne dabei dem Interesse an einer raschen, vorbehaltslosen Aufklärung des Compliancesachverhaltes zu schaden. Die Praxis hat gezeigt, dass jene Dokumente die als Geschäftsgeheimnis identifiziert wurden, häufig ohnehin nicht zu denen gehören, die von zentraler Bedeutung für die Aufklärung des Compliancesachverhaltes sind.

L. Der Rechtsanwalt im internen Untersuchungsprozess

Literatur:

Benz/Heißner/John, in: Dölling (Hrsg.), Handbuch der Korruptionsprävention, 2007, München, Kapitel 2: Korruptionsprävention in Wirtschaftsunternehmen und durch Verbände; *Beulke/Lüdke/Swoboda,* Unternehmen im Fadenkreuz – über den Umfang anwaltlicher Privilegien von Syndici/Rechtsabteilungen im Ermittlungsverfahren, 2009, Heidelberg; *Bittmann* in Rotsch (Hrsg.), Criminal Compliance, 2015, Baden-Baden, § 34 B. III. 3.: Interne Ermittlungen aus der Sicht der Staatsanwaltschaft; *BRAK,* Thesen der Bundesrechtsanwaltskammer zum Unternehmensanwalt im Strafrecht, BRAK-Stellungnahme Nr. 35/2010 v. November 2010, BRAK Mitteilungen 2010, 16; *Breßler/Kuhnke/Schulz/Stein,* Inhalte und Grenzen von Amnestien bei Internal Investigations, NZG 2009, 721; *Buchert* in Hauschka/Moosmayer/Lösler (Hrsg.), Corporate Compliance, 3. Aufl. 2016, München, § 42: Der Ombudsmann und Hinweisgebersysteme; *Dietzel,* Interessenkollisionen bei in Unternehmen tätigen Rechtsanwälten, BRAK-Mitteilungen 2016, 154; *Fritz,* in: Maschmann (Hrsg.), Corporate Compliance und Arbeitsrecht, 2009, Baden-Baden, Whistleblowing – Denunziation oder Wettbewerbsvorteil?; *Hamm,* Compliance vor Recht?, NJW 2010, 1332; *Hild,* Outsourcing von Compliance-Funktionen: Anwalt als Ombudsmann, AnwBl 2010, 641; *Jahn/Kirsch,* Kommentar zu LG Braunschweig, Beschl. v. 21.7.2015 – 6 Qs 116/15, NZWiSt 2016, 39; *Junker//Scharnke,* Das neue Syndikusanwaltsgesetz: Rechtssicherheit für Unternehmensjuristen, BB 2016, 195; *Klengel/Mückenberger,* Internal Investigations – typische Rechts- und Praxisprobleme unternehmensinterner Ermittlungen, CCZ 2009, 81; *Korte,* in: Dölling (Hrsg.), Handbuch der Korruptionsprävention, 2007, München, Kapitel 6: Korruptionsprävention im öffentlichen Bereich; *Leipold,* Der Strafverteidiger als Unternehmensanwalt, NJW-Spezial, Heft 2/2011, 56; *Moosmayer,* Der EuGH und die Syndikusanwälte, NJW 2010, 3548; *ders.,* Compliance – Praxisleitfaden für Unternehmen, 3. Aufl. 2015, München; *ders.,* Qualifikation und Aufgaben des Compliance Officers, AnwBl 2010, 634; *ders.* in Rotsch (Hrsg.), Criminal Compliance, 2015, Baden-Baden, § 34 C. II.: Whistleblowing aus unternehmenspraktischer Sicht; *Müller-Bonanni,* Arbeitsrecht und Compliance – Hinweise für die Praxis, AnwBl 2010, 651; *Queling/Bayer,* Beschlagnahmeverbot gem. § 97 Abs. 1 Nr. 3 StPO im Hinweisgebersystem unter Einsatz von Ombudsanwälten, NZWiSt 2016, 417; *Schemmel/Ruhmannseder/Witzigmann,* Hinweisgebersysteme, 2012, Heidelberg; *Schmid/Wengenroth,* Kommentar zu LG Bochum, Beschl. v. 16.3.16–6 Qs 1/16, NZWiSt 2016, 404; *Schürrle/Olbers,* Compliance-Verantwortung in der AG – Praktische Empfehlungen zur Haftungsbegrenzung an Vorstände und Aufsichtsräte, CCZ 2010, 102; *Sidhu/von Saucken/Ruhmannseder,* Der Unternehmensanwalt im Strafrecht und die Lösung von Interessenkonflikten, NJW 2011, 881 ff.; *Szesny,* Beschlagnahme von Unterlagen beim Ombudsmann? Anmerkungen und Praxishinweise zu LG Bochum, Beschl. v. 16.3.16–6 Qs 1/16 CCZ 2017, 25; *Süße* in Rotsch (Hrsg.), Criminal Compliance, 2015, Baden-Baden, § 34 C. III.: Whistleblowing aus Sicht des externen Compliance-Beraters; *Taschke/Schoop* in Rotsch (Hrsg.), Criminal Compliance, 2015, Baden-Baden, § 34 B. III. 2.: Interne Ermittlungen aus der Sicht des anwaltlichen Beraters; *von Galen,* Anmerkung zu LG Hamburg, Beschl. v. 15.10.2010 – 608 Qs 18/10, NJW 2011, 945; *Wessing* in Hauschka/Moosmayer/Lösler (Hrsg.), Corporate Compliance, 3. Aufl. 2016, München, § 46: Internal Investigations; *Wimmer,* „Gesetzliche Privilegierung“ von internal investigations durch externe Kanzleien?, WiJ 2013, 102; *Zimmer/Heymann,* Beteiligungsrechte des Betriebsrates bei unternehmensinternen Ermittlungen, BB 2010, 1853.

I. Einführung

Interne Untersuchungen in Unternehmen sind Rechtsprozesse. Es muss bei ihrer Durch- 1
führung zum einen darauf geachtet werden, dass bei der im Unternehmensinteresse vorgenommenen Sachverhaltsaufklärung auch die Rechte der betroffenen Mitarbeiter gewahrt werden, insbes. in straf-, datenschutz- und arbeitsrechtlicher Hinsicht. Zum anderen sind aber auch die „Außenwirkungen" von internen Untersuchungen zu berücksichtigen, etwa bezogen auf die Rechtspositionen von Behörden und sonstigen Dritten wie Kunden und Lieferanten oder aber die Presse. Es ist daher dringend davor zu warnen, interne Untersuchungen ohne enge rechtliche Betreuung durchzuführen.[1] Ansonsten besteht das Risiko, dass der Auftraggeber der Untersuchung, idR die Unternehmensleitung, selbst zum Gegenstand von Ermittlungen oder gar Sanktionen wird. Vor diesem Hintergrund versteht es sich von selbst, dass dem **Rechtsanwalt** im internen Untersuchungsprozess zentrale Bedeutung zukommt. Dabei unterscheiden sich seine Rollen und Tätig-

---

[1] Vgl. hierzu auch *Moosmayer* Praxisleitfaden Compliance Rn. 311 ff.

keiten aber erheblich. Er kann als angestellter **Syndikusrechtsanwalt**[2] oder als beauftragter externer Rechtsanwalt für das Unternehmen bzw. seine Organe die interne Untersuchung steuern oder sogar selbst durchführen. Der Rechtsanwalt kann aber auch das Unternehmen im Zusammenhang mit der internen Untersuchung gegenüber staatlichen **Ermittlungsbehörden** und Gerichten vertreten und zwar entweder zusätzlich zu seiner Tätigkeit im Rahmen einer internen Untersuchung oder mit getrenntem Mandat. Die Vertretung seines Arbeitgebers vor Gerichten ist dem Syndikusrechtsanwalt allerdings auch nach der **Reform der Rechtsstellung des Syndikusrechtsanwalts**[3] gem. § 46c Abs. 2 BRAO nF nur sehr eingeschränkt möglich und in Straf- und Bußgeldverfahren untersagt, sofern es nicht (nur) um die Vertretung des Unternehmens als Geschädigter oder Nebenkläger geht[4]. Weiterhin eröffnet sich für den externen Rechtsanwalt mit der Vertretung von Mitarbeitern, die bei unternehmensinterner Untersuchung als Zeugen, Beschuldigte oder im Rahmen einer internen Amnestieregelung befragt werden, noch ein ganz anderes Tätigkeitsfeld. Auch hier beschränkt sich diese Rolle im Spannungsfeld des Arbeitgeber- und Arbeitnehmerverhältnisses auf den externen Anwalt, der Syndikusrechtsanwalt kann diese Tätigkeit aufgrund der ihm obliegenden **Treuepflicht** gegenüber seinem Arbeitgeber nicht übernehmen, da ihn dies ansonsten in einen unauflösbaren Interessenkonflikt bringen würde. Schließlich ist auch noch die Sonderrolle der externen anwaltlichen **Ombudsperson** zu erwähnen, die durch die Übermittlung von vertraulichen Hinweisen auf mögliches Fehlverhalten im Unternehmen zwar nicht unmittelbar an der Durchführung interner Untersuchungen beteiligt ist, diese aber oft auslöst und während ihrer Durchführung den Kontakt zum Hinweisgeber hält. Jede dieser Rollen hat ihre eigenen Anforderungen in fachlicher und persönlicher Sicht und adressiert unterschiedliche Rechtsfragen, was nachfolgend näher dargestellt werden soll.

II. Der Rechtsanwalt als Vertreter des Unternehmens im internen Untersuchungsprozess

1. Syndikusrechtsanwalt

2 Als der ständige Rechtsberater seines Arbeitgebers, der mit der Struktur seines Unternehmens und den Geschäftsabläufen bestens vertraut ist, wird der angestellte Syndikusrechtsanwalt bei unternehmensinternen Untersuchungen stets eine bedeutsame Rolle einnehmen.[5] Diese kann jedoch – je nach seiner fachlichen Spezialisierung und der Organisation der **Rechts- und Compliance-Funktion** in seinem Unternehmen – sehr unterschiedlich ausfallen. International agierende Großunternehmen verfügen regelmäßig über Syndikusrechtsanwälte, die über entsprechendes Expertenwissen auch im Bereich interner Untersuchungen verfügen und in ihren Unternehmen hierbei eng mit der Revision oder sogar eigens für interne Untersuchungen eingerichteten Abteilungen zusammenarbeiten.[6] Öfters bringen diese Juristen dabei Erfahrungen aus früheren Tätigkeiten bei einer Staatsanwaltschaft oder einer Strafrechtskanzlei mit. Der große Vorteil der Beschäftigung solcher internen Spezialisten im Unternehmen liegt darin, dass bei Durchführung interner

---

[2] Die Terminologie folgt dem zum 1.1.2016 in Kraft getretenen „Gesetz zur Neuordnung des Rechts der Syndikusanwälte", BGBl. 2015 I 2517, wonach § 46 Abs. 2 BRAO nunmehr die gesonderte Zulassung zum „Syndikusrechtsanwalt" neben dem „Rechtsanwalt" vorsieht.

[3] Vgl. Nachweis in → Fn. 2.

[4] Krit. hierzu *Junker/Schanke* BB 2016, 195 (202).

[5] Krit. insoweit Hauschka Corporate Compliance/*Wessing* § 46 Rn. 82 ff., der zwischen der „präventiven" Rolle der Compliance Funktion und der „repressiven Rolle" der Revisionsabteilung unterscheidet. Dies widerspricht der hier vertretenen Auffassung von internen Untersuchungen als Rechtsprozessen.

[6] Vgl. *Moosmayer* Praxisleitfaden Compliance Rn. 175 f. IE zur Durchführung solcher internen Untersuchungen durch entsprechende Stabsfunktionen eines Unternehmens → Kapitel G.

Untersuchungen nicht stets Sonderprojekte mit großem Aufwand und der Beteiligung unterschiedlicher interner und externer Stellen aufgesetzt werden müssen. Vielmehr bietet sich die Möglichkeit der Einrichtung von juristisch professionell aufgesetzten Regelprozessen mit eindeutigen Zuständigkeiten, die unter der rechtlichen Koordination von erfahrenen und im Unternehmen bekannten Experten ablaufen. Bei der Erstellung der für interne Untersuchungen maßgeblichen Regelwerke im Unternehmen sollte der damit befasste Syndikusrechtsanwalt insbes. auch darauf achten, dass den Mitarbeitern in transparenter Weise die Abläufe der internen Untersuchung verdeutlicht werden. Weiterhin sollte – etwa im Rahmen eines **„Verhaltenskodex für interne Untersuchungen"** – klar kommuniziert werden, dass das Unternehmen keine „Untersuchung um jeden Preis" durchführt, sondern sich strikt an das anzuwendende Recht, insbes. **Arbeits- und Datenschutzrecht** hält und besonders eingriffsintensive Maßnahmen wie zB die Beauftragung **externer Dienstleister** wie zB ein **Privatdetektiv** nur nach gründlicher Abwägung und rechtlicher Prüfung vornimmt.[7] Eine solche Kommunikation zum internen Untersuchungsprozess erhöht das Vertrauen der Belegschaft in die Ordnungsmäßigkeit und Fairness interner Untersuchungen.

Der solchermaßen spezialisierte Syndikusrechtsanwalt kann dabei insbes. folgende, zentrale Tätigkeiten im Zusammenhang mit der Vorbereitung und Durchführung interner Untersuchungen übernehmen: **3**

– Erarbeitung der unternehmensinternen Regelwerke zum Ablauf interner Untersuchungen
– Aus- und Fortbildung der an den Untersuchungen beteiligten anderen Unternehmenseinheiten
– Rechtliche Prüfung eingehender Hinweise auf Vorliegen eines Anfangsverdachtes
– Erarbeitung einer rechtlichen Empfehlung an die Unternehmensleitung zur Durchführung einer internen Untersuchung im konkreten Fall
– Je nach Organisation: Durchführung oder zumindest rechtliche Koordination und Begleitung der Untersuchung
– Rechtliche Bewertung des Untersuchungsergebnisses und Formulierung von Handlungsempfehlungen (etwa Einreichung einer Strafanzeige, arbeitsrechtliche Maßnahmen etc.) für die Unternehmensleitung
– Beauftragung und Koordination von ggf. zur Unterstützung bei der Untersuchung erforderlichen externen Rechtsanwälten oder sonstigen spezialisierten Dienstleistern
– Zentrale Kontaktstelle im Unternehmen für die Kooperation mit staatlichen Ermittlungsbehörden

Allerdings wird nur für eine kleine Anzahl von Unternehmen die Anstellung solcher Spezialisten in einer Rechts- oder Compliance-Abteilung in Betracht kommen. In mittelständischen Unternehmen werden die Strukturen und auch Fallzahlen dies in aller Regel nicht rechtfertigen. Es stellt sich aber gerade bei den dort im Wirtschaftsrecht tätigen Syndikusrechtsanwälten die Frage, welche Rolle sie im Fall einer unternehmensinternen Untersuchung übernehmen können. Der im mittelständischen Unternehmen tätige Jurist hat in aller Regel einen engen Kontakt zur Unternehmensleitung und kennt die Abläufe und Geschäfte seines Unternehmens aus oft langjähriger Erfahrung. Kommt es in seinem Unternehmen zu schwerwiegenden Verdachtsfällen, ist er zunächst als integrer und besonnener Ratgeber der Unternehmensleitung gefordert. Er wird darüber aufklären müssen, dass man zur Bewältigung des – möglichen – Problemfalles professionelle externe Hilfe benötigt und dafür Sorge tragen, dass ein entsprechend spezialisierter externer Rechtsanwalt zugezogen wird. Empfiehlt dieser die Durchführung einer internen Untersuchung, wird ihn der Syndikusrechtsanwalt dabei in erster Linie mit seinem Wissen über das Unternehmen unterstützen und das Bindeglied zur Geschäftsleitung darstellen, was deren fortlaufende Information und wichtige Entscheidungen, wie etwa die Information von Strafver-   **4**

---

[7] Vgl. hierzu iE → Kapitel N.

folgungsbehörden oder – im Kartellrecht – das Stellen eines **Kronzeugenantrages**[8] betrifft.

5   Beleuchtet man die Rolle des Syndikusrechtsanwalts bei internen Untersuchungen darf dabei die wichtige Frage nach dem rechtlichen Schutz der beim Syndikusrechtsanwalt vorhandenen Informationen, seien es von ihm verwahrte oder verfasste Unterlagen oder aber sein Wissen als Zeuge, nicht unbehandelt bleiben. Die rechtliche Stellung des im Unternehmen angestellten Anwaltes ist insoweit von Land zu Land unterschiedlich. Genießt dieser etwa in den USA ganz selbstverständlich wie seine externen Kollegen das *„legal privilege"*, war dies in Deutschland äußerst umstritten und bis zum 1.1.2016 gesetzlich nicht geregelt.[9] Die einschlägige Rechtsprechung bot bis dahin keine verlässliche Grundlage für die Annahme einer entsprechenden Gleichstellung des Syndikusanwaltes bei dessen Tätigkeiten für seinen Arbeitgeber mit einem freiberuflichen externen Anwalt. Zwar hatten einige Gerichte in älteren Entscheidungen dem Syndikusanwalt ein **Zeugnisverweigerungsrecht** (§ 53 Abs. 1 Nr. 3 StPO)[10] und auch die **Beschlagnahmefreiheit** (§ 97 Abs. 1 und 2 StPO)[11] zugebilligt. Der BGH vertrat jedoch weiterhin seine **„Doppelberufstheorie"**, wonach der damalige Syndikusanwalt zwei getrennte Arbeitsbereiche hatte, nämlich den – nicht-anwaltlichen – als Angestellter seines Unternehmens und – praktisch im Nebenberuf – die Tätigkeit als „freier unabhängiger Anwalt" (nur) bei der Bearbeitung eigener Mandate.[12] Der Argumentationslinie der vorgeblich fehlenden „Unabhängigkeit" des Syndikus hatte sich auch der **EuGH** in seinem Urteil *Akzo Nobel Chemicals Ltd., Akcros Chemicals Ltd./.Kommission* angeschlossen und dem angestellten Rechtsanwalt keine Anwaltsprivilegien bei kartellrechtlichen Ermittlungen der **Europäischen Kommission** zuerkannt.[13] Durch die **Neuregelung des Rechts des „Syndikusrechtsanwalts"** in Deutschland hat sich die standesrechtliche Situation der Syndici zwar maßgeblich verbessert, dies gilt jedoch nicht für die hier primär relevanten Fragen der strafprozessualen Schutznormen. So ist den Syndikusrechtsanwälten gem. § 46c Abs. 2 S. 2 BRAO nF weiterhin die Vertretung ihrer Arbeitgeber in Straf- und Bußgeldverfahren nur insoweit gestattet, als es sich um eine Geschädigten- oder Nebenklägervertretung handelt. Noch bedeutsamer ist, dass den Syndikusrechtsanwälten als „Rechtsanwälten im Sinne des Gesetzes"[14] zwar die anwaltliche Verschwiegenheitspflicht auferlegt ist, ihnen jedoch kein strafprozessuales Zeugnisverweigerungsrecht zugebilligt wurde und mithin auch ihre Akten (weiterhin) nicht dem Beschlagnahmeverbot unterfallen. Ausweislich der Gesetzgebungsmaterialien war diese Überwälzung von Pflichten ohne Anerkennung der korrespondierenden Schutzmechanismen von der Sorge getragen, dass den Strafverfolgungsbehörden ansonsten der Ermittlungszugriff im Unternehmen erschwert würde. Zutreffend wird in der Literatur diese doch sehr spezielle Unterscheidung der Anwaltschaft kritisch kommentiert.[15] Auch wenn die überwiegenden Stimmen aus Wissenschaft und Praxis gerade dem Argument der vorgeblich fehlenden **„anwaltlichen Unabhängigkeit"** nicht folgen[16], kann die deutsche Rechtslage und die europäische Rechtsprechung bei einem so sensiblen Thema wie der Durchführung interner Untersuchungen nicht

---

[8] Vgl. zu den Besonderheiten kartellrechtlicher Untersuchungen → Kapitel M.

[9] Vgl. zu diesem Thema die umfassende Bestandsaufnahme von *Beulke/Lüdke/Swoboda,* Unternehmen im Fadenkreuz – über den Umfang anwaltlicher Privilegien von Syndici/Rechtsabteilungen im Ermittlungsverfahren, 2009 und *Moosmayer* NJW 2010, 3549.

[10] LG München AnwBl. 1982, 197.

[11] LG Frankfurt a.M. WM 1995, 47.

[12] Vgl. grundlegend das Urt. v. 25.2.1999 in BGHZ 141, 169 und in der Folge etwa BGH NJW 2003, 2750.

[13] EuGH NJW 2010, 3557, vgl. hierzu die Besprechung von *Moosmayer* NJW 2010, 3548.

[14] Vgl. etwa *Dietzel* aaO.

[15] Vgl. etwa *Junker/Schamke* BB 2016, 195 (202) mwN.

[16] Einen umfassenden und aktuellen Überblick zum Diskussionsstand geben *Beulke/Lüdke/Swoboda,* Unternehmen im Fadenkreuz – über den Umfang anwaltlicher Privilegien von Syndici/Rechtsabteilungen im Ermittlungsverfahren, 2009, insbes. S. 7 ff. mwN.

ignoriert werden. Diese Situation spricht aber nicht generell gegen die Einbindung von Syndikusrechtsanwälten in den internen Untersuchungsprozess. Denn zum einen ist nach Auffassung des LG Hamburg im Verfahren *HSH Nordbank* auch bei der Einschaltung externer Rechtsanwälte durch die Unternehmensleitung bzw. den Aufsichtsrat zur internen Aufklärung von möglicherweise strafbaren Sachverhalten eine Beschlagnahme anwaltlich verfasster Dokumente durch die staatlichen Ermittlungsbehörden zulässig.[17] Ähnlich hat dies das LG Bochum in einem Aufsehen erregenden Beschluss zur Frage der Beschlagnahmefreiheit von Unterlagen bei externen anwaltlichen Ombudspersonen bewertet und eine Beschlagnahmefreiheit verneint.[18] Und zum anderen ist es auch nicht der Zweck einer internen Untersuchung, Unterlagen vor staatlichen Ermittlungsbehörden zu verstecken, sondern vielmehr eine Sachverhaltsaufklärung vorzunehmen, zu der die Unternehmensleitung nach den Grundsätzen des § 130 OWiG verpflichtet ist.[19] Eine Sondersituation besteht allerdings bei kartellrechtlichen internen Untersuchungen mit Blick auf die im Kartellrecht bestehende Kronzeugenregelung. Bei kartellrechtlichen Verdachtsfällen empfiehlt sich hier mit Blick auf die erwähnte Rechtsprechung des EuGH die Zuziehung eines im Kartellrecht und im Kartellverfahrensrecht erfahrenen externen Rechtsanwaltes zur „geschützten" Durchführung der Untersuchung, um dem Unternehmen den Spielraum zur Prüfung der Stellung eines Kronzeugenantrages zu belassen.[20] Der Syndikusrechtsanwalt wird auch bei dieser Untersuchung aber als Kenner des Unternehmens koordinierend oder zumindest unterstützend tätig sein.

2. Externer Rechtsanwalt

Ein externer Rechtsanwalt kann von der Unternehmensleitung mit der Aufklärung von **6** Hinweisen auf Fehlverhalten, das von Unternehmensangehörigen im Rahmen ihrer Dienstausübung gegenüber Dritten oder aber gegenüber ihrem Arbeitgeber begangen wurde, beauftragt werden. In ihren *„Thesen der Bundesrechtsanwaltskammer zum Unternehmensanwalt im Strafrecht"*[21] hat die BRAK insbes. in These 3 und den hierzu ergangenen Erläuterungen das entsprechende Mandat wie folgt umschrieben:

„Der Unternehmensanwalt erforscht straf- oder ordnungswidrigkeitenrechtliche Sachverhalte, soweit dies im Rahmen seines Mandatsauftrages und im Unternehmensinteresse erforderlich erscheint.

Bei internen Erhebungen, insbesondere bei Befragung von Mitarbeitern des Unternehmens, wahrt der Unternehmensanwalt die allgemeinen Grenzen und die sich aus den rechtsstaatlichen Grundsätzen ergebende Standards.

Der Unternehmensanwalt führt seine Erhebungen in einer Weise durch, dass Beweismittel in ihrer Qualität und Verwertbarkeit nicht beeinträchtigt werden."

Ein wichtiger Sonderfall der internen Untersuchung liegt dann vor, wenn die Beauftra- **7** gung des externen Rechtsanwaltes nicht durch den Vorstand einer Aktiengesellschaft erfolgt, sondern durch den **Aufsichtsrat** der Gesellschaft. Dem Aufsichtsrat obliegt gem. § 111 Abs. 1 AktG gerade nicht die operative Führung und Vertretung des Unternehmens, sondern die Pflicht zur Überwachung der Unternehmensleitung. Eine unmittelbare Beauftragung eines externen Rechtsanwaltes mit einer internen Untersuchung im Unternehmen kommt daher nur dann in Betracht, wenn der Aufsichtsrat im Rahmen seiner

---

[17] LG Hamburg NJW 2011, 942 – HSH Nordbank.

[18] LG Bochum NZWiSt 2016, 401.

[19] Vgl. hierzu iE → Kapitel B Rn. 1 ff. sowie *Moosmayer* Praxisleitfaden Compliance Rn. 10 ff. und 311 ff.

[20] Vgl. hierzu näher → Kapitel M Rn. 18 ff. und *Moosmayer* NJW 2010, 3550.

[21] Vgl. *BRAK* in BRAK-Mitteilungen 2010, 16. Vgl. zu den Thesen *Sidhu/von Saucken/Ruhmannseder* NJW 2011, 1332 sowie im Kontext *Leipold* NJW-Spezial 2011, 56. Grds. kritisch zur Rolle von Rechtsanwälten bei „Compliance-Untersuchungen" dagegen *Hamm* NJW 2010, 1332.

Überwachungstätigkeit zur Auffassung gekommen ist, dass der Vorstand seiner Pflicht zur Untersuchung möglichen Fehlverhaltens im Unternehmen[22] nicht nachkommt oder aber ein Interessenkonflikt gegeben ist, der eine Untersuchung unter Ägide der Unternehmensleitung als nicht mehr angemessen erscheinen lässt. Letzteres wird dann der Fall sein, wenn es um den Verdacht systematischer Rechtsverletzungen im Unternehmen geht, die gerade erst durch unterlassene Aufsichtsmaßnahmen des Vorstandes oder gar dessen aktiven Mitwirkung oder Duldung ermöglicht wurden. Gemäß § 111 Abs. 2 Satz 2 AktG ist der Aufsichtsrat dann berechtigt, eine eigene Untersuchung durch externe Sachverständige zu veranlassen.[23]

8   Wie bereits beim Syndikusrechtsanwalt ausgeführt, ist von zentraler Bedeutung, dass der externe Rechtsanwalt bei der Durchführung interner Untersuchungen klar zwischen dem Unternehmensinteresse und dem Interesse betroffener Mitarbeiter unterscheidet. Er ist nicht der Vertreter der Mitarbeiter, respektiert aber deren Rechte iRd Untersuchung.[24] Dabei bildet das Arbeitsrecht den Rechtsrahmen für die Pflichtenstellung der Mitarbeiter bei einer internen Untersuchung und nicht die Regelungen der StPO.[25] Der bereits erwähnte Beschluss des LG Hamburg im Verfahren *HSH Nordbank*[26] hat aus der ausschließlichen Vertretung der Unternehmensinteressen allerdings den Schluss gezogen, dass dadurch den bei der internen Untersuchung tätigen Rechtsanwälten gegenüber den Ermittlungsbehörden kein Schutz vor einer **Beschlagnahme** gem. § 97 Abs. 1 Nr. 3 StPO bezüglich der bei der Befragung von Mitarbeitern erstellten **Protokolle** existiert. Denn – so das Gericht – die vom Aufsichtsrat der Bank beauftragte interne Untersuchung im Unternehmensinteresse begründe gerade kein Mandatsverhältnis der untersuchenden Rechtsanwälte mit den befragten Mitarbeitern und mithin kein schützenswertes Vertrauensverhältnis[27] Die Argumentation des LG Hamburg beruht allerdings auf einer durchaus diskussionswürdigen engen Auslegung der Voraussetzungen der §§ 97, 53 StPO. Das Gericht geht insoweit über den Wortlaut den Vorschriften hinaus, die den Schutzbereich darauf bezieht, was dem Rechtsanwalt in dessen „Eigenschaft" anvertraut wurde und schränkt den Anwendungsbereich des § 97 Abs. 1 Nr. 3 StPO auf das Vertrauensverhältnis zwischen dem Beschuldigten und seinem Strafverteidiger ein. Die Relevanz des Beschlusses des LG Hamburg für aktuelle Vorgänge ist allerdings zweifelhaft, da das Gericht über einen Fall zu entscheiden hatte, der vor Inkrafttreten des § 160a StPO nF zu beurteilen war. § 160a StPO erstreckt den Schutz von Ermittlungshandlungen ausdrücklich auf alle Rechtsanwälte – und nicht nur auf Strafverteidiger.[28] Aus der damit erfolgten Gleichstellung des Vertrauensverhältnisses zwischen Rechtsanwalt und Nichtbeschuldigten mit dem Verteidigungsverhältnis ist zu folgern, dass dies eine Beschlagnahme von Unterlagen auch beim nicht verteidigenden Anwalt ausschließt, sofern diesbezüglich ein Zeugnisverweigerungsrecht besteht.[29] Dagegen richtet sich aber der bereits erwähnte aktuelle Beschluss des LG Bochum zur (fehlenden) Beschlagnahmefreiheit von Unterlagen bei einer externen Ombudsperson.[30] Das Gericht sieht in § 97 Abs. 1 Nr. 3 StPO eine Norm ausschließlich zum Schutz des Vertrauensverhältnisses des Beschuldigten zu seinem Strafverteidiger, der insoweit dem weiteren Schutzbereich zwischen Rechtsanwalt und Nichtbeschuldigtem

---

[22] Zur Pflicht zur Vornahme interner Untersuchungen durch die Unternehmensleitung → Kapitel B.

[23] Vgl. *Moosmayer* Praxisleitfaden Compliance, Rn. 337 und Rotsch Criminal Compliance/*Taschke/Schoop* § 34 Rn. 117. Näher zur Rolle und Einbindung des Aufsichtsrats bei internen Untersuchungen *Schürrle/Olbers* CCZ 2010, 102 (104 ff.).

[24] Vgl. hierzu auch Hauschka Corporate Compliance/*Wessing* § 46 Rn. 75 f.

[25] So auch *BRAK* in BRAK-Mitteilungen 2010, 16, in Erläuterung 4 zu These 3 und das LG Hamburg NJW 2011, 942 – HSH Nordbank.

[26] LG Hamburg NJW 2011, 942 – HSH Nordbank.

[27] Vgl. zum Verhältnis interner Untersuchungen zu Ermittlungen staatlicher Behörden → Kapitel C Rn. 101 ff..

[28] Vgl. *von Galen* NJW 2011, 945.

[29] So *Schmid/Wengenroth* NZWiSt 2016, 404 (406).

[30] → Fn. 18.

des § 160a StPO vorgehe. Diese Entscheidung hat nicht nur zur erheblichen Unruhe bei Ombudsleuten und in der „Compliance Community" geführt, da dadurch ein etablierter Hinweisgeberkanal praktisch geöffnet wurde.[31] Sie wird auch von der Literatur kritisch bewertet[32] und steht in Widerspruch zu Entscheidungen anderer Landgerichte, die vergleichbare Konstellationen zu bewerten hatten. So sah das LG Mannheim sowohl den anwaltlichen Untersuchungsbericht als auch die ihm zugrundeliegenden Befragungsbögen als grds. beschlagnahmefrei gem. §97 Abs. 1 Nr. 3 StPO an.[33] Einschränkend führte das LG Mannheim allerdings aus, dass der strafprozessuale Schutzbereich nicht eröffnet sei, sofern Dokumente mit dem Ziel an die externen Anwälte weitergegeben würden, um sie dadurch den Strafverfolgungsbehörden zu entziehen, was in der Praxis zu erheblicher Rechtsunsicherheit führen dürfte. Wiederum anders stufte das LG Braunschweig in einem Beschluss sogar Unterlagen im Gewahrsam eines Unternehmens, die durch externe Anwälte im Zuge einer internen Untersuchung erstellt wurden, als Verteidigungsunterlagen gem. §§ 97, 148 StPO und damit als geschützt vor einer Beschlagnahme durch die Ermittlungsbehörden ein.[34] Die dargestellte widersprüchliche Rspr. ist für eine rechtssichere Durchführung interner Untersuchungen nicht förderlich. Vertreter der Staatsanwaltschaft haben sich klar für eine Beschlagnahmefähigkeit von Unterlagen aus internen Untersuchungen bei externen Rechtsanwälten positioniert.[35] Es wäre daher vorzugswürdig, wenn der Gesetzgeber die unbefriedigende Situation durch eine Klarstellung des Verhältnisses der §§ 97 Abs. 1 und 16a StPO abschließend entscheiden würde.

Die durch einen externen Rechtsanwalt durchgeführte Untersuchung führt im Unternehmen regelmäßig zu erheblichem Aufwand und Unruhe bei der Belegschaft. Dies gilt umso mehr, je größer die Anzahl der damit befassten Rechtsanwälte und weiterer **externer Dienstleister** wie zB Wirtschaftsprüfer und IT-Spezialisten ist.[36] Es ist daher von großer Bedeutung, seitens des Unternehmens für eine möglich reibungslose Koordination und Logistik der extern beauftragten Untersuchung zu sorgen. Hierzu sollte regelmäßig eine Projektgruppe eingesetzt werden, die – soweit vorhanden – aus Mitarbeitern der Rechts- und/oder Compliance-Abteilung besteht und die Zuarbeit weiterer Stabsstellen wie Personal-, Finanz-, Presse- und IT-Abteilung koordiniert. Auch mit dem **Betriebsrat** sind Abstimmungen vorzunehmen, da zwar die Durchführung einer internen Untersuchung zwar selbst nicht der Mitbestimmungspflicht des BetrVG unterfällt, aber damit in Zusammenhang stehende Maßnahmen wie die Datenerhebung bei Mitarbeitern durchaus von entsprechender Relevanz sein können.[37]   **9**

Zusammenfassend ist bei der Beauftragung eines externen Rechtsanwaltes an folgende Punkte zu denken: **10**
- Einsetzung einer unternehmensinternen Projektgruppe zur Steuerung der Untersuchung, die mit entsprechenden „Zugriffsrechten" auf alle Unternehmenseinheiten ausgestattet ist.

---

[31] Vgl. etwa den JUVE Bericht v. 21.11.2016, abzurufen unter http://www.juve.de/nachrichten/verfahren/2016/11/whistleblower-truegerischer-schutz-durch-ombudsleute-es-darf-beschlagnahmt-werden (zuletzt abgerufen Juni 2017).

[32] So etwa von *Schmid/Wengenroth* NZWiSt 2016, 404 und *Szesny* CCZ 2017, 25.

[33] LG Mannheim NZWiSt 2012, 424.

[34] LG Braunschweig NZWiSt 2016 37–39, hierzu *Jahn/Kirsch* NZWiSt 2016, 39; *Queling/Bayer* NZWiSt 2016, 417 (418) und *Schmid/Wengenroth* NZWiSt 2016, 404 (408). Bemerkenswert war hierbei auch, dass zum Zeitpunkt der Beschlagnahme noch nicht einmal ein bußgeldrechtliches Ermittlungsverfahren gegen das Unternehmen eingeleitet war.

[35] Vgl. nur Rotsch Criminal Compliance/*Bittmann* § 34 B. III. 3. Rn. 160 („kein Asyl für heikle Beweismittel in Anwaltskanzleien") und *Wimmer* WiJ 2013, 102 („keine gesetzliche Privilegierung von internal investigations durch externe Kanzleien").

[36] Zu den an internen Untersuchungen beteiligten Dienstleistern s. iE → Kapitel H Rn. 3 ff.

[37] Vgl. zu den datenschutz- und betriebsverfassungsrechtlichen Aspekten interner Untersuchungen → Kapitel I Rn. 1 ff. und D Rn. 4 ff. sowie *Klengel/Mückenberger* CCZ 2009, 81; *Müller-Bonanni* AnwBl 2010, 653 und *Zimmer/Heymann* BB 2010, 1853.

- Prüfung der betriebsverfassungsrechtlichen Situation und Abstimmung mit dem Betriebsrat.
- Formulierung eines Untersuchungsauftrages, der den Gegenstand der Untersuchung exakt umschreibt und die Berichtslinien festlegt
- Auswahl eines externen Rechtsanwaltes mit einschlägiger Erfahrung und ausreichenden Ressourcen zur Durchführung interner Untersuchungen. Sicherstellung, dass kein Interessenkonflikt aus früheren oder aktuellen Mandaten vorliegt.
- Einführung des externen Rechtsanwaltes und der ggf. mit ihm arbeitenden weiteren Dienstleistern in die Unternehmensstruktur und Geschäftsabläufe.
- Durchführung regelmäßige Besprechungen bzw. Anforderung von Zwischenberichten zum Stand der Untersuchung
- Fortlaufende Abstimmung zur Frage der Erforderlichkeit der Einschaltung von Ermittlungsbehörden und möglicher Öffentlichkeitsrelevanz.
- Abstimmung des Schlussberichtes und Festlegung der daraus folgenden Konsequenzen, etwa bezüglich arbeitsrechtlicher Maßnahmen, Offenlegung gegenüber staatlichen Stellen und Überarbeitung der internen Kontrollen bzw. des Compliance Programms des Unternehmens.

III. Der Rechtsanwalt als Vertreter des Unternehmens gegenüber staatlichen Stellen

11 Ermittlungsverfahren straf- oder bußgeldrechtlicher Art betreffen Unternehmen in unterschiedlichen Konstellationen. Zwar können Unternehmen nach deutschem Recht selbst keine Straftaten begehen, doch sind sie häufig als Geschädigte, Nebenklageberechtigte, Einziehungsbeteiligte (§ 73 Abs. 3 StGB) oder als Adressat einer Geldbuße (§ 30 OWiG) an Verfahren beteiligt und teilweise erheblichen Haftungsrisiken ausgesetzt, die bis hin zum Ausschluss von öffentlichen Ausschreibungen reichen und die Existenz des Unternehmens in Frage stellen können.[38] Das Unternehmen bedarf in solchen Situationen der **anwaltlichen Vertretung,** um sich im Wege der **Akteneinsicht** (§§ 406e, 475 StPO) Kenntnis über den Sachverhalt zu verschaffen und seine Interessen sachgerecht in den staatlichen Ermittlungs- und Gerichtsverfahren vertreten zu können. Diese anwaltliche Vertretung ist dem externen Rechtsanwalt vorbehalten. § 46c Abs. 2 S. 2 BRAO nF verbietet dem Syndikusrechtsanwalt die Vertretung und Verteidigung seines Arbeitgebers in Straf- und Bußgeldverfahren. Damit scheidet auch die – bislang umstrittene und von den Behörden unterschiedlich beschiedene – Möglichkeit für Syndikusrechtsanwälte aus, für ihren Arbeitgeber in solchen Verfahren Akteneinsicht zu beantragen, sofern sich das Verfahren gegen das Unternehmen oder dessen Mitarbeiter richtet. Unabhängig davon werden die wenigsten Syndici über ausreichende praktische Erfahrungen im Prozessrecht verfügen, um ihr Unternehmen auch professionell im **Straf- oder Bußgeldverfahren** vertreten zu können. Aufgrund der hier erforderlichen besonderen Expertise und Erfahrung weisen die bereits genannten Thesen der BRAK zum Unternehmensanwalt im Strafrecht zu Recht der Vertretung des Unternehmens gegenüber Behörden und Gerichten eine besondere Bedeutung zu.[39] Bereits die klassische Vertretung des Unternehmens gegenüber Behörden und Gerichten bedarf einer gründlichen Aufarbeitung des Sachverhalts durch den beauftragten Rechtsanwalt. Vor diesem Hintergrund wird es bei internen Untersuchungen in den allermeisten Fällen naheliegen, den damit befassten Rechtsanwalt auch mit der Vertretung des Unternehmens gegenüber den Behörden zu beauftragen.

---

[38] Vgl. hierzu *Moosmayer* Praxisleitfaden Compliance Rn. 39 ff. mwN.
[39] Vgl. *BRAK* in BRAK-Mitteilungen 2010, 16, insbes. These 2 mit den Erläuterungen 1.–5. sowie Hauschka Corporate Compliance/*Wessing* § 46 Rn. 75 f.

Denn – wie bereits oben ausgeführt – gehört es unabhängig von parallelen staatlichen Ermittlungen stets auch zu den Aufgaben eines intern untersuchenden Rechtsanwaltes, das Unternehmen bezüglich der Kontaktaufnahme mit den Behörden zu beraten.[40] Weiterhin schafft eine Trennung der internen Untersuchung von der Vertretung gegenüber den Behörden erheblichen Abstimmungs- und Kostenaufwand für das Unternehmen. Allerdings ist dabei zu beachten, dass bei einer Zusammenarbeit mit den Behörden diese regelmäßig eine vollständige **Kooperation** seitens des Unternehmens erwarten. Der mit der internen Untersuchung beauftrage anwaltliche Vertreter des Unternehmens wird daher – unabhängig von der bereits erwähnten Entscheidung des LG Hamburg[41] – mit der Forderung der Ermittlungsbehörde konfrontiert sein, die Untersuchungsergebnisse freiwillig offenzulegen.[42] Eine Trennung von interner Untersuchung und Vertretung gegenüber den staatlichen Stellen wird aber immer dann erforderlich sein, wenn die interne Untersuchung nicht von der Unternehmensleitung, sondern vom Aufsichtsrat beauftragt wurde. In dieser bereits erörterten Konstellation kann der vom Aufsichtsrat gem. § 111 Abs. 2 Satz 2 AktG mandatierte Rechtsanwalt die Gesellschaft nur mit Zustimmung der Unternehmensleitung nach außen vertreten, da die Vertretungsbefugnis des Aufsichtsrats auf bestimmte aktienrechtliche Ermächtigungsnormen begrenzt ist.[43] IÜ wird die Gesellschaft allein durch den **Vorstand** vertreten (§ 78 AktG). Da aber die Beauftragung einer internen Untersuchung unmittelbar durch den Aufsichtsrat idR ein tiefgreifender Vertrauensverlust des Aufsichtsrats gegenüber der Unternehmensleitung mit möglicherweise haftungsrechtlichen Konsequenzen zu Grunde liegt, dürfte eine solche Zustimmung weder erreichbar noch sinnvoll sein.

IV. Der Rechtsanwalt als Vertreter von Mitarbeitern

Zentrale Bestandteile jeder unternehmensinternen Untersuchung sind die Befragungen von – aktuellen und ggf. auch ehemaligen – Mitarbeitern sowie die Einsichtnahme in Unterlagen, gerade auch in elektronischer Form wie E-Mails. Die Befragungen und die Erhebungen der Unterlagen unterliegen – wie bereits erwähnt – nicht der StPO, sondern dem Arbeits- und Datenschutzrecht.[44] Dennoch ist es eine rechtsstaatlich gebotene Selbstverständlichkeit, die Teilnahme eines eigenen Rechtsanwaltes des zu befragenden Mitarbeiters zuzulassen, sofern er dies wünscht.[45] Dies gilt erst Recht vor Ausspruch arbeitsrechtlicher Maßnahmen als Konsequenz der Feststellungen einer internen Untersuchung.[46] Soweit die BRAK in ihren Thesen zum Unternehmensanwalt im Strafrecht aber darüber hinausgehend eine Pflicht des Unternehmens zur entsprechenden Belehrung des Mitarbeiters sieht und auch noch den Unternehmensanwalt verpflichten möchte, auf eine Erstattung der **Kosten** der Rechtsbeistände der Mitarbeiter durch das Unternehmen hinzuwirken[47], geht dies zu

12

---

[40] Vgl. auch entsprechend die Erläuterung Nr. 1 zu These 2 der BRAK in BRAK-Mitteilungen 2010, 16.

[41] LG Hamburg NJW 2011, 942 – HSH Nordbank.

[42] Vgl. zum Verhältnis interner Untersuchungen zu Ermittlungen staatlicher Behörden → Kapitel C Rn. 101 ff. und speziell zur Zusammenarbeit mit Behörden *Moosmayer* Praxisleitfaden Compliance Rn. 349 ff.

[43] Vgl. weiterhin im § 111 Abs. 2 S. 3 AktG (Erteilung des Prüfauftrages), § 112 AktG (Vertretung der Gesellschaft gegenüber Vorstandsmitgliedern) und §§ 246 Abs. 2 S. 1, 249 Abs. 1 S. 1 AktG (Doppelvertretung der Gesellschaft durch Vorstand und Aufsichtsrat bei Anfechtungs- und Nichtigkeitsklagen bezüglich Hauptversammlungsbeschlüssen).

[44] BRAK in BRAK-Mitteilungen 2010, 16, in Erläuterung 4 zu These 3 und das LG Hamburg NJW 2011, 942 – HSH Nordbank.

[45] Vgl. näher → Kapitel N Rn. 46 ff.

[46] Vgl. BAG NZA 2008, 809 und LAG Bln-Bbg Urt. v. 6. 11. 2009 – 6 Sa 1121/09, BeckRS 2009, 74071, zum Recht auf Anwaltskonsultation bei Anhörung vor Ausspruch einer sog. Verdachtskündigung.

[47] Vgl. *BRAK* in BRAK-Mitteilungen 2010, 16, Erläuterung Nr. 4 zu These 3.

weit und ist nicht von der **Fürsorgepflicht** des Arbeitgebers umfasst.[48] Eine andere Frage ist es, ob das Unternehmen aus Opportunitätserwägungen heraus den Mitarbeitern die Begleitung durch anwaltliche Beistände freiwillig anbietet und dabei auch die Kosten der anwaltlichen Beratung übernimmt. Ein solches Vorgehen wird etwa in der Ausnahmesituation einer unternehmensweiten internen Untersuchung wegen des Verdachts systematischen Fehlverhaltens angezeigt sein, um dadurch eine Vielzahl von Mitarbeitern in oft unterschiedlichen Ländern schnell und in einem einheitlichen Verfahren zu einem kooperativen Handeln zu bewegen. IdR wird dieses Vorgehen mit einem – zeitlich befristeten – unternehmensinternen „**Amnestieprogramm**" verknüpft werden, das den Mitarbeitern den Verzicht auf eine Kündigung und zivilrechtliche Schadensersatzansprüche im Gegenzug zur freiwilligen Offenlegung von Fehlverhalten anbietet.[49] Auch hier eröffnet sich dem externen Rechtsanwalt bei der Beratung der Mitarbeiter ein Betätigungsfeld im Zuge unternehmensinterner Untersuchungen.

V. Der Rechtsanwalt als Ombudsperson des Unternehmens

13 Eine ganz andere Rolle iRd internen Untersuchungsprozesses kann der externe Rechtsanwalt schließlich als **Ombudsperson** des Unternehmens übernehmen. Die Ombudsperson steht unternehmensinternen und externen Hinweisgebern als Anlaufstelle zur Verfügung, um beobachtetes gesetzwidriges Verhalten oder sonstige Compliance-Verstöße im Zusammenhang mit der wirtschaftlichen Tätigkeit des Unternehmens zu melden und so interne Aufklärungs- bzw. Untersuchungsmaßnahmen in Gang zu setzen. Die Ombudsperson ist mittlerweile der „Klassiker" unter den Hinweisgebersystemen und gleichermaßen bei Behörden und Unternehmen im Einsatz.[50] Anders als bei einer direkten Meldung an das Unternehmen kann der Hinweisgeber dabei gegenüber dem Unternehmen anonym bleiben. Denn gemeinsam ist allen Vereinbarungen zwischen dem auftraggebenden Unternehmen und dem als Ombudsperson fungierenden externen Anwalt, dass die Ombudsperson die **Identität des Hinweisgebers** nur nach dessen Autorisierung gegenüber dem Unternehmen offenlegen darf. Gleiches gilt auch für sonstige übermittelte Informationen und Unterlagen. Diese Restriktionen im Verhältnis zu seinem Auftraggeber sind dem klassischen **Anwaltsmandat** fremd, da der Anwalt dem Unternehmen ansonsten vollumfänglich auskunftspflichtig wäre, soweit das Mandatsverhältnis betroffen ist. Die Ombudsperson steht damit sowohl zu seinem – ihn bezahlenden – Auftraggeber, dem Unternehmen, als auch zum ihm gegenüber Auskunft gebenden und auf seine Verschwiegenheit vertrauenden Hinweisgeber in einem rechtlichen Bindungsverhältnis.[51] Der „Wettbewerbsvorteil" der anwaltlichen Ombudsperson gegenüber anderen Hinweisgebersystemen wie anonymen Telefonhotlines, IT-gestützte „Briefkastensysteme" etc. liegt zweifellos in dem Angebot einer persönlichen Anlaufstelle und Möglichkeit zur Besprechung des relevanten Sachverhaltes. Dies kann für die Ombudsperson aber durchaus auch belastend sein, etwa wenn der Hinweisgeber sich entscheidet, ihr keine Freigabe zur Übermittlung der Informationen an das Unternehmen zu geben. Die Ombudsperson bleibt dann mit einem Wissensvorsprung gegenüber ihrem Mandaten zurück, ohne bei-

---

[48] AA Hauschka Corporate Compliance/*Wessing* § 46 Rn. 69.

[49] Zum unternehmensinternen „Amnestieprogramm" → Kapitel E sowie *Breßler/Kuhnke/Schulz/Stein* NZG 2009, 721; *Moosmayer* Praxisleitfaden Compliance Rn. 333 ff., *Müller-Bonanni* AnwBl 2010, 653 und *Zimmer/Heymann* BB 2010, 1855.

[50] Vgl. *Moosmayer* Praxisleitfaden Compliance, Rn. 186. Näher zur Ombudsperson im Unternehmen und öffentlichen Bereich Dölling/*Benz/Heißner/John* Kapitel 6 S. 72 f.; Hauschka Corporate Compliance/*Buchert* § 42; Maschmann/*Fritz* S. 129 ff.; *Hild* AnwBl 2010, 641 und Dölling/*Korte* Kapitel 6 S. 302 f.

[51] Vgl. *Moosmayer* Praxisleitfaden Compliance Rn. 186; aA *Hild* AnwBl 2010, 641, der strikt davon ausgeht, dass zwischen der Ombudsperson und dem Hinweisgeber kein Rechtsverhältnis besteht. Wie hier dagegen Hauschka Corporate Compliance/*Buchert* § 42 Rn. 34 ff.

spielsweise laufende Straftaten zum Nachteil des Unternehmens unterbinden zu können oder dieses darauf hinweisen zu können, dass Mitarbeiter Straftaten gegenüber Dritten begehen, die für Unternehmen ggf. sogar existenzbedrohende **Haftungsrisiken** zur Folge haben können. Der bereits behandelte Beschluss des LG Bochum zur Zulässigkeit der **Beschlagnahme** von Unterlagen bei einer Ombudsperson durch die Ermittlungsbehörden[52] wird der **Diskussion um Bedeutung und Rechtsstellung** der Ombudsleute eine ganz neue Dynamik verleihen. Galten die Ombudsleute den Ermittlungsbehörden in der Praxis bislang als quasi „sakrosankt" und mithin die dort abgegebenen Informationen als vollumfänglich geschützt, hat sich dies seit der Entscheidung des LG Bochums geändert. Gleich, ob man sich der Rechtsauffassung des Gerichts anschließt oder sie ablehnt[53]: Ombudsleute und sie beauftragende Unternehmen tun gut daran, ihre entsprechende **Kommunikation** gegenüber den Hinweisgebern zu überdenken bzw. zu ändern. Bis zu einer abschließenden rechtlichen Klärung, die – wie ausgeführt – dem Gesetzgeber vorbehalten sein sollte, sind sie gut beraten, keine vorbehaltlose Zusicherung von Vertraulichkeit und Anonymität zu geben, sondern die derzeitige Rechtslage gegenüber den Hinweisgebern zu reflektieren – zumindest sofern von diesen vor Preisgabe von Informationen eine „Zusicherung" von Vertraulichkeit oder Anonymität gefordert wird.

Neben der dargestellten unsicheren Rechtslage liegt ein weiterer Nachteil der Ombudsperson im Vergleich zu technischen Hinweisgebersystemen in ihrem begrenzten Wirkungskreis. Ein in Deutschland ansässiger Rechtsanwalt wird als Ombudsperson nur in wenigen Fällen auch von ausländischen Hinweisgebern persönlich kontaktiert oder gar aufgesucht werden. **14**

Gerade mit Blick auf die geschilderten Herausforderungen sollte bei der Auswahl der Ombudsperson darauf geachtet werden, einen erfahrenen Wirtschaftsstrafrechtler für diese Aufgabe zu gewinnen.[54] Der „Hausanwalt" des Unternehmens ist schon aufgrund möglicher Berührungspunkte mit der laufenden Rechtsberatung für seinen Mandanten hierfür nicht geeignet.[55] Um die Ombudsperson effektiv in den internen Untersuchungsprozess zu integrieren, sollten folgende praxisrelevante Punkte bei der Vereinbarung mit ihr berücksichtigt werden: **15**

– Festlegung der **Ansprechpartner** für die Ombudsperson im Unternehmen: Aufgrund der besonderen Rolle der Ombudsperson ist es wichtig, dass ihre Ansprechpartner im Unternehmen mit ihren Aufgaben vertraut sind und sachgerecht mit den übermittelten Informationen umgehen. Dies bedeutet zunächst deren rechtliche Bewertung und Entscheidung über die zu ergreifenden Maßnahmen, etwa die Einleitung einer internen Untersuchung. Es ist deshalb naheliegend, die Ansprechpartner der Ombudsperson in der Rechtsfunktion bzw. bei den in der Compliance-Abteilung tätigen Syndikusrechtsanwälten zu verorten. Eine direkte Berichtslinie der Ombudsperson an Vorstand oder gar Aufsichtsrat, wie vereinzelt[56] gefordert, entspricht nicht der Aufgabenstellung, die in der vertraulichen Entgegennahme und Weiterleitung von Hinweisen besteht.

– Definition klarer **Übergabeprozesse:** Es muss geregelt werden, wann und in welcher Weise die Ombudsperson ihre Ansprechpartner im Unternehmen informiert. Erteilt der Hinweisgeber sein Einverständnis zur Information des Unternehmens und liegt ein Anfangsverdacht vor, so hat die Ombudsperson ihren Auftraggeber unverzüglich zu unterrichten und überlassene Unterlagen auszuhändigen.

– **Kommunikation** gegenüber Hinweisgebern bzgl. Vertraulichkeit und Anonymität: Wie dargestellt müssen sich beauftragendes Unternehmen und Ombudsperson mit Blick auf die aktuelle Rechtslage auf eine stimmige und den rechtlichen Gegebenheiten

---

[52] → Fn. 18.
[53] Abl. etwa *Queling/Bayer* NZWiSt 2016, 417; *Szesny* CCZ 2017, 25 und *Schmid/Wengenroth* NZWiSt 2016, 404.
[54] Ebenso *Hild* AnwBl 2010, 641 (642).
[55] Vgl. *Moosmayer* Praxisleitfaden Compliance Rn. 195.
[56] So von *Schemmel/Ruhmannseder/Witzigmann* S. 175 Rn. 60.

entsprechende Kommunikation verständigen. Dies gilt sowohl für die entsprechenden Erläuterungen des Unternehmens (etwa auf seiner Homepage, wo die Ombudsperson bezeichnet wird), als auch für die Gespräche der Ombudsperson mit den Hinweisgebern.

- Vereinbarung regelmäßiger und ad hoc **Durchsprachen**: Neben ad hoc Durchsprachen im Fall von aktuell eingegangenen Hinweisen empfiehlt sich die Abhaltung regelmäßiger Durchsprachen, in denen auch generelle Fragen, wie die statistische und inhaltliche Entwicklung der Meldungen besprochen und sichergestellt werden kann, dass kein Vorgang übersehen wurde.
- **Rückmeldung** an die Ombudsperson nach Abschluss der internen Untersuchung: Damit auch die Ombudsperson ihren Vorgang schließen kann, sollte das Unternehmen sie über den Abschluss der Untersuchung und deren Ausgang unterrichten.

16 Schließlich sei noch darauf hingewiesen, dass die Ombudsperson auch während laufender Untersuchungen das **Bindeglied** zwischen Unternehmen und Hinweisgeber darstellen und eine entsprechende Kommunikation sicherstellen kann, wenn der Hinweisgeber auch weiterhin nicht unmittelbar mit dem Unternehmen in Kontakt treten will. Hierbei ist aber strikt darauf zu achten, dass die Ombudsperson nicht Teil der unternehmensinternen Untersuchung wird und an der Sachverhaltsaufklärung teilnimmt. Ansonsten verliert die Ombudsperson ihre Glaubwürdigkeit als „Mittler" zwischen Hinweisgeber und Unternehmen.[57] Ob die Ombudsperson nach der Entscheidung des LG Bochums künftig an „Attraktivität" als Anlaufstelle für Hinweisgeber für Unternehmen – und übrigens auch öffentlich-rechtliche Körperschaften – verliert, bleibt mit Blick auf mögliche Entscheidungen des Gesetzgebers oder Fortentwicklung der Rechtsprechung erst einmal abzuwarten. Festzuhalten ist aber, dass jede alternative, auch technische Lösung für die Annahme und Weiterleitung von Hinweisen rechtlich kein höheres **Schutzniveau** aufweist, da die Ermittlungsbehörden selbstverständlich entsprechende Informationen auch bei Betreibern von „Hinweisgeberhotlines" beschlagnahmen können. Gleiches gilt nach der derzeitigen und zu Beginn dargestellten Rechtslage auch für Unterlagen von Hinweisgebern, die im Unternehmen von einem Syndikusrechtsanwalt bearbeitet werden.

---

[57] Ähnlich Hauschka Corporate Compliance/*Buchert* § 42 Rn. 26.

M. Interne Untersuchungen bei Kartellrechtsverstößen

Literatur:

Bechtold/Jickeli/Rohe (Hrsg.), Recht, Ordnung und Wettbewerb, FS zum 70. Geburtstag von Wernhard Möschel, 2011; *Breßler/Kuhnke/Schulz/Stein,* Inhalte und Grenzen einer Amnestie bei internal investigations, NZG 2009, 721 ff.; Bericht des *Bundeskartellamtes* über seine Tätigkeit in den Jahren 2013/2014 sowie über die Lage und Entwicklung auf seinem Aufgabengebiet, BT Drucksache 18/5210 v. 15. 6. 2014; Bekanntmachung Nr 9/2006 des *Bundeskartellamtes* über den Erlass und die Reduktion von Geldbußen in Kartellsachen – Bonusregelung – v. 7. 3. 2006; *Dalheimer/Feddersen/Miersch,* EU-Kartellverfahrensverordnung, Kommentar zur VO 1/2003, 2005; *Goette/Habersack* (Hrsg.), Münchener Kommentar zum Aktiengesetz, 4. Aufl., Bd. 2, 2014; *Kahlenberg/Schwinn,* Amnestieprogramme bei Compliance-Untersuchungen im Unternehmen, CCZ 2012, 81; *Kamann/Miller,* Kartellrecht und Datenschutzrecht – Verhältnis einer „Hass-Liebe"?, NZKart 2016, 405; *Knierim,* LG Hamburg: Beschlagnahmefähigkeit von Grundlagen eines Rechtsgutachtens, Fachdienst Strafrecht 2011, 314177; Mitteilung der Kommission über den Erlass und die Ermäßigung von Geldbußen in Kartellsachen, ABl. C 298/17 v. 8. 12. 2006; *Lampert,* Gestiegenes Unternehmensrisiko Kartellrecht – Risikoreduzierung durch Competition-Compliance-Programme, BB 2002, 2237 ff.; *Lomas/Kramer,* Corporate Internal Investigations, An International Guide, 2. Aufl. 2013; *Mäger* (Hrsg.), Europäisches Kartellrecht, 2. Aufl., 2011; *Mehle,* Beschlagnahmefreiheit von Verteidigungsunterlagen – insbesondere in Kartellbußgeldverfahren, NJW 2011, 1639; *Moosmayer,* Compliance, Praxisleitfaden für Unternehmen, 3. Aufl. 2015; *ders.,* Der EuGH und die Syndikusanwälte, NJW 2010, 3548 ff.; *Schwab/Steinle,* Pitfalls of the European Competition Network – Why Better Protection of Leniency Applicants and Legal Regulation of Case Allocation is Needed, European Competition Law Review, 2008, 523 ff.; *Sieber/Satzger/von Heintschel-Heinegg,* Europäisches Strafrecht, 2. Aufl. 2014; *Swaak* ua, Symposium Leniency, The ever more bumpy road towards lenient treatment, Competition Law & Policy Debate (CLPD), 2015, Vol. 1, Issue 4, 14; *Szesny,* LG Hamburg: Interviewprotokolle nach internen Untersuchungen dürfen beschlagnahmt werden (HSH Nordbank), GWR 2011, 169 ff.; *Wellhöfer/Peltzer/Müller,* Die Haftung von Vorstand Aufsichtsrat Wirtschaftsprüfer mit GmbH-Geschäftsführer, 2008; *de Lind van Wijngarden/Egler,* Der Beschlagnahmeschutz von Dokumenten aus unternehmensinternen Untersuchungen, NJW 2013, 3549 ff.; *Wissmann/Dreyer/Witting,* Kartell- und regulierungsbehördliche Ermittlungen im Unternehmen und Risikomanagement, 2008.

I. Einleitung

Im Gesamtkontext von Compliance kommt internen kartellrechtlichen Untersuchungen 1
eine nach wie vor zunehmende Bedeutung zu. Der richtige Umgang der Unternehmen
mit internen Untersuchungen und deren professionelle Durchführung verdient nicht nur
aus Gründen der **Corporate Governance**[1] verstärkte Aufmerksamkeit, sondern kann bei
nachlässiger Handhabung auch ganz erhebliche negative Folgen für die Unternehmen
nach sich ziehen. Dies gilt gerade im Zusammenhang mit einem möglichen Kronzeugenantrag als Folge der kartellrechtlichen Untersuchung.

Im Nachfolgenden werden zunächst die typischen auslösenden Momente für die 2
Durchführung interner kartellrechtlicher Untersuchungen (A.) und dann die vorbereiten-
den Maßnahmen für eine interne Untersuchung (B.) dargestellt. Im Anschluss daran wird
die beispielhafte Durchführung einer internen Untersuchung geschildert (C.), die mit
dem Entscheidungsprozess über das Ergebnis der Untersuchung und die zu treffenden
Konsequenzen ihren Abschluss findet (D.).

II. Auslöser für interne kartellrechtliche Untersuchungen

Unternehmensinterne kartellrechtliche Untersuchungen können durch eine Vielzahl un- 3
terschiedlicher Umstände ausgelöst werden. Der sicherlich dramatischste Auslöser ist eine

---

[1] Auch wenn umstritten ist, ob und inwieweit eine gesetzliche Pflicht zur Einrichtung eines kartellrechtlichen Compliance Systems besteht, ist zumindest festzuhalten, dass die Haftungsrisiken, die mit einem allzu sorglosen und unzureichenden Umgang mit (potentiellen) Kartellrechtsverstößen und deren möglichen Konsequenzen für ein Unternehmen zusammenhängen, in den letzten Jahren erheblich zugenommen haben; vgl. hierzu auch Mäger/*Kasten* Kap. 2 Rn. 6 ff. mwN und oben → Kapitel B Rn. 1 ff.

vorhergehende behördliche **Durchsuchung** bspw. durch das Bundeskartellamt oder die Europäische Kommission.[2] Abgesehen von der in jeder Hinsicht speziellen Ausnahmesituation bedeutet eine Durchsuchung durch Kartellbehörden häufig, dass der Behörde bereits substantielle Informationen zu einer Kartellabsprache vorliegen. Dadurch steigt vor allem der zeitliche Druck, möglichst schnell die Vorwürfe mittels interner Untersuchungen aufzuklären, um ggf. noch einen Kronzeugenantrag stellen zu können. Daneben erfolgen interne Untersuchungen häufig auch auf Grundlage von Hinweisen von Mitarbeitern im Rahmen eines **internen Meldesystems,** bspw. über entsprechende Hotlines („Tell us"), durch (anonyme) Hinweise an einen Ombudsmann oder an den Compliance-Beauftragten.

4   Eine weitere wichtige Quelle für Anhaltspunkte auf kartellrechtlich risikobehaftete Vorgänge ist die unternehmensinterne **operative Beratungspraxis.** Je nach Umfang und Qualitätsdichte dieser internen Beratung lassen sich Fallkonstellationen herausfiltern, die eine besondere kartellrechtliche Beurteilung erfordern, und die im Einzelfall auch Anlass für eine weitergehende interne Untersuchung sein können. Von Bedeutung sind hier insbesondere kartellrechtlich relevante **Beschwerden von Kunden oder auch Wettbewerbern.** Schließlich können Hinweise auf ein relevantes Fehlverhalten auch iRv **kartellrechtlichen Schulungsveranstaltungen** auftauchen.[3]

5   Weitere auslösende Momente können sich aus einer **Risikoanalyse** im Rahmen eines **kartellrechtlichen Compliance-Programms**[4] ergeben. Derartige Risikoanalysen sind heute typische Bestandteile eines kartellrechtlichen Compliance-Programms.[5] Dabei wird in diesem Zusammenhang häufig das Risikoprofil der einzelnen Geschäftseinheiten ermittelt. Ähnliches gilt auch bei der Durchführung **regulärer oder außerordentlicher Auditierungen.**[6] Dabei kann es sich auch um gezielt auf Kartellrechtsverstöße gerichtete Audits handeln, falls im Vorfeld schon Verdachtsmomente für ein Fehlverhalten aufgetaucht sind.

6   Schließlich spielt in diesem Kontext im Einzelfall auch die **allgemeine Marktbeobachtung** eine nicht zu unterschätzende Rolle. So können bspw. behördliche Durchsuchungen und Ermittlungsverfahren in **benachbarten Märkten** oder bei Wettbewerbern einen Anhaltspunkt dafür bieten, auch im eigenen Produktbereich einmal kritisch das Risiko einer Verstrickung in Kartellabsprachen abzuklären und gegebenenfalls eine interne Untersuchung zur Absicherung durchzuführen.[7]

---

[2] Durchsuchungen durch die Europäische Kommission erfolgen im Rahmen einer sog. Nachprüfung in Kooperation mit der jeweiligen nationalen Kartellbehörde. Da die Europäische Kommission selbst keine Befugnisse für unmittelbare Zwangsmaßnahmen zur Durchsetzung einer Durchsuchung besitzt, ist sie dafür auf das Instrumentarium der nationalen Behörden und Gerichte angewiesen. Im Falle einer fehlenden Kooperation des zu durchsuchenden Unternehmens kann dann nach nationalem Recht die Anordnung und zwangsweise Durchsetzung einer Durchsuchung sichergestellt werden. Vgl. hierzu Dalheimer/Feddersen/Miersch/*Miersch* S. 153 ff., 166 ff.; und Wissmann/Dreyer/Witting/*Wissmann* S. 112 ff.

[3] Gerade iRv kartellrechtlichen Schulungsveranstaltungen werden von den Teilnehmern häufig Vorgänge und Verhaltensweisen angesprochen, die sich idR zwar als unproblematisch erweisen, im Einzelfall aber auch Anlass für eine weitergehende Sachverhaltsermittlung und Abklärung der kartellrechtlichen Relevanz geben können.

[4] Häufig wird man eine besonders detaillierte Risikoanalyse, ggf. auch in Kombination bereits mit einer internen Untersuchung, bei erstmaliger Etablierung eines kartellrechtlichen Compliance-Systems durchführen.

[5] Vgl. hierzu auch die Grundelemente eines Compliance Management Systems unter Ziffer. 4 des IDW Prüfungsstandard PS 980, Grundsätze ordnungsmäßiger Prüfung von Compliance Management Systemen; siehe auch den ICC Toolkit zur kartellrechtlichen Compliance, 2014 (http://www.iccgermany.de/filead min/user_upload/Content/Wettbewerb/ICC_Compliance_Toolkit_final.pdf; zuletzt abgerufen am 10.4. 2017).

[6] Der vom Hauptfachausschuss des IDW am 11.3.2011 verabschiedete IDW Prüfungsstandard PS 980 ist erstmalig anzuwenden bei Prüfungen von Compliance Management Systemen, die nach dem 30.9.2011 durchgeführt werden.

[7] In der Praxis gibt es zwischenzeitlich eine Reihe von Fällen, in denen die Aufdeckung einer Kartellabsprache in einem bestimmten Produktbereich zeitnah auch zur Aufdeckung weiterer Kartellrechtsverstöße in benachbarten Produktbereichen geführt hat; vgl. zB die Verfahren des Bundeskartellamtes im Bereich der

III. Vorbereitung interner kartellrechtlicher Untersuchungen

1. Unternehmensinterne Zuständigkeiten

Je nach Größe und Organisationsgrad des Unternehmens sind iRd Vorbereitung einer internen kartellrechtlichen Untersuchung die verschiedenen zuständigen Fachabteilungen zu informieren und einzubinden. Typischerweise werden solche Untersuchungen gemeinsam von der **Rechtsabteilung** und der **Compliance-Abteilung** sowie gegebenenfalls mit Unterstützung der internen Audit-Funktion bzw. der internen Revision durchgeführt. Innerhalb der Compliance-Abteilung werden dazu, soweit vorhanden, sowohl Rechtsanwälte als auch Spezialisten für Untersuchungen hinzugezogen.[8] Darüber hinaus erfolgt regelmäßig eine Einbindung des Managements sowie im Einzelfall auch eine vorsorgliche Abstimmung mit der **Kommunikationsabteilung.** In zunehmendem Maße und abhängig von dem Grad der vorhandenen Verdachtsmomente werden bei internen Untersuchungen auch elektronische Daten gesichert. Hierfür sowie für die Auswertung der Daten ist die Einbindung der entsprechenden IT-Abteilung erforderlich. 7

2. Abklärung der rechtlichen Rahmenbedingungen

Vor dem eigentlichen Beginn der internen Untersuchung sind die rechtlichen Rahmenbedingungen unter Berücksichtigung der verschiedenen in Betracht zu ziehenden Rechtsgebiete abzuklären. Dies gilt speziell, wenn es sich um eine international angelegte Untersuchung handelt, die Untersuchungsmaßnahmen in verschiedenen Ländern erfordert. In diesen Fällen sind die rechtlichen Rahmenbedingungen aller Jurisdiktionen mit einzubeziehen, die von der Untersuchung betroffen sein können. 8

Unter arbeitsrechtlichen Gesichtspunkten sind hier insbes. Fragen der Mitbestimmung, aber auch der Kooperationspflicht der Mitarbeiter, mögliche Aufklärungspflichten des Arbeitgebers, und die Zulässigkeit von unternehmensinternen Amnestieregelungen, aber auch die rechtlichen Sanktions- und Disziplinarmöglichkeiten zu prüfen.[9] 9

Dies trifft ebenso für Fragen des **Datenschutzes** zu.[10] Neben den generellen Fragen des Datenschutzes betrifft das alle Aspekte von **E-Discovery:** darunter fällt das Sichern aller elektronischen Daten der betroffenen Mitarbeiter (Festplatten, Mobiltelefone, etc) sowie der Einsatz spezieller Suchprogramme zur Sichtung und Prüfung elektronischer Daten und Korrespondenz. 10

Erschwert wird die Situation zusätzlich dann, wenn die Untersuchungen auch andere Jurisdiktionen als Deutschland betreffen können. In diesem Falle sind die Grenzen sowohl im Hinblick auf den Umfang der auszutauschenden Daten wie auch im Hinblick auf die im Ausland beabsichtigten Untersuchungsmaßnahmen zu beachten.[11] 11

Lebensmittelindustrie (insbes. Kaffee), Tätigkeitsbericht des Bundeskartellamtes 2009/2010 S. 66 f., oder die Verfahren der EU-Kommission im Bereich Spezialchemie (Aminosäuren, Wasserstoffperoxid, Acrylglas); s. hierzu illustrativ die Kartellverfahren im Bereich Gasisolierte Schaltanlagen und Leistungstransformatoren, vgl. hierzu die Kommissionsentscheidungen Case COMP/38.899 v. 24.1.2007 und Case COMP/39.129 v. 7.10.2009.

[8] Ab einer gewissen Unternehmensgröße gehören heutzutage zu einer professionell aufgestellten Compliance-Abteilung auch Spezialisten für investigative Untersuchungen, die zunehmend aus dem Bereich der Kriminalpolizei, der Staatsanwaltschaft oder auch der internationalen Strafverfolgung rekrutiert werden.

[9] Vgl. hierzu im Detail auch → Kapitel D Rn. 1 ff.

[10] Vgl. hierzu iE auch → Kapitel I Rn. 1 ff., sowie zum hier bestehenden Spannungsfeld zwischen Kartellrecht und Datenschutzrecht *Kamann/Miller* NZKart 2016, 405.

[11] So gibt es eine Reihe von Ländern wie bspw. die Schweiz, wo der Einsatz ausländischer Personen zur Durchführung derartiger Untersuchungen auf Schweizer Territorium sehr restriktiv geregelt und unter bestimmten Umständen auch strafrechtlich sanktioniert ist.

12   Im Einzelfall spielen in diesem Zusammenhang auch Fragen des **Aktienrechts** und der Corporate Governance eine Rolle, und zwar gerade dann, wenn es um die Entscheidung über die Konsequenzen aus den Untersuchungsergebnissen geht.[12]

3. Zeitliche Komponente

a) Besondere zeitliche Dringlichkeit im Falle einer behördlichen Durchsuchung

13   Die äußerst erfolgreiche Einführung von kartellrechtlichen **Kronzeugenregelungen** unter anderem auch in Deutschland und auf europäischer Ebene[13] hat zu einem kaum für möglich gehaltenen Paradigmenwechsel in der Kartellverfolgung und der Aufklärung von Hardcore-Kartellen geführt, der vor allem durch einen starken Anstieg der gegenüber den Kartellbehörden angezeigten Kartellabsprachen zum Ausdruck kommt.[14]

14   Die zwischenzeitlich massiv gestiegenen **Bußgeldhöhen,** die ohne Weiteres im mittleren bis hohen dreistelligen Millionenbereich oder gar darüber liegen können, haben in den Unternehmen zu einem erheblichen Bewusstseinswandel und einer veränderten Wahrnehmung der **kartellrechtlichen Risiken** geführt. Dies auch deshalb, weil bei schwerwiegenden Kartellrechtsverstößen neben dem Bußgeld noch eine Reihe anderer nicht minder dramatischer Risiken drohen wie bspw. **zivilrechtliche Schadensersatzansprüche,** der mögliche **Ausschluss von öffentlichen Aufträgen** sowie die **persönliche Haftung** der verantwortlichen Mitarbeiter und Führungskräfte.

15   Vor diesem Hintergrund ist mit der Möglichkeit, durch vollständige Kooperation mit den zuständigen Kartellbehörden entweder einen vollständigen Bußgelderlass oder unter bestimmten Umständen wenigstens eine substantielle Bußgeldreduzierung zu erhalten, eine hohe Anreizwirkung entstanden. Dadurch hat auch die Frage der zeitlichen Dringlichkeit und Kurzfristigkeit der Durchführung einer internen kartellrechtlichen Untersuchung besondere Bedeutung erlangt. Die Mehrzahl der Hardcore-Kartelle wird zwischenzeitlich durch Kronzeugenanträge aufgedeckt. Auch in Deutschland ist das entsprechende Bonusprogramm des Bundeskartellamtes das zentrale Instrument zur Aufklärung von Kartellen.[15] Dies führt in der Praxis häufig zu einem „Windhundrennen", da nur derjenige vollumfänglich von den Vorteilen der Kronzeugenregelung profitieren kann, der zeitlich vor den anderen Kartellbeteiligten den entsprechenden Kronzeugenantrag bei der zuständigen Behörde stellt bzw. sich seinen Rang zumindest über einen sogenannten **Marker**[16] sichern lässt.

---

[12] Ein erheblicher Teil der kartellrechtlichen Untersuchungen bestätigt nämlich nicht die ursprünglichen Verdachtsmomente auf einen schwerwiegenden Kartellrechtsverstoß. Deutet das Ergebnis der Untersuchungen aber nur auf ein Verhalten hin, das sich noch in einer gewissen Grauzone bewegt, dann ist die Entscheidung über das weitere Vorgehen von einer Anzahl von Faktoren abhängig, bei denen auch Fragen der Haftung der Unternehmensführung eine Rolle spielen. Dies gilt erst recht, wenn trotz nicht unerheblicher Verdachtsmomente gleichzeitig schwerwiegende Gründe gegen einen Kronzeugenantrag sprechen sollten.

[13] Vgl. in Deutschland die Bekanntmachung Nr. 9/2006 des Bundeskartellamtes über den Erlass und die Reduktion von Geldbußen in Kartellsachen – Bonusregelung – v. 7. 3. 2006 (https://www.bundeskartell amt.de/SharedDocs/Publikation/DE/Bekanntmachungen/Bekanntmachung%20-%20Bonusregelung.pdf?__ blob=publicationFile&v=7; zuletzt abgerufen am 10. 4. 2017), bzw. auf EU-Ebene die entsprechende „Mitteilung der Kommission über den Erlass und die Ermäßigung von Geldbußen in Kartellsachen", ABl. Nr. C 298, 17 ff. v. 8. 12. 2006.

[14] Neuerdings zeichnet sich allerdings eine leicht rückläufige Zahl von Kronzeugenanträgen insbes. auf europäischer Ebene ab. Unklar ist, ob dies eher auf einer abnehmenden Attraktivität der Kronzeugenprogramme beruht oder aber der Pool an noch unaufgedeckten Kartellen im Laufe der Zeit doch austrocknet; vgl. hierzu auch *Swaak ua*, CLPD 2015, Vol. 1, Issue 4, 14 ff.

[15] Vgl. Tätigkeitsbericht des Bundeskartellamtes 2015/2016, S. VIII und S. 30 ff.

[16] Vgl. zB die Bonusregelung des Bundeskartellamtes Rn. 11 ff. (→ Fn. 13), wonach der Kartellbeteiligte bestimmte Grundinformationen vortragen und seine Bereitschaft zur Zusammenarbeit erklären muss, um einen Marker zu erlangen.

Für Unternehmen, die von einer behördlichen Durchsuchung wegen Verdachts auf Be- 16
teiligung an einer Kartellabsprache betroffen sind, bedeutet dies, ohne zeitliche Verzögerung und unter höchstem Zeitdruck interne kartellrechtliche Untersuchungen einzuleiten,
um sich zumindest die Möglichkeit für einen Antrag auf Bußgelderlass bzw. -reduzierung
offen zu halten. Unabhängig davon nämlich, ob die Durchsuchung durch einen Kronzeugenantrag oder originäre Ermittlungen der Behörde selbst ausgelöst wurde, ist davon auszugehen, dass auch die anderen betroffenen Unternehmen spätestens ab dem Zeitpunkt
der Durchsuchung ebenfalls eine solche interne Untersuchung mit derselben Zielsetzung
durchführen werden. In der Praxis ist es daher keine Seltenheit, dass die an einer Kartellabsprache beteiligten Unternehmen im Anschluss an eine Durchsuchung in einem Wettlauf gegen die Zeit und gegen die anderen Kartellbeteiligten mit unterschiedlichem Erfolg
wiederholt **Kronzeugenanträge** bei der zuständigen Kartellbehörde stellen.[17]

b) Sonstige Gründe für eine interne kartellrechtliche Untersuchung

Aber auch bei einer rein internen kartellrechtlichen Untersuchung, die wegen anderer 17
Gründe als einer akuten behördlichen Durchsuchung angestellt wird, kann vor dem Hintergrund der oben genannten Dynamik der Kronzeugenregelungen der zeitliche Faktor
eine nicht unwichtige Rolle spielen. Dies hängt vor allem von der Wahrscheinlichkeit ab,
mit der bei Wettbewerbern ähnliche Untersuchungen durchgeführt werden. Je höher die
Wahrscheinlichkeit, dass andere Wettbewerber aufgrund spezieller Umstände ebenfalls interne Untersuchungen durchführen, desto kritischer wird die zeitliche Komponente. Damit einher geht ein steigendes Risiko, den richtigen Zeitpunkt für einen Kronzeugenantrag zu verpassen. Außerdem besteht in diesen Fällen auch das Risiko, dass an der
Kartellabsprache beteiligte Mitarbeiter des eigenen Unternehmens, sobald sie von der internen Untersuchung Kenntnis erhalten, sich dazu mit Kartellbeteiligten der anderen Unternehmen austauschen.

4. Externe Unterstützung

a) Einschaltung einer Kanzlei

Interne kartellrechtliche Untersuchungen erfolgen häufig unter Hinzuziehung **externer** 18
Rechtsanwälte. Dies geschieht zum einen aus Gründen mangelnder interner Ressourcen, da insbesondere bei hoher zeitlicher Dringlichkeit eine größere Zahl von Personen
mit der erforderlichen Expertise kurzfristig und durchgängig verfügbar sein müssen, um
einen konkreten Vorgang umfänglich aufzuklären.

Zum anderen spielen bei derartigen unternehmensinternen Untersuchungen auch Fra- 19
gen der **Vertraulichkeit** und des **Legal Privilege** eine wichtige Rolle, die im Vorfeld
interner Untersuchungen immer thematisiert werden und nicht unterschätzt werden sollten.[18]

Dabei ist auch je nach betroffener Jurisdiktion die unterschiedliche Rechtslage zu be- 20
achten. Das gilt in besonderem Maße, soweit es um international angelegte Vorgänge geht
und **Jurisdiktionen** wie bspw. Deutschland, die Europäische Union oder die USA betroffen sind.[19] In diesem Zusammenhang ist auch jeweils noch zwischen der Rechtsposi-ti-

---

[17] Vgl. hierzu bspw. die Auflistung der verschiedenen Kronzeugenanträge in der Kommissionsentscheidung
in Sachen Leistungstransformatoren Case COMP/39.129 v. 7.10.2009 Rn. 39 ff., 282 ff.

[18] Aus prozesstaktischer Sicht sollte in diesem Zusammenhang immer auch die Möglichkeit späterer Discov-
ery-Anträge bspw. iRv zivilrechtlicher Schadensersatzklagen in anglo-amerikanischen Jurisdiktionen in
die Überlegungen mit einbezogen werden.

[19] Gerade bei international angelegten internen Untersuchungen sind das Zusammenspiel und die Wechsel-
wirkungen der verschiedenen Regelungen in den betroffenen Jurisdiktionen zum Legal Privilege sorgsam
zu beachten, vgl. Lomas/Kramer/*Lomas* Rn. 1.73 ff. Die eher geringe Reichweite des Anwaltsprivileges in

on von **Syndikusanwälten** einerseits und externen Anwälten andererseits zu unterscheiden.[20]

21 Vor allem seit der AKZO-Entscheidung des Europäischen Gerichtshofs,[21] der ein **Anwaltsprivileg** für Syndikusanwälte abgelehnt hat, kommt diesem Punkt nochmals verstärkte Bedeutung zu. Allerdings wird das bisher daraus abgeleitete Argument zugunsten der Einschaltung externer Anwälte zunehmend dadurch in Frage gestellt, dass jedenfalls in Deutschland auch die bei der Kanzlei befindlichen Dokumente unter bestimmten Bedingungen grds. der **Beschlagnahme** unterliegen sollen.[22] Somit ist in jedem Einzelfall die Frage des Beschlagnahmerisikos und die konkrete Handhabung dieses Risikos gesondert zu diskutieren.

22 Schließlich ist zu berücksichtigen, dass die Entscheidung, ob am Ende einer Untersuchung ein **Kronzeugenantrag** gestellt werden soll, mit eine der schwierigsten Entscheidungen im Bereich der kartellrechtlichen Beratung ist, bei der eine Vielzahl von zum Teil sehr komplexen Gesichtspunkten und **Risiken** abzuwägen sind.[23] Auch deshalb kann es in einer solchen Situation empfehlenswert sein, eine Kanzlei einzuschalten und auf die damit verbundene zusätzliche Expertise zurückzugreifen.

b) Kanzlei und Interessenkonflikt

23 Im Falle der Mandatierung einer Kanzlei ist bereits zu Beginn besonderes Augenmerk auf mögliche **Interessenkonflikte** zu legen. Dabei ist auch zu beachten, dass zu Beginn einer internen Untersuchung nicht ausgeschlossen werden kann, dass je nach Ergebnis der Untersuchungen ein Kronzeugenantrag gestellt werden soll, der dann zum Nachteil der anderen Kartellbeteiligten erfolgen würde. Äußerst ungünstig wäre, wenn die Kanzlei in diesem Falle erst zum Zeitpunkt der Entscheidung über einen Kronzeugenantrag feststellen würde, dass sie sich aufgrund eines „Interessenkonfliktes" nicht in der Lage sieht, einen solchen Antrag zu stellen. Dabei kann es sich um einen Interessenkonflikt im technischen Sinne handeln. In Betracht kommen kann aber auch, dass es sich nur um einen sog. „Schlüsselmandanten" handelt, gegen den eine Kanzlei wegen des engen Mandatsverhältnisses nicht im Zusammenhang mit einem Kronzeugenantrag auftreten möchte.

5. Unterstützung durch Unternehmensleitung

24 Für den Erfolg einer internen kartellrechtlichen Untersuchung ist die Unterstützung durch das **obere Management** von maßgeblicher Bedeutung. Ohne dessen ausdrückliche Unterstützung wird es für das Untersuchungsteam erheblich schwieriger, das bestehende Momentum zu nutzen und den betroffenen Mitarbeitern den Ernst der Situation und das besondere Unternehmensinteresse an einer beschleunigten und umfassenden Aufklärung des Sachverhaltes zu vermitteln.

Deutschland hat sich erst jüngst wieder im Zusammenhang mit der Durchsuchung der Kanzlei Jones Day bei der Aufklärung der Volkswagen-Affäre gezeigt. Allerdings hat hier zuletzt das BVerfG im Wege der einstweiligen Anordnung die Staatsanwaltschaft München II angewiesen, die sichergestellten Unterlagen und Daten vorerst nicht auszuwerten; vgl. BVerfG vom 25.7.2017, ua 2 BvR 1287/17, 2 BvR 1583/17.

[20] Vgl. zur Position des Syndikusanwalts auch → Kapitel L Rn. 2 ff.

[21] Vgl. EuGH NJW 2010, 3557; *Moosmayer* NJW 2010, 3548; *Mehle* NJW 2011, 1639, und HdB-EuStrafR/*Wahl* § 7 Rn. 61 ff. An dieser Situation hat sich auch durch die Neuregelung der Stellung des Syndikusrechtsanwalts nichts geändert.

[22] Vgl. *LG Hamburg* CCZ 2011, 155 sowie die Urteilsanmerkungen von *Knierim* FD-StrafR 2011, 314177; und *Szesny* GWR 2011, 169. Sa *de Lind van Wijngarden/Egler* NJW 2013, 3549; ganz aktuell in diesem Zusammenhang ist auch die Durchsuchung der Kanzlei Jones Day durch die Münchner Staatsanwaltschaft bei der internen Untersuchung der mutmaßlichen Abgasmanipulation bei Volkswagen zu sehen.

[23] Hierzu zählen rechtliche Fragen wie bspw. Haftungsrisiken, aber auch rein praktische Fragen, inwieweit ein Kronzeugenantrag weitere Kronzeugenanträge der Wettbewerber zu solchen Kartellabsprachen auslösen könnte, die iRd eigenen Untersuchung möglicherweise nicht ermittelt werden konnten.

Aus diesem Grunde ist das obere Management von Beginn an in den Prozess mit einzu- 25
binden, um damit auch die klare Erwartungshaltung der Unternehmensleitung und die
Nachdrücklichkeit der Untersuchung zum Ausdruck zu bringen.

6. Amnestieregelung

Entscheidend für den Erfolg interner kartellrechtlicher Untersuchungen ist die Kooperati- 26
onsbereitschaft der betroffenen Mitarbeiter. Die Auswertung elektronischer Daten alleine
führt nur selten zu einer Aufklärung des Sachverhaltes. In der Praxis zeigt sich außerdem
häufig, dass die an einer kartellrechtswidrigen Absprache Beteiligten zunächst versuchen,
ihre Beteiligung zu verschleiern und abzustreiten, und im Raum stehende Vorwürfe allenfalls insoweit einzuräumen bereit sind, als diese schon bekannt sind.

    Da sich die Untersuchungen typischerweise auf schwerwiegende Hardcore-Verstöße 27
richten, stehen damit stets auch erhebliche Konsequenzen für die daran beteiligten Mitarbeiter im Raum. Zu denken ist dabei an arbeitsrechtliche Disziplinarmaßnahmen bis hin
zum Verlust des Arbeitsplatzes[24], haftungsrechtliche Risiken wie die Geltendmachung von
Schadensersatzansprüchen gegen die Mitarbeiter durch das Unternehmen selbst, aber auch
an Verfolgungsmaßnahmen durch staatliche Behörden wie zum Beispiel ein Bußgeldverfahren durch das Bundeskartellamt oder gar ein **strafrechtliches Ermittlungsverfahren**
durch die Staatsanwaltschaft.[25]

    Dieses Risikoszenario mit für den Mitarbeiter durchaus möglichen existentiellen Kon- 28
sequenzen hat naheliegenderweise zur Folge, dass dessen Aussage- und Kooperationsbereitschaft zunächst wenig ausgeprägt bis gar nicht vorhanden ist. Das zeigt sich speziell in
Fällen, in denen die Untersuchungen lediglich auf einem vagen Verdacht und nicht bereits auf belastbaren Fakten und Beweisen beruhen, die ihm vorgehalten werden könnten.
Hinzu kommt, dass den an einer Kartellabsprache beteiligten Mitarbeitern die Unrechtmäßigkeit ihres Verhaltens regelmäßig sehr bewusst ist und, wie auch im „richtigen Le-
ben", von den Beteiligten häufig nur das eingeräumt wird, was bereits bekannt ist.

    Dem gegenüber steht das hohe Bußgeld- und sonstige Risiko für das Unternehmen, 29
wenn es nicht rechtzeitig die Verdachtsmomente aufklären und gegebenenfalls einen
Kronzeugenantrag stellen kann.

    In derartigen Situationen ist die Inaussichtstellung einer **Amnestiezusage**[26] in Betracht 30
zu ziehen, um den Mitarbeiter zu einer vollumfänglichen **Kooperation** zu bewegen.
Dies gilt in besonderem Maße, wenn die Untersuchung wie meistens unter einem hohen
Zeitdruck steht. Typische Elemente einer solchen Amnestiezusage sind bspw. der Verzicht
auf die Kündigung des Arbeitsverhältnisses und auf die Geltendmachung von Schadensersatzansprüchen durch das Unternehmen, aber auch möglicherweise die Übernahme von

---

[24] Eine Unternehmensleitung, die in diesem Bereich den Eindruck vermittelt, durch allzu nachsichtiges Verhalten einem Klima der Duldung von Gesetzesverstößen Vorschub zu leisten, setzt sich selbst erheblichen
Haftungsrisiken aus. Zu nennen sind hier insbes. das Bußgeldrisiko aufgrund eines Verstoßes gegen die
eigenen Organisations- und Aufsichtspflichten, aber auch mögliche Verstöße gegen den strafrechtlichen
Untreuetatbestand wegen Verstoßes gegen die anerkannten Corporate Governance Grundsätze. Vgl. hierzu auch LAG Düsseldorf CCZ 2015, 185, zur Haftung eines GmbH-Geschäftsführer für eine gegen das
Unternehmen verhängte kartellrechtliche Geldbuße, sowie ausf. → Kapitel B Rn. 2 ff.

[25] Anders als auf Europäischer Ebene können in Deutschland die persönlich Beteiligten einer Kartellabsprache sowohl bußgeld- als auch strafrechtlich (im Falle einer Submissionsabsprache) belangt werden. Ver-
gleichbares gilt in den USA und einer Reihe anderer Länder, wo von diesen Sanktionsmöglichkeiten auch
zunehmend Gebrauch gemacht wird. Vgl. zB für die USA das sog. DOJ Deputy Attorney General Sally
Yates Memorandum „Individual Accountability for Corporate Wrongdoing" v. 9.9.2015, das die verschärfte Verfolgung natürlicher Personen, die sich an Kartellverstößen beteiligt haben, zum Gegenstand
hat (https://www.justice.gov/archives/dag/file/769036/download; zuletzt abgerufen am 10.4.2017).

[26] Vgl. hierzu *Kahlenberg/Schwinn* CCZ 2012, 81.

bestimmten Ausgaben wie zB Verteidigerkosten.[27] Allerdings sind dabei die rechtlichen Rahmenbedingungen und Grenzen eines Amnestieangebotes zu beachten, worunter auch die möglichen steuerlichen Implikationen fallen.[28]

7. Vertraulichkeit

31 Interne kartellrechtliche Untersuchungen erfordern regelmäßig ein besonders hohes Maß an **Vertraulichkeit.** Deshalb sollten alle Beteiligten und Betroffenen auf die Verpflichtung zur Wahrung strikter Vertraulichkeit hingewiesen werden. Hierfür gibt es eine Reihe von Gründen. Zum einen hat ein Unternehmen generell kein Interesse, die mit einer solchen Untersuchung naturgemäß verbundene Unruhe im Unternehmen zu verstärken. Gleichzeitig dient dies aber auch dem Schutz der betroffenen Mitarbeiter, und zwar unabhängig davon, ob sich am Ende der Untersuchung die Verdachtsmomente bestätigen sollten oder nicht.

32 Dass ein Unternehmen außerdem per se schon kein Interesse daran haben kann, dass derartige Vorgänge nach außen dringen, versteht sich von alleine. Abgesehen von möglichen negativen Auswirkungen auf die Reputation ist aber vor allem sicher zu stellen, dass der Wettbewerb keine Kenntnis von solchen Untersuchungsmaßnahmen erhält, um einen möglichen zeitlichen Vorsprung bei einem späteren potentiellen Kronzeugenantrag nicht zu gefährden. Andernfalls wären vergleichbare konkurrierende Untersuchungen bei den Wettbewerbern zu erwarten. Diese könnten einerseits zu einem schnelleren Kronzeugenantrag in derselben Sache führen, andererseits stünde dahinter aber auch das Risiko, dass neue Vorgänge aufgedeckt werden, die das eigene Unternehmen noch gar nicht im Blickfeld hatte.

33 Schließlich spielt die strikte Vertraulichkeit auch im Falle eines Kronzeugenantrages eine gewichtige Rolle. Praktisch jede Kronzeugenregelung enthält heutzutage die Verpflichtung des Kronzeugen zur strikten Vertraulichkeit. Verstöße dagegen können ohne weiteres zum Verlust des Kronzeugenstatus führen.[29] Dies kann im Extremfall sogar im Falle einer Veräußerung des Unternehmens, das einen Kronzeugenantrag gestellt hat, gelten mit der Folge, dass der Verkäufer diesen Umstand iRd Due Diligence nicht offenlegen kann, ohne den Kronzeugenstatus zu gefährden.

8. Analyse der besonders risikobehafteten Personen und Geschäftsbereiche

34 Wird eine interne Untersuchung durch eine behördliche Durchsuchung ausgelöst, ist der im Raum stehende Tatvorwurf und häufig auch die Identität einzelner mutmaßlich beteiligter Mitarbeiter bekannt. Letzteres gilt jedenfalls in den Fällen, in denen die Durchsuchung durch einen Kronzeugenantrag ausgelöst wurde, in welchem die mutmaßlichen Tatbeteiligten auch namentlich benannt werden. Die Zielrichtung von parallel dazu stattfindenden internen Untersuchungen ist damit schon vorgegeben.

35 Wenn eine interne Untersuchung aufgrund mehr oder weniger konkreter Verdachtsmomente erfolgen soll, steht der Kreis der möglichen Tatbeteiligten ebenfalls bereits fest.

36 Eine andere Situation besteht jedoch bei nicht konkret anlassbezogenen internen Untersuchungen, die etwa rein präventiv veranlasst oder stichprobenhaft durchgeführt wer-

---

[27] Vgl. hierzu auch → Kapitel D Rn. 4 ff. zu den arbeitsrechtlichen und sonstigen Voraussetzungen sowie den Elementen einer Amnestieregelung.

[28] Vgl. hierzu *Breßler/Kuhnke/Schulz/Stein* NZG 2009, 721.

[29] Vgl. die Bonusregelung des Bundeskartellamtes Rn. 9 (→ Fn. 13), und die Kronzeugenregelung der EU-Kommission Rn. 12 lit. (a) (→ Fn. 13).

den. In diesen Fällen sollte im Vorfeld eine Risikoanalyse durchgeführt werden, um festzustellen, welche Geschäftsbereiche, Abteilungen oder auch welche Funktionsträger eine besondere potentielle und inhärente Nähe zu Kartellrechtsverstößen haben könnten. Eine solche Gewichtung ist schon iS einer effektiven und möglichst wenig Aufsehen erregenden Durchführung der internen Untersuchungen von zentraler Bedeutung.

Kriterien für eine solche Risikoanalyse sind insbes. im Hinblick auf die betroffenen 37 Personen und Produktbereiche auszuwählen[30]:

Auf der Ebene der Mitarbeiter sind erfahrungsgemäß die Personenkreise in die engere 38 Wahl zu ziehen, die bspw. im Vertrieb, aber auch in den Bereichen Strategie, Geschäftsentwicklung und/oder Marktbeobachtung tätig sind. Daneben haben auch Mitarbeiter, die in der Verbandsarbeit tätig sind, regelmäßige Kontaktmöglichkeiten mit Wettbewerbern und sind damit auch einem gesteigerten Risiko ausgesetzt, im Rahmen oder anlässlich von Verbandstreffen in wettbewerbsproblematische Aktivitäten verstrickt zu werden.

Um das Risikopotential bei den verschiedenen Produktbereichen und Geschäftsaktivi- 39 täten zu bewerten, können die nachfolgenden typisierenden Kriterien herangezogen werden, die aus bereits bekannten Kartellfällen ableitbar sind. Legt man diese Kriterien der Risikoanalyse zugrunde, dann lassen sich daraus gewisse Rückschlüsse auf ein zumindest abstraktes Risikopotential in bestimmten Geschäfts-/Produktbereichen ziehen. Hierzu zählen insbes.:

- Höhe der Marktanteile des eigenen Unternehmens;
- Konzentrationsgrad auf der Anbieterseite;
- Wettbewerbs- und Marktumfeld sowie Wettbewerbsintensität;
- Intensität des Innovationswettbewerbs;
- Geringe bzw. einheitliche Preisbewegungen im Markt;
- Geringe Volatilität bei den Marktanteilen;
- Hohe Marktzutrittsschranken;
- Auftragsvergaben im Rahmen öffentlicher Ausschreibungen;
- Historie bei Kartellabsprachen;
- Produkteigenschaften (Commodities, homogene Produkte oder individualisiertes Projektgeschäft);
- Anzahl der Gemeinschaftsunternehmen mit Wettbewerbern.

IV. Durchführung interner kartellrechtlicher Untersuchungen

1. Bestandteile einer internen kartellrechtlichen Untersuchung

Der konkrete Ablauf einer internen kartellrechtlichen Untersuchung muss grds. für jeden 40 Einzelfall situationsabhängig festgelegt werden. In der Praxis hat sich jedoch ein gewisses Instrumentarium herausgebildet, mit dem die typischen Verdachtsfälle untersucht und abgedeckt werden können.

a) Interviews

Die meisten Fälle interner Untersuchungen dürften schwerpunktmäßig mittels persönli- 41 cher **Interviews** durchgeführt werden. Interviews haben den Vorteil, dass sie idR sehr kurzfristig angesetzt werden können und ein hohes Maß an Flexibilität vermitteln, um auf alle denkbaren Entwicklungen situationsgerecht reagieren zu können. Sie sind außerdem

---

[30] Vgl. bspw. *Moosmayer* Compliance Rn. 88 ff.

ein geeignetes Instrument, um festzustellen, inwieweit ein bestimmtes Verhalten der befragten Mitarbeiter den Unternehmensrichtlinien entspricht.

42   Gerade im Falle eines parallel laufenden behördlichen Verfahrens sind Interviews das Mittel der Wahl, um vor dem Hintergrund des bereits erwähnten hohen Zeitdrucks kurzfristig und zielgenau die Personen[31] zu befragen, die im Verdacht stehen, an der mutmaßlichen Kartellabsprache beteiligt gewesen zu sein.

43   Soweit es die Zeit zulässt, sollten die Interviews sorgfältig vorbereitet und vorab ein Fragebogen mit allen wesentlichen Fragestellungen und einer vorgegebenen Choreographie erstellt werden.

b) Aufklärung des zu interviewenden Mitarbeiters

44   Bei allen Interviews ist vorab die **Aufklärungspflicht des Arbeitgebers** gegenüber den zu befragenden Mitarbeitern zu klären. Diese haben aufgrund ihrer arbeitsrechtlichen Pflichten zumindest der Aufforderung nachzukommen, sich für ein Interview bereit zu halten.

45   Der Umfang der rechtlichen Aufklärung des Arbeitnehmers ist zunächst aus den Fürsorgepflichten des Arbeitgebers abzuleiten. Darüber hinaus kommen aber auch weitergehende Angebote und Hilfestellungen in Betracht, die jedoch eher im Ermessen des Arbeitgebers liegen und typischerweise auch von der jeweiligen praktizierten Unternehmenskultur abhängen.[32]

46   Gegenstand der Aufklärung sind neben dem Anlass für die Untersuchung bspw. eine mögliche Hinweispflicht auf potentielle, wenn auch gegebenenfalls unwahrscheinliche strafrechtliche Implikationen, aber auch unter bestimmten Voraussetzungen die mögliche Bereitstellung eines Rechtsanwaltes bzw. die **Kostenübernahme** für eine Anwaltsmandatierung durch das Unternehmen.

c) Protokollierung

47   Im Regelfall wird für jedes Interview ein **Protokoll** erstellt, das dem Befragten im Nachhinein auch zur Bestätigung nochmals vorgelegt werden kann. Über die **Aufbewahrung der Protokolle** während der Untersuchung wie auch nach deren Abschluss ist im Einzelfall unter Berücksichtigung aller relevanten Umstände zu entscheiden.[33] Inwieweit die Interviews auch auf Tonträger aufgenommen werden, ist im Einzelfall zu entscheiden und bis zu einem gewissen Maße auch eine Frage der Opportunität und der Unternehmenskultur.

d) Dokumentenanalyse

48   Zur Unterstützung und Absicherung der Interviews werden zunehmend und fast schon standardmäßig auch schriftliche und elektronische Dokumente einschließlich E-Mail-Korrespondenz gesichert, gesichtet und ausgewertet.

aa) Manuelle Dokumentenauswertung

49   Eine manuelle Auswertung von Unterlagen wie zB Projektdokumentationen oder sonstige Geschäftsvorgänge ist ebenfalls möglich. Dies erfordert jedoch gegenüber den Inter-

---

[31] Im Falle einer Durchsuchung werden von der Ermittlungsbehörde häufig die Personen identifiziert, die an der mutmaßlichen Absprache beteiligt gewesen sein sollen.

[32] Vgl. hierzu auch *Moosmayer* Compliance Rn. 325 ff.

[33] Vgl. zur Frage der Beschlagnahmefreiheit auch oben unter → Rn. 22.III.4 und → Kapitel L Rn. 5 ff., 8 ff. Diese Frage ist vor allem dann von Bedeutung, wenn die Untersuchung tatsächlich Hinweise auf ein kartellrechtliches Fehlverhalten zu Tage fördern sollte, am Ende aber gleichwohl aufgrund der Gesamtumstände des Vorganges von einem Kronzeugenantrag Abstand genommen wird.

views einen deutlich höheren Zeitaufwand. Auch dürfte die Erfolgswahrscheinlichkeit eher überschaubar sein angesichts des Umstandes, dass den an der Kartellabsprache Beteiligten regelmäßig die Unrechtmäßigkeit ihres Verhaltens bewusst ist und sie deshalb die Produktion von inkriminierenden Dokumenten und anderen Beweismitteln von vorneherein zu vermeiden versuchen.

bb) Elektronische Dokumentensuche

Mittels spezieller **elektronischer Suchprogramme** (forensische Software) können die 50 Festplatten und Serverdateien von Mitarbeitern (idR nach vorheriger Sicherung aller Daten) nach vordefinierten Schlüsselbegriffen durchsucht werden. Derartige Suchprogramme sind inzwischen relativ weit verbreitet und werden auch von Ermittlungsbehörden eingesetzt. Gegenstand dieser Suchprogramme können Dokumente und Daten jeder Art einschließlich E-Mail-Verkehr sein. Soweit Informationen über Zeitpunkt und Ort möglicher Treffen der Kartellbeteiligten vorhanden sind, können auch die **Reisekostenabrechnungen** sowie der jeweilige elektronische Kalender ausgewertet werden.

Zunehmend werden hier auch selbstlernende Suchprogramme („Predictive Coding") 51 eingesetzt. Anders als bei den traditionellen Suchprogrammen, die elektronische Dateien mittels vordefinierter Suchbegriffe durchsuchen, werden bei **Predictive Coding Suchprogrammen** weiterentwickelte Algorithmen eingesetzt, die in der Lage sind, auf der Basis vorheriger Suchergebnisse eigenständig zusätzliche Suchbegriffe und Vorhersagen zu entwickeln und einzusetzen. Damit kann die Datenanalyse mittels selbstlernender Prozesse erweitert und verfeinert werden.

e) Mock Dawn Raids

Schließlich kann man zur Durchführung von Untersuchungen bei einem Verdacht auf 52 schwerwiegende Kartellrechtsverstöße auch an unternehmensintern organisierte sog. **„Mock Dawn Raids" (Scheindurchsuchungen)** denken. Hierbei wird typischerweise unter Hinzuziehung einer Kanzlei eine behördliche Durchsuchung simuliert. Den davon betroffenen Mitarbeitern ist dabei nicht bekannt, dass es sich um eine bloße unternehmensinterne Scheinmaßnahme handelt.

Ein derartiges Vorgehen kommt schon aus Zeit- und Organisationsgründen wohl nur 53 in den Fällen in Betracht, in denen nicht zeitgleich eine behördliche Durchsuchung im Gange ist oder kurz zuvor stattgefunden hat, und außerdem genug Zeit zur Vorbereitung vorhanden ist.

Aber auch dann ist die Angemessenheit und Effektivität einer Scheindurchsuchung 54 nicht unumstritten. Viele Unternehmen stehen einer solchen Vorgehensweise auch aus Gründen der eigenen Unternehmenskultur zu Recht sehr reserviert gegenüber. Häufiger finden diese statt, um festzustellen, ob die internen Prozesse bei Beginn einer behördlichen Durchsuchung greifen und korrekt umgesetzt werden.

2. Kooperation mit Ermittlungsbehörden bei gleichzeitiger Durchsuchung?

Ein besonderes Spannungsfeld ergibt sich aus der Situation, wenn im Zusammenhang mit 55 einer zeitgleich laufenden behördlichen Durchsuchung eine interne kartellrechtliche Untersuchung eingeleitet wird, um sich die Option auf einen Kronzeugenantrag oder zumindest einen Antrag auf Reduzierung der Geldbuße offen halten zu können. Hier stehen sich die mögliche Kooperationsbereitschaft einerseits und die Wahrnehmung eigener Interessen andererseits gegenüber.

Abgesehen davon, dass im Falle einer richterlich angeordneten Durchsuchung die Verteidigungs- und **Rechtsschutzmöglichkeiten** des betroffenen Unternehmens sehr über- 56 schaubar sind, ist es kaum empfehlenswert, die Durchsuchung zu behindern und damit die Situation während der Durchsuchung eskalieren zu lassen. IdR erklären deshalb die Unternehmen explizit ihre Kooperationsbereitschaft gegenüber der durchsuchenden Behörde.

57   Dies darf jedoch nicht dahingehend missverstanden werden, dass die Unternehmen dadurch die eigenen legitimen Interessen vernachlässigen müssten. Vielmehr liegt es auf der Hand, dass sich jedes betroffene Unternehmen in einer solchen Situation auch die Möglichkeit eines kurzfristigen Antrages zumindest auf Bußgeldreduzierung offenhalten können muss. Um eine Bußgeldreduzierung zu erhalten, muss das Unternehmen allerdings der Kartellbehörde Informationen liefern, die der Behörde bis dahin noch nicht bekannt waren und für das weitere Ermittlungsverfahren einen „erheblichen Mehrwert" bedeuten.[34] Das heißt im Einzelfall, dass ein Unternehmen selbst bei erklärter **Kooperationsbereitschaft** bei der Durchsuchung nicht alle Informationen offenzulegen hat, die möglicherweise bereits vorhanden und bekannt sind oder im Laufe der parallel durchgeführten eigenen Untersuchungen bekannt werden. Vielmehr muss das Unternehmen in diesem Falle zu seinem eigenen Schutz und seiner Verteidigung prüfen, inwieweit diese Informationen nicht Grundlage eines Antrages auf zumindest Bußgeldreduzierung sein können. Dieser Antrag kann auch schon iRd laufenden Durchsuchung gegenüber der Behörde gestellt werden.

58   Diese legitime Interessenssicherung findet allerdings dort ihre Grenzen, wo von der durchsuchenden Behörde gezielt nach konkreten Dokumenten gefragt wird oder Dokumente noch während der Durchsuchung beiseite geschafft oder vernichtet werden.[35]

V. Abschluss interner kartellrechtlicher Untersuchungen

59   Der Entscheidungsprozess über das weitere Vorgehen nach Abschluss der internen Untersuchung, jedenfalls dann, wenn die Verdachtsmomente nicht zweifelsfrei ausgeräumt werden konnten, gehört mit zu den schwierigsten Situationen in der kartellrechtlichen Beratungspraxis. Das hängt vor allem damit zusammen, dass hier eine Vielzahl von Entscheidungsparametern zu berücksichtigen sind, die sich häufig durch ein hohes Maß an Ungewissheit und zum Teil auch spekulativer Bewertung auszeichnen. Dies gilt in besonderem Maße für die Frage, welche Konsequenzen eine Entscheidung für die eine oder andere Handlungsalternative nach sich ziehen kann.

1. Kein Hinweis auf ein kartellrechtswidriges Fehlverhalten

60   Vergleichsweise einfach stellt sich die Situation noch dar, wenn die Untersuchungen keinen Hinweis auf ein Fehlverhalten ergeben haben und auch keine Anhaltspunkte dafür vorliegen, dass die Untersuchungen nicht sorgfältig und nicht zielgenau genug durchgeführt wurden.

61   Sehr viel schwieriger wird es dagegen schon, wenn sich die ursprünglichen Verdachtsmomente zwar nicht bestätigt haben, sie aber auch nicht hinreichend sicher ausgeräumt werden konnten. Hier müssen im Zweifel die Ermittlungsmaßnahmen nochmals nachgeschärft werden, um sich schon aus haftungsrechtlichen Gründen nicht dem Vorwurf auszusetzen, man sei den Hinweisen nicht gewissenhaft genug nachgegangen. Aufgrund der

---

[34] Vgl. die Bonusregelung des Bundeskartellamtes Rn. 5 (→ Fn. 13), und die Kronzeugenregelung der EU-Kommission Rn. 24 (→ Fn. 13).
[35] Als Ausgleich für fehlende unmittelbare Zwangsbefugnisse besitzt die Kommission Sanktionsmöglichkeiten für den Fall, dass ein von der Nachprüfung betroffenes Unternehmen nicht kooperiert und die Nachprüfung behindert, vgl. Wissmann/Dreyer/Witting/*Wissmann* S. 139 ff.

weitreichenden potentiellen Auswirkungen einer solchen Entscheidung wird man sich bei den Kriterien und dem rechtlichen Maßstab für die Bewertung einer solchen (nicht nur compliance-relevanten, sondern auch) unternehmerischen Entscheidung an den Grundsätzen der von der Rechtsprechung entwickelten „Business Judgement Rule"[36] orientieren können. Die Anforderungen an die zu beachtende Sorgfalt dürften sich dabei tendenziell verschärfen, je schwerwiegender der im Raum stehende Vorwurf ist.

Führen auch weitergehende Untersuchungen zu keinem völlig eindeutigen Ergebnis, **62** und stehen auch keine weiteren Untersuchungsmaßnahmen zur Verfügung, stellt sich noch die Frage, ob das bisherige Datenmaterial für einen Kronzeugenantrag nicht gleichwohl ausreichen könnte. Allerdings müssen für einen solchen Antrag die Einzelheiten der Kartellabsprache zumindest so hinreichend detailliert sein, dass die Behörde auf dieser Grundlage ein Ermittlungsverfahren einleiten und auch eine richterliche Durchsuchungsanordnung beantragen kann. Gerade in Fällen, in denen ein erhebliches Störgefühl und die Befürchtung bleibt, dass die befragten Mitarbeiter nur einen Teil der Wahrheit mitgeteilt haben könnten, besteht die Versuchung, zum Schutz des eigenen Unternehmens den festgestellten Sachverhalt so „auszuschmücken" und anzureichern, dass es für einen schlüssigen Kronzeugenantrag noch reichen könnte. In der Praxis wird diese Anreizwirkung der Kronzeugenprogramme immer wieder kritisiert, zumal die Kartellbehörden einem solchermaßen schlüssig vorgetragenen Sachverhalt häufig ein hohes Maß an Glaubwürdigkeit einräumen.

Reichen die Informationen und Beweismittel für einen hinreichend konkretisierten **63** Kronzeugenantrag nicht aus, ist das interne Untersuchungsverfahren im Zweifel mit einem entsprechenden rechtlichen Vermerk abzuschließen.

2. Hinweise auf ein kartellrechtswidriges Fehlverhalten

a) Rechtliche Beurteilung des Verstoßes

Soweit sich der Verdacht auf ein kartellrechtliches Fehlverhalten im Laufe der Untersu- **64** chung erhärtet hat, ist eine abschließende rechtliche Beurteilung über das tatsächliche Ausmaß und die rechtliche Qualifizierung des Verstoßes erforderlich. Neben der rechtlichen Einordnung spielen dabei auch Fragen der Verjährung eine wichtige Rolle. Dies wird für die Mehrzahl der Unternehmen nicht ohne die Inanspruchnahme externer Expertise möglich sein.

b) Untersuchungsdichte und -breite

Eine der wichtigsten und häufig nur schwer zu beantwortenden Fragen ist dabei, ob iRd **65** Untersuchungen auch tatsächlich der gesamte Umfang der Verstöße aufgedeckt worden ist. Unkritisch ist dies, wenn von Beginn an deutlich ist, dass es sich um einen klar abgegrenzten Tatvorwurf handelt, und Verstöße bspw. in benachbarten Bereichen[37] nicht in Betracht kommen. Sollten diesbezüglich jedoch Unsicherheiten verbleiben, müssen die Untersuchungen gegebenenfalls ausgeweitet werden, um hier ein größtmögliches Maß an Sicherheit zu erhalten.

Andernfalls besteht ein erhebliches Risiko, dass im Falle eines Kronzeugenantrages be- **66** hördliche Ermittlungen eingeleitet werden, in deren Verlauf sich herausstellt, dass das

---

[36] Vgl. zum unternehmerischen Handlungs- und Entscheidungsspielraum BGHZ 135, 244 – ARAG/Garmenbeck; Wellhöfer/Peltzer/Müller Vorstandshaftung/*Wellhöfer* S. 19 ff., 28 ff.; MüKoAktG/*Spindler* AktG § 93 Rn. 1 ff., 22 ff.; sowie Bechtold/Jickeli/Rohe/*Habersack* S. 1175 ff., jeweils mwN.

[37] Denkbar ist hier bspw., dass die Untersuchungen nur einen Verstoß auf nationaler Ebene ergeben, tatsächlich jedoch eine international angelegte Kartellabsprache vorliegt, die sich auf eine Reihe von Jurisdiktionen erstreckt.

Ausmaß der Kartellabsprache deutlich umfangreicher ist als in dem ursprünglichen Antrag zugrunde gelegt.[38] Dies kann im Extremfall sogar bis zum Verlust des Kronzeugenstatus führen.

c) Interne Entscheidungsfindung – Kriterien und Risiken

67 Bei Verdichtung der Hinweise auf das Vorliegen eines Kartellrechtsverstoßes dreht sich die abschließende Diskussion vor allem um die Frage, ob bei Gesamtabwägung aller Umstände und Risiken die besseren Gründe für einen Kronzeugenantrag sprechen. Dabei sind eine Vielzahl von Kriterien zu berücksichtigen, mit denen sich vor allem die mit einem Kronzeugenantrag verbundenen Risiken besser einordnen lassen. Besonders schwierig wird diese Entscheidungsfindung allerdings dann, wenn sich der Vorgang selbst nicht digital einordnen lässt, sondern sich in einer Grauzone bewegt und eine hinreichend klare Handlungsempfehlung aufgrund verbleibender Unsicherheiten nur schwer möglich ist.

aa) Vorhergehende behördliche Durchsuchung

68 In der Regel noch relativ handhabbar ist die Situation, wenn bereits eine behördliche Durchsuchung stattgefunden hat. In diesem Falle sind die Alternativen eher limitiert. Da heutzutage im Zweifel davon auszugehen ist, dass die Durchsuchung aufgrund eines bereits von einem anderen Unternehmen gestellten Kronzeugenantrages erfolgte, hat man im Falle eines eigenen Antrages auf zumindest Reduzierung des Bußgeldes grds. wenig zu verlieren. Der Erfolg eines solchen Antrages hängt dann primär davon ab, ob man den Antrag in zeitlicher Hinsicht vor möglichen anderen Kartellbeteiligten stellen und der Behörde zusätzliche Informationen mit einem entsprechenden **Mehrwert** liefern kann.

69 Allerdings muss auch in diesen Situationen sorgfältig abgewogen werden, ob ein solcher Antrag tatsächlich das Mittel der Wahl ist, oder ob aufgrund der Gesamtumstände des Tatvorwurfes im Einzelfall nicht mit erheblichen Erfolgsaussichten auch eine Verteidigungsstrategie in Betracht kommen könnte.

70 In diesem Zusammenhang ist auch die Problematik des sog. **„Second in"** in die Abwägungen mit aufzunehmen. Gemeint ist mit „Second in" der zweite mutmaßliche Kartellbeteiligte, der sich der Behörde gegenüber offenbart und damit neben der **Kooperationsbereitschaft** auch grds. die Teilnahme an der Kartellabsprache einräumt. Durchaus denkbar ist nämlich, dass sich die verbleibenden Kartellbeteiligten aufgrund der unzureichenden Beweissituation zu einer Verteidigung gegen den Kartellvorwurf entschließen und am Ende nach Beschreitung des Rechtsweges tatsächlich bußgeldfrei bleiben, während der ursprüngliche Kronzeuge bußgeldfrei ausgeht und letztlich nur der zweite Antragsteller aufgrund seiner Kooperation und der weitgehenden Einräumung des Tatvorwurfes auf einem Bußgeld sitzen bleibt. Die besondere Herausforderung in einer solchen Konstellation dürfte sein, dieses Ergebnis der eigenen Unternehmensleitung zu vermitteln.

bb) Interne Untersuchung ohne vorhergehende Durchsuchung

71 Im Falle interner Untersuchungen ohne vorhergehende Durchsuchung stellt sich die Situation häufig sehr viel komplexer dar. Typischerweise ist hier die Entscheidung für einen Kronzeugenantrag mit einem noch höheren Maß an Unsicherheit und mit speziellen Risiken verbunden.

---

[38] In der Praxis gibt es auch Beispiele, in denen ein Kronzeugenantrag in einem bestimmten Produktbereich durch die nachfolgenden behördlichen Durchsuchungen und die daran anschließenden internen Untersuchungen der Wettbewerber zur Aufdeckung weiterer Kartellabsprachen bspw. in benachbarten Produktbereichen geführt hat. Diese weiteren Kartellrechtsverstöße sind dann häufig aber nicht von dem ursprünglichen Kronzeugenantrag gedeckt.

Der vielleicht größte Unterschied gegenüber dem unter aa) geschilderten Szenario mag 72
darin liegen, dass hier nicht bereits ein Prozess im Gange ist, bei dem man aus Gründen
der **Schadensminderung** häufig kaum mehr eine andere Wahl hat, als jede Möglichkeit
zur Reduzierung eines drohenden Bußgeldes zu nutzen.

Vielmehr steht man hier vor der Entscheidung, einen Prozess selbst in Gang zu setzen, 73
den man im weiteren Verlauf nicht oder nurmehr sehr beschränkt wird steuern können.

Auf der anderen Seite steht dem allerdings das Risiko entgegen, dass im Falle des Un- 74
terlassens eines eigenen Kronzeugenantrages zu einem späteren Zeitpunkt die Kartellabsprache von einem anderen Kartellbeteiligten entdeckt und den zuständigen Kartellbehörden gegenüber angezeigt werden könnte. Das kann insbesondere dann der Fall sein, wenn
z. Zt. der internen Untersuchung ein noch laufender Verstoß in der Folge beendet wird.
Dieses Dilemma zeigt gleichzeitig auch sehr deutlich den Anreizmechanismus, der für den
enormen Erfolg der heutigen Kronzeugenregelungen verantwortlich ist.

Die folgenden Punkte fassen typische Risiken zusammen, die mit der Entscheidung für 75
einen Kronzeugenantrag verbunden sein können:

(1) Konkurrierende Untersuchungen der Wettbewerber. In der Mehrzahl der Fälle 76
führt ein hinreichend begründeter Kronzeugenantrag im weiteren Verlauf des Verfahrens
zu einer Durchsuchung durch die zuständige Kartellbehörde. Spätestens ab diesem Zeitpunkt werden auch bei allen anderen betroffenen Kartellbeteiligten konkurrierende interne intensive Untersuchungen durchgeführt werden. Diese Untersuchungen beschränken
sich typischerweise nicht nur auf den im Raum stehenden konkreten Tatvorwurf. Vielmehr umfassen diese je nach Situation häufig auch benachbarte und/oder vor- bzw.
nachgelagerte Produktbereiche. Dies kann zur Folge haben, dass der eigene ursprüngliche
Kronzeugenantrag als Auslöser für die Aufdeckung weiterer Kartellabsprachen dient, die
dann möglicherweise aber von anderen Unternehmen aufgedeckt und angezeigt werden,
mit allen negativen Konsequenzen für das eigene Unternehmen.

(2) Unvollständiger Kronzeugenantrag. Hinzu kommt das Risiko, dass trotz aller 77
Sorgfalt der Sachverhalt in seiner ganzen rechtlichen Dimension wider Erwarten doch
nicht vollständig ausermittelt werden konnte. Als Folge dessen ist es durchaus möglich,
dass die Wettbewerber im Rahmen ihrer eigenen internen Untersuchungen wesentliche
neue Sachverhaltselemente aufdecken, die im ungünstigsten Falle zu einer anderen und
vor allem ungünstigeren rechtlichen Beurteilung der Kartellabsprache führen können.
Aufgrund der unvollständigen Angaben im eigenen **Kronzeugenantrag** kann dies im
Extremfall sogar zum Verlust des bereits gewährten eigenen Kronzeugenstatus führen.

(3) Verteidigungsmöglichkeiten. Im Falle einer nicht eindeutigen Beweissituation 78
spielt auch die Frage der Erfolgsaussichten einer reinen Verteidigungsstrategie eine wichtige Rolle. Nicht selten sind der Sachverhalt und die Beweismittel derart beschaffen, dass
man daraus nicht eindeutig und zwingend auf das Vorliegen eines schwerwiegenden Kar-
tellverstoßes schließen kann. Eine solche Situation mag vordergründig gegen einen Kronzeugenantrag sprechen. Allerdings ist auch dabei das Risiko zu berücksichtigen, dass ein
anderer Kartellbeteiligter zu einem späteren Zeitpunkt denselben Sachverhalt gleichwohl
zum Gegenstand eines Kronzeugenantrags macht. Dies gilt besonders dann, wenn man
mit den eigenen Untersuchungen an Grenzen gestoßen ist, aber die begründete Vermutung besteht, dass andere Beteiligte eine bessere Beweislage vorfinden könnten.

(4) Zivilrechtliche Schadensersatzansprüche. Daneben ist selbst im Falle einer voll- 79
ständigen Bußgeldimmunität das Risiko drohender zivilrechtlicher Schadensersatzansprüche
durch die geschädigte Abnehmerseite in die Abwägung mit einzubeziehen. So wurden
durch die verstärkten legislatorischen Bemühungen auf nationaler wie auch europäischer
Ebene unter dem Stichwort „Private Enforcement" die Rechte für Betroffene einer Kartell-

absprache substantiell verbessert, bspw. durch eine erleichterte gerichtliche Durchsetzbarkeit von Schadensersatzklagen, durch verbesserten Zugang zu Beweismitteln sowie durch verlängerte Verjährungsfristen.[39] Dabei sind die Risiken insbesondere in Fällen, in denen man nicht der erste Kronzeuge ist, ganz besonders sorgfältig abzuwägen (Stichwort: zunehmende Follow-on-Klagemöglichkeiten, Akteneinsicht etc.). Aber auch die Stellung als Kronzeuge kann hier allenfalls einen limitierten Schutz gewähren.[40] Selbst gewisse Schutzmechanismen auf Seiten der Behörde[41] können nur schwerlich den **gesamtschuldnerischen Innenausgleich** im deutschen Zivilrecht aushebeln.[42]

80 **(5) Strafrechtliche Ermittlungen.** Sofern neben dem rein kartellrechtlichen Vorwurf auch eine **strafrechtliche Komponente** besteht, bietet der Kronzeugenstatus ebenfalls keinen verlässlichen Schutz. Auf Seiten der Kartellbehörden setzt sich zwar zunehmend die Ansicht durch, dass eine zu strenge Sanktionierung der persönlich Beteiligten aus dem Lager des Kronzeugen einen erheblichen negativen Einfluss auf die Kooperationsbereitschaft auf Kronzeugenseite und damit auf das Gesamtanreizsystem der Kronzeugenregelung und dessen Effektivität ausüben würde. Gleichwohl kann hieraus keine sichere Rechtsposition abgeleitet werden. Während nämlich das Bundeskartellamt bspw. aufgrund seines Ermessens von einer bußgeldrechtlichen Verfolgung der persönlich beteiligten Personen auf Seiten des Kronzeugen absehen kann, ist die Staatsanwaltschaft, an die der Vorgang im Falle einer strafrechtlichen Relevanz abzugeben ist, zunächst an das strengere **Legalitätsprinzip** gebunden.[43]

81 **(6) Kronzeugenantrag in verschiedenen Jurisdiktionen.** Im Falle einer (evtl. auch nur möglicherweise) international angelegten Kartellabsprache stellt sich des Weiteren die Frage, in welchen weiteren Jurisdiktionen ein Kronzeugenantrag zu stellen ist. Zum einen ist hier zu berücksichtigen, dass es trotz der Vereinheitlichungstendenzen bei den Kronzeugenprogrammen in einzelnen Jurisdiktionen immer noch beträchtliche Unterschiede gibt, und teilweise auch die Voraussetzungen für die Erlangung eines Kronzeugenstatus unterschiedlich ausgeprägt sein können.[44] Zum anderen ist es aber zum Schutz des eigenen Unternehmens unabdingbar, alle in Betracht kommenden **Jurisdiktionen** abzudecken: Anderenfalls könnte eine Lücke entstehen, die andere Kartellbeteiligte mit eigenen weiterreichenden Kronzeugenanträgen zum Nachteil des eigenen Unternehmens schließen könnten. Die Anträge in verschiedenen Jurisdiktionen sollten deshalb auch weitgehend zeitgleich erfolgen oder zumindest mit Markern abgesichert werden.

---

[39] Vgl. hierzu die in der 9. GWB-Novelle enthaltenen Klageerleichterungen in § 33 GWB nF sowie die Richtlinie 2014/104/EU des Europäischen Parlaments und des Rates v. 26.11.2014 über bestimmte Vorschriften für Schadensersatzklagen nach nationalem Recht wegen Zuwiderhandlungen gegen wettbewerbsrechtliche Bestimmungen der Mitgliedstaaten und der Europäischen Union v. 5.12.2014 (ABl. Nr. L 349 S. 1, http://eur-lex.europa.eu/legal-content/DE/TXT/PDF/?uri=CELEX:32014L0104&from=DE, zuletzt abgerufen am 14.4.2017).

[40] Vgl. zu den beschränkten behördlichen Möglichkeiten zum „Schutz" des Kronzeugen Wissmann/Dreyer/Witting/*Dreyer* S. 331 ff. In den USA dagegen ist der zivilrechtliche Schadensersatz zugunsten des Kronzeugen vom sog. Dreifachstrafschadensersatz („triple damage") auf den einfachen Schadensersatz beschränkt.

[41] Zu denken ist hier bspw. an zurückhaltende Formulierungen in der Begründung der Bußgeldentscheidung insgesamt oder im Hinblick auf den Tatbeitrag des Kronzeugen.

[42] Vgl. Bechtold/Jickeli/Rohe/*Basedow/Heinze* EuGVO Art. 6 Nr. 1 S. 63 ff. sowie Bechtold/Jickeli/Rohe/*Dreher* S. 149 ff.

[43] Vgl. Wissmann/Dreyer/Witting/*Dreyer* S. 338.

[44] So kann es durchaus sein, dass eine Kartellbehörde zur Sicherung der eigenen Untersuchungen eine vorübergehende weitere Beteiligung an dem Kartell fordert, während die Kartellbehörde in einem anderen Land einen Kronzeugenstatus von dem sofortigen Rückzug aus dem Kartell abhängig macht. Vgl. hierzu auch *Schwab/Steinle* ECLR 2008, 523.

(7) Vollständige Kooperation mit den Kartellbehörden. Die Entscheidung für einen 82
Kronzeugenantrag beinhaltet auch die **vollständige Kooperationsbereitschaft** mit den
zuständigen Kartellbehörden. Dies muss bei der Gesamtbewertung ausdrücklich berücksichtigt werden, weil damit zumindest faktisch auch ein gewisses Tat- und Schuldein-
geständnis verbunden ist. Infolgedessen ist ein späterer Wechsel hin zu einer reinen Verteidigungsstrategie zwar theoretisch schon, aber praktisch nur noch schwer möglich.
Einschränkungen der Kooperationsbereitschaft würden zudem auch den eingeräumten
Kronzeugenstatus massiv gefährden.

(8) Sonstige Aspekte. Weitere Gesichtspunkte, die bei der abschließenden Entscheidung 83
eine Rolle spielen können, sind bspw. die noch ausstehende Zeit bis zur **Verjährung** der
Teilnahme an der Kartellabsprache, der mögliche **Reputationsschaden,** aber auch das
Risiko eines **Ausschlusses von öffentlichen Vergabeverfahren,** der mit der Aufdeckung der Kartellbeteiligung verbunden sein kann. Außerdem ist zu berücksichtigen, dass
ein Bußgeld nicht nur die unmittelbar an der Kartellabsprache Beteiligten treffen kann,
sondern auch das Management, wenn ein Verstoß gegen die **Organisations- und Aufsichtspflichten** nachgewiesen werden kann.

3. Interne Konsequenzen

Nach Abschluss der internen Untersuchung und Entscheidung über den Kronzeugenan- 84
trag stellt sich außerdem noch die Frage nach möglichen internen Konsequenzen aus der
Beteiligung von Mitarbeitern an einer Kartellabsprache. Neben dem arbeitsrechtlichen
Sanktionsinstrumentarium[45] ist hier speziell aus kartellrechtlicher Sicht noch an die Verpflichtung zur Teilnahme an kartellrechtlichen Schulungsmaßnahmen und eine Überprüfung des internen kartellrechtlichen Risikomanagements zu denken.

Bei letzterem ist zu prüfen, ob das bereits etablierte kartellrechtliche Compliance Pro- 85
gramm Schwächen aufweist, die es zu beheben gilt. Sollte ein solches noch gar nicht
eingeführt sein, könnten die Gesamtumstände der internen Untersuchung auch als drin-
gender Warnhinweis verstanden werden, ein solches Compliance Programm zeitnah einzuführen.[46]

4. Beendigung der Kartellabsprache

Schließlich ist im Falle eines festgestellten Kartellrechtsverstoßes grundsätzlich die Teil- 86
nahme an der Absprache zu beenden.

Davon kann nur abgesehen werden, wenn die zuständige Kartellbehörde im Falle eines 87
Kronzeugenantrages das Unternehmen auffordert, bis auf weiteres noch an der Absprache
mitzuwirken, um die Ermittlungen der Behörde nicht zu gefährden. Ein abrupter Aus-
stieg aus einer wettbewerbswidrigen Absprache wird nämlich bei den verbleibenden Beteiligten regelmäßig die Vermutung zur Folge haben, dass ein Kronzeugenantrag gestellt
wurde.

Falls Kronzeugenanträge in mehreren Jurisdiktionen eingereicht wurden, kann dies zu 88
Konflikten führen, falls eine Behörde die sofortige Beendigung der Absprache verlangt,
während gleichzeitig die Behörde in einem anderen Land eine vorläufige Fortsetzung der
Kartellabsprache fordert, um die eigenen Ermittlungen nicht zu gefährden.

---

[45] Vgl. hierzu auch → Kapitel F Rn. 43 ff.
[46] Vgl. hierzu auch *Lampert* BB 2002, 2237.

N. Verhaltenskodex für unternehmensinterne Untersuchungen und Hinweisgeberschutz

Literatur:

Anders, Internal Investigations – Arbeitsvertragliche Auskunftspflicht und der nemo-tenetur-Grundsatz, wistra 2014, 329 ff.; *Bittmann/Molkenbur,* Private Ermittlungen, arbeitsrechtliche Aussagepflicht und strafprozessuales Schweigerecht, wistra 2009, 373 ff.; Thesen der *Bundesrechtsanwaltskammer* zum Unternehmensanwalt im Strafrecht (BRAK-Stellungnahme-Nr. 35/2010 vom November 2010), BRAK-Mitteilungen 1/2011, S. 16 ff.; *Dann/Gastell,* Geheime Mitarbeiterkontrollen: Straf- und arbeitsrechtliche Risiken bei unternehmensinterner Aufklärung, NJW 2008, 2945 ff.; *Fritz,* Anmerkung zum Beschluss des LG Hamburg v. 15.10. 2010, CCZ 2011, 156 ff.; *Görling,* Compliance und Strafrecht – Sachverhaltsaufklärung in Compliance-Fällen, in: Göhrling/Inderst/Bannenberg (Hrsg.), Compliance, 1. Aufl. 2010; *Greco/Caracas,* Internal Investigations und Selbstbelastungsfreiheit, NStZ 2015, 7 ff.; *Hauschka/Moosmayer/Lösler,* Corporate Compliance, 3. Aufl. 2016; *Klengel/Mückenberger,* Internal Investigations – typische Rechts- und Praxisprobleme unternehmensinterner Ermittlungen, CCZ 2009, 81 ff.; *Kustor* (Hrsg.), Unternehmensinterne Untersuchungen, Wien 2010; Lomas/Kramer, Corporate Internal Investigations, Oxford 2008; *Maschmann,* Corporate Compliance und Arbeitsrecht, 2009; *Lützeler/Müller-Sartori,* Die Befragung des Arbeitnehmers – Auskunftspflicht oder Zeugnisverweigerungsrecht? CCZ 2011, S. 19 ff.; *Moosmayer,* Compliance Praxisleitfaden für Unternehmen, München 2. Aufl. 2011; *Minoggio,* Interne Ermittlungen in Unternehmen, in: Böttger (Hrsg.), Wirtschaftsstrafrecht in der Praxis, 2. Aufl. 2015, S. 1061 ff.; *Müller-Bonanni,* Arbeitsrecht und Compliance – Hinweise für die Praxis, AnwBl. 2010, 651 ff.; *Rudkowski,* Die Aufklärung von Compliance-Verstößen durch „Interviews", NZA 2011, 612 ff.; *Salvenmoser/Schreier,* in: Achenbach/Ransiek, Handbuch Wirtschaftsstrafrecht, 2. Aufl. 2008, 1229 ff.; *Sarhan,* Unternehmensinterne Privatermittlungen im Spannungsfeld zur strafprozessualen Aussagefreiheit, wistra 2015, S. 449 ff.; *Schöning/Sauro,* Interne Untersuchungen von Exportkontrollverstößen, CCZ 2016, 11 ff.; *Sidhu/von Saucken/Ruhmannseder,* Der Unternehmensanwalt im Strafrecht und die Lösung von Interessenkonflikten, NJW 2011, 881 ff.; *Spehl/Momsen/Grützner,* Unternehmensinterne Ermittlungen – Ein internationaler Überblick, CCZ 2013, 260 ff., CCZ 2014, 2 ff. und 170 ff., CCZ 2015, 77 ff.; *Wagner,* „Internal Investigations" und ihre Verankerung im Recht der AG, CCZ 2009, 8 ff.; *Weiß,* Compliance der Compliance – Strafbarkeitsrisiken bei Internal Investigations, CCZ 2014, 136 ff.; *Wybitul/Böhm,* E-Mail-Kontrollen für Compliance-Zwecke und bei internen Ermittlungen, CCZ 2015, 133 ff.; *Zimmer/Heymann,* Beteiligungsrechte des Betriebsrats bei unternehmensinternen Ermittlungen, Betriebsberater 2010, 1853 ff.

I. Ausgangssituation

In den vergangenen Jahren waren es nicht nur Korruptions- und Kartellverfahren, die die 1 Reputation bedeutender deutscher Unternehmen nachteilig beeinflusst haben. In den Blickpunkt gerückt sind vielmehr Fälle, bei denen es um fehlerhaftes Vorgehen von Unternehmensmitarbeitern bei der Durchführung von internen Untersuchungen ging. Solche Vorgänge hatten auch persönliche und rechtliche Konsequenzen für verantwortliche Mitarbeiter auf allen Ebenen zur Folge.

Die Situation, dass ein angebliches Fehlverhalten eigener Mitarbeiter zeitnah und – zu- 2 mindest zeitweise – ohne Inanspruchnahme behördlicher Ermittlungsorgane[1] aufzuklären ist,[2] birgt zahlreiche Risiken. Dabei geht es neben arbeitsrechtlichen Problemstellungen auch um die Bereiche Strafrecht, Datenschutz, Hinweisgeberschutz und Unternehmensethik.

Unternehmen sind gut beraten, mit Hilfe eines Verhaltenskodex Klarheit zu schaffen 3 über die wesentlichen Fragen und Problemstellungen, die im Zusammenhang mit unternehmensinternen Sachverhaltsklärungen auftreten können.[3]

---

[1] Zur unternehmerischen Abwägung und Entscheidung, ob und ggf. ab wann mit staatlichen Untersuchungsorganen zusammenzuarbeiten ist, eingehend Böttger/*Minoggio* Rn. 67 ff. mwN. Speziell zu Untersuchungen von Exportkontrollverstößen *Schöning/Sauro* CCZ 2016, 17. Die objektive Grenze bilden § 138 StGB (Nichtanzeige von Straftaten) und § 258 Abs. 1 StGB (Strafvereitelung).

[2] Zur gesellschaftsrechtlichen Pflicht der Unternehmensleitung, Compliance-Sachverhalte umfassend aufzuklären, → Kapitel B sowie Göhrling/Inderst/Bannenberg/*Görling* S. 451 und *Wagner* CCZ 2009, 12, jeweils mwN.

[3] Ebenso etwa Böttger/*Minoggio* Rn. 16. Zur Frage der Mitbestimmungspflicht → Kapitel D.II.

II. Zielrichtung

4 Ein solcher Verhaltenskodex hat einerseits die Funktion, bestmöglich sicherzustellen, dass jeder Mitarbeiter, der eine unternehmensinterne Sachverhaltsklärung durchführt, dabei im Einklang mit rechtlichen Vorgaben sowie den Wertvorstellungen des Unternehmens handelt. Er ist damit eine verbindliche **Handlungsanweisung** für alle an Untersuchungen aktiv beteiligten Mitarbeiter.

5 Zugleich kommt das Unternehmen mit dem Kodex seiner arbeitsrechtlichen **Fürsorgefunktion** gegenüber denjenigen Mitarbeitern nach, die bei Untersuchungen tätig werden. Die Vornahme von Untersuchungshandlungen ist für diese Mitarbeiter sowohl rechtlich als auch tatsächlich oft nicht risikofrei. Dem hat das Unternehmen in seiner Funktion als Arbeitgeber angemessen Rechnung zu tragen, indem es einen belastbaren und praktikablen Rahmen für interne Untersuchungen vorgibt.

6 Weiterhin gibt der Kodex denjenigen Mitarbeitern, die von einer internen Untersuchung passiv betroffen sind, die Möglichkeit, sich über die Vorgehensweise des Unternehmens zu informieren und so ihre etwaige Skepsis abzulegen. Der Kodex ist somit auch ein Dokument der **Transparenz.**

7 Wichtig ist ferner, dass der Kodex wegen seiner unternehmensweiten Geltung die erforderliche **Uniformität** im Handeln sicherstellt. Damit vermeidet das Unternehmen den Vorwurf, willkürlich bei – thematisch oder örtlich – verschiedenen internen Untersuchungen unterschiedliche Maßstäbe anzulegen.[4]

8 Letztlich stellt der Kodex die Bemühung des Unternehmens auch nach außen hin dar, die für seine Entscheidungen maßgeblichen Sachverhaltsklärungen in rechtlich zulässiger und sachgerechter Weise durchzuführen. Dies dient dazu, eine Nachprüfung der **Ordnungsgemäßheit** einer Untersuchung zu ermöglichen oder zu erleichtern – etwa in nachfolgenden arbeitsgerichtlichen Auseinandersetzungen, Schadensersatzprozessen oder Strafverfahren – und kann somit die rechtliche (Beweis-)Position des Unternehmens maßgeblich verbessern.

III. Geltungsbereich

9 Der Kodex ergänzt die allgemeinen Compliance-Richtlinien des Unternehmens. Er regelt interne Untersuchungen, die durch dazu berufene Unternehmensmitarbeiter durchgeführt werden.[5]

10 Jedoch geht es hierbei nur um Sachverhaltsklärungen, die zum Ziel haben, behauptetes, mögliches oder tatsächliches Fehlverhalten – also Verletzungen von anwendbarem Recht oder Unternehmensrichtlinien – aufzudecken.

11 Nicht zum Regelungsbereich des Kodex gehören somit alle Untersuchungen ohne Compliance-Hintergrund, etwa anlassunabhängige Revisionen, Schwachstellen- und Risikoanalysen oder auch Sachverhaltsklärungen zur internen Vorbereitung auf Rechtsstreitigkeiten des Unternehmens.

12 Unternehmenseinheiten, die mit der Untersuchung von Fehlverhalten befasst sein können, finden sich an vielen Stellen im Unternehmen.[6] In Betracht kommen insbes. die zuständigen Abteilungen für
– Compliance und Recht
– Unternehmenssicherheit

---

[4] Der Vorschlag von *Kustor* S. 39, die Regeln für eine interne Untersuchung in einem fallweise zu erstellenden Prüfungsplan festzulegen, überzeugt daher nicht.
[5] Auf den Kodex als bindende Direktive kann § 87 Abs. 1 Nr. 1 BetrVG anwendbar sein.
[6] Eingehend Göhrling/Inderst/Bannenberg/*Görling* S. 449.

– Revision
– Personalangelegenheiten
– Datenschutz
– Exportkontrolle und Zoll
– IT-Sicherheit

In letzter Zeit haben zahlreiche Unternehmen Spezialabteilungen[7] aufgebaut, die aus- **13** schließlich mit der Untersuchung von Fehlverhalten befasst sind. Für Untersuchungen dieser Einheiten sollten naturgemäß gesonderte Prozessbeschreibungen sowie Handlungs- anweisungen bestehen, die im Detaillierungsgrad über den hier beschriebenen Kodex weit hinausgehen. Inhaltlich jedoch bestimmt der Kodex auch für die Untersuchungen solcher Spezialabteilungen den inhaltlichen Rahmen.

IV. Verhaltensvorgaben[8]

Im ersten Teil des Kodex sollten einerseits allgemeine Verhaltensgrundsätze dargestellt **14** werden, die für Compliance-Untersuchungen im Unternehmen zwingend zu beachten sind (nachfolgend 1.).

Weiterhin sind – aus den Grundsätzen abgeleitet – einzelne Verhaltensvorgaben aufzu- **15** stellen (nachfolgend 2.).

1. Verhaltensgrundsätze

Einige der im Kodex enthaltenen allgemeinen Grundsätze finden ihre Entsprechung in **16** gesetzlichen Vorschriften, insbes. denen des Grundgesetzes und der Strafprozessordnung[9].

> Sämtliche Aktivitäten müssen in Übereinstimmung mit den anwendbaren rechtlichen **17** und professionellen Standards sowie in objektiver und sachgerechter Weise durchge- führt werden.

Im Zusammenhang mit internen Untersuchungen dürfen keine Gesetzesverletzungen **18** geschehen. Dies gilt insbes. für „naheliegende" strafrechtliche Tatbestände wie Hausfrie- densbruch, Nötigung oder Verletzung des Briefgeheimnisses.[10]

Neben den selbsterklärenden Grundsätzen wie Gesetzestreue, Professionalität und **19** Sachgerechtheit sind mit dieser generellen Aussage auch noch weitere Prinzipien erfasst:

Es gilt ausschließlich Vorwürfe zu untersuchen, die einerseits hinreichend plausibel **20** sind, und andererseits deren Inhalt seiner Natur nach eine Klärung im Unternehmensin- teresse erforderlich macht. Dies gelingt am besten durch einen formalisierten **Mandatie-** **rungsprozess,** für den in erster Linie die Abteilungen Recht und Compliance zuständig sein sollten. Ein schriftliches Untersuchungsmandat stellt sicher, dass (1) die interne Un- tersuchung zeitlich und inhaltlich einen festgelegten Rahmen erhält und (2) bestimmte Untersuchungen a priori ausgeschlossen sind. Herausgefiltert werden können auf diese Weise beispielsweise Vorwürfe,

– die lediglich auf unsubstantiierten Gerüchten beruhen und bei denen die Plausibilität auch durch eine Vorklärung nicht ausreichend erhöht werden kann,

---

[7] Vgl. → Kapitel G.
[8] Nachfolgend sind die in den Kodex aufzunehmenden Textteile gerahmt, die jeweiligen Erläuterungen befinden sich darunter.
[9] Etwa Art. 20 Abs. 3, Art. 103 Abs. 1 GG, §§ 136 Abs. 1 S. 2, 136a, 151, 152, 160 Abs. 2, 163a, 168b, 244 Abs. 2 StPO.
[10] Eingehend dazu etwa *Weiß* CCZ 2014, 136.

- für die in erster Linie persönliche Abneigungen zwischen Mitarbeitern ursächlich sind, ohne dass ein Fehlverhalten im rechtlichen Sinne vorliegt, oder
- die sich inhaltlich mit für das Unternehmen irrelevanten Themen – wie etwa der privaten Lebensführung einzelner Mitarbeiter – befassen.

21 Eine Untersuchung, die der **Objektivität** verpflichtet ist, hat ihr Augenmerk nicht nur darauf zu richten, den gegen einen Mitarbeiter gerichteten Vorwurf zu beweisen – insbes. wenn er sehr plausibel erscheint oder bereits teilweise bestätigt ist. Vielmehr müssen die Untersuchungen durchgängig mit derselben Intensität auf entlastende Sachverhalte gerichtet werden. Die Eigendynamik, einen Fall unbedingt durch Überführung eines Täters abschließen zu wollen (zu beobachten insbes. bei Mitarbeitern, die nur selten bei Compliance-Untersuchungen mitwirken) darf hierbei nicht unterschätzt werden.

22 Weiterhin müssen Untersuchungen stets die gebotene Unterstützung des Unternehmens erhalten. Untersuchungen, die nicht ausreichend personell und logistisch ausgerüstet sind, können ihrer Aufgabe nicht gerecht werden. Dies würde für das Unternehmen die Gefahr bergen, dass Untersuchungsergebnisse schon aus diesem Grund angezweifelt werden und im Ernstfall einer (arbeits-)gerichtlichen Prüfung nicht standhalten.

23 Professionelle Untersuchungen zeichnen sich letztlich dadurch aus, dass alles unternommen wird, um hinsichtlich der gewonnenen Beweismittel die Qualität, Belastbarkeit und ggf. rechtliche Verwertbarkeit bestmöglich sicherzustellen. Dies bedeutet insbes., für die Befragung von Mitarbeitern sowie die Erhebung und Auswertung von Dokumenten eindeutige Voraussetzungen zu schaffen und deren Einhaltung zu kontrollieren.

24 **Personen, die von Sachverhaltsklärungen betroffen sind, müssen fair und respektvoll behandelt werden. Dies gilt insbesondere bei Interviews und anderen direkten Kontakten.**

25 Wenngleich die verwendeten Termini genereller Natur sind, drückt dieser Grundsatz eine der wesentlichen Botschaften des Kodex aus: Es geht dem Unternehmen nicht ausschließlich darum, den in Rede stehenden Sachverhalt aufzuklären. Im Fokus stehen vielmehr auch die von einer Untersuchung betroffenen Mitarbeiter, denen das Unternehmen unter allen Umständen faire Behandlung schuldet.

26 Dabei bedeuten Fairness und Respekt unter Umständen mehr als nur die Einhaltung gesetzlich vorgeschriebener Mindeststandards, was sich nachstehend bei den einzelnen Verhaltensvorgaben zeigen wird.

27 **Das Recht auf Anhörung muss gewährt werden.**

28 Keinem Mitarbeiter darf im Rahmen eines Untersuchungsberichtes oder in anderer Weise fehlerhaftes Verhalten attestiert werden, ohne dass er zuvor die Möglichkeit hatte, zu den gegen ihn erhobenen Vorwürfen Stellung zu nehmen. Folge einer unterlassenen Anhörung kann insbes. sein, dass die gegenüber dem Arbeitnehmer ausgesprochene Kündigung unwirksam ist.

29 Bisweilen wird der Einwand vorgebracht, eine solche Anhörung sei rechtswidrig, wenn der Mitarbeiter nicht vorab über deren Inhalt – also die erhobenen Vorwürfe – informiert worden sei. Hierzu hat jüngst das BAG[11] klargestellt, dass der Betroffene durchaus unbefangen mit den Verdachtsmomenten konfrontiert werden dürfe, damit er die Gelegenheit erhalte, sich zu entlasten. Auch bestehe anderenfalls die Gefahr der Verdunkelung der Tat durch den Mitarbeiter.

30 Nach zutreffender Ansicht des BAG liegt mit einer Anhörung auch keine Kontroll- oder Überwachungsmaßnahme vor, die den datenschutzrechtlichen Anforderungen des § 32 Abs. 1 S. 2 BDSG unterfalle.[12] Vielmehr sei die Anhörung für die Umsetzung des

[11] BAG NZA 2015, 741 Rn. 61.
[12] BAG NZA 2015, 741 Rn. 76.

Arbeitsverhältnisses erforderlich, was sich aus den von der Rechtsprechung aufgestellten Vorgaben zur Verdachtskündigung ergebe.[13]

Sofern im Laufe der Untersuchung neue Sachverhalte zutage treten oder sich die Zielrichtung des Vorwurfes mehr als nur unwesentlich ändert, ist die Anhörung ggf. zu wiederholen. 31

Vorverurteilungen müssen vermieden werden. 32

Die **Unschuldsvermutung** gilt auch bei unternehmensinternen Untersuchungen. 33
Schlussfolgerungen hinsichtlich Fehlverhaltens oder Schuld von betroffenen Personen sollen erst gezogen werden, wenn hierfür ausreichend belastbare Informationen vorliegen.

Dieser Grundsatz ist nicht nur wegen der notwendigen durchgängigen Objektivität der 34
Untersuchung bedeutsam, sondern auch im Hinblick auf die Persönlichkeitsrechte des betroffenen Mitarbeiters.

Die Ergebnisse von Sachverhaltsklärungen dürfen nur unter Anwendung des „need to 35
know" Prinzips weitergegeben werden.

Dies bedeutet, dass der regelmäßig zu beobachtende Drang verschiedener Einheiten 36
und Personen innerhalb des Unternehmens, vom Ergebnis einer Untersuchung möglichst zeitnah Kenntnis zu erhalten, streng einzuschränken ist. Dies gilt insbes. für die Führungskräfte des von einem Vorwurf betroffenen Mitarbeiters.

Die sachgerechte Anwendung des **„need to know"** (etwa: „Kenntnis nur bei Bedarf") 37
Prinzips zwingt jeden Mitarbeiter, der Kenntnis von der Untersuchung oder deren Ergebnissen hat, im Einzelfall eigenverantwortlich zu entscheiden, wen er worüber informieren darf.

Schon der Umstand, dass wegen eines Vorwurfes eine interne Untersuchung eingeleitet 38
wurde, unterliegt der **Geheimhaltung.** Denn der Ruf eines dergestalt betroffenen Mitarbeiters wird im Regelfall durch das Bekanntwerden einer Untersuchung bereits beeinträchtigt – und bleibt dies oft auch dann, wenn sich am Ende der Vorwurf als unzutreffend herausstellt.

Daher sollte im Unternehmen grundsätzlich vorab festgelegt werden, wer das einer 39
Untersuchung zugrunde liegende Mandat zu Informationszwecken erhält. In Betracht kommen hierfür im Regelfall
– der Leiter der betroffenen Unternehmenseinheit
– der Leiter der Rechtsabteilung
– der zuständige Compliance-Officer.
Der die Untersuchung abschließende Bericht ist dann demselben Personenkreis zugäng- 40
lich zu machen. Zusätzliche Adressaten sind die zur Durchführung der erforderlichen Maßnahmen berufenen Stellen wie
– Rechtsabteilung sowie Personalabteilung (für rechtliche bzw. arbeitsrechtliche Konsequenzen)[14]
– Finanzabteilung, Buchführung (für notwendige finanzielle oder bilanzielle Korrekturen)
– Revision (für nachfolgende Kontrollen der Umsetzung von strukturellen Verbesserungsmaßnahmen)
Der Grundsatz der Geheimhaltung gilt auch für **Zwischenergebnisse,** denn diese bergen 41
naturgemäß die Gefahr, dass sie am Ende der Untersuchung nicht mehr haltbar sind.

---

[13] BAG NZA 2015, 741 Rn. 78.
[14] Soweit das Unternehmen zentrale oder regionale Disziplinarausschüsse eingerichtet hat, erhalten diese den Untersuchungsbericht im Rahmen ihrer Zuständigkeit zur Bewertung, vgl. zu den Einzelheiten → Kapitel F.

42 Ein Beispiel, bei dem ausnahmsweise die Weitergabe eines Zwischenergebnisses geboten ist, ist etwa die Benachrichtigung der Personalabteilung darüber, dass ein Mitarbeiter ein schwerwiegendes Fehlverhalten begangen hat, damit diese innerhalb der engen arbeitsrechtlichen Fristen[15] gemeinsam mit den anderen beteiligten Stellen über eine vorübergehende Freistellung oder Kündigung entscheiden kann.[16]

43 **Die Vertraulichkeit von Informationen, die während der Sachverhaltsklärung erlangt werden, muss gewährleistet sein.**

44 Im Gegensatz zum vorerwähnten „need to know" Prinzip geht es hierbei um den Schutz der Vertraulichkeit einzelner Informationen, etwa von Hinweisgebern oder im Laufe der Untersuchung befragten **Zeugen.**

45 Diese müssen die Sicherheit haben, dass von ihnen gemachte Angaben nicht breiter gestreut werden als vom Untersuchungszweck vorgegeben. Die Vertraulichkeit besteht im Einklang mit anderen internen Vorschriften des Unternehmens und dem anwendbaren Recht, im Übrigen soweit es in Ansehung der Umstände vernünftigerweise praktikabel ist.

2. Verhaltensvorgaben

46 **Bei Befragungen muss die Gegenwart eines Rechtsanwaltes oder eines Mitgliedes der Arbeitnehmervertretung zugelassen werden, sofern die Unternehmens-Richtlinien oder anwendbares Recht dieses erlauben bzw. vorschreiben. Der betroffene Mitarbeiter ist für die Organisation dessen sowie die entstehenden Kosten selbst verantwortlich, solange die Rechts- bzw. Complianceabteilung keine anderweitige Regelung trifft.**

47 Mitarbeiter haben generell kein Recht auf Teilnahme eines Rechtsanwalts oder sonstiger Dritter an Befragungen durch das Unternehmen.[17]

48 Über die Berechtigung des von einem konkreten strafrechtlichen Vorwurf betroffenen Mitarbeiters, einen **Rechtsanwalt** zu Befragungen hinzuzuziehen,[18] besteht jedoch weitgehend Einigkeit. Geklärt ist auch, dass die Mandatierung nicht durch das Unternehmen erfolgt, sondern durch den betroffenen Mitarbeiter selbst.[19]

49 Es erscheint darüber hinaus sinnvoll, das Recht auch solchen Mitarbeitern zuzugestehen, die sich in der Rolle des Zeugen befinden. Denn zwischen den beiden Gruppen einen Unterschied zu machen verbietet sich schon deshalb, weil bis zum Abschluss der Untersuchung die jeweilige Rolle oft unklar ist und sogar wechseln kann.

50 Der befragte Mitarbeiter kann von seinem Recht auch in einer laufenden Befragung jederzeit Gebrauch machen, insbes. wenn ihm die Bedeutung bzw. Bedrohlichkeit des Vorgangs erst währenddessen bewusst wird.

51 Der Ablauf der Untersuchung sollte in einem solchen Fall allerdings nicht mehr als notwendig beeinträchtigt werden. Dem Mitarbeiter ist daher aufzugeben, durch unverzügliche Kontaktierung eines Rechtsanwaltes die zeitnahe Fortsetzung der Befragung sicherzustellen. Die die Untersuchung leitenden Mitarbeiter haben organisatorisch vorzu-

---

[15] Insbes. § 626 Abs. 2 BGB. Eingehend zu dieser Konstellation *Müller-Bonanni* AnwBl. 2010, 655.

[16] Hat das Unternehmen Disziplinarausschüsse gebildet, sind diese idR berufen, die häufig schwierige Entscheidung zu treffen, ob während laufender Untersuchungen arbeitsrechtliche Konsequenzen ausgesprochen werden sollen. Vgl. zu den Einzelheiten → Kapitel F.

[17] LAG Hamm MDR 2001, 1361. Ebenso *Rudkowski* NZA 2011, 614.

[18] BAG NZA 2008, 809 zum vergleichbaren Fall der Anhörung vor dem Ausspruch einer Verdachtskündigung; Hauschka Corporate Compliance/*Mengel* § 39 Rn. 104 sowie Böttger/*Minoggio* Rn. 119 mwN.

[19] BRAK-Stellungnahme Nr. 35/2010, BRAK-Mitteilungen 2011, 18.

sorgen, dass durch die Verzögerung – und die mittlerweile gegebene Kenntnis des betroffenen Mitarbeiters von dem Vorwurf – andere Beweismittel (Zeugen, Dokumente) nicht durch Verdunkelungshandlungen beeinflusst oder gefährdet werden können. Empfehlenswert ist in einem solchen Fall, den Mitarbeiter arbeitsrechtlich verbindlich anzuweisen, bis zum Abschluss der Untersuchung innerbetrieblich Stillschweigen zu bewahren.

Eine Pflicht des Unternehmens, den Mitarbeiter auf die Hinzuziehung eines Rechtsanwaltes hinzuweisen, besteht nicht.[20]   52

Die **Kosten** einer solchen Hinzuziehung können freiwillig[21] auch vom Unternehmen getragen werden,[22] und zwar infolge einer generellen Regelung als auch – vorzugsweise – nach Entscheidung im Einzelfall.   53

Ein Anspruch des Mitarbeiters auf Hinzuziehung eines **Betriebsratsmitgliedes** bzw. eines Mitgliedes des **Sprecherausschusses der Leitenden Angestellten**[23] besteht nicht, solange in der Befragung nur das Arbeitsverhalten des Mitarbeiters, nicht aber das sogenannte Leistungsverhalten des Mitarbeiters erörtert wird.[24]   54

Gleichwohl ist zu empfehlen, auch dies auf entsprechende Anfrage des Mitarbeiters zuzulassen, denn oft kann auf diese Weise eine größere Aussagebereitschaft des Mitarbeiters erreicht werden.[25] Demgegenüber ist eine gerichtliche Durchsetzung des Auskunftsverlangens – oder auch die Erfolgsaussicht von arbeitsrechtlichen Zwangsmaßnahmen wie Gehaltskürzung, Abmahnung oder Kündigung, wenn der Mitarbeiter grundlos eine Befragung verweigert – gerade bei eiligen Untersuchungen nicht zielführend.   55

Sofern bei einem Interview die Möglichkeit besteht, dass ein Mitarbeiter sich durch seine Aussagen strafrechtlich selbst belastet, soll die Rechtsabteilung konsultiert werden.   56

Dienstliche Fragen muss ein Mitarbeiter stets einschränkungslos beantworten,[26] auch wenn es sich um Sachverhalte handelt, bei denen eine wahrheitsgemäße Auskunft zur Kündigung des betreffenden Mitarbeiters führen kann.[27]   57

Fragen mit möglicherweise **strafrechtlicher Relevanz** darf das Unternehmen ebenfalls an den Mitarbeiter richten.   58

Hinsichtlich des Rechtes des Mitarbeiters, solche Fragen nicht zu beantworten, hat das BVerfG entschieden, dass eine ausdrückliche gesetzliche Anordnung eines strafprozessualen Verwertungsverbotes erforderlich wäre, sofern das im Strafrecht geltende Selbstbelastungsverbot außerhalb des Strafrechts zurücktreten soll.[28] Daraus wird in der Literatur teilweise[29] abgeleitet, dass im Verhältnis des Arbeitnehmers zum Arbeitgeber ein Auskunftsverweigerungsrecht besteht.   59

---

[20] *Lomas/Kramer* S. 334; anders die Empfehlung der BRAK-Stellungnahme Nr. 35/2010, BRAK-Mitteilungen 2011, 18.

[21] *Lomas/Kramer* S. 337.

[22] So auch BRAK-Stellungnahme Nr. 35/2010, BRAK-Mitteilungen 2011, 18.

[23] Vgl. *Zimmer/Heymann* BB 2010, 1854.

[24] Zu den Einzelheiten vgl. → Kapitel D und *Klengel/Mückenberger* CCZ 2009, 82 mwN sowie *Lützeler/Müller-Sartori* CCZ 2011, 21. *Achenbach/Ransiek/Salvenmoser/Schreier* S. 1268, gehen hingegen davon aus, dass Gespräche, die dolose Handlungen im Unternehmen aufklären sollen, stets auch eine „Leistungsbeurteilung" zum Gegenstand haben, so dass dem Mitarbeiter das Hinzuziehungsrecht nach § 82 Abs. 2 S. 2 BetrVG zusteht.

[25] Auch *Müller-Bonanni* AnwBl. 2010, 653 sowie *Spehl/Momsen/Grützner* CCZ 2014, 5 sehen dadurch die Möglichkeit, die Akzeptanz zu erhöhen.

[26] BAG NZA 2006, 637; *Anders* wistra 2014, 329 (332); *Sidhu/von Saucken/Ruhmannseder* NJW 2011, 883.

[27] BAG NZA 1997, 41. Abw. *Rudkowski* NZA 2011, 613.

[28] BVerfGE 56, 37 (50).

[29] Nachweise bei *Bittmann/Molkenbur* wistra 2009, 376 und *Klengel/Mückenberger* CCZ 2009, 83. Anders *Greco/Caracas* NStZ 2015, 15, Hauschka Corporate Compliance/*Mengel* § 39 Rn. 103, Böttger/*Minoggio* Rn. 140, *Lützeler/Müller-Sartori* CCZ 2011, 20, *Sarhan* wistra 2015, 449 und *Spehl/Momsen/Grützner* CCZ 2014, 5f., die den „Nemo-tenetur"-Grundsatz bei privaten Auskunftspflichten nicht für anwendbar halten.

60 Demgegenüber stellt das LG Hamburg[30] fest, dass die betroffenen Arbeitnehmer sich in solchen Fällen „in (arbeits-)vertragliche Bindungen begeben haben, die sie zur Offenbarung möglicherweise auch strafbaren Verhaltens verpflichten". Dabei erkennt die Entscheidung zwar ausdrücklich an, dass die „Einhaltung arbeitsvertraglicher Pflichten ... durchaus erhebliche, mitunter existenzielle Bedeutung" haben kann, betont aber, dass eine „vom Betroffenen freiwillig eingegangene vertragliche Verpflichtung zur möglichen Selbstbelastung" besteht.

61 Diese recht weitgehende Interpretation der – ursprünglich ja vorrangig auf den Abschluss eines Arbeitsvertrages gerichteten – Willenserklärung des Mitarbeiters sollte sich das Unternehmen nicht generell zu eigen machen.[31]

62 Empfehlenswert erscheint, das Auskunftsverweigerungsrecht weder allgemein anzuerkennen noch in Abrede zu stellen,[32] sondern der Rechts- bzw. Complianceabteilung die Entscheidung im Einzelfall zu überlassen. Dies wird auch dem Umstand gerecht, dass bei Sachverhalten, die im Ausland spielen, möglicherweise andere rechtliche Rahmenbedingungen gelten.[33]

63 Im Zusammenhang mit diesem Problemkreis sind einige Einzelaspekte zu beachten:
   – Das Auskunftsverweigerungsrecht gilt jedenfalls nicht, wenn der Mitarbeiter ausschließlich als Zeuge befragt wird.[34] Stellt ein Mitarbeiter nun die Behauptung auf, er komme nicht nur als Zeuge, sondern auch als Täter in Betracht und verweigert daraufhin die Antwort, muss er dies glaubhaft machen.
   – Abgrenzungsprobleme treten auch auf, wenn die mögliche Täterschaft eines Mitarbeiters nicht auf unmittelbarem Handeln beruht, sondern aus einer Garantenpflicht gegenüber dem Unternehmen, oder wenn Teilnahmeformen wie Beihilfe im Raum stehen.
   – Weiterhin kann eine zwischen dem Unternehmen und dem Mitarbeiter geschlossene Amnestievereinbarung[35] den Mitarbeiter schuldrechtlich verpflichten, seine Straftaten im Rahmen einer internen Untersuchung offenzulegen.
   – Beachtlich ist ferner, dass der Mitarbeiter seine Mitwirkung nicht vollständig verweigern darf, sondern nur die Beantwortung konkreter Fragen.
   – Letztlich ist in solchen Konstellationen stets zu klären, ob – und bejahendenfalls in welcher Form – das Unternehmen rechtlich oder ethisch verpflichtet ist, den Mitarbeiter vorab auf sein Recht hinzuweisen, die Beantwortung einzelner Fragen zu verweigern.[36]
Die vorgenannten diffizilen Einzelprobleme können im Rahmen des Kodex nicht hinreichend geklärt oder auch nur angesprochen werden. Daher sollte im Kodex die Pflicht festgelegt werden, bei Auftreten der geschilderten Themen die Rechtsabteilung einzuschalten.

64 **Über alle Befragungen ist ein Protokoll anzufertigen. Der Mitarbeiter soll die Möglichkeit erhalten, an seinem Befragungsprotokoll Korrekturen anzubringen.**

65 Nur die Anfertigung eines schriftlichen – und von den befragenden Mitarbeitern unterschriebenen – **Protokolls**[37] bietet hinreichend Gewähr dafür, dass die Inhalte einer Befragung beweiskräftig festgehalten werden. Ob es sich dabei um ein Wort- oder Ergebnisprotokoll handelt, ist nicht maßgeblich und kann daher situativ entschieden werden. Es

---

[30] LG Hamburg NJW 2011, 942 (944).
[31] Krit. auch *Sidhu/von Saucken/Ruhmannseder* NJW 2011, 883 sowie *Fritz* CCZ 2011, 159.
[32] Die BRAK-Stellungnahme Nr. 35/2010, BRAK-Mitteilungen 2011, 18 empfiehlt, „die Auskunftsperson nicht zu bedrängen, sich selbst zu belasten".
[33] Vgl. etwa zur Rechtslage in Österreich *Kustor* S. 86.
[34] StRspr, etwa LAG Hmb BB 1994, 2352. Ebenso *Klengel/Mückenberger* CCZ 2009, 82.
[35] Eingehend *Müller-Bonanni* AnwBl. 2010, 653.
[36] Verneinend etwa *Klengel/Mückenberger* CCZ 2009, 83.
[37] So auch die Empfehlung der BRAK-Stellungnahme Nr. 35/2010, BRAK-Mitteilungen 2011, S. 19 sowie von Hauschka Corporate Compliance/*Mengel* § 39 Rn. 104 und *Lützeler/Müller-Sartori* CCZ 2011, 23.

bietet sich jedoch an, bei Zeugen tendenziell eher ein Ergebnisprotokoll und bei Betroffenen ein Wortprotokoll anzufertigen.

Sofern der Mitarbeiter es verlangt, erhält er eine **Abschrift** des Protokolls und kann 66 diese kommentieren bzw. genehmigen. Bei Hauptbelastungszeugen sowie von dem untersuchten Vorwurf betroffenen Mitarbeitern sollte stets versucht werden, ein von diesen genehmigtes und unterschriebenes Protokoll zu erhalten.

Wenn der Mitarbeiter dabei zusätzliche Angaben macht, die nicht Inhalt seiner ur- 67 sprünglichen Äußerungen während der Befragung waren, ist dies als nachträgliche schriftliche Aussage zu bewerten. Falls der befragte Mitarbeiter seine während der Befragung getätigten Äußerungen inhaltlich substanziell ändert oder streicht, sollte das Untersuchungsteam die ursprünglichen Äußerungen nötigenfalls in einem gesonderten Protokoll – das dann nur von ihnen unterschrieben wird – dokumentieren.

Die Identität von Hinweisgebern ist bestmöglich zu schützen. Bei Hinweisen auf Vergel- 68 tungsmaßnahmen gegenüber Hinweisgebern ist unverzüglich die Rechtsabteilung einzuschalten.

Die **Bedeutung des Hinweisgeberschutzes** kann nicht hoch genug eingeschätzt 69 werden. Die sogenannte Whistleblower-Protection steht daher aktuell völlig zu Recht im Mittelpunkt einer umfassenden rechtlichen, politischen und gesellschaftlichen Diskussion auf nationaler und internationaler Ebene.[38]

Denn einerseits ist die Information durch einen Hinweisgeber[39] für das Unternehmen 70 nicht selten die einzige Möglichkeit, von einem Fehlverhalten Kenntnis zu erlangen und frühzeitig zu dessen Unterbindung einzuschreiten. Daher ist eine Vorgabe, die die mit der Untersuchung beauftragten Mitarbeiter verpflichtet, die ihnen bekannte Identität eines Hinweisgebers nicht offenzulegen, dringend erforderlich. Nur so kann eine Unternehmenskultur entstehen, die verantwortlich handelnde Hinweisgeber nicht abschreckt.

Weiterhin sind unternehmensseitige Verletzungen des Schutzes von Hinweisgebern, 71 insbes. sogenannte Vergeltungsmaßnahmen, in manchen Rechtsordnungen sanktioniert[40] oder anderweitig für Unternehmen verboten[41]. In zahlreichen Ländern existieren zudem Vorschriften, die bei der Verhängung und Zumessung von Sanktionen gegen Unternehmen festlegen, dass die Existenz von Compliance-Programmen – einschließlich des Schutzes von Hinweisgebern – zwingend zu berücksichtigen ist[42]. Der Hinweisgeberschutz ist somit nicht nur eine moralische, sondern vielfach auch rechtliche Verpflichtung für Unternehmen.

Ein wesentlicher Beitrag zum Hinweisgeberschutz ist es, die **Identität des Hinweis-** 72 **gebers** außerhalb des Kreises der mit der Untersuchung beauftragten Mitarbeiter gar nicht erst bekannt werden zu lassen. Diesem ersten Schritt wird oft nicht genügend Auf-

---

[38] Einen detaillierten weltweiten Überblick gibt die OECD-Studie „Committing to Effective Whistleblower Protection", OECD Publishing, Paris 2016.

[39] In diesem Text wird statt des gebräuchlichen Begriffes „Whistleblower" stets „Hinweisgeber" verwendet. Nach hiesiger Auffassung ist ein Hinweisgeber derjenige, der sich mit der Information über beobachtetes Fehlverhalten zunächst an das Unternehmen wendet. Demgegenüber ist ein Whistleblower jemand, der sich bereits erfolglos an das betroffene Unternehmen gewandt hat, dort seinen Hinweis nicht oder nicht ausreichend berücksichtigt sieht, und der sich daher – berechtigterweise – im zweiten Schritt an die Öffentlichkeit (Ermittlungsbehörden, Medien, andere Institutionen) wendet. In einigen Jurisdiktionen, wie etwa den Niederlanden werden Hinweisgeber explizit aufgefordert, den Vorgang zunächst intern zu adressieren.

[40] USA: Sarbanes-Oxley Act, section 806; Großbritannien: Public Interest Disclosure Act 1998; Kanada: Canadian Criminal Code, section 425.1.

[41] Frankreich: Labour Code, art. 1161–1; Japan: Whistleblower Protection Act 2006; Korea: Act on the Protection of Public Interest Whistleblowers 2011; Luxemburg: Labour Code, art. L.271.1; Norwegen: Working Environment Act 2007; Südafrika: Protected Disclosures Act 2000.

[42] Vgl. die ausführliche Darstellung in der OECD-Studie „Committing to Effective Whistleblower Protection", OECD Publishing, Paris 2016, S. 114–116.

merksamkeit zuteil, obgleich er mögliche spätere Vergeltungsmaßnahmen effektiv a priori ausschließt. Das Unternehmen hat durchaus Möglichkeiten, die Anonymität von Hinweisgebern bestmöglich sicherzustellen:

– Die Kommunikationskanäle für Hinweisgeber (Telefon-Hotline, E-Mail-Adresse, Ombudsmann) müssen technisch und inhaltlich so ausgestaltet sein, dass Hinweise anonym gegeben werden können.[43] Dabei sind Systeme vorzugswürdig, die trotz Anonymität eine direkte Kommunikation des Untersuchungsteams mit dem Hinweisgeber technisch ermöglichen (sogenannter „toter Briefkasten"). Denn dies erleichtert die für den Erfolg der Untersuchung bedeutsame Erlangung weiterer Detailinformationen im Zeitraum nach der initialen Meldung.

– Bisweilen besteht die Möglichkeit, den Hinweisgeber komplett aus der internen Untersuchung herauszuhalten, etwa indem man seine Angaben zum Sachverhalt durch andere Zeugen bzw. Dokumente einführt und belegt.

– Es gibt häufig Hinweisgeber, die zwar grundsätzlich anonym bleiben wollen, aber – nicht zuletzt zur Erleichterung der Kommunikation – gegenüber dem internen Untersuchungsteam ihre Identität offenzulegen bereit sind. In einem solchen Fall ist es von zentraler Bedeutung, beim Hinweisgeber Vertrauen darauf zu schaffen, dass sein Wunsch unter allen Umständen respektiert wird. Die Umsetzung dessen in der Untersuchungsphase kann dann beispielsweise erfordern, dass Interviews mit dem Hinweisgeber aktiv verschleiert werden – etwa durch die absichtliche Durchführung von Interviews weiterer Mitarbeiter aus dem Umfeld des Hinweisgebers, die eigentlich nichts beizutragen haben, damit der Hinweisgeber nicht schon per se durch das Stattfinden seines Interviews enttarnt wird. Im abschließenden Untersuchungsbericht sind dann gegebenenfalls sämtliche Zeugen mit alphabetisch geordneten Buchstaben zu anonymisieren.

73 Im zweiten Schritt dürfen **Vergeltungsmaßnahmen** gegen Personen, die in gutem Glauben Compliance-Vorwürfe gemeldet haben, nicht toleriert werden. Das Verbot von Vergeltungsmaßnahmen bezieht sich auf jede Maßnahme, die direkt oder indirekt einen negativen Einfluss auf das Arbeitsverhältnis, Verdienstmöglichkeiten, Bonuszahlungen, Karrieremöglichkeiten oder andere arbeitsbezogene Interessen des Hinweisgebers hat. Jede Form von Benachteiligung oder Diskriminierung des Hinweisgebers – natürlich ebenso bereits die Drohung damit – ist nicht zulässig. Das Verbot von Vergeltungsmaßnahmen beschränkt sich nicht auf solche Mitarbeiter, die gegenüber dem Hinweisgeber eine Führungs- oder Aufsichtsfunktion innehaben, sondern gilt umfassend. Es entspricht gängiger Praxis, dieses Verbot nicht nur im Rahmen dieses Kodex für interne Untersuchungen, sondern parallel auch in den allgemeinen Verhaltensrichtlinien des Unternehmens zu verankern.

74 Disziplinarmaßnahmen hingegen, die als Reaktion auf eine eigene Verwicklung des hinweisgebenden Mitarbeiters in das von ihm gemeldete Fehlverhalten durchgeführt werden, stellen **keine Vergeltungsmaßnahme** idS dar. Dies muss selbstverständlich genau dokumentiert werden.

75 Ebenfalls keine Vergeltungsmaßnahme sind solche arbeitsrechtlich notwendigen Sanktionen, die unabhängig von der Hinweisgeber-Eigenschaft des Mitarbeiters erforderlich werden. Denn ein an sich zu sanktionierender Mitarbeiter darf sich nicht durch seinen Hinweis eine geschützte Position verschaffen können, die ihm nicht zusteht. Zu denken ist etwa an einen Mitarbeiter, der seit längerer Zeit weit unterdurchschnittliche Arbeitsleistungen erbracht hat, oder der wegen anderweitigen Fehlverhaltens eine Abmahnung oder Kündigung zu erwarten hat. Um den Nicht-Konnex der beiden Handlungsstränge dokumentieren zu können, empfiehlt sich in der Praxis regelmäßig eine Übersicht: Mit dieser kann wie auf einem Zeitstrahl optisch veranschaulicht werden, wann das die Sanktion auslösende Ereignis erfolgt war (regelmäßig vor dem Zeitpunkt, in dem der Hinweisgeber als solcher aktiv wurde), oder/und dass die mit der arbeitsrechtlichen Maßnah-

---

[43] Dies ist allerdings in einigen ausländischen Jurisdiktionen nicht zulässig.

me befassten Mitarbeiter (regelmäßig die Personalabteilung) nichts von der Hinweisgeber-Rolle des Betreffenden wussten.

Mitarbeiter, die eine aktuelle oder drohende Vergeltungsmaßnahme beobachten oder 76 davon erfahren, sollten unverzüglich ein Mitglied der Compliance-Organisation informieren. Diese hat dann umgehend alle Maßnahmen zu ergreifen, die erforderlich sind, um die Interessen des betroffenen Mitarbeiters zu schützen. Gegebenenfalls ist eine gesonderte interne Untersuchung der Vorwürfe zu veranlassen, gerichtet gegen denjenigen Mitarbeiter, der für die Vergeltungsmaßnahme verantwortlich ist. Sofern eine solche Untersuchung feststellt, dass das Vergeltungsverbot verletzt wurde, sollten weitere Maßnahmen – einschließlich Disziplinarmaßnahmen – ergriffen werden. In Betracht kommen etwa Nachzahlungen von Verdienst oder Bonus, die Wiedererlangung eines aberkannten Status, im Extremfall eine einverständliche Versetzung des Hinweisgebers zum Schutz vor weiteren Anfeindungen, sowie andere Formen von Restitution oder Schadenersatz.

> **Die Einhaltung von anwendbarem Recht und Unternehmensvorgaben in Bezug auf den** 77
> **Schutz der Privatsphäre sowie auf die Sammlung von elektronischen und anderen Daten**
> **ist sicherzustellen. Bei Zweifelsfällen sind der Datenschutzbeauftragte oder die Rechts-**
> **abteilung einzuschalten.**

Der Schutzbereich der Privatsphäre umfasst neben dem persönlichen Lebens- und Ge- 78 heimbereich[44] des von der internen Untersuchung betroffenen Mitarbeiters auch die Rechte am eigenen Bild und am gesprochenen Wort, den Ehrschutz sowie das Recht auf informationelle Selbstbestimmung.[45]

Die Beachtung der datenschutzrechtlichen Vorgaben[46] bei der Erlangung und Auswer- 79 tung von Unterlagen und Daten ist für das Unternehmen von besonderer Bedeutung. Denn es droht neben der Strafbarkeit nach § 44 BDSG auch ein Verstoß gegen das Fernmeldegeheimnis gem. § 206 StGB.[47]

> **Hinweis:** 80
>
> Dienstliche Unterlagen sind vom Mitarbeiter stets herauszugeben[48], denn sie gehören dem Unternehmen und der Mitarbeiter hat lediglich die Stellung eines Besitzdieners gem. § 855 BGB;[49] zudem ist er nach § 667 BGB zur Herausgabe verpflichtet.[50]
>
> Dies gilt auch dann, wenn diese Unterlagen strafrechtlich relevantes Verhalten des Mitarbeiters offenbaren. Das oben dargestellte Selbstbelastungsverbot greift in diesem Zusammenhang nicht ein.
>
> Private Unterlagen hingegen kann das Unternehmen grundsätzlich nicht einsehen.

Das Einsichtsrecht hinsichtlich von **E-Mails** und sonstigen elektronischen Dateien ist 81 ua davon abhängig, ob das Unternehmen die Privatnutzung von E-Mail-Diensten, des Internets und von Festplatten ausgeschlossen hat.[51] Selbst wenn dies der Fall ist, kann es zusätzlich darauf ankommen, ob das Unternehmen oder seine Führungskräfte die Privat-

---

[44] Vgl. §§ 123, 201–206 StGB.
[45] Eingehend Achenbach/Ransiek/*Salvenmoser*/*Schreier* S. 1241.
[46] Einzelheiten dazu in → Kapitel I.
[47] Eingehend zB *Wybitul*/*Böhm* CCZ 2015, 133.
[48] *Spehl*/*Momsen*/*Grützner* CCZ 2014, 6 mwN.
[49] SächsLAG MMR 2008, 416.
[50] SächsLAG MMR 2008, 416.
[51] Eingehend dazu Achenbach/Ransiek/*Salvenmoser*/*Schreier*, S. 1252ff., Dölling/*Maschmann* S. 160ff. sowie *Dann*/*Gastell* NJW 2008, 2947.

nutzung gleichwohl wissentlich dulden oder zulassen.[52] Gegebenenfalls ist eine Separierung von privaten und dienstlichen Daten erforderlich.

82   Eine weitere Komplikation – infolge der Anwendbarkeit gegebenenfalls differierender rechtlicher Rahmenbedingungen – tritt regelmäßig ein, wenn Daten im Ausland erhoben werden müssen.[53]

83   Um eine korrekte Abwicklung der oben skizzierten Themen sicherzustellen, sollte vor jeder Datenspiegelung eine Stellungnahme des betrieblichen Datenschutzbeauftragten eingeholt und die Rechtsabteilung konsultiert werden.

84   Maßgeblich für die Zulässigkeit einer Erhebung, Verarbeitung und Nutzung von Daten in Deutschland ist im Regelfall die Frage, ob der auf konkrete und tatsächliche Anhaltspunkte gegründete hinreichende Verdacht besteht, dass der betroffene Mitarbeiter eine Straftat gem. § 32 Abs. 1 S. 2 BDSG begangen hat. Die Klärung und notwendige Dokumentation dessen erfordert im Regelfall ebenfalls die Einschaltung der Rechtsabteilung.

V. Verbotene Untersuchungsmaßnahmen

85 Neben den vorstehenden Handlungsanweisungen sollte der Kodex auch klarstellen, dass bestimmte Maßnahmen bei der Durchführung von Untersuchungen durch das Unternehmen untersagt sind.

86   Eine solche **Negativliste** ist erforderlich, um einzelne Vorgehensweisen, die das Unternehmen und die handelnden Mitarbeiter besonderen Risiken aussetzen, sicher auszuschließen.

87   In der nachfolgenden Liste sind einerseits Maßnahmen enthalten, die gesetzwidrig und daher zwingend unanwendbar sind.

88   Teilweise aber sind die erwähnten Vorgehensweisen auch rechtlich zulässig. Zugrunde liegt die inhaltliche Entscheidung des Unternehmens, sich bei der Durchführung von Untersuchungen nicht nur an geltendes Recht zu halten, sondern – darüber hinausgehend – auch bestimmte Untersuchungstechniken zu verbieten, die rechtlich durchaus möglich wären.

89   Mit anderen Worten: Das Unternehmen stellt mit dieser Negativliste klar, dass es Sachverhaltsaufklärung nicht „um jeden Preis" betreiben will.

90   Bei dieser Entscheidung spielen vielfältige Überlegungen eine Rolle. Insbesondere hat das Unternehmen eine **Abwägung** vorzunehmen, welche Risiken jeweils drohen. Im Regelfall stehen sich gegenüber:

91   Einerseits das Bestreben nach Aufklärung und Ahndung von Fehlverhalten eines Mitarbeiters oder Dritten – einschließlich der Möglichkeit von arbeitsrechtlichen Maßnahmen, Schadenersatzprozessen oder proaktivem Zugehen auf Behörden (etwa im Wege der steuerlichen Selbstanzeige oder der Nachzahlung von Sozialversicherungsbeiträgen).

92   Auf der anderen Seite bestehen aber bei fehlgeschlagenen problematischen Untersuchungsmaßnahmen erhebliche rechtliche und tatsächliche Risiken für das Unternehmen und seine Mitarbeiter. Zudem kann sich, wie die jüngere Vergangenheit zeigt, eine mediale Berichterstattung über fragwürdige interne Untersuchungen sehr nachteilig auf die Reputation eines Unternehmens auswirken.

93   Zu prüfen ist, ob es der Unternehmensleitung rechtlich auch zusteht, solche Überlegungen anzustellen und – basierend auf der vorgenannten Risikoabwägung – bestimmte Untersuchungspraktiken in einem Kodex auszuschließen.

---

[52] Vgl. *BAG*, NJW 2006, 540. Ausf. dazu *Klengel/Mückenberger* CCZ 2009, 83 mwN.
[53] Vgl. das instruktive Fallbeispiel bei *Moosmayer* Compliance S. 98. Eingehend zu den rechtlichen Anforderungen in ausgewählten Ländern *Spehl/Momsen/Grützner* CCZ 2014, 6.

Dies ist zu bejahen. Denn die Unternehmensleitung verfügt über einen der gerichtlichen 94
Nachprüfung entzogenen[54] Ermessensspielraum bei der Entscheidung, welche Erkenntnisquellen sie bei internen Untersuchungen heranziehen will und welche nicht. Dabei können verschiedene Kriterien berücksichtigt werden, unter anderem die vorerwähnte Reputation des Unternehmens.[55] Begrenzt wird diese Ermessensfreiheit erst durch die Pflicht,
dass sich die Unternehmensleitung für die aufgrund der Untersuchungsergebnisse anste-
henden Entscheidungen (etwa arbeitsrechtliche Maßnahmen gegen fehlerhaft handelnde
Mitarbeiter) eine angemessene[56] Tatsachengrundlage schaffen muss, also wie ein ordentli-
cher und gewissenhafter Geschäftsleiter[57] im Unternehmensinteresse vorzugehen hat.

Die nachstehenden Vorgaben des Kodex berücksichtigen genau dieses Unternehmens- 95
interesse.

> **Bei der Sachverhaltsklärung dürfen mit internen Untersuchungen beauftragte Mitarbei- 96
> ter die folgenden Maßnahmen nicht anwenden:**
>
> **Herstellung oder Beschaffung heimlicher Aufnahmen von Befragungen**

Eine solche Vorgehensweise ist in Deutschland gem. § 201 StGB verboten. In einzel- 97
nen anderen – auch europäischen – Rechtsordnungen besteht ein solches Verbot zwar
nicht.[58] Für international operierende Unternehmen ist es allerdings kaum darstellbar,
Mitarbeiter nicht vergleichbar zu behandeln und es vom zufälligen Ort der Befragung
abhängig zu machen, ob der Mitarbeiter ein heimliches Mitschneiden der Befragung befürchten muss oder nicht.

Hinzu kommt, dass bei professioneller Durchführung von Befragung und Protokoller- 98
stellung die Notwendigkeit **heimlicher Aufnahmen** kaum besteht.

Einschaltung privater Ermittler 99

Zur Überführung verdächtiger Mitarbeiter **Detektive** oder sonstige vergleichbare **pri- 100
vate Ermittler** einzuschalten, stellt einen Eingriff in das allgemeine Persönlichkeitsrecht
des Arbeitnehmers dar[59].

Die Maßnahme ist gemäß der Rechtsprechung nur zulässig, wenn gegen einen Mitar- 101
beiter der konkrete Verdacht einer gegen das Unternehmen gerichteten Straftat oder einer
schweren Arbeitspflichtverletzung besteht.[60] Erforderlich ist ferner, dass andere erfolgver-
sprechende Möglichkeiten der Klärung des Verdachts nicht existieren, dass der Einsatz
verhältnismäßig ist, und dass er sich auf das Erforderliche beschränkt.[61]

Zudem ist die Einschaltung privater Ermittler bei plakativer medialer Darstellung („Fir- 102
ma X lässt unschuldige Mitarbeiter bespitzeln") oft geeignet, einen Reputationsverlust des
Unternehmens zu verursachen.

Entscheidend dürfte aber sein, dass das Unternehmen durch die Auslagerung der Infor- 103
mationsbeschaffung **Risiken** eingeht, die nicht in jedem Fall beherrschbar sind.[62] Wie die
jüngste Vergangenheit zeigt, sind private Ermittler bisweilen schwer zu führen. Sie schie-
ßen nicht selten über das vorgegebene Ziel hinaus – etwa um ihre besonderen Fertigkei-
ten zu demonstrieren – und dringen dann beispielsweise zur Beschaffung von Informationen unbefugt in die Privatsphäre der Betroffenen ein.

---

[54] *Wagner* CCZ 2009, 16 mwN.
[55] *Wagner* CCZ 2009, 17, spricht von „pragmatischen Aspekten".
[56] Für die Aktiengesellschaft: § 93 Abs. 1 S. 2 AktG.
[57] § 93 Abs. 1 S. 1 AktG.
[58] *Spehl/Momsen/Grützner* CCZ 2014, 6.
[59] Zu unterscheiden von sachlich notwendigen externen Dienstleistern wie etwa Rechtsanwaltskanzleien.
[60] ArbG Köln Urt. v. 15. 7. 1998 – 9 Ca 4425/97, BeckRS 1998, 30883653.
[61] *Dölling/Maschmann* S. 167.
[62] Krit. auch Dölling/*Maschmann* S. 166; positiv hingegen *Klengel/Mückenberger* CCZ 2009, 87.

104 Sofern im Einzelfall die unabweisbare Notwendigkeit zur Einschaltung privater Ermittler besteht, sollte diese nur mit vorheriger Genehmigung des Leiters der Rechts- oder Complianceabteilung erfolgen dürfen.

105 **Annehmen von falschen Identitäten, wahrheitswidrige Behauptung von Fakten, Verleiten zu Fehlverhalten, oder Vorspiegelung eines Vorwandes zum Zwecke der Untersuchung**

106 Auch diese Techniken beinhalten aufgrund ihrer täuschenden Natur[63] **Reputationsrisiken.** Sie in einem Kodex prinzipiell auszuschließen dient der Aufrechterhaltung des Vertrauensverhältnisses zwischen Unternehmen und Mitarbeitern.

107 Gemeinsam ist diesen und weiteren vergleichbaren Methoden (wie Einschüchterung, Zwang, Drohungen oder der unzutreffende Anschein „amtlichen" Handelns[64]), dass sie geeignet sind, die freie Willensentschließung des betroffenen Mitarbeiters zu beeinträchtigen. Eine solche Unlauterkeit kann die Seriosität und Belastbarkeit des Untersuchungsergebnisses wesentlich verringern oder sogar zu einem Verwertungsverbot führen[65].

108 Demgegenüber muss das Unternehmen nicht zwingend auf rechtlich und sozial anerkannte Techniken verzichten. Als Beispiel ist zu nennen die Praxis, von einem Vorwurf betroffene Mitarbeiter „aus geschäftlichen Gründen" zu einer ersten Befragung einzuladen, ohne bereits bei der Einladung ausdrücklich auf den Compliance-Hintergrund hinzuweisen. Dies dient im Einzelfall auch dem Schutz des Mitarbeiters, der so nicht der Versuchung ausgesetzt wird, in der Zeit bis zur Befragung Dokumente oder Zeugen zu manipulieren. Selbstverständlich muss dann unmittelbar bei Beginn der Befragung dem betroffenen Mitarbeiter der tatsächliche Hintergrund des Termins offengelegt werden.

109 Versprechungen, insbes. hinsichtlich des Ergebnisses der Untersuchung

110 Zusagen, Prognosen oder Ankündigungen der Untersuchungsergebnisse sind einerseits vor Abschluss der Untersuchung nicht seriös und können zudem die Objektivität und Glaubwürdigkeit des gesamten Vorgehens diskreditieren. Sie müssen daher unterbleiben.

111 Dasselbe gilt für Zusagen, die durch das Unternehmen mangels Entscheidungskompetenz überhaupt nicht einhaltbar sind, wie etwa die Nichtahndung eines Fehlverhaltens durch Strafverfolgungsbehörden[66]. Allerdings wird man dem Mitarbeiter durchaus sagen können, dass die Staatsanwaltschaft ein Verfahren mit größerer Wahrscheinlichkeit nach §§ 153 ff. StPO einstellen wird, wenn das Unternehmen sie darüber informiert, der Beschuldigte habe sich einsichtig und kooperativ verhalten sowie bei der Aufklärung des Sachverhaltes mitgeholfen.

112 Zulässig sind im Einzelfall hingegen Zusagen, die in Vollzug eines formellen[67] **Amnestieprogramms** des Unternehmens[68] gegeben werden. In Betracht kommen hierfür beispielsweise die einvernehmliche Aufhebung des Arbeitsverhältnisses anstelle einer sonst möglichen Kündigung, oder der Verzicht auf Schadenersatzforderungen.[69]

---

[63] Vgl. § 136a StPO.
[64] BRAK-Stellungnahme Nr. 35/2010, BRAK-Mitteilungen 2011, S. 19 sowie *Klengel/Mückenberger* CCZ 2009, 82 und *Achenbach/Ransiek/Salvenmoser/Schreier* S. 1238, jeweils mwN.
[65] *Böttger/Minoggio* Rn. 145.
[66] Die Zusicherung von Straffreiheit wäre, wie *Anders* wistra 2014, 329 zutr. feststellt, nahe an einer Täuschung.
[67] Zur offenen Frage des Mitbestimmungsrechts des Betriebsrats vgl. *Zimmer/Heymann* BB 2010, 1855.
[68] Vgl. → Kapitel E. sowie die eingehende Darstellung bei *Moosmayer* Compliance S. 100 f.
[69] Vgl. zu den Einzelheiten → Kapitel J sowie *Dölling/Maschmann* S. 179 f. und *Böttger/Minoggio* Rn. 127.

Umgehung von Rechten, die einem involvierten Mitarbeiter aufgrund anwendbaren 113
Rechts oder einer Unternehmensrichtlinie zustehen, oder Umgehung eines für den Mitarbeiter tätigen Rechtsbeistandes

Mit dieser **Generalklausel** soll den mit der internen Sachverhaltsklärung beauftragten 114
Mitarbeitern erneut verdeutlicht werden, dass die Rechtspositionen des von einer Unter-
suchung betroffenen Mitarbeiters unbedingt zu wahren sind. Der Gedanke des § 12
BORA ist dabei besonders herausgehoben.

Die weite Fassung berücksichtigt insbes., dass auch Untersuchungen außerhalb 115
Deutschlands erforderlich sein können. Der Kodex stellt damit sicher, dass die nach der
jeweils anwendbaren Rechtsordnung geltenden Vorgaben eingehalten werden.

VI. Interessenkonflikte

Für die Integrität und Unangreifbarkeit der Untersuchung und ihrer Ergebnisse ist der 116
korrekte Umgang mit **Interessenkonflikten,** die die Objektivität der an der Untersuchung beteiligten Mitarbeiter beeinträchtigen können, von besonderer Bedeutung.

Daher empfiehlt es sich, etwa folgende Regelung in den Kodex aufzunehmen: 117

Mitarbeiter, die bei Untersuchungen mitwirken, müssen tatsächliche oder drohende In- 118
teressenkonflikte oder auch nur deren Anschein vermeiden. Tatsächliche oder drohende
Interessenkonflikte können unter anderem resultieren aus
a) persönlichen oder beruflichen Beziehungen zu einer Person, die an der Untersuchung
   beteiligt ist;
b) Verbindung zu oder Involvierung in Handlungen, auf die sich die Untersuchung bezieht.

Mitarbeiter, die an Untersuchungen mitwirken und auf einen tatsächlichen oder möglichen Interessenkonflikt oder den Anschein eines solchen aufmerksam werden, sollen
umgehend informieren
a) den jeweiligen Vorgesetzten sowie
b) direkt bzw. durch den Vorgesetzten den Compliance-Officer oder den Leiter der
   Rechtsabteilung.

Der Vorgesetzte, dessen Mitarbeiter einen tatsächlichen oder drohenden Interessenkonflikt oder den Anschein eines solchen berichtet, muss umgehend prüfen, ob ein Interessenkonflikt besteht. Bejahendenfalls muss er durch angemessene Maßnahmen sicherstellen, dass die Untersuchung ohne jeden Anschein fehlender Unabhängigkeit
fortgesetzt werden kann. Solche Maßnahmen können etwa sein:
a) Ausschluss des betreffenden Mitarbeiters – oder, sofern erforderlich, der betreffenden
   Unternehmenseinheit – von der weiteren Untersuchung und jeder anderen Aufgabe
   in Bezug auf den Vorgang;
b) Beauftragung einer anderen Unternehmenseinheit oder eines externen Dienstleisters
   mit der Untersuchung bzw. konkreten Aufgaben.

Sofern sich herausstellt, dass ein Interessenkonflikt nicht besteht oder gelöst werden
konnte, kann der betroffene Mitarbeiter auf die Entscheidung seines Vorgesetzten hin
seine Aufgaben im Rahmen der Untersuchung wieder aufnehmen.

VII. Verletzungen des Kodex

119 Das Unternehmen muss selbstredend dem Kodex bestmögliche Akzeptanz und Durchsetzungskraft verleihen. Dafür ist es erforderlich, eine Regelung für den Fall aufzunehmen, dass sich an einer Untersuchung aktiv beteiligte Mitarbeiter über seine Vorgaben hinwegsetzen.

120 Es liegt nahe, solche Vorgänge ihrerseits als Verletzung von unternehmensinternen Vorschriften zu qualifizieren. Ferner ist klarzustellen, dass sie untersucht werden und gegebenenfalls zu arbeitsrechtlichen Konsequenzen führen können.

121 Ein entsprechender Passus könnte lauten:

122 Sofern Verletzungen des Kodex berichtet werden, wird dies als ein Vorgang für die Compliance-Abteilung angesehen und entsprechend untersucht. Verletzungen des Kodex können zu disziplinarischen Maßnahmen führen.

O. Einsetzung eines Compliance-Monitors als Folge interner Untersuchungen

Literatur:

Freeh/Hernandez, § 47. Compliance-Monitor, in: *Hauschka/Moosmayer/Lösler* (Hrsg.), Corporate Compliance, 3. Aufl. 2016; *Reyn,* Wer bist Du und wenn ja, wie viele? Der Corporate Monitor im US Straf- und Zivilprozessrecht, CCZ 2011, 48 ff.; *Schwarz,* FCPA Compliance Monitorships – US Marotte oder Flavor of the New Times? Praktische Erfahrungen mit FCPA Compliance Monitorships, CCZ 2011, 59 ff.; *Shearman & Sterling LLP* (Hrsg.), Recent Trends and Patterns in the Enforcement of the Foreign Corrupt Practices Act (FCPA), halbjährlich erscheinende Publikation, im Internet abrufbar unter www.shearman.com/en/newsinsights/publications/; *Waigel,* Stärkt Compliance die deutschen Unternehmen? Kompass 12/2012, 1 f., im Internet abrufbar unter https://www.wbu.de; *Warin/Diamant/Root,* Somebody's Watching Me: FCPA Monitorships and How They Can Work Better, 2011, im Internet abrufbar unter http://scholarship.law.upenn.edu/jbl/vol13/iss2/1.

I. Begriff und Verbreitung

In den letzten Jahren haben drei deutsche Unternehmen bekannt gegeben, dass sie im **1** Rahmen einer Einigung mit der US-Börsenaufsichtsbehörde (SEC) und dem US-Justizministerium (DoJ) zum Abschluss strafrechtlicher Untersuchungen im Zusammenhang mit Korruptionsvorwürfen einen unabhängigen Compliance-Monitor eingesetzt haben. Aufgabe des Monitors ist es, über einen Zeitraum von 1,5 bis 4 Jahren eine Bewertung der Effektivität der internen Kontrollen und Compliance-Programme vorzunehmen. Die Siemens AG ernannte 2009 mit dem ehemaligen Bundesfinanzminister Dr. Theodor Waigel mit Zustimmung der US-Behörden erstmals in der amerikanischen Rechtspraxis einen Compliance-Monitor, der kein US-Amerikaner war.[1] Die Daimler AG ernannte 2010 den ehemaligen US-Richter Louis Freeh.[2] Für die Bilfinger SE war seit August 2014 ein Schweizer Rechtsanwalt als Compliance-Monitor tätig.[3]

Während das Monitoring der Compliance-Prozesse eines Unternehmens im US-Recht **2** eine übliche Auflage im Rahmen von Einigungen zur Beilegung strafrechtlicher Verfahren ist, ist diese Funktion in anderen Rechtsordnungen, so auch in Deutschland, unbekannt. In den USA sahen im Zeitraum von 1993 bis 2009 ca. 30% der insgesamt 152 Verfahrensbeendigungen im Korruptionsbereich die Einsetzung eines Compliance-Monitors vor, von 2004 bis 2010 waren es sogar ca. 42%, bezogen auf 71 Fälle.[4] Seit 2010 ist eine Tendenz erkennbar, auf die Einsetzung eines Compliance-Monitors ganz oder teilweise zugunsten einer Selbstkontrolle durch das Unternehmen, verbunden mit einer Berichtspflicht an die US-Behörden zu verzichten. 2012 wurde in 25% der Fälle ein Compliance-Monitor eingesetzt, 2014 und 2015 waren es jeweils unter 10%. Diese Tendenz geht mit der ebenfalls festzustellenden stärkeren Konzentration auf die Bestrafung der tatsächlich handelnden Individuen einher. Die Einsetzung eines Compliance-Monitors im Unternehmen wird immer öfter durch eine Verpflichtung des Unternehmens zur Selbstberichterstattung der Compliance-Bemühungen ersetzt.[5] Auch im Rahmen von Verfahren der Weltbank zur Untersuchung und Ahndung von Korruption im Zusammenhang mit

---

[1] S. hierzu die Pressemeldung der Siemens AG v. 15.12.2008, im Internet abrufbar unter http://www.siemens.com/press/de/pressemitteilungen/2008 (letzter Abruf Juni 2017).

[2] S. hierzu die Pressemeldung der Daimler AG v. 1.4.2010, im Internet abrufbar unter http://www.daimler.com/investor-relations/nachrichten (letzter Abruf Juni 2017).

[3] S. hierzu den Geschäftsbericht 2015 der Bilfinger SE, Seite 10, im Internet abrufbar unter http://www.bilfinger.com/geschaeftsbericht/ (letzter Abruf Juni 2017).

[4] *Warin/Diamant/Root* S. 328.

[5] Vgl. zu diesem Trend die genannten Publikationen von *Shearman & Sterling,* January 2013, Seite 8, January 2015, Seite 5 und January 2016, Seite 9.

Weltbank-finanzierten Projekten kann es zur Einsetzung eines unabhängigen Compliance-Monitors kommen.[6]

3   Obwohl die Tätigkeit eines Compliance-Monitors weder in den zahlreichen Anwendungsfällen in den USA, noch in den drei genannten deutschen Fällen Teil einer internen Compliance-Untersuchung ist, sind doch eindeutige Berührungspunkte vorhanden. Zum einen ist die Einsetzung eines Compliance-Monitors eine Sanktion, die sich häufig an eine interne Compliance-Untersuchung, die darin ermittelten Sachverhalte und deren Würdigung durch staatliche Ermittlungs- und Verfolgungsbehörden anschließt. Andererseits gibt es auch eine inhaltliche Verbindung, denn der Compliance-Monitor soll insbes. die Maßnahmen begutachten und bewerten, die ein Unternehmen bereits während oder im Anschluss an eine interne Untersuchung im Bereich der Compliance ergreift, um die während der Untersuchung zu Tage getretenen Prozessschwächen und Kontrolldefizite zu beseitigen. Die Arbeit des Monitors folgt also zeitlich einer internen Compliance-Untersuchung nach und baut inhaltlich zumindest teilweise auf ihren Ergebnissen auf.

4   Die folgenden Ausführungen geben kurze Hinweise zur Rechtsgrundlage eines Compliance-Monitorship im US-Recht und stellen die Aufgaben und die Arbeitsmethodik eines Monitors in einer deutschen Gesellschaft am Beispiel der Siemens AG dar.[7]

II. Grundlagen eines Compliance-Monitorship im US-Recht

5   Die Einsetzung eines Compliance-Monitors erfolgt in der US-Praxis insbes. im Rahmen der Beilegung von Verfahren wegen Verstößen gegen das Gesetz zur Bekämpfung der Korruption („Foreign Corrupt Practices Act", FCPA) oder gegen die Wertpapiergesetze (US Securities Laws). Die Einsetzung des Monitors hat dabei eindeutigen Sanktions- oder Auflagencharakter. Sie bedeutet aber keine Fortsetzung oder Neuauflage einer vorangegangenen Compliance-Untersuchung, sondern ist in vorbeugender Form in die Zukunft gerichtet, um weitere Gesetzesverstöße im Unternehmen zu verhindern. Der Monitor übt als unabhängiger Dritter im Unternehmen eine zeitliche befristete Überwachungsfunktion aus und soll das Unternehmen mit Vorschlägen zur Verbesserung seines Compliance-Systems unterstützen. Nachdem Monitore zunächst ausschließlich in US-Unternehmen eingesetzt wurden, gibt es inzwischen auch eine längere Liste europäischer Unternehmen, die dies im Rahmen einer Einstellung („settlement") der gegen sie in den USA geführten Verfahren ebenfalls tun mussten. Das Verfahren zur Bestellung und Vorgaben zur Tätigkeit des Monitors sind im US-Recht nicht gesetzlich geregelt. Es kommen aber verschiedene behördliche Richtlinien zur Anwendung, die auch veröffentlicht sind, sodass sich eine weitgehend einheitliche und transparente Praxis gebildet hat. Für die Person des Monitors ist festzuhalten, dass dieser eine fachlich qualifizierte und angesehene Persönlichkeit sein soll, der sein Amt unabhängig und frei von Interessenkonflikten ausübt und durch sein Handeln öffentliches Vertrauen gewinnen kann.[8]

6   Der hier behandelte Monitor, der im FCPA-Kontext eingesetzt wird, ist von anderen Beratern abzugrenzen, die Unternehmen teilweise auf Veranlassung von Behörden, teilweise aber auch vollständig aus eigenem Antrieb einsetzen. Zu nennen sind hier etwa die in Unternehmen des Finanzsektors von US-Finanz- und Steuerbehörden eingesetzten

---

[6] Hauschka Corporate Compliance/*Freeh/Hernandez* Rn. 4; so geschehen zB 2012 bei Alstom, vgl. Presseerklärung v. 24.2.2015, im Internet abrufbar unter http://www.alstom.com/press-centre/2015/2/alstoms-compliance-program-meeting-the-world-banks-guidelines-alstom-hydro-france-released-from-debarment/ (letzter Abruf Juni 2017).

[7] Die Rahmenbedingungen der Arbeit des Compliance-Monitors in der Daimler AG lassen sich im Vergleich dazu nachvollziehen anhand Hauschka Corporate Compliance/*Freeh/Hernandez* Rn. 7, 8 sowie 14–16.

[8] Vgl. zu den Rechtsgrundlagen ausführlich *Reyhn* CCZ 2011, 48 mit zahlreichen Hinweisen zum US-Recht und zur Praxis.

„independent monitors" und „independent examiners"[9] oder Berater, die zur Überprüfung und Zertifizierung von Compliance-Management-Systemen beauftragt werden.

III. Das Mandat des Compliance-Monitors und seine Durchführung[10]

1. Das Mandat gemäß den Regelungen in den „settlement documents"

Die „settlement documents" enthalten Aussagen zu allen wichtigen Aspekten der Arbeit 7
des Monitors. So werden nicht nur das Mandat und die Dauer des Einsatzes definiert,
sondern auch Vorgaben zum jährlichen Zeitplan, zur Arbeitsmethodik, zur Zusammenarbeit mit dem Unternehmen, zu Inhalt, Format und Einreichung des jährlichen Monitorberichtes und zur Umsetzung von Empfehlungen des Monitors durch das Unternehmen
gemacht. Die wesentlichen Regelungen in den „settlements documents" zu diesen Aspekten sehen wie folgt aus:

Das Mandat des Monitors lautet dahingehend, dass die Effektivität der internen Kon- 8
trollen, des Buchhaltungs- und Finanzberichterstattungs-Regelwerkes und der entsprechenden Prozesse zu bewerten sind, soweit diese im Zusammenhang mit der Verhinderung von Verstößen gegen Korruptionsgesetze stehen. Durch die Arbeit des Monitors soll
sichergestellt werden, dass das Unternehmen ein effektives Compliance-System implementiert.[11]

Um auch bei einem nicht US-amerikanischen Monitor die für die Erfüllung des Auf- 9
trages erforderliche Sachkunde im US-Recht zu gewährleisten, ist dem Monitor eine US-
amerikanische Rechtsanwaltskanzlei beigestellt, die den Monitor sowohl in Fragen des
US-Rechts und der Vorgaben zum Mandat gemäß den „settlement documents" berät
(„U.S. Counsel to the Monitor"), als auch eine wesentliche Säule seines Teams zur
Durchführung der Monitoraktivitäten im Unternehmen darstellt.[12]

Die Dauer des Mandates beträgt 4 Jahre. Es besteht die Möglichkeit, dass der Monitor 10
nach Ablauf des dritten Jahres bei den US-Behörden beantragt, den Monitoreinsatz vorzeitig zu beenden. Dies setzt voraus, dass der Monitor und das Unternehmen nach drei
Jahren übereinstimmend zu dem Ergebnis kommen, dass das Compliance Programm in
einer Art und Weise ausgestaltet und im Unternehmen umgesetzt ist, dass Verletzungen
der Anti-Korruptionsgesetze verhindert und entdeckt werden können und dass eine weitere Beobachtung und Prüfung durch den Monitor nicht erforderlich ist.[13]

Jedes Monitorjahr beginnt mit der Erstellung eines Arbeitsplanes binnen einer Frist von 11
60 Tagen, der anschließend bei DoJ und SEC einzureichen ist. Nach der Freigabe durch
die Behörden, beginnt eine 120-tägige Phase zur Durchführung der Arbeiten des Moni-

---

[9] Hauschka Corporate Compliance/*Freeh*/*Hernandez* Rn. 2, 3.

[10] Die Darstellung folgt den Regelungen iRd settlements der Siemens AG mit DoJ und SEC v.om 15.12.
2008. IE handelt es sich hierbei um Festlegungen in den „settlement documents", insbes. im „Consent of
Defendant Siemens Aktiengesellschaft", „Final Judgement as to Defendant Siemens Aktiengesellschaft"
und „Statement of Offense", im Internet verfügbar unter http://www.justice.gov/opa/pr/2008/Decem
ber/08-crm-1105.html.

[11] „Evaluate … the effectiveness of Siemens' internal controls, record-keeping, and financial reporting policies and procedures as they relate to Siemens' current and ongoing compliance with the books and re-
cords, internal accounting controls and anti-bribery provisions of the FCPA and other applicable counter-
parts" und „to ensure that Siemens AG implements an effective system of corporate governance and
compliance with applicable laws and regulations going forward".

[12] Zum Monitorteam bei Siemens gehören außerdem eine deutsche Rechtsanwaltskanzlei mit spezieller Expertise für Finanzrechtsthemen und Finanzkontrollen sowie speziell dem Monitor zugeordnete Mitarbeiter
der Unternehmensrevision, s. dazu Abschnitt 4.2.

[13] „If, reasonably promptly after completing two (2) follow-up reviews, the Monitor and Siemens mutually
agree that Siemens' compliance program is reasonably designed and implemented to detect and prevent
violations of the anti-corruption laws, and that further monitoring and review is not warranted, the Monitor may apply to the SEC and DoJ for permission to forego a third follow-up review.".

tors. Nach deren Abschluss ist bei den Behörden ein Bericht einzureichen. Enthält der Bericht Empfehlungen an das Unternehmen, kann das Unternehmen diese binnen einer Frist von 60 Tagen ablehnen, wenn die Umsetzung der Empfehlungen rechtswidrig, praktisch nicht durchführbar, aus Kostengründen unzumutbar oder sonst für das Unternehmen übermäßig belastend wäre. In diesem Fall setzt ein Konsultationsprozess zwischen Monitor, Unternehmen und US-Behörden ein, um eine Alternativlösung zu definieren. Lehnt das Unternehmen die Empfehlungen nicht ab, hat es sie binnen einer weiteren Frist von 60 Tagen umzusetzen.

12   Als wesentliche Arbeitsmethodiken des Monitors nennen die „settlement documents" die Durchsicht von relevanten Unternehmensdokumenten, die Vor-Ort-Prüfung ausgewählter Systeme und Prozesse in ausgewählten Unternehmenseinheiten, Interviews mit Mitarbeitern und Mitgliedern der Unternehmensleitung sowie Analysen und Tests.

13   Die Berichte des Monitors müssen keine umfangreichen Statusbeschreibungen der internen Kontrollen und des Compliance-Systems enthalten. Neben einer Beschreibung der jährlichen Arbeit des Monitors soll der Schwerpunkt vielmehr auf Empfehlungen an das Unternehmen liegen, wie diese Kontrollen und Systeme gegebenenfalls verbessert werden können. Der am Ende des zweiten, dritten und vierten Jahres abzugebende Bericht muss außerdem eine Erklärung des Monitors enthalten, ob das Compliance-Programm in einer Art und Weise ausgestaltet und im Unternehmen umgesetzt ist, dass Verletzungen der Anti-Korruptionsgesetze verhindert und entdeckt werden können.[14]

14   Sofern der Monitor während seiner Aktivitäten auf konkrete Compliance-Verstöße stoßen sollte, hat er diese unmittelbar und ohne Rücksicht auf den normalen Berichtszyklus an den Leiter der Rechtsabteilung des Unternehmens oder dessen Prüfungsausschuss zu berichten und diese Stellen zur Ergreifung konkreter Maßnahmen aufzufordern.

2. Thematische Fokussierung der Arbeit des Monitors

15   Um den in den „settlement documents" relativ weit formulierten Auftrag des Monitors sachgerecht und effizient erfüllen zu können, bietet es sich an, die einzelnen Aktivitäten bereits zu Anfang des Einsatzes thematisch zu fokussieren und im Arbeitsplan festzulegen. In den Folgejahren können dabei Änderungen an den Arbeitsschwerpunkten vorgenommen werden. In den „settlement documents" ist eine solche Fokussierung bereits als zulässig vorgesehen, denn es wird dort festgehalten, dass der Monitor keine umfassende Bewertung des Geschäftsbetriebes vornehmen muss.[15]

16   Die Fokusthemen orientieren sich gemäß dem Mandat an den wesentlichen Kontrollfunktionen des Unternehmens und den wichtigsten Elementen seines Compliance-Systems, erfassen aber auch geschäftsspezifische Risikofelder:
   – Langfristige Nachhaltigkeit des Compliance-Systems
   – Systeme und Methoden zur Bewertung von Compliance-Risiken im globalen Geschäft und zur risikoadäquaten Adjustierung des Compliance-Systems
   – Risiken aus der Zusammenarbeit mit Geschäftspartnern (wie zB Handelsvertreter, Berater, Vertriebspartner, Wiederverkäufer)
   – Compliance-Kultur und Kommunikation; Tone-from-the-top
   – Compliance-Organisation; Kompetenzen, Kapazitäten, Aufstellung
   – Rechtsabteilung; Kompetenzen, Kapazitäten, Aufstellung

---

[14] „Certify, whether the compliance program of Siemens, including its policies and procedures, is reasonably designed and implemented to detect and prevent violations within Siemens of the anti-corruption laws." Mit dem zweiten und dritten Bericht hat der Compliance-Monitor der Siemens AG, Dr. Waigel, diese Erklärung im Oktober 2010 und im Oktober 2011 abgegeben.

[15] „This evaluation need not be a comprehensive review of Siemens' business operations".

- Finanzabteilung; Kompetenzen, Kapazitäten, Aufstellung
- Finanz- und andere interne Risikokontrollen
- Einkaufs- und Beschaffungswesen; Kontrollen für die Zusammenarbeit mit Lieferanten
- Compliance-Richtlinien zur Korruptionsbekämpfung
- Trainingsprogramme und Maßnahmen im Bereich der Korruptionsbekämpfung
- Interne Revision; Kompetenzen, Kapazitäten, Aufstellung
- Compliance im Rahmen von Mergers and Acquisitions
- Interne Systeme zur Meldung von Compliance-Verstößen
- Unternehmensinterne Compliance-Untersuchungen
- Sanktionierung von Compliance-Verstößen
- Zusammenarbeit mit Dritten zur Stärkung von Compliance und zur Bekämpfung von Korruption im Geschäftsverkehr („Collective Action")

Die thematische Fokussierung bietet zugleich eine gute Basis für die Strukturierung einzelner Aktivitäten des Monitors, wie etwa der Sichtung von Dokumenten (Richtlinien, Rundschreiben) oder der Auswahl von Mitarbeitern, mit denen der Monitor Gespräche führt. Ebenfalls dienen die Fokusthemen als Gliederung für den Monitorbericht und mögliche Empfehlungen des Monitors zur Verbesserung der Kontrollen und des Compliance-Systems. **17**

3. Arbeitsmethodik des Monitorteams

a) Arbeitsmethodiken in den „settlement documents"

In den „settlement documents" sind vier Arbeitsmethodiken vorgegeben, die der Monitor anwenden soll, um seine Bewertungen durchzuführen. Übersetzt in die Unternehmenspraxis lassen sich hierunter folgende Aktivitäten fassen: **18**

Durchsicht von Unternehmens-dokumenten	Anhand der Durchsicht von Dokumenten verschafft sich der Monitor einen ersten Überblick über Inhalt, Umfang, Qualität und Reichweite von Compliance-Richtlinien und Maßnahmen. Relevant sind insofern bspw. Organisationspläne, Rundschreiben, Prozessbeschreibungen, geschäfts-, länder- und projektbezogene Risikoanalysen, Protokolle über Compliance-Besprechungen, Due-Diligence-Unterlagen, Vorträge und Reden, Trainingsmaterialien.
Vor-Ort-Prüfung ausgewählter Systeme und Prozesse in ausgewählten Unternehmenseinheiten	Hierdurch verschafft sich der Monitor einen Überblick über die Funktionsweise von Compliance-Maßnahmen und Kontrollen im betrieblichen Alltag. Denkbar sind zB „live tests" von Kontrollsystemen anhand von Parametern, die der Monitor vorgibt, um etwa die Entdeckung fragwürdiger Zahlungen durch die Finanzkontrollen zu überprüfen. In Frage kommt aber auch die Teilnahme an Trainingsveranstaltungen oder turnusmäßigen Compliance-Sitzungen in den Geschäftseinheiten. Auch Monitor-Besuche in Konzerngesellschaften zum Zwecke einer umfänglichen Compliance-Bewertung gehören in diese Kategorie.
Interviews mit Mitarbeitern und Mit-gliedern der Unternehmensleitung	Durch eine Vielzahl persönlicher Gespräche mit Unternehmensangehörigen verschiedenster Funktionen und Hierarchiestufen überzeugt sich der Monitor von den

	Compliance-Herausforderungen, die sich aus dem Geschäft ergeben und den Reaktionen der Mitarbeiter darauf.
Analysen und Tests	Statistische Auswertungen; Fremdvergleiche anhand von Compliance-Indices nichtstaatlicher Organisationen

b) Forensische Tätigkeiten

19   Im Hinblick auf die große Bedeutung der Einhaltung von Buchhaltungs- und Bilanzierungsvorschriften unter dem US-Foreign Corrupt Practices Act, gehen die US-Behörden in der Regel davon aus, dass sich ein Monitor zur Durchführung spezifischer Tests im Bereich der Finanzkontrollsysteme der besonderen forensischen Kompetenz eines Wirtschaftsprüfungsunternehmens bedienen muss. Da hierdurch eine zusätzliche Komplexität in der Teamaufstellung entsteht und sich weitere Schnittstellen in der Zusammenarbeit und Berichtserstellung ergeben, sollte versucht werden, diese vom Charakter her typische interne Revisionstätigkeit durch interne Kapazitäten des Unternehmens – so diese aufgrund der Größe und Struktur des Unternehmens vorhanden sind – im Auftrag des Monitors erledigen zu lassen. Im Falle der Siemens AG haben die US-Behörden einer solchen Lösung zugestimmt. Voraussetzung hierfür war allerdings eine Gestaltung, in der ein Team von Revisionsmitarbeitern identifiziert wird, das für den Zeitraum der jährlichen Monitoraktivitäten nur dem Monitor zur Verfügung steht und von anderen Revisionstätigkeiten befreit ist, das seine Arbeitsaufträge nur vom Monitor erhält bzw. diese gemeinsam mit ihm entwickelt und das abweichend vom normalen Berichtsweg seine Arbeitsergebnisse nur an den Monitor berichtet.

4. Interaktion zwischen Unternehmen und Monitor

20   Die Zusammenarbeit zwischen Unternehmen und Monitor ist in den „settlement documents" grundsätzlich geregelt. So ist das Unternehmen einerseits zur vollumfänglichen Zusammenarbeit mit dem Monitor und zur Unterstützung seiner Arbeit verpflichtet. Andererseits ist der Monitor gehalten, sich mit dem Unternehmen kontinuierlich über seine Bewertungen und Empfehlungen abzustimmen und Kommentare und Hinweise des Unternehmens dazu zu würdigen.

21   Zur Institutionalisierung der Zusammenarbeit sehen die „settlement documents" vor, dass seitens des Unternehmens ein Projektbüro einzurichten ist.[16] Dieses soll als prinzipielle Kontaktstelle des Monitorteams in das Unternehmen fungieren und alle Monitoraktivitäten koordinieren und unterstützen. Es kann dabei gleichzeitig einen wichtigen Beitrag dazu leisten, dass die Durchführung der Arbeiten des Monitors die Betriebsabläufe und das Geschäft des Unternehmens so wenig wie möglich beeinträchtigen. Hierzu gehören:
– Unterstützung des Monitorteams beim Vertrautmachen mit Organisation und Gegebenheiten des Unternehmens
– Rechtsberatung des Monitors und seines US-Teams in Fragen des deutschen Rechts, die für die Arbeit des Monitors von Relevanz sind; ggf. Einholung von ausländischem Rechtsrat bei Monitoraktivitäten in ausländischen Konzerngesellschaften

---

[16] Zur Einrichtung eines Projektbüros im Rahmen interner Compliance-Untersuchungen, vgl. → Kapitel H. Bei der Siemens AG wurde dieses Projektbüro zu Beginn der internen Compliance-Untersuchung im Januar 2007 innerhalb der Rechtsabteilung eingerichtet. Im Hinblick auf die positiven Erfahrungen bei der Unterstützung der internen Compliance-Untersuchung, die durch die US-Kanzlei Debevoise & Plimpton durchgeführt wurde, und die auch von den US-Behörden gewürdigt wurden, sehen die „settlement documents" vor, dass das bestehende Projektbüro ab 2009 mit verändertem Zweck zur Unterstützung des Monitors bestehen bleiben soll.

- Unterstützung bei der Erstellung des jährlichen Arbeitsplanes
- Zurverfügungstellung der angeforderten Unterlagen, ggf. auch Einrichtung elektronischer Plattformen zum Austausch zwischen Monitorteam und Unternehmen auf Arbeitsebene
- Unterstützung bei der Identifikation geeigneter Unternehmenseinheiten zur Durchführung von Vor-Ort-Prüfungen; Übernahme der gesamten logistischen Vorbereitungen solcher Prüfungen, insbes. der Besuche in Konzerngesellschaften
- Unterstützung bei der Erstellung von Interview-Programmen mit ausgewählten Mitarbeitern einschließlich der logistischen Umsetzung; Organisation der Teilnahme des Monitorteams als Beobachter an relevanten Unternehmensveranstaltungen, Konferenzen etc.
- Überwachung der im Arbeitsplan vereinbarten Fristen für einzelne Arbeitspakete
- Ansprechpartner für die Diskussion von Beobachtungen und Empfehlungen im Rahmen der Erstellung der Jahresberichte zur Sicherstellung von deren reibungsloser und effizienter Umsetzung im Unternehmen
- Koordination der Umsetzung von Monitorempfehlungen durch die verantwortlichen Fachabteilungen im Unternehmen und Rückmeldung an den Monitor bezüglich des Umsetzungserfolges.

5. Erfolgsfaktoren eines Monitoreinsatzes

Obwohl es sich bei der Einsetzung eines Compliance-Monitors in der bislang bekannten 22 und hier geschilderten Form primär um eine US-rechtliche Sanktion gegen ein Unternehmen handelt, kann sich aus der Tätigkeit des Monitors ein gewichtiger Nutzen für das Unternehmen im Hinblick auf die Bewertung seines Compliance-Systems ergeben. Der Monitor und ein entsprechend qualifiziertes Team können einen detaillierten neutralen Blick auf die Compliance im Unternehmen werfen und dessen Bemühungen im Idealfall bestätigen oder auch mit ihren Bewertungen und Empfehlungen wichtige Hinweise zur Fokussierung, risikoadäquaten Adjustierung und Fortentwicklung des Compliance-Systems geben.[17]

Allerdings sollten einige Aspekte beachtet werden, die zum Erfolg der bislang in 23 Deutschland weitgehend unbekannten Ernennung eines Compliance-Monitors entscheidend beitragen können[18]:
- Beschränkung des Mandates des Monitors in den Vereinbarungen mit US-Behörden auf eine zukunftsgerichtete Bewertung des Compliance-Systems und der Antikorruptionskontrollen unter Ausklammerung der Untersuchung von individuellem Fehlverhalten, insbes. aus dem Zeitraum vor Einsetzung des Monitors
- Auswahl eines Monitors mit höchstem Ansehen, unbestrittener Integrität und Fachkompetenz
- Unterstützung des Monitors durch ein Team, das nicht nur mit der Arbeitsweise eines Compliance-Monitors in den USA, sondern auch mit der deutschen Unternehmenspraxis vertraut ist; das Team sollte zur Vermeidung von Schnittstellen und unterschiedlichen Arbeitsphilosophien möglichst homogen sein und nicht aus ad hoc zusammengezogenen Einzelpersonen bestehen
- Vermeidung der zusätzlichen Einschaltung einer Wirtschaftsprüfungsgesellschaft für forensische Tätigkeiten, soweit die Unternehmensgröße dies zulässt
- Klare Kommunikation der Unternehmensleitung betreffend die Bedeutung und den Nutzen des Compliance-Monitors und entsprechende Zusicherung der vollumfänglichen Unterstützung

---

[17] *Waigel* Kompass 12/2012, 1f.
[18] Vgl. hierzu auch *Schwarz* CCZ 2011, 62.

– Klare Vergütungsvereinbarung mit dem Monitor und seinem Team unter Nutzung fester Budgets für einzelne Zeiträume oder Arbeitspakete
– Einrichtung eines Projektbüros mit dem og Aufgabenspektrum
– Konsequente Umsetzung der Empfehlungen des Monitors zur Verbesserung des Compliance-Systems.

24 Es bleibt abzuwarten, in welche Richtung sich die Einsetzung von Compliance-Monitoren und ihre Arbeit im deutschen Rechtsraum angesichts der beschriebenen Tendenzen in der US-Praxis weiter entwickeln wird. Bei richtiger Vorgehensweise von Anfang an braucht deutschen Unternehmen vor diesem Institut der US-Rechtspraxis jedenfalls nicht bange zu sein.

Stichwortverzeichnis

Fette Buchstaben = Kapitel, magere Zahlen = Randnummern